westermann

Horizonte

Gymnasium Rheinland-Pfalz

Jahrgangsstufe 10

Herausgegeben von
Prof. Dr. Ulrich Baumgärtner, Dr. Wolfgang Woelk

Erarbeitet von
Daniela Arnold, Prof. Dr. Ulrich Baumgärtner, Dr. Linda Brüggemann,
Dr. Verena Espach, Dr. Gregor Pelger, Dr. Jelko Peters, Gregor Slominski,
Dr. Frank Schweppenstette, Dr. Andreas Urban, Giuseppe Vazzana,
Dr. Wolfgang Woelk

Mit Beiträgen von
Rainer Brieske, Christine Eckl, Klaus Fieberg, Lydia Hanke,
Hans-Martin Kühl, Dr. Uwe Lagatz, Dr. Herbert Rogger,
Angela Schadhauser, Ina Schenk, Prof. Dr. Klaus Scherberich,
Dr. Frank Skorsetz, Dr. Johannes Träger, Dr. Wolf Weigand,
Stephan von Weinrich

Dies ist das Zeichen für einen Webcode. Webcodes enthalten zusätzliche Unterrichtsmaterialien, die der Verlag in eigener Verantwortung zur Verfügung stellt. Um Webcodes zu nutzen, muss im Internet auf der Seite des Verlages (www.westermann.de/webcode) der entsprechende Mediencode in das Suchfenster eingegeben werden, z. B. WES-115467-101. Auf diese Weise gelangt man zu interessanten Angeboten wie Filmclips oder Hörszenen.

westermann GRUPPE

© 2022 Westermann Bildungsmedien Verlag GmbH, Georg-Westermann-Allee 66, 38104 Braunschweig
www.westermann.de

Druck A[1] / Jahr 2022
Alle Drucke der Serie A sind im Unterricht parallel verwendbar.

Redaktion: Christoph Meyer
Druck und Bindung: Westermann Druck GmbH, Georg-Westermann-Allee 66, 38104 Braunschweig

ISBN 978-3-14-**115467-2**

DIE WELT, EUROPA UND DEUTSCHLAND NACH 1989/90   164

TRAININGSSEITEN IM ÜBERBLICK

OPERATORENTRAINING IM ÜBERBLICK

ERWEITERUNGEN UND VERTIEFUNGEN IM ÜBERBLICK

Keine Experimente!
Konrad Adenauer   CSU

Bernauer Straße
64/65

СРЕДИ ЭТОЙ СМЕРТНОЙ ЛЮБВИ.
MEIN GOTT. HILF MIR, DIESE TÖDLICHE LIEBE ZU ÜBERLEBEN.

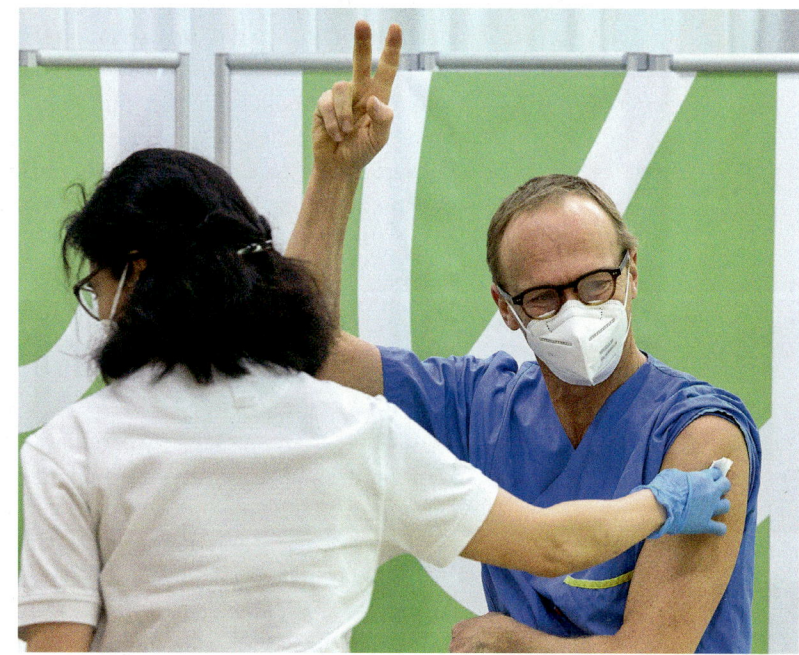

01

DIE WELT NACH 1945

M 1 „Keine Experimente"
Wahlplakat der CDU/CSU, 1957

M 2 Mauerbau in Ostberlin
Foto, 13. August 1961

M 3 Willy Brandt vor dem Mahnmal im einstigen jüdischen Getto in Warschau
Foto, 7. Dezember 1970

M 4 Montagsdemonstration in Leipzig
Foto, 16. Oktober 1989

M 5 Der Fall der Mauer in Berlin
Foto, 9. November 1989

M 6 „Mein Gott, hilf mir, diese tödliche Liebe zu überwinden."
Gemälde mit Leonid Breschnew und Erich Honecker an der East-Side-Gallery in Berlin , einem Teil der ehemaligen Berliner Mauer, Foto, 2020

M 7 Eleanor Roosevelt und die Deklaration der Menschenrechte der UN
Foto, 10. Dezember 1948

M 8 Fast-Food-Restaurant in Bangkok
Foto, 1997

M 9 In den Trümmern des World Trade Centers in New York
Foto, 13. September 2001

M 10 Impfung gegen das Corona-Virus
Foto, 2020

M 1 „Schwerter zu Pflugscharen"
Foto der Statue im Park der Vereinten Nationen in New York

Die Welt nach 1945

Der Zweite Weltkrieg stellte einen tiefgreifenden Einschnitt in der weltgeschicht-
lichen Entwicklung dar. Der Grad der Zerstörungen, die Zahl der Kriegsopfer, die
Brutalität der Kriegsführung und das Ausmaß der begangenen Kriegs- und
Menschheitsverbrechen führten zu der Einsicht, dass es zur Sicherung einer friedlichen Weltordnung einer übernationalen Instanz bedarf. 1945 gründeten 50 Staa-   5
ten in San Francisco die United Nations Organization (UNO). Nachdem der nach
dem Ersten Weltkrieg entstandene Völkerbund den Zweiten Weltkrieg nicht hatte
verhindern können, sollte nun eine globale Organisation mit festen Gremien und
einem verbindlichen Regelwerk errichtet werden, um Konflikte künftig friedlich
zu lösen. Gleichwohl stand und steht auch die UNO vor dem Problem, die unter-   10
schiedlichen Einzelinteressen der Staaten miteinander vermitteln zu müssen,
ohne in die inneren Angelegenheiten eines Staates eingreifen zu können. So ist die
bisherige Geschichte der Vereinten Nationen eine Geschichte sowohl von Erfolgen
als auch von Niederlagen.

Aufteilung der Welt in ideologisch-politische Blöcke

Die USA

Während des Weltkrieges hatten sich die Sowjetunion, die USA und Großbritannien zur Anti-Hitler-Koalition zusammengeschlossen. Die USA waren erst im Dezember 1941, nach dem japanischen Überfall auf den amerikanischen Militär-
stützpunkt Pearl Harbor auf Hawaii, in den Krieg eingetreten. Der Kriegserklärung
der USA an Japan folgte eine Kriegserklärung der mit Japan verbündeten Staaten   5
Deutschland und Italien an die USA. Die USA waren damit gleichzeitig auf dem
europäischen und auf dem pazifischen Kriegsschauplatz gefordert. Erfolgreiche
alliierte Landungsoperationen auf Sizilien und in Frankreich führten, vereint mit
dem Voranschreiten der Roten Armee im Osten, im Mai 1945 zum Sieg über
Deutschland und damit zum Kriegsende in Europa. In Asien tobten die erbitterten   10
Kämpfe hingegen noch einige Monate weiter. Nachdem die USA im August 1945
zwei Atombomben auf japanische Städte abgeworfen hatten, kapitulierte Japan
schließlich im September 1945. Die militärischen Erfolge der Amerikaner zeigten
noch sehr viel eindrücklicher als im Ersten Weltkrieg, dass die USA eine Weltmacht

M 2 Hissen der US-Flagge
auf Iwo Jima (Japan) im Februar
1945
Nachgestellt und aufgenommen
von Joe Rosenthal wenige Stunden
nach dem Ereignis, Foto, 23.2.1945

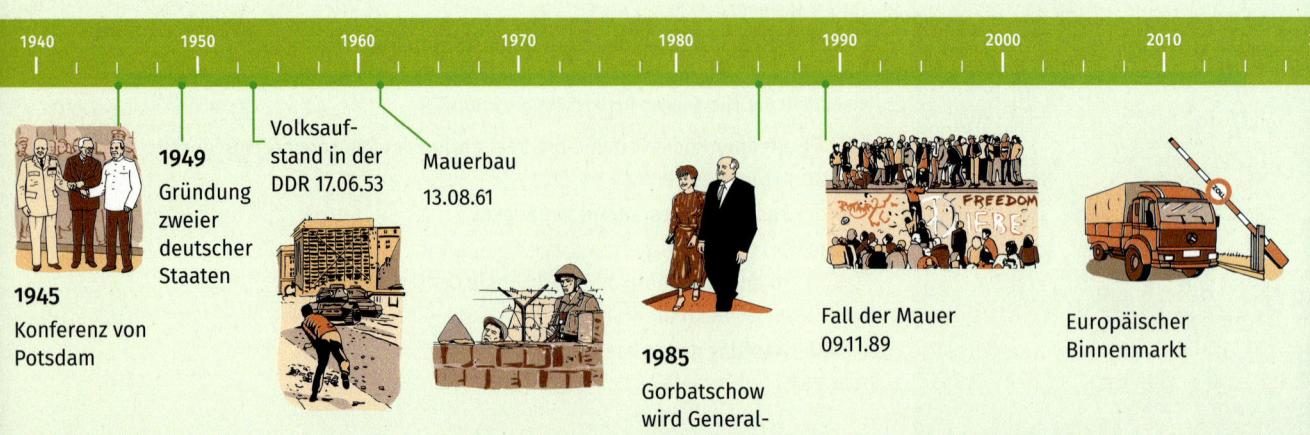

1940   1950   1960   1970   1980   1990   2000   2010

1949
Gründung
zweier
deutscher
Staaten

Volksauf-
stand in der
DDR 17.06.53

Mauerbau
13.08.61

1945
Konferenz von
Potsdam

1985
Gorbatschow
wird General-
sekretär

Fall der Mauer
09.11.89

Europäischer
Binnenmarkt

geworden waren. Das Land vollzog in der Folge eine Umorientierung: Hatten sich die USA zuvor traditionell als Vormacht auf dem amerikanischen Kontinent verstanden und nur verhalten in anderen Weltregionen agiert, so waren sie von nun an bereit und willens, eine offensive Weltmachtpolitik zu betreiben.

Die Sowjetunion

Die aus der Oktoberrevolution 1917 entstandene Sowjetunion war durch eine Zeit von Interventions- und Bürgerkriegen gegangen, an die sich eine gewaltige und opferreiche Phase der Industrialisierung anschloss. Der erste sozialistische Staat der Welt verstand sich als Arbeiter- und Bauernherrschaft und stellte mit seinem planwirtschaftlichen System einen kompletten Gegenentwurf zu den kapitalistischen Gesellschaften dar, dessen führende Industriemächte USA, Großbritannien und Deutschland sich in einer sowohl ökonomischen als auch politisch-ideologischen Gegnerschaft zur Sowjetunion befanden.

Das bis 1917 agrarisch dominierte Land wurde durch die kommunistische Partei einer radikalen Industrialisierung und Modernisierung unterworfen, die das Ziel hatte, die Lebensverhältnisse der Bevölkerung innerhalb von nur einer Generation deutlich anzuheben. Unter der Herrschaft Josef Stalins waren tatsächliche und vermeintliche Gegner brutalen Verfolgungen ausgesetzt. Zahllose Menschen wurden getötet, Funktionäre der kommunistischen Partei, Angehörige der Verwaltung und ein Großteil des Offizierskorps der Roten Armee wurden in zwei „Säuberungswellen" ihrer Ämter enthoben, deportiert oder ermordet, Menschen verhungerten.

Kurz vor Beginn des Zweiten Weltkrieges schloss die Sowjetunion mit dem nationalsozialistischen Deutschland einen Nichtangriffspakt, in dessen geheimem Zusatzprotokoll die beiden Mächte ihre Interessensphären absteckten und eine Aufteilung Polens vereinbarten, was dann auch mit Kriegsbeginn im September 1939 mit dem deutschen Überfall auf Polen erfolgte. Während die deutschen Truppen von Westen einmarschierten, rückte die Rote Armee von Osten bis zum vereinbarten Teilungssektor vor. 1941 brach Deutschland diesen sogenannten Hitler-Stalin-Pakt und überfiel die Sowjetunion. Die westlichen Teile des Landes wurden von deutschen Truppen besetzt, die einen „weltanschaulichen Vernichtungskrieg gegen den Bolschewismus" führten, dem Millionen Menschen zum Opfer fielen. Mit dem sowjetischen Sieg bei Stalingrad gelang Anfang 1943 jedoch die Wende, und die sowjetischen Truppen drangen unter großen Verlusten schließlich bis nach Berlin vor. Die Sowjetunion hatte jahrelang – bis zur alliierten Invasion in Nordfrankreich 1944 – fast alleine gegen Deutschland gekämpft und 27 Millionen Opfer zu beklagen (USA: 400 000, Großbritannien: 330 000). Die durch den deutschen Vernichtungskrieg angerichteten Zerstörungen waren größer als in jedem anderen Land.

Das Auseinanderbrechen der Anti-Hitler-Koalition: Beginn des Kalten Krieges

Das vereinte Vorgehen von USA und Sowjetunion in der Anti-Hitler-Koalition hielt nicht lange an: Schon zum Kriegsende hin traten die politischen, wirtschaftlichen und ideologischen Gegensätze wieder offen zutage. Zwar folgte den Konferenzen von Teheran (1943) und Jalta (Februar 1945) noch die gemeinsame Regelung der Nachkriegsordnung auf der Potsdamer Konferenz (Juli/August 1945), jedoch be-

M 3 **Eroberung Berlins**
Ein sowjetischer Soldat hisst die Rote Fahne über dem Reichstag am 2. Mai 1945, nachgestellte Szene.

M 4 **Die alliierten Regierungschefs während der Konferenz von Potsdam** (von links: Winston Churchill, Harry Truman, Josef Stalin) Foto 1945

stimmten von nun an die unterschiedlichen Interessen der beiden Supermächte für vier Jahrzehnte das Weltgeschehen. Der amerikanische Präsident Truman vertrat die Auffassung, dass in der Welt ein Grundkonflikt zwischen Freiheit und 65 Unfreiheit herrsche und dass die USA die „freiheitsliebenden Völker" gegen den sowjetischen Einfluss beschützen sollten (Truman-Doktrin). Im Zeichen einer Blockbildung verschärfte sich der Konflikt in den folgenden Jahren. Zwar kam es nicht zu einer direkten militärischen Auseinandersetzung der Supermächte, aber die Lage war so gespannt, dass sich der Begriff Kalter Krieg einbürgerte. 70

Die beiden deutschen Teilstaaten entstehen

Deutschland war vom Kalten Krieg besonders betroffen. Nach der Kapitulation im Mai 1945 wurde das Land in vier Besatzungszonen aufgeteilt, die von den Siegermächten USA, Sowjetunion und Großbritannien sowie von Frankreich regiert wurden. Deutsche Gebiete im Osten wurden unter polnische bzw. sowjetische Verwaltung gestellt. In Berlin wurden vier Sektoren gebildet, wobei der Alliierte 5 Kontrollrat eine abgestimmte Politik der Besatzungsmächte sowie den Erhalt Deutschlands als Einheit gewährleisten sollte.

Die zunehmenden Spannungen zwischen den USA und der Sowjetunion führten jedoch unweigerlich zur Teilung Deutschlands. Als die Westmächte in ihren Zonen 1948 eine Währungsreform vornahmen und die D-Mark auch in West- 10 Berlin einführten, das inmitten der sowjetischen Zone lag, kam es zum endgültigen Bruch: Die Sowjetunion riegelte die westlichen Sektoren Berlins ab, woraufhin die Westmächte ihre Stadtteile mit einer Luftbrücke versorgten. Die Berlin-Blockade scheiterte nach knapp elf Monaten, eine gemeinsame Politik der Alliierten war nach diesen Ereignissen aber kaum noch denkbar. 15

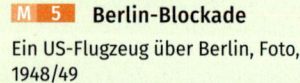

M 5 **Berlin-Blockade**
Ein US-Flugzeug über Berlin, Foto, 1948/49

In den vormaligen westlichen Besatzungszonen wurde im Mai 1949 die Bundesrepublik Deutschland (BRD) gegründet, im Oktober 1949 folgte in der vormaligen sowjetischen Besatzungszone die Gründung der Deutschen Demokratischen Republik (DDR). Beide Staaten entwickelten sich in der Folgezeit zunehmend auseinander. 20

M 6　**Karikatur zur deutschen Teilung**
Karikatur von Dietmar Griese

M 7　**„Europa und die Stiere"**
Karikatur von Wolfgang Hicks

Aufgaben

1. **Aufteilung der Welt in ideologisch-politische Blöcke**
   a) Beschreibe die Karikaturen M6 und M7.
   b) Ordne die beiden Karikaturen mithilfe des Schulbuchtextes auf den Seiten 8–10 in den historischen Kontext ein.
   c) Erkläre die Aussageabsicht der beiden Karikaturen.
   d) Erläutert die Perspektiven, die in den beiden Karikaturen eingenommen werden.
   ⌒ Text auf den Seiten 8–10, M6, M7

Deutschland nach Kriegsende

Im Mai 1945 endete der Zweite Weltkrieg in Europa mit der bedingungslosen Kapitulation und einer vollständigen Besetzung Deutschlands. Das nationalsozialistische Deutschland hatte innerhalb von sechs Jahren in einer zuvor unvorstellbaren Weise Krieg und Gewaltherrschaft in Europa verbreitet, die alle Menschen betroffen hatten. Was bedeutete das Kriegsende für die Menschen, welche Hoffnungen oder auch Befürchtungen verbanden sie damit?

M 1 „Kriegsende in Deutschland"
Zeichnung von Fritz Behrendt, Frankfurter Allgemeine Zeitung, 1985.

Aufgaben

1. Deutschland nach Kriegsende

a) Beschreibe den Aufbau der Zeichnung M1. Beachte dabei, welche Bezüge sich zwischen den vier Begriffen sowie den oberen und unteren Bildelementen herstellen lassen.

b) Übernimm die Perspektive der sechs dargestellten Personen bzw. Personengruppen. Formuliere aus deren jeweiliger Sicht eine kurze Äußerung, die

zeigt, wie die entsprechenden Personen das Kriegsende 1945 erlebten.

c) Entwickle aus der Zeichnung „Kriegsende in Deutschland" von Fritz Behrendt zwei Leitfragen aus unterschiedlichen Perspektiven zur Situation in Deutschland in der unmittelbaren Nachkriegszeit.
M1

Die „Stunde Null"?

Das Kriegsende hatten viele Menschen in Deutschland herbeigesehnt, in den befreiten Städten wurden amerikanische Soldaten trotz NS-Propaganda und SS-Terrorkommandos mit weißen Fahnen begrüßt. Die Bombardierungen deutscher
5 Städte fanden ein Ende, die Konzentrationslager wurden durch die Alliierten befreit, die nationalsozialistischen Machthaber und Funktionäre wurden verhaftet oder versuchten unterzutauchen.

Zugleich glich das besiegte Deutschland in Teilen einer Ruinenlandschaft. So wurde zum Beispiel Koblenz zu 63 %, Mainz zu 54 %, Ludwigshafen zu 49 % und
10 Trier zu 41 % zerstört. Ein Strom von Flüchtlingen aus den ostdeutschen Gebieten bewegte sich Richtung Westen, zugleich wollten etwa zehn Millionen KZ-Häftlinge, Kriegsgefangene und Zwangsarbeiter (DP = Displaced Persons) zurück in ihre Heimatländer. Etwa 60 Millionen Menschen – Soldaten und Zivilisten – verloren in diesem Krieg ihr Leben, die meisten Toten hatten die Sowjetunion und Polen zu
15 beklagen. Deutschland steht mit etwa 5,5 Millionen Toten an dritter Stelle der Opferbilanz.

Allgemeine Not in Deutschland

Ein drängendes Problem war die Wohnungsknappheit. Durch die britischen und
20 US-amerikanischen Bombenangriffe waren viele Städte zerstört worden, sodass Wohnraum fehlte. Die Menschen hausten in Kellern oder Ruinengebäuden. Da viele Männer verletzt, vermisst oder in Kriegsgefangenschaft waren, wurden die Trümmer von Jugendlichen und Alten, vor allem aber von den Frauen beseitigt.

Die Infrastruktur – Straßen, Brücken, Bahnstrecken – und die Fabrikanlagen
25 waren ein weiteres Ziel der Luftangriffe gewesen. Aber auch deutsche Sprengkommandos hatten Brücken und Industrieanlagen vor den anrückenden alliierten Truppen zerstört. So fehlten wichtige Grundlagen für die Versorgung der Menschen und den Gütertransport.

Besonders knapp und deshalb – wie schon vor Kriegsende – streng rationiert
30 waren Lebensmittel. Eine Ausgabe von Lebensmitteln erfolgte nur gegen Bezugsscheine. Die Tagesration in dem von den US-amerikanischen Soldaten besetzten Teil Deutschlands betrug 1330 Kalorien, im sowjetisch besetzten Teil 1083 Kalorien. Der Hunger war allgegenwärtig, besonders im kalten „Hungerwinter" 1945/46.

M 2 **Straße im zerstörten Mainz**
Foto, Spätsommer 1945.

M 3 **Aufräumarbeiten in Berlin 1946**
Trotz ungewisser Zukunft, ihre Männer und Väter gefallen oder vermisst, vollbrachten die Frauen, Alten und Jugendlichen Deutschlands erste Aufbauleistungen.

M 4 **Anbau von Kartoffeln und Gemüse vor dem zerstörten Reichstagsgebäude in Berlin**
Foto, Sommer 1946

Die Menschen versuchten, auf sogenannten „Hamsterfahrten" bei Bauern Lebensmittel gegen verbliebene Wertgegenstände einzutauschen, doch verschärf- 35 te das insgesamt nur die Lebensmittelknappheit. Aus der Mangelsituation heraus entwickelte sich in vielen Städten rasch ein Schwarzmarkt. Die Leitwährung beim illegalen Tauschhandel bildeten Zigaretten. Der Schwarzmarkt konnte die Versorgungssituation jedoch auch nicht generell verbessern. Menschen, die im Krieg alles verloren hatten, verfügten über keine Tauschwaren. Zudem entzog der 40 Schwarzmarkt einen Teil der ohnehin knappen Güter einer gerechteren Verteilung.

Hilfsprogramme des Auslands

Angesichts der materiellen Notsituation gründeten 22 amerikanische Wohlfahrts- 45 verbände die Hilfsorganisation CARE (Cooperative for American Remittances to Europe) und schickten Lebensmittelpakete nach Westeuropa und Westdeutschland; die von der UdSSR kontrollierte Bevölkerung Europas konnte keine Pakete empfangen. Die standardisierten Pakete enthielten z. B. Zucker, Eipulver, Kaffee und Honig, aber auch in Deutschland eher unbekannte Lebensmittel wie Corned 50 Beef. Gerade diese CARE-Pakete weckten bei vielen Westdeutschen Sympathien für die westlichen Besatzungsmächte.

M 5 **Care-Pakete**
Empfang eines Paketes aus den USA, undatiertes Foto, nach 1946

Neuanfang und Kontinuität

Das Kriegsende bedeutete einen so tiefen Einschnitt im Leben der Menschen, dass 55 viele von einer „Stunde Null" sprachen, um ihre Hoffnung auf einen völligen Neubeginn und eine rasche Abkehr vom Nationalsozialismus auszudrücken. Zahllose Menschen mussten sich völlig neu orientieren. Aus heutiger Sicht erkennt man jedoch, dass eine „Stunde Null" so nicht existiert hat und auch nicht existieren konnte; dazu war das aufzuarbeitende Erbe der NS-Zeit viel zu groß. 60

Nach dem Krieg – Zeitzeugenberichte aus der Nachkriegszeit analysieren

M 6   Erinnerungen

a) 1956 erinnerte sich eine Schülerin der 12. Klasse aus Bielefeld:

Dann kam der Umbruch. Ich entsinne mich noch genau, als wir von dem Einzug der Amerikaner hörten. Wir kamen von einem Spaziergang zurück. Mein Vater stürzte uns entgegen und sagte, dass es soweit wäre, die Amerikaner ständen vor
5 der Tür. Es war schrecklich für meine Eltern, denn meine beiden ältesten Brüder waren noch in einem Internat in Thüringen. Wie sollten sie in dieser Unordnung zu uns finden? Sie waren völlig auf sich selbst angewiesen, wir konnten nichts für sie tun. Nach vier Tagen kamen sie dann
10 endlich, und damit war die erste Sorge vorbei. [...] Im September zogen wir wieder in unser Haus. [...] Meine Mutter wusste nicht mehr, wie sie die vielen Menschen sättigen sollte. Die Brotscheiben wurden auf einer Briefwaage abgewogen, und jeder bekam eine Kelle Steckrübensuppe. Einmal im Monat wurde uns aus Amerika ein riesiges Carepaket geschickt; es war ein allgemeines Fest, wenn meine Mutter dieses öffnete.

Inhalt eines Care-Pakets 1946

25 Einen Tag lang wurde dann gefeiert, es gab Kakao und Butter! [...] Aber abends, wenn wir alle um den Tisch saßen und den Gesprächen der Erwachsenen lauschten, kroch ein leiser Schauer meinen Rücken empor. Ich hörte von den Russen, von ihren Grausamkeiten und sah die ernsten Gesich-
30 ter meiner Eltern. Dann begriff ich doch, dass es um unser Deutschland und um uns ernst stand.

Zit. nach: Rüdiger Thomas (Hg.) unter Mitarb. v. Alexander von Plato und Almut Leh, Ein unglaublicher Frühling. Erfahrene Geschichte im Nachkriegsdeutschland 1945–1948, Bonn: Bundeszentrale für politische Bildung 1997, S. 250.

b) Hans Frankenthal, 1926 in Schmallenberg im Sauerland als Sohn einer gläubigen jüdischen Viehhändlerfamilie geboren, kehrt mit seinem Bruder aus dem KZ Auschwitz in sein Heimatdorf zurück. Er berichtet 1994:

Dann kamen die DP-Leute [Mitarbeiter der Organisationen, die sich um die Displaced Persons kümmerten] und stellten uns die Frage: Wo wollt Ihr hin? Man bot uns einige Länder an, Palästina oder das heutige Israel, England, Amerika,
5 Neuseeland, Kanada. Mein Bruder und ich gaben zur Antwort: Wir wollen nach Schmallenberg. – Dieses Versprechen hatten wir unserem Vater in Auschwitz geben müssen. – Da kam nun automatisch die weitere Frage: In welchem Land liegt Schmallenberg? Wir haben dann gesagt: Schmallenberg liegt in Deutschland. Dann haben die uns furchtbare
10 Worte gesagt: Wie kann man in so ein Land zurückgehen, was Euch so Furchtbares angetan hat? Das war der Fehler meines Vaters, und wir glaubten, wir müssten ihm gehorchen. Aber ich muss auch noch dazu sagen, uns blieb normalerweise gar nichts anderes übrig [...]. Wir wussten ja
15 nicht, wer hat denn überlebt? Und wenn jemand überlebt hat, können wir sie nur da treffen, wo der Ausgangspunkt war. Man darf nicht vergessen, das war immer noch unsere Heimat. [...] Mein Vater hatte direkt überm Bahnhof gebaut und hatte einen Privatweg zum Bahnhof [...]. Den Weg sind
20 wir raufgegangen und [...] in unser Haus, wo aber die beiden Söhne meiner Tante wohnten. Die machten kein erfreutes Gesicht, als sie meinen Bruder und mich sahen, denn ich habe hinterher erfahren, dass die beiden schon in Fredeburg am Amtsgericht gewesen waren und versucht hatten, einen
25 Erbschein zu bekommen, in dem Glauben, dass von unserer ganzen Familie keiner am Leben geblieben wäre. Dann wären sie zu Recht Erben des gesamten Vermögens Frankenthal geworden. Man merkte ihnen die Enttäuschung an.

Zit. nach: Rüdiger Thomas (Hg.) unter Mitarb. v. Alexander von Plato und Almut Leh, Ein unglaublicher Frühling. Erfahrene Geschichte im Nachkriegsdeutschland 1945–1948, Bonn: Bundeszentrale für politische Bildung 1997, S. 159.

Aufgaben

1. **Kriegsende in Deutschland**
   a) Vergleiche die Erfahrungen der Jugendlichen (M6). Achte insbesondere auf die Perspektive, die zeitliche Distanz und die Interessenlage.
   b) Stelle in einem Schaubild die Situation bei Kriegsende dar. Verwende die Kategorien: politisch, ökonomisch, sozial und militärisch.
   c) Erkläre den Begriff „Stunde Null" in eigenen Worten und diskutiere, ob dieser Begriff die Situation nach Kriegsende angemessen beschreibt.

↷ Text auf den Seiten 13–14, M2–M7

„Zusammenbruchsgesellschaft", Flucht und Vertreibung

Bilder von Geflüchteten und von Menschen in Flüchtlingslagern kennen wir aktuell aus den Medien. Wir wissen, dass Krieg ein Hauptfluchtgrund ist. Auch der Zweite Weltkrieg und die Zeit danach waren von Flucht und Vertreibung gekennzeichnet. Auch im zerstörten Deutschland gab es Millionen Menschen, die der Krieg entwurzelt hatte.

 **M 1** Bevölkerungsbewegungen in Europa (1944–1952)

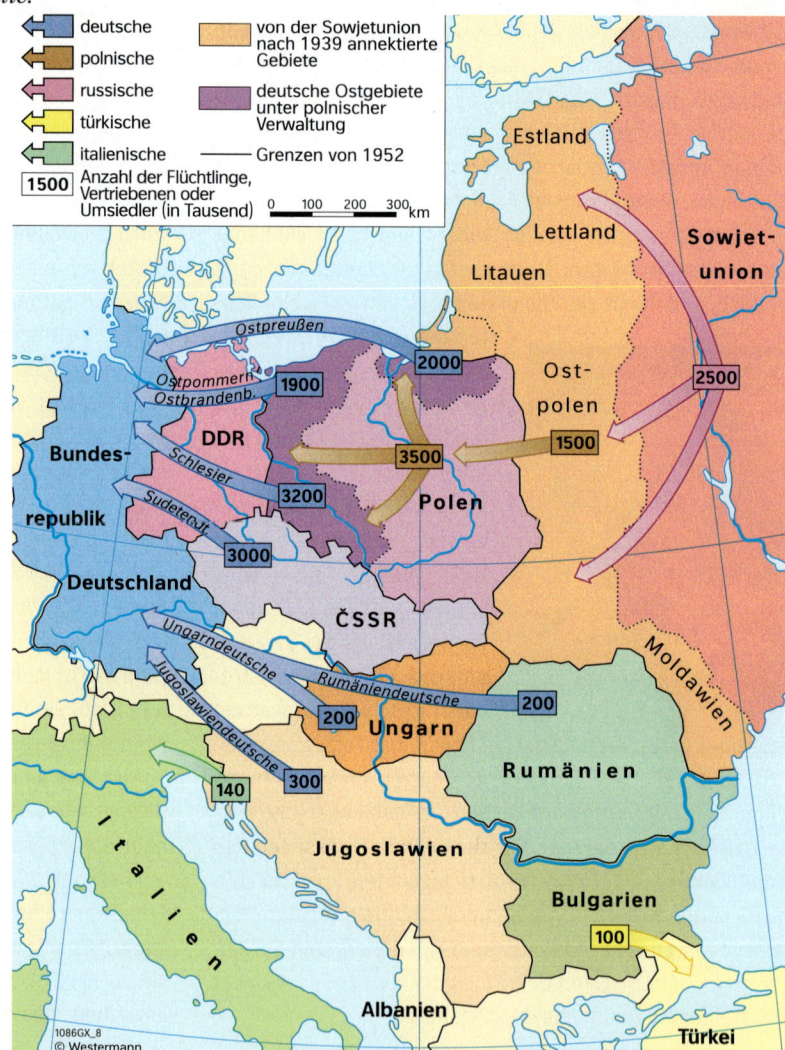

 **M 2** Anteil der Flüchtlinge und Vertriebenen an der Gesamtbevölkerung (nach Ländern)

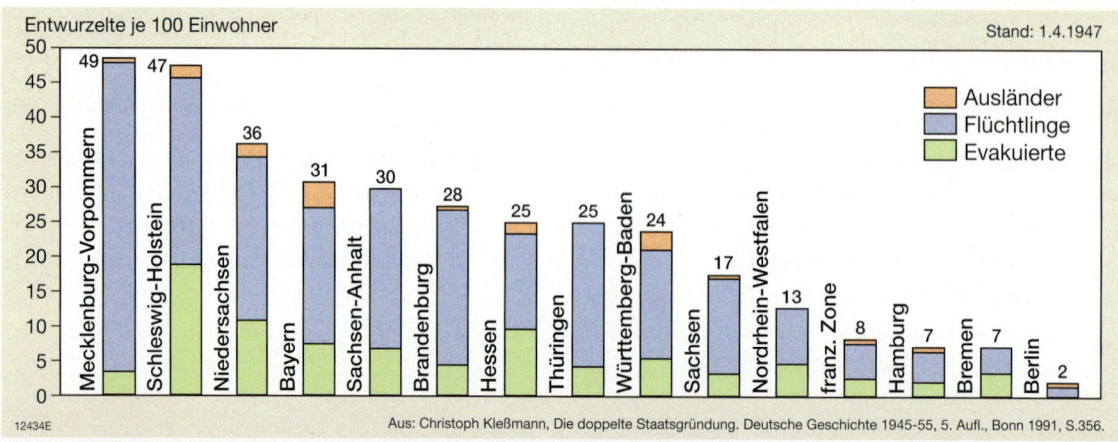

Entwurzelte je 100 Einwohner

Stand: 1.4.1947

Ausländer
Flüchtlinge
Evakuierte

Mecklenburg-Vorpommern 49 — Schleswig-Holstein 47 — Niedersachsen 36 — Bayern 31 — Sachsen-Anhalt 30 — Brandenburg 28 — Hessen 25 — Thüringen 25 — Württemberg-Baden 24 — Sachsen 17 — Nordrhein-Westfalen 13 — franz. Zone 8 — Hamburg 7 — Bremen 7 — Berlin 2

Aus: Christoph Kleßmann, Die doppelte Staatsgründung. Deutsche Geschichte 1945-55, 5. Aufl., Bonn 1991, S.356.

12434E

M 3   **Flucht vor der Roten Armee**
Ostpreußen, Januar 1945

Sonderbefehl
für die deutsche Bevölkerung der Stadt Bad Salzbrunn
einschliesslich Ortsteil Sandberg.

Laut Befehl der Polnischen Regierung wird befohlen:

1. Am 14. Juli 1945 ab 6 bis 9 Uhr wird eine Umsiedlung der deutschen Bevölkerung stattfinden.
2. Die deutsche Bevölkerung wird in das Gebiet westlich des Flusses Neisse umgesiedelt.
3. Jeder Deutsche darf höchstens 20 kg Reisegepäck mitnehmen.
4. Kein Transport (Wagen, Ochsen, Pferde, Kühe usw.) wird erlaubt.
5. Das ganze lebendige und tote Inventar in unbeschädigtem Zustande bleibt als Eigentum der Polnischen Regierung.
6. Die letzte Umsiedlungsfrist läuft am 14. Juli 10 Uhr ab.
7. Nichtausführung des Befehls wird mit schärfsten Strafen verfolgt, einschließlich Waffengebrauch.
8. Auch mit Waffengebrauch wird verhindert Sabotage u. Plünderung.
9. Sammelplatz an der Straße Bhf. Bad Salzbrunn/Adelsbacher Weg in einer Marschkolonne zu 4 Personen. Spitze der Kolonne 20 Meter vor der Ortschaft Adelsbach.
10. Diejenigen Deutschen, die im Besitz der Nichtevakuierungsbescheinigungen sind, dürfen die Wohnung mit ihren Angehörigen in der Zeit von 5 bis 14 Uhr nicht verlassen.
11. Alle Wohnungen in der Stadt müssen offen bleiben, die Wohnungs- und Hausschlüssel müssen nach außen gesteckt werden.

Bad Salzbrunn, 14. Juli 1945, 6 Uhr.   **Abschnittskommandant**
(-) Zinkowski
Oberstleutnant

M 4   **„Sonderbefehl"**
14. Juli 1945

Flucht und Vertreibung

Die sowjetische Großoffensive ab Dezember 1944 führte bei der deutschen Bevölkerung der Ostgebiete zu einer spontanen, von den NS-Behörden missbilligten, aber nicht mehr zu verhindernden Fluchtbewegung. Im Bewusstsein, dass der
5 „Vernichtungskrieg" der Wehrmacht unzählige Opfer in der UdSSR verursacht hatte, und aus Angst vor Racheakten der Soldaten der Roten Armee machte sich über eine Million Menschen zu Fuß oder mit Pferdewagen auf den Weg nach Westen, meist ohne klares Ziel. Viele verloren dabei ihr Leben. An den Zurückgebliebenen verübten sowjetische Armeeangehörige Gewalttaten wie Plünderungen
10 und Vergewaltigungen – der Terror, den die russische Bevölkerung hatte erdulden müssen, schlug nun auf die deutsche Bevölkerung zurück.

Auf der Potsdamer Konferenz (August 1945) wurde von den Siegermächten festgelegt, dass der wieder entstandene Staat Polen, der unter sowjetischer Kontrolle stand, nach Westen bis zur Oder und Neiße verschoben werden sollte. Die
15 östlichen Gebiete Polens, die durch den Hitler-Stalin-Pakt 1939 der Sowjetunion zugefallen waren, gliederte Stalin endgültig in die UdSSR ein. Diese „Westverschiebung Polens" war mit einer durch die Siegermächte beschlossenen „Umsiedlung" der deutschen Bevölkerung verbunden, doch bereits in der Zeit zuvor, zwischen Mai und Oktober 1945, begannen auf Veranlassung der sowjetischen und polni-

---

Aufgaben

1. Bevölkerungsbewegungen in Europa

a) Benenne das Thema, den dargestellten Raum sowie den behandelten Zeitraum der Karte M1. Gib an, inwiefern der behandelte Zeitraum zunächst auffällig erscheint.

b) Erstelle eine Übersicht über die Herkunfts- und Zielgebiete der Flüchtlinge und Vertriebenen.

c) Werte die Statistik M2 aus. Erkläre, weshalb der Anteil der Flüchtlinge und Vertriebenen an der Gesamtbevölkerung in den einzelnen Ländern so unterschiedlich ist.
M1–M2

2. Flucht und Vertreibung: Mit Quellen aus digitalen Angeboten arbeiten – Medienbildung

a) Geht auf die unten aufgeführte Seite „LeMO" (Lebendiges Museum Online) von der Stiftung Haus der Geschichte der Bundesrepublik Deutschland mit dem Kapitel „Flucht und Vertreibung" und entscheidet euch arbeitsteilig für einen Zeitzeugenbericht, den ihr genauer untersuchen wollt.

b) Untersucht den Bericht in Hinblick auf die Frage, inwiefern die Flucht oder die Vertreibung einen Einschnitt in der Biografie der Betroffenen darstellte.
Internet: https://www.hdg.de/lemo/kapitel/nachkriegsjahre/alltag/flucht-und-vertreibung.html

schen Behörden „wilde", also nicht von den Siegermächten legitimierte „Umsied- 20
lungsaktionen", wodurch die UdSSR unumkehrbare Verhältnisse schuf. Man rech-
net damit, dass durch all diese Maßnahmen bis 1950 etwa zwölf Millionen
Deutsche vertrieben wurden.

Vermisste Kinder, zerstörte Familien

25

Kriege verursachen nicht nur materielle Zerstörungen, sie belasten auch zwi-
schenmenschliche Beziehungen und erschüttern die Gesellschaft. Der Zweite
Weltkrieg riss Familien auseinander; Männer mussten als Soldaten in ganz Europa
kämpfen, viele starben, gerieten in Kriegsgefangenschaft oder galten als verschol-
len. Kinder und Jugendliche wurden in der Zeit der alliierten Bombenangriffe in 30
ländliche, weniger bedrohte Gebiete evakuiert und dort in Lagern der Kinderland-
verschickung (KLV) untergebracht.

 Die nach Deutschland verschleppten Zwangsarbeiterinnen und Zwangsarbeiter sowie die Kriegsgefangenen waren, sofern sie überlebten, 1945 weit von
ihren Familien entfernt und zunächst ganz auf sich gestellt. Nahezu alle der weni- 35
gen überlebenden Häftlinge der Vernichtungslager hatten ihre Familienangehöri-
gen durch den Holocaust verloren.

 Sofort nach Kriegsende unternahmen das Rote Kreuz, Zeitschriften und
Rundfunksender Suchaktionen, um vermisste Kinder aufzuspüren und Familien
wieder zusammenzuführen. Für die „Displaced Persons" versuchte die UNRRA 40
(United Nations Relief and Rehabilitation Administration), eine Rückkehr in die
Heimat zu organisieren, doch leerten sich die Notunterkünfte nur langsam.

 Das Zusammenleben der Menschen war nicht nur durch die materielle Not
belastet: Kriegserlebnisse, Kriegsgefangenschaft, Lagerhaft oder die Schrecken
der Bombenangriffe hatten traumatische Belastungen erzeugt und erschwerten 45
die Rückkehr in ein harmonisches Familienleben.

Integration und gesellschaftliche Veränderungen

Die Unterbringung der Flüchtlinge und Vertriebenen stellte diese „Zusammenbruchsgesellschaft" vor enorme Probleme. Städtischer Wohnraum war knapp, die 50
Versorgung war oft nicht gesichert. So wurden viele Flüchtlinge und Vertriebene
nach einer Übergangszeit in Durchgangslagern bei Familien in ländlichen Regionen zwangseinquartiert. Dass man sich nun Wohnung, Bad und Küche teilen
musste, führte immer wieder zu Spannungen, doch gelang die Integration im
Laufe der Jahre. Indem die Flüchtlinge und Vertriebenen sich eine neue Existenz 55
aufbauten und ihre materielle Situation schrittweise selbst verbesserten, hatten
sie einen großen Anteil am wirtschaftlichen Wiederaufbau Deutschlands.

 Die Bevölkerungsverschiebungen führten zu einem grundlegenden Wandel
der Gesellschaftsstruktur. Wegen der vielen Kriegstoten änderte sich zunächst der
Altersaufbau. Während Männer, vor allem im Alter von 20 bis 40 Jahren, fehlten, 60
waren Frauen in der Überzahl. Die alten Führungsschichten – Großbürgertum
und Adel – hatten an Einfluss verloren. Sie waren, wenn sie mit den Nationalsozialisten zusammengearbeitet hatten, kompromittiert und mitunter besitzlos wie
andere Gesellschaftsgruppen. Ferner schritt die Mischung der Konfessionen voran. Auch die Trennung von Stadt und Land wurde schwächer. Regionale Sitten und 65
Gebräuche veränderten sich. Angesichts der Not wandelten sich moralische Vorstellungen: Diebstahl aus Not galt nicht als verwerflich; das Zusammenleben ohne
Trauschein erschien zeitweise hinnehmbar.

 Diese „Zusammenbruchsgesellschaft" bildete die Grundlage für eine neue
gesellschaftliche Ordnung in Deutschland.

70

M 5   **Kindersuchaktion**
Plakate in Stuttgart, um 1946

M 6   **„Displaced Persons"**
Nach Deutschland verschleppte
Kinder warten auf die Rückführung
in ihre Heimat, Prien in Bayern,
Mai 1947.

Aufnahme der deutschen Flüchtlinge

M 7 **Schwierige Anfänge**

Die „Hannoversche Presse" schreibt am 16.12.1947:

„Warum seid Ihr gekommen? Wir haben Euch nicht gerufen!" Mit diesen hartherzigen Worten empfing sie ein Beauftragter der Gemeinde Weetzen. Und genau so wie der Empfang war dann auch die Unterbringung der Flüchtlinge.
5 Ein dunkler Raum in einer Gastwirtschaft, dessen Größe wir auf 24 Quadratmeter schätzen, beherbergt nicht weniger als 25 Personen, Frauen, Männer und Kinder. Die Luft ist stickig. Es gibt weder Außenfenster noch eine andere Lüftungsmöglichkeit. Die Wände sind triefnaß. Das auf den
10 Fußboden geschüttete Stroh ist feucht, es liegt schon vier Wochen da, neues kann angeblich nicht beschafft werden. Auch die Decken und Kleidungsstücke sind feucht. An diesen Schlafraum schließt sich ein zweiter, größerer, in dem weitere 18 Personen wohnen, an, außerdem ist es der Auf-
15 enthalts- und Kochraum. An dem großen Herd kochen bei unserem Eintritt acht Parteien, Wäsche hängt zum Trocknen auf einer Leine. Kinder spielen. In einer Ecke liegt eine Frau mit einem kleinen Mädchen auf Stroh. Seit ihrer Ankunft vor vier Wochen ist sie noch nicht aufgestanden, vielleicht
20 ist sie zu schwach dazu, vielleicht ist ihr aber auch alles gleichgültig geworden. Die anderen versorgen sie notdürftig mit Essen und Trinken.
In den beiden Räumen gibt es keine Glühbirnen. Eine geliehene wurde für eine Rübensaftküche zurückgefordert und
25 nicht wiedergebracht. Holz für den Herd ist nur spärlich vorhanden. Um sich zu waschen, müssen diese 42 Menschen zwischen zwei und 64 Jahren in der Zeit von 7 bis 8.30 Uhr früh in die einen halben Kilometer entfernte Zuckerfabrik gehen, wo es Waschräume gibt.
30 Eines der Flüchtlingsschicksale möge für alle sprechen. Es handelt sich um eine Frau in mittleren Jahren. Sie wurde

M 8 **Flüchtlingselend ab 1945**
Besonders katastrophal war die Situation für Hunderttausende von Flüchtlingsfrauen.

von den deutschen Truppen beim Rückzug aus der Ukraine mit nach Polen genommen, in Litzmannstadt 1945 verhaftet, von ihren beiden kleinen Töchtern getrennt, sechs Monate ins Gefängnis gesteckt und dann neun Monate in ein 35 Arbeitslager. Nach einem Jahr Sklavenarbeit bei polnischen Bauern floh sie, brachte monatelang in Lagern zu, bis sie nach Weetzen in diese Flüchtlingsunterkunft eingewiesen wurde. Wie wohlbehütet ist dagegen das Leben der meisten Einheimischen verlaufen! 40

Hannoversche Presse, 16.12.47, S. 2.

Aufgaben

1. **Die „Zusammenbruchsgesellschaft"**
   a) Erläutere den Begriff „Zusammenbruchsgesellschaft" anhand ausgewählter Beispiele.
   b) Lege die Situation der Familien nach Kriegsende dar.
   ⌢ Text auf den Seiten 17–18
2. **Schwierige Anfänge**
   a) Fasse die in der „Hannoverschen Presse" im Dezember 1947 beschriebenen „Schwierigen Anfänge" (M7) der Flüchtlinge zusammen.

   b) Ordnen die in M7 geschilderten Ereignisse in den historischen Kontext ein. Verwende dafür auch die folgenden Begriffe „Potsdamer Konferenz" und „Flucht und Vertreibung".
   c) Erläutere, welche generellen Schwierigkeiten bei der Unterbringung, Versorgung und Eingliederung von Flüchtlingen und Vertriebenen die Quellen M7 und M8 veranschaulichen.
   ⌢ M7, Text auf den Seiten 17–18, M8

Die Deutschlandpolitik der Siegermächte

Im April 1945 formulierte Stalin als Kriegsziel der UdSSR: „Dieser Krieg ist nicht wie in der Vergangenheit; wer immer ein Gebiet besetzt, legt ihm auch sein eigenes gesellschaftliches System auf. Jeder führt sein eigenes System ein, soweit seine Armee vordringen kann. Es kann gar nicht anders sein.“ Und der US-amerikanische Diplomat George F. Kennan verkündete im Sommer 1945: „Die Idee, Deutschland gemeinsam mit den Russen regieren zu wollen, ist ein Wahn.“

Die Vorstellungen der Sowjetunion und der USA über eine europäische Nachkriegsordnung gingen nach Kriegsende rasch auseinander. Welche Ziele verfolgten die beiden Führungsmächte in ihrer Deutschlandpolitik und wie gingen sie dazu in ihren Besatzungszonen vor?

M 1 Besatzungszonen und ehemalige
deutsche Gebiete (1945–1949)

Umgang mit Geschichtskarten

Geschichtskarten stellen Räume zu ausgewählten Zeiträumen in der Vergangenheit dar. Diese werden verkleinert abgebildet, worüber die Maßstabsleiste Aufschluss gibt. Sie stellt das Verhältnis zwischen den Entfernungen in der Realität und der Darstellung auf der Karte dar. Aus Geschichtskarten lassen sich, je nach Gestaltung, verschiedene Informationen entnehmen, z. B. politische, wirtschaftliche, soziale oder kulturelle.

Eine Karte besteht aus verschiedenen Elementen:

- dem Kartenausschnitt, der den Raum darstellt,
- dem Titel, der das Thema der Karte nennt,
- der Legende, die die Symbole erklärt und Angaben zum Maßstab enthält.

Bei der Erschließung von Karten kann man so vorgehen:

1. Das Thema der Karte erschließen.

2. Die auf der Karte dargestellten Räume beschreiben.

3. Die Legende der Karte entschlüsseln.

4. Die in der Karte dargestellte Situation bzw. die Situationen zeitlich einordnen und analysieren.

5. Die Informationen, die die Karte enthält, zusammenfassend erklären.

Die Alliierten in Deutschland

Die Aufteilung Deutschlands in Besatzungszonen war von den Alliierten bereits während des Krieges beschlossen worden. Ein Alliierter Kontrollrat, bestehend aus den militärischen Oberbefehlshabern, hatte die Entscheidungsbefugnis über
5 Deutschland, das als Staat aufgehört hatte zu existieren. Alle Entscheidungen, die „Deutschland als Ganzes" betrafen, mussten einstimmig getroffen werden. Berlin wurde in vier Sektoren aufgeteilt, die von einer Alliierten Kommandantur regiert wurden.

Gemeinsame Politik der Alliierten

10 Unmittelbar nach Kriegsende trafen sich die Regierungschefs der drei Hauptalliierten – Harry Truman (USA), Winston Churchill und später Clement Attlee (Großbritannien) sowie Josef Stalin (UdSSR) – auf der Potsdamer Konferenz, um zentrale Beschlüsse für eine Nachkriegsordnung zu fassen, etwa die Westverschiebung
15 Polens und die Umsiedlung der dort verbliebenen deutschen Bevölkerung. Deutschlandpolitische Absprachen waren auch die sogenannten „5 Ds": Demilitarisierung, Dezentralisierung, Demontagen, Denazifizierung und Demokratisierung.

Aufgrund der unterschiedlichen gesellschaftspolitischen und wirtschaftli-
20 chen Systeme in Ost und West konnte man sich aber nur auf „Formelkompromisse" einigen: „Demokratisierung" beispielsweise bedeutete für die USA etwas ganz anderes als für die UdSSR. Und auch beim Punkt „Demontagen" gab es bald Unterschiede: Die Sowjetunion, durch den Vernichtungskrieg wirtschaftlich stark geschädigt, entnahm aus ihrer Zone (bzw. der späteren DDR) noch lange Repara-
25 tionen und baute ganze Industrieanlagen ab; in den westlichen Zonen wurden Demontagen und Reparationen dagegen sehr rasch eingestellt.

Die Gründung der Länder

Innerhalb der Besatzungszonen gründeten die Alliierten Länder, auf die unsere
30 heutigen Bundesländer zurückgehen. Preußen, das als Sitz der militaristischen deutschen Tradition angesehen wurde, zerschlug man vollständig. Viele Ländergründungen fügten ursprünglich nicht verbundene Gebiete zusammen, was an Doppelnamen wie Rheinland-Pfalz, Nordrhein-Westfalen oder Baden-Württemberg deutlich wird. In den Ländern fanden nach kurzer Zeit Kommunal- und
35 Landtagswahlen statt. Die gewählten Regierungen standen aber immer unter der Kontrolle der jeweiligen Militärbehörden. In der DDR wurden die Länder 1952 durch eine Verwaltungsreform zu 14 Bezirken umstrukturiert.

Die Entstehung von Parteien und politischen Organisationen

40 Relativ schnell ließen die Alliierten in ihren Zonen Parteien und politische Organisationen unter ihrer Aufsicht zu. Die Erkenntnis, dass die Parteienzersplitterung

🖥 WES-115467-101
Film über die Potsdamer Konferenz 1945

M 2 **Wahlplakat der SPD** 1947

1. Die Deutschlandpolitik der Siegermächte

a) Erschließe die Karte M1. Verwende dazu den Trainingskasten.

b) Versuche aus der Karte abzuleiten, in welcher besonderen Situation sich die Hauptstadt Berlin da-

mals befunden hat. Überprüfe deine Vermutungen mithilfe des Schulbuchtextes.

↰ M1, Trainingskasten auf Seite 20, Text auf den Seiten 21–22

M 3   **Wahlplakat der CDU**
1947

M 4   **Logo der SED**
mit dem symbolischen Hände-
druck

und die ideologische bzw. konfessionelle Ausrichtung mancher Parteien der Weimarer Republik Koalitionsmöglichkeiten und damit demokratisches Regieren er-
schwert hatten, führte zur Gründung der Christlich-Demokratischen Union
(CDU), einer überkonfessionellen, konservativen Partei, anstelle des katholischen   45
Zentrums. Die SPD konnte sich bei ihrer Wiedergründung auf eine lange Tradition
berufen, ebenso die KPD. Neu formierte sich eine liberale Sammlungspartei, die
Freie Demokratische Partei (FDP). Daneben entstanden Interessenverbände wie
die Gewerkschaften, allerdings nicht mehr als politisch streng festgelege Rich-
tungsgewerkschaften, sondern als breit angelegte Arbeitnehmervertretung der   50
großen Branchen.

Vorgehen in den Westzonen

In den drei Westzonen setzten sich in den Jahren nach 1945 die amerikanischen
Zielvorstellungen durch: systematischer und rascher Aufbau der Demokratie von   55
unten (lokale Ebene) nach oben (Länderebene), Entnazifizierung und Re-Education, Errichtung einer marktwirtschaftlichen Ordnung und Verzicht auf wirtschaftliche Ausbeutung Westdeutschlands. Mit der Zusammenlegung der britischen und amerikanischen Zonen zur Bi-Zone (1.1.1947) und der Ausweitung zur
Tri-Zone durch den Beitritt der französischen Zone (1.4.1949) konnten wirtschaft-   60
liche Aufbaumaßnahmen effektiver durchgeführt werden. Damit formierte sich
der Vorläufer der späteren Bundesrepublik Deutschland.

Vorgehen in der Sowjetischen Besatzungszone (SBZ)

In der SBZ schuf Stalin rasch vollendete Tatsachen. Der deutsche Kommunist   65
Walter Ulbricht, während des Weltkriegs in Moskau für die Zeit nach Kriegsende
geschult, formulierte die Zielsetzung: „Es muss demokratisch aussehen, aber wir
(= die kommunistische Partei als verlängerter Arm Stalins) müssen alles in der
Hand haben." Ein propagandistisch herausgestelltes, breites „Bündnis aller anti-
faschistischer Kräfte" sollte die Machteroberung der Kommunisten in Bereichen   70
wie Bildung und Justiz verdecken. Politische Gegner wurden strafrechtlich verfolgt, zum Teil auch in ehemaligen Konzentrationslagern wie Buchenwald inhaf-
tiert; viele kamen dabei ums Leben.

Die neu gegründete SPD musste sich in der SBZ – trotz der Proteste der SPD
in den Westzonen – zwangsweise mit der Ost-KPD vereinigen, damit diese eine   75
Massenbasis erhielt. In der so entstandenen Sozialistischen Einheitspartei
Deutschlands (SED) dominierten die Kommunisten. Andere Parteien und politische Gruppierungen in der SBZ blieben ohne echten politischen Einfluss.

Durch eine groß angelegte Bodenreform unter dem Schlagwort „Junkerland
in Bauernhand" wurden 800 Großgrundbesitzer, die zum Teil die Nationalsozia-   80
listen aktiv unterstützt hatten, aber auch 4000 mittlere bäuerliche Betriebe ent-
schädigungslos enteignet; das Ackerland wurde zunächst an „Neubauern" verteilt.
Einige Zeit später erfolgte die „Kollektivierung der Landwirtschaft": Bäuerliche
Betriebe wurden zu staatlichen LPG (Landwirtschaftliche Produktionsgenossen-
schaften). Schrittweise erfolgte auch die Beschlagnahme und Verstaatlichung von   85
Versicherungen, Banken und Industrieunternehmen; es entstanden „Volkseigene
Betriebe" (VEB). All dies schuf die Voraussetzung für die von Anfang an verfolgte
Umgestaltung der SBZ zu einem sozialistischen Staat mit Planwirtschaft, der von
der UdSSR abhängig bleiben sollte.

M 5 „Was bedeutet Deutschland jetzt?"

Aus dem Protokoll der Potsdamer Konferenz, die vom 17. Juli bis zum 2. August 1945 stattfand:

Churchill: Ich möchte nur eine Frage stellen. Ich bemerke, dass hier das Wort „Deutschland" gebraucht wird. Was bedeutet „Deutschland" jetzt? Kann man es in dem Sinne verstehen wie vor dem Kriege?

5 **Truman:** Wie fasst die sowjetische Delegation diese Frage auf?

Stalin: Deutschland ist das, was es nach dem Kriege wurde. Ein anderes Deutschland gibt es jetzt nicht. So verstehe ich diese Frage.

10 **Truman:** Kann man von Deutschland sprechen, wie es 1937, vor dem Kriege war?

Stalin: So wie es 1945 ist.

Truman: Es hat 1945 alles eingebüßt. Deutschland existiert jetzt faktisch nicht.

15 **Stalin:** Deutschland ist, wie man bei uns sagt, ein geografischer Begriff. Wollen wir es vorläufig so auffassen! Man darf nicht von den Ergebnissen des Krieges abstrahieren.

Truman: Ja, aber es muss doch irgendeine Definition des Begriffes „Deutschland" erfolgen. Ich meine, das Deutsch-
20 land von 1886 oder 1937 ist nicht dasselbe wie das Deutschland von heute, 1945.

Stalin: Es hat sich infolge des Krieges verändert, und so fassen wir es auf.

Truman: Ich bin damit völlig einverstanden, aber es muss
25 trotzdem eine gewisse Definition des Begriffes „Deutschland" erfolgen.

Stalin: Denkt man beispielsweise daran, im Sudetengebiet der Tschechoslowakei die deutsche Verwaltung wieder einzusetzen? Das ist das Gebiet, aus dem die Deutschen die
30 Tschechen vertrieben haben.

Truman: Vielleicht werden wir trotzdem von Deutschland, wie es vor dem Kriege, im Jahre 1937, war, sprechen?

Stalin: Formal kann man es so verstehen, in Wirklichkeit ist es nicht so. Wenn in Königsberg eine deutsche Verwaltung
35 auftauchen wird, werden wir sie fortjagen, ganz gewiss fortjagen.

Truman: Auf der Krim-Konferenz wurde vereinbart, dass die Territorialfragen auf der Friedenskonferenz entschieden werden müssen. Wie definieren wir nun den Begriff „Deutschland"?
40

Stalin: Lassen Sie uns die Westgrenzen Polens festlegen, und dann wird die deutsche Frage klarer werden. Es ist für mich sehr schwierig auszudrücken, was jetzt unter Deutschland zu verstehen ist. Das ist ein Land, das keine Regierung, das keine fixierten Grenzen hat, weil die Grenzen nicht von 45 unseren Truppen festgelegt werden. Deutschland hat überhaupt keine Truppen, Grenztruppen eingeschlossen, es ist in Besatzungszonen zerteilt. Und nun definieren Sie, was Deutschland ist! Es ist ein zerschlagenes Land.

Übers. zit. nach: Alexander Fischer (Hg.), Teheran, Jalta, Potsdam. Die sowjetischen Protokolle von den Kriegskonferenzen der „Großen Drei", Köln: Verlag Wissenschaft und Politik 1973 (2. Aufl.), S. 214 f.

M 6 „Das einzige Geschenk"

Anonyme Karikatur aus der Zeitschrift „Der Ruf", Ende 1946

Saargebiet: Das heutige „Saarland", 1946 Teil der französischen Besatzungszone, ab 1947 autonomer „Saarstaat" und erst 1957 Teil der 1949 gegründeten Bundesrepublik.

Rückerziehung: gemeint ist die Erziehung der Deutschen weg von NS-Erziehungszielen zurück zu demokratischen Werten und Berücksichtigung der Menschenrechte.

Aufgaben

1. Die Konferenz von Potsdam

  a) Lest in der Klasse mit verteilten Rollen laut das Gespräch zwischen Truman, Stalin und Churchill (M5). Ermittelt anschließend die Einstellungen Trumans und Stalins gegenüber Deutschland.

  b) Vergleiche die Aussagen der Karikatur M6 mit den Einschätzungen von Truman und Stalin.

↪ Text auf den Seiten 21–22, M5, M6

2. Die Politik in den Besatzungszonen

  a) Erstelle mithilfe des Schulbuchtextes eine Tabelle zu den für dich wichtigsten Entwicklungen in den Westzonen und in der SBZ.

  b) Beurteile, ob diese Entwicklungen die Teilung Deutschlands schon vorwegnahmen.

↪ Text auf den Seiten 21–22

Die Entnazifizierung

Im Mai 1945 war Nazideutschland besiegt und besetzt. Aber wie konnten die NS-Täter ermittelt und bestraft werden und wie sollte die notwendige Entnazifizierung konkret aussehen? Inwieweit herrschte darüber überhaupt Einigkeit unter den Staaten der Anti-Hitler-Koalition?

M 1 „The roots must come up" („Die Wurzeln müssen heraus")

Amerikanische Karikatur von Daniel R. Fitzpatrick, 1945.

Fitzpatrick (1891–1969) war US-amerikanischer Karikaturist und zweimaliger Pulitzer-Preisträger.
In seinen Karikaturen setzte er sich mit politischen Themen seiner Zeit auseinander.

Aufgaben

1. **Entnazifizierung – eine Karikatur analysieren**
   a) Beschreibe die Bildelemente der Karikatur M1. Achte dabei auf die horizontale Zweiteilung der Darstellung.
   b) Formuliere Hypothesen, wie es gelingen könnte, die „Wurzeln" des Nationalsozialismus im besiegten Deutschland zu entfernen. Bedenke dabei, dass die Siegermächte nunmehr die Verantwortung für die deutsche Bevölkerung und für die Aufarbeitung der in ganz Europa begangenen Verbrechen trugen.
   ⌐ M1

Die Vorbereitung der Entnazifizierung

Parallel zum militärischen Vormarsch sicherten alliierte Sonderkommandos wichtige Beweisunterlagen und fahndeten nach führenden Nationalsozialisten. Viele wurden ergriffen und in Lagern interniert, allerdings entzogen sich Hitler, Goeb-
5 bels und Himmler ihrer Verantwortung durch Selbstmord. Erste Maßnahmen einer Entnazifizierung waren das Verbot der NSDAP und ihrer Unterorganisationen, die Aufhebung von Gesetzen, die das NS-Regime gestützt hatten, sowie die Entfernung nationalsozialistischer Symbole und Denkmäler aus der Öffentlichkeit. Nationalsozialistische Überzeugungen, aber auch autoritär-militaristische Tradi-
10 tionen der Deutschen sollten dauerhaft beseitigt werden. Die Befreiung der Konzentrationslager machte das gesamte Ausmaß der NS-Gräueltaten für die Weltöffentlichkeit sichtbar.

Die Nürnberger Prozesse

15 Eine gerichtliche Untersuchung und Bestrafung von NS-Verbrechen wurde dann im August 1945 auf der Konferenz der Siegermächte in Potsdam beschlossen. Die vier Mächte Frankreich, England, USA und UdSSR stellten die Ankläger und Richter, verhandelt wurde bewusst in Nürnberg, dem symbolträchtigen Ort der nationalsozialistischen „Reichsparteitage".

20 Es zeigte sich schnell, dass zur strafrechtlichen Verfolgung der NS-Verbrecher die bisherigen rechtlichen Grundlagen nicht ausreichten, man hätte sonst diejenigen, die Deportationen, Massenmorde und Vernichtungskriege vom Schreibtisch aus geplant und organisiert hatten, niemals verurteilen können. Deshalb wurde auf der Basis von drei zum Teil neuen Anklagepunkten verhandelt:

25 ■ Kriegsverbrechen: Verletzung des Kriegsrechts, z. B. Deportationen zur Sklavenarbeit, Tötung von Geiseln und Kriegsgefangenen, mutwillige Zerstörung von Städten;
■ Verbrechen gegen den Frieden, z. B. das Planen und Durchführen eines Angriffskrieges;
30 ■ Verbrechen gegen die Menschlichkeit, z. B. Versklavung, Mord, Ausrottung, begangen an einer Zivilbevölkerung aus politischen, rassistischen oder religiösen Gründen.

Der Prozess gegen 24 führende NS-Hauptkriegsverbrecher, darunter Hermann Göring, Rudolf Hess, Wilhelm Keitel und Ernst Kaltenbrunner, wurde im Radio

M 2   **Entnazifizierung**

Unter Aufsicht eines US-Soldaten erhält die Adolf-Hitler-Straße in Trier am 12. Mai 1945 wieder ihren ursprünglichen Namen.

M 3   **Die Angeklagten vor dem Hauptkriegsverbrecherprozess**

In den vorderen beiden Reihen die Verteidiger, in der Reihe dahinter von links (T = Todesstrafe; G = Gefängnisstrafe; F = Freispruch): Hermann Göring (T), Rudolf Hess (G), Joachim v. Ribbentrop (T), Wilhelm Keitel (T), Ernst Kaltenbrunner (T), Alfred Rosenberg (T), Hans Frank (T), Wilhelm Frick (T), Julius Streicher (T), Walther Funk (G), Hjalmar Schacht (F); dahinter von links: Karl Dönitz (G), Erich Raeder (G), Baldur v. Schirach (G), Fritz Sauckel (T), Alfred Jodl (T), Franz v. Papen (F), Arthur Seyss-Inquart (T), Albert Speer (G), Konstantin Freiherr v. Neurath (G), Hans Fritzsche (F), Foto, Nürnberg, 1. Oktober 1946.

M 4 „Justitia"

Karikatur zum Nürnberger Prozess, 1946

übertragen – die deutsche Bevölkerung sollte erkennen, dass es in Nürnberg um Schuld und Sühne ging, nicht um Rache. Kein einziger der Angeklagten bezeichnete sich selbst als „schuldig".   35

Am 1. Oktober 1946 erfolgte die Urteilsverkündung: zwölf Todesurteile, sieben hohe Gefängnisstrafen, drei Freisprüche. Die Führungsebenen von NSDAP, SS, Gestapo und SD wurden als „verbrecherische Organisationen" eingestuft, was eine   40
spätere Strafverfolgung all derjenigen Täter erleichterte, die hier Mitglieder waren.

Nachfolgeprozesse, z. B. gegen belastete Ärzte und SS-Funktionäre, schlossen sich in den folgenden Jahren an. Insgesamt konnten die Nürnberger Prozesse, obwohl teilweise als „Siegerjustiz" kritisiert, langfristig eine Weiterentwicklung des Völkerrechts auf den Weg bringen.   45

Entnazifizierung in den Westzonen

Die amerikanischen Militärbehörden gingen anfangs besonders umfassend vor, sodass sich die Internierungslager mit Verdächtigen füllten. Für alle Deutschen war ein schematisiertes Fragebogen-Verfahren vorgesehen, bei dem mithilfe von   50
131 Fragen der Grad der persönlichen Schuld und Verstrickung in NS-Verbrechen ermittelt werden sollte. Deutsche Spruchkammern, besetzt mit unbelasteten Personen, führten dann bis 1949 etwa 2,5 Millionen Verfahren durch. Es erfolgte eine Einstufung in fünf Kategorien: Hauptschuldiger, Belasteter, Minderbelasteter, Mitläufer und Entlasteter. Je nach Einstufung konnten Geldbußen, der Verlust des   55
Wahlrechts oder Arbeitslager verhängt werden. Allerdings wurden nicht einmal zwei Prozent der Personen als Hauptschuldige oder Belastete eingestuft, die Zahl der Mitläufer betrug etwa 50%. Die Vorlage entlastender Zeugenaussagen, im Volksmund als „Persilscheine" bezeichnet, machte das Verfahren sehr umstritten, viele sprachen von „Mitläuferfabriken".   60

Neben die Bestrafung trat die „Re-Education": Die Deutschen sollten zu Demokraten „umerzogen" werden. Dokumentarfilme zeigten die Schrecken der Konzentrationslager, Radioprogramme und kulturelle Angebote sollten die Menschen für die Demokratie gewinnen. Viele Jugendliche kamen durch den Radiosender AFN (American Forces Network) erstmals in Kontakt zu zeitgenössischem   65
Jazz und später zu Rock'n'Roll.

Als die Spannungen zwischen den USA und der Sowjetunion im Zuge des beginnenden Kalten Krieges immer größer wurden und man die westdeutsche Bevölkerung gewinnen wollte, gaben die Westalliierten ab 1947 den Versuch einer systematischen Bestrafung allerdings weitgehend auf.   70

Entnazifizierung in der Sowjetischen Besatzungszone (SBZ)

Die Entnazifizierung in der SBZ war von Anfang an ein Mittel des wirtschaftlichen und gesellschaftpolitischen Umbaus. Unter dem Schlagwort des „Antifaschismus" erfolgte einerseits eine Bestrafung vieler NS-Täter, zugleich aber auch die Ausschaltung politischer Gegner aus dem bürgerlichen oder sozialdemokratischen Lager.   75
So sicherte sich die von Kommunisten gelenkte SED unter Walter Ulbricht Schlüsselpositionen in Justiz und Bildungswesen durch massenhafte Entlassungen und Neueinstellungen von politisch zuverlässigen Richtern und „Neulehrern".

In Sonderlagern, zum Teil früheren Konzentrationslagern wie Buchenwald,   80
wurden zwischen 1945 und 1950 etwa 17000 politisch unliebsame Personen festgehalten, die keineswegs alle nationalsozialistische Verbrecher waren. 1948 erklärte die sowjetische Besatzungsmacht die Entnazifizierung in der SBZ für erfolgreich abgeschlossen.

M 5 **Speziallager Buchenwald**

Nummerierte Stelen aus Edelstahl erinnern an die Toten, Foto, 2012.

Die Schuldfrage

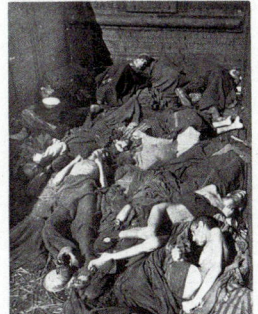

Diese Schandtaten: Eure Schuld!

In zwölf Jahren haben die Nazi-Verbrecher Millionen Europäer gefoltert, verschleppt und ermordet. Männer, Frauen und Kinder wurden von Hitlers vertierten Henkersknechten gehetzt und zu Tode gequält, nur weil sie Juden, Tschechen, Russen, Polen oder Franzosen waren.

Ihr habt ruhig zugesehen und es stillschweigend geduldet.

Im Kampf erhärtete Soldaten der Alliierten haben ihren Ekel und ihre Empörung angesichts der vergasten, verkohlten und ausgemergelten Leichen der Opfer in den K.Z. nicht verbergen können.

In Buchenwald wurden nach deutschen Lagerberichten 50 000 Menschen verbrannt, erschossen, aufgehängt.
In Dachau fanden amerikanische Soldaten allein 50 Güterwagen mit verwesenden Leichen. Seit Beginn dieses Jahres erlagen dort 10 000 Menschen ihren Foltern.
In Belsen fanden britische Truppen Folterkammern, Verbrennungsöfen, Galgen und Auspeitschungspfähle. 30 000 Menschen sind dort umgekommen.
In Gardelegen, Nordhausen, Ohrdruf, Erla, Mauthausen, Vaihingen fanden unzählige Zwangsverschleppte und politische Gefangene einem Inferno, wie es die Weltgeschichte noch nie gesehen hat, zum Opfer!

Ihr habt untätig zugesehen. Warum habt ihr mit keinem Wort des Protestes, mit keinem Schrei der Empörung das deutsche Gewissen wachgerüttelt!

Das ist Eure große Schuld – Ihr seid mitverantwortlich für diese grausamen Verbrechen!

M 6 Plakat aus der britischen und amerikanischen Besatzungszone

M 7 **Die Schuldfrage**

In einer Vorlesungsreihe (1945/46) setzte sich der Philosoph Karl Jaspers mit der „Schuldfrage" auseinander:

Jener Satz: „Das ist eure Schuld" kann bedeuten: Ihr haftet für die Taten des Regimes, das ihr geduldet habt – hier handelt es sich um unsere politische Schuld. Es ist eure Schuld, dass ihr darüber hinaus dies Regime unterstützt
5 und mitgemacht habt – darin liegt unsere moralische Schuld. Es ist eure Schuld, dass ihr untätig dabei standet, wenn die Verbrechen getan wurden – da deutet sich eine metaphysische Schuld an. Diese drei Sätze halte ich für wahr. [...] Weiter kann „Das ist eure Schuld" bedeuten: Ihr seid Teilnehmer an jenen Verbrechen, daher selbst Verbre- 10 cher. Das ist für die überwiegende Mehrzahl der Deutschen offenbar falsch.

Karl Jaspers, Die Schuldfrage, in: ders.: Erneuerung der Universität. Reden und Schriften 1945/46, Heidelberg: Schneider 1990, S. 151.

Aufgaben

1. **Die Entnazifizierung**
   a) Erläutere die Ziele, die die Alliierten mit der Entnazifizierung verbanden.
   b) Vergleiche die Entnazifizierungsmethoden in den Westzonen mit denen in der SBZ und nimm dazu Stellung.

   Text auf den Seiten 25–26

2. **Die Schuldfrage**
   a) Erkläre die Absicht des Plakates M6.
   b) Erläutere die Aspekte von Schuld, die Karl Jaspers unterscheidet (M7).
   c) Setze dich mit der Meinung von Karl Jaspers auseinander. Recherchiere hierzu den Begriff der Kollektivschuldtheorie und vergleiche ihn mit Jaspers' Meinung. Nimm im Anschluss dazu Stellung.

   M6, M7

Das Entnazifizierungsverfahren gegen Richard Aeckerle – eine Fallstudie

R. Aeckerle 192 BI/27 U.S. Zone Ludwigsburg.

1/7A/1192 Lfd. Nr.	Einlieferungsort	Einlieferungstag	Buchstabe

Meldebogen auf Grund des Gesetzes zur Befreiung von Nationalsozialismus und Militarismus vom 5. 3. 1946

Deutlich und lesbar ausfüllen (Druckbuchstaben)! Dickumrahmtes nicht ausfüllen! Jede Frage ist zu beantworten!

Zuname Aeckerle Vornamen Richard Beruf Eisendreher

Wohnort Ludwigsburg Straße Wernerstr. 12.

Geburtsdatum 15. 10. 1893 Geburtsort Kornwestheim Familienstand ledig / verheiratet / verwitwet / geschieden

Wohnorte seit 1933:
a) Kornwestheim von 15. 10. 1893 bis Juni 1935
b) Ludwigsburg von Juni 1935 bis jetzt
c) von bis

1. Waren Sie jemals Angehöriger, Anwärter, Mitglied, förderndes Mitglied der:	Ja oder Nein	Höchster Mitgliedsbeitrag monatlich RM	von	bis	Mitglieds-Nr.	Höchster Rang oder höchstes bekleidetes Amt oder Tätigkeit, auch vertretungsweise oder ehrenhalber: Bezeichnung	von	bis	Klasse oder Teil B
a NSDAP	Ja	1.80	1.3.31	Ende	457532	Kreisobmann DAF	1.5.33	Ende	II
b Allg. SS	Nein								
c Waffen-SS	Nein								
d Gestapo	Nein								
e SD (Sicherheitsdienst der SS*)	Nein								
f Geheime Feldpolizei	Nein								
g SA	Ja	–	1.3.31	1938	–	S.A. Mann			II
h NSKK (NS-Kraftfahr-Korps)	Nein								
i NSFK (NS-Flieger-Korps)	Nein								
k NSF (NS-Frauenschaft)	Nein								
l NSDStB (NS-Studentenbund)	Nein								
m NSDoB (NS-Dozentenbund)	Nein								
n HJ	Nein								
o BdM	Nein								

* Hier ist auch nebenamtliche Mitarbeit, z. B. Vertrauensmann, aufzuführen.

2. Gehörten Sie außer Ziffer 1. einer Naziorganisation gemäß Anhang zum Gesetz an?*: Bezeichnung	von	bis	Höchster Rang oder höchstes bekleidetes Amt oder Tätigkeit, auch vertretungsweise oder ehrenhalber: Bezeichnung	von	bis	
a N.S.B.O.	1.3.31	1934	Obmann	1.3.31	1934	II
b D.A.F.	1934	Ende	Kreisobmann	1934	Ende	I
c N.S.V. seit bestehen	bis	Ende				
d						
e						
f						
g						

* Es ist jedem freigestellt, hier auch die Zugehörigkeit zu anderen Organisationen nachzuweisen.

3. Waren Sie Träger von Parteiauszeichnungen (Parteiorden), Empfänger von Ehrensold oder sonstiger Parteibegünstigungen? Ja Welcher? 10 jährige Dienstauszeichnung der N.S.D.A.P. II

4. Hatten Sie irgendwann Vorteile durch Ihre Mitgliedschaft bei einer Naziorganisation (z. B. durch Zuschüsse, durch Sonderzuteilungen der Wirtschaftsgruppe, Beförderungen, UK-Stellung u. ä.)? Nein Welche? Keine

5. Machten Sie jemals finanzielle Zuwendungen an die NSDAP oder eine sonstige Naziorganisation? Nein an welche? in welchen Jahren? insgesamt RM:

6. Zugehörigkeit zur Wehrmacht, Polizeiformationen, RAD, OT, Transportgruppe Speer u. ä. Genaue Bezeichnung der Formation	Höchster erreichter Rang	ab wann
a		
b Keiner		

c Waren Sie NS-Führungsoffizier (auch wenn nicht bestätigt)? von bis
d Waren Sie Generalstabsoffizier? Rang von bis

7. In welchen Organisationen (Wirtschaft, Wohlfahrt) bekleideten Sie ein Haupt-, Neben- oder Ehrenamt? Bezeichnung	von	bis	Höchster Rang oder höchstes bekleidetes Amt oder Tätigkeit, auch vertretungsweise oder ehrenhalber: Bezeichnung	von	bis
a Vorsitzender der Allg. Orts Kranken Kasse	1933	1936			
b Aufsichtsratmitglied des Konsumverein	1934	1943			
c Mitglied der Arbeits Kammer	1936	Ende			
d Aufsichtsratmitglied d. Bau u. Sparverein	1940	" "			
e Mitglied des Kreisrats	1942	" "			

8. Angaben über Ihre **Haupttätigkeit**, Einkommen und Vermögen seit 1932

Ziffer	Jahr	Waren Sie selbständig oder Arbeitnehmer?	Falls selbständig, Zahl der Beschäftigten	Stellung oder Dienstbezeichnung als Arbeiter, Handwerker, Angestellter, Beamter, Vorstand, Gesellschafter, Aufsichtsrat, Unternehmer, freier Beruf usw	Firma des Arbeitgebers oder eigene Firma bzw. Berufsbezeichnung mit Anschrift	Steuerpflichtiges Gesamteinkommen des Betroffenen RM	Steuerpflichtiges Vermögen des Betroffenen RM
a	1932	Arbeiter	–	Arbeiter	Stotz A.G. K-heim	Stundenlohn 1.20	Kein
b	1934	Kreisobmann		Kreisobmann	Lauwaltung Stuttgart	etwa 3000	–
c	1938	" "		" "	" "	etwa 4800	–
d	1943	" "		" "	" "	etwa 7800	–
e	1945	" "		" "	" "	etwa 2030	–

9. Haben Sie Unternehmen oder Betriebe betreut oder kontrolliert? Ja Welche? Als Kreisobmann DA.F. Industrie u. Handwerksbetriebe

10. Wurden Ihnen von Staat, Partei, Wirtschaft oder ähnlichen Organisationen bisher nicht aufgeführte Titel, Dienstränge oder -bezeichnungen verliehen? Ja Welche? Abschnittsleiter der N.S.D.A.P.

11. Läuft oder lief für Sie bereits ein Prüfungsverfahren? Nein Akt.-Zeich.? Wo? Mit welchem Ergebnis?

12. Ist Ihre Beschäftigung von der Militärregierung schriftlich genehmigt? Vorläufig? Endgültig? Ist Ihre Beschäftigung von der Militärregierung abgelehnt? Durch welche örtliche Militärregierung und wann wurde Ihre Beschäftigung genehmigt oder abgelehnt?

Ich versichere die Richtigkeit und Vollständigkeit der von mir gemachten Angaben. Falsche oder irreführende oder unvollständige Angaben werden gemäß Art. 65 des Gesetzes zur Befreiung von Nationalsozialismus und Militarismus mit Gefängnis oder mit Geldstrafe bestraft.

13. In welche Gruppe des Gesetzes gliedern Sie sich ein? Minderbelastet
Falls Sie glauben, daß das Gesetz nicht auf Sie Anwendung findet, geben Sie Gründe an:

14. Bemerkungen: Nach dem Entnatz. Ges. fühle ich mich nicht schuldig bin Kein Kriegsverbrecher oder Nutznieser u. bitte daher um bevorzugte Entlassung, bin schwer Herz leidend u. seit 6.6.45 in Haft.

9. 3. 47. Unterschrift: Richard Aeckerle
Datum Name Vorname

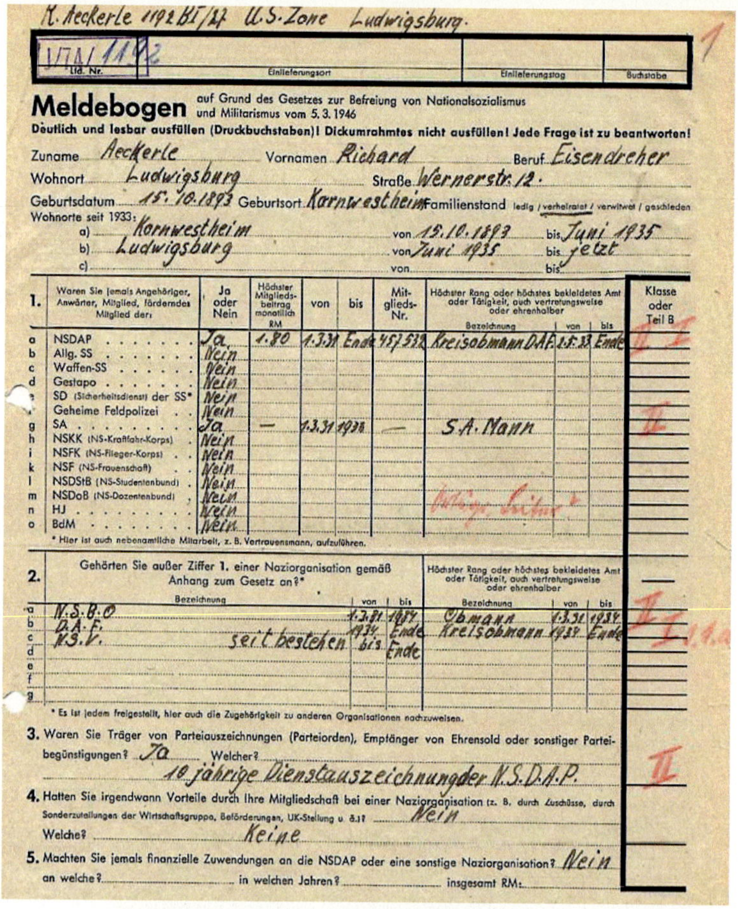

M 8 Meldebogen

Vorder- und Rückseite, von Richard Aeckerle aus Ludwigsburg in der amerikanischen Besatzungszone, 1947. Aeckerle war als Kreisobmann der Deutschen Arbeitsfront (DAF) u. a. 1941 an der Demütigung von Frauen beteiligt, die Beziehungen mit französischen Kriegsgefangenen geführt hatten und denen daraufhin „Rassenschande" vorgeworfen wurde.

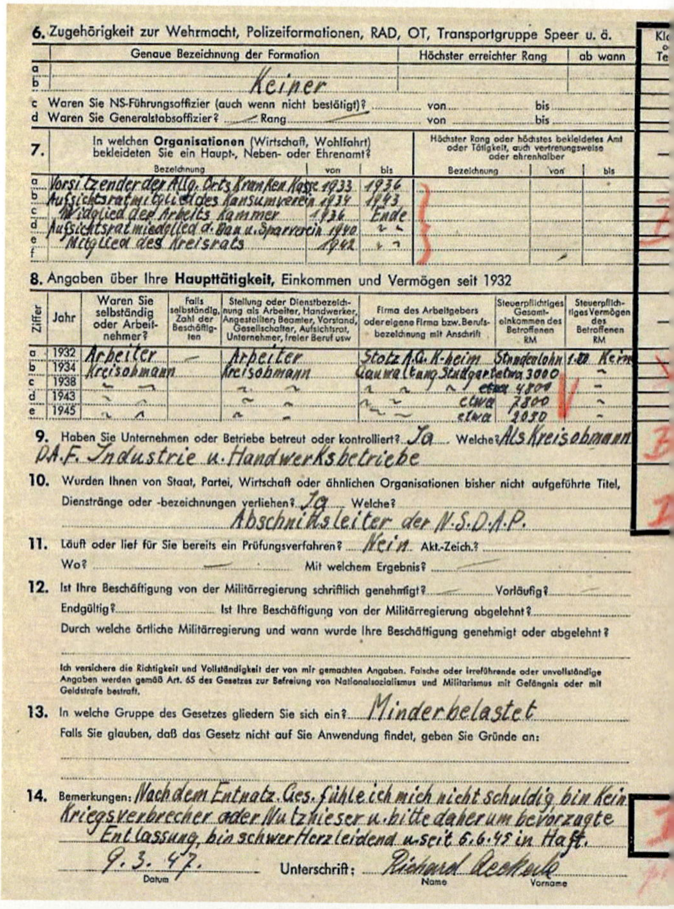

Training

Erklärung des Operators „Untersuchen"

Du sollst aus einem Material (Text, Bild, Statistik, Karte etc.) gezielt wichtige Informationen herausarbeiten. Der Arbeitsauftrag gibt dir genauere Hinweise dazu, welche Inhalte du aus dem Material herausarbeiten sollst. Anschließend musst du deine Untersuchungsergebnisse zusammenhängend und für andere nachvollziehbar formulieren. Das bedeutet, dass du die Inhalte aus dem Material in eigenen Worten erklären können musst. Dabei solltest du auch darauf achten, dass du die Stellen im Material (z. B. Textstelle bzw. Zeile) benennst, aus denen du deine Ergebnisse herausgearbeitet hast.

Spruchkammer   Ludwigsburg   Den 31. Mai 1948

Aktenzeichen: 30/80/008 –
C/1/5821

Spruch

Auf Grund des Gesetzes zur Befreiung von Nationalsozialismus und Militarismus vom 5. März 1946 erläßt die Spruchkammer, bestehend aus

1. dem Vorsitzenden: Wilhelm S c h a b
2. den Beisitzern:
   a) Robert Lauer, Marbach
   b) Heinrich Sinds, Ludwigsburg
   c) Jakob Häberle, Bietigheim
   d) Friedrich Gruber, Markgröningen

3. dem öffentl. Kläger: Georg P e s c h k e

gegen   Richard A e c k e r l e   Eisendreher
Vor- und Zuname   Beruf
15.10.1893   Ludwigsburg, Wernerstrasse 12.z.Zt.interniert
Geburtstag   Anschrift

~~im schriftlichen Verfahren~~ — auf Grund der mündlichen Verhandlung — folgenden

SPRUCH:

1. Der Betroffene ist   wird in die Gruppe der Belasteten eingereiht.
   Es werden ihm folgende Sühnemaßnahmen auferlegt:

2. Er wird auf die Dauer von 5 Jahren in ein Arbeitslager eingewiesen. die seither verbüsste Internierungszeit wird nicht angerechnet, er verbleibt weiterhin in Haft.

3. Von der Auferlegung einer Geldsühne muss wegen Mangel an Masse Abstand genommen werden.

4. Weiter treffen den Betroffenen die automatischen Sühnemassnahmen des Art. 16 Ziffer 4 bis einschliesslich 10, wobei die Dauer der Untersagung in Ziffer 8 auf 8 Jahre festgesetzt wird.

5. Die Kosten des Verfahrens trägt (die)
6. Streitwert 7.800.-- RM.

BEGRÜNDUNG:

Vorstehende Abschrift stimmt mit der Urschrift überein.
Ludwigsburg, den 5. Juli 1948
Der Urkundsbeamte:

1. **Das Entnazifizierungsverfahren gegen Richard Aeckerle – eine Fallstudie**
   a) Untersuche Richard Aeckerles Meldebogen (M8) und nenne die Angaben, die erfasst wurden. Verwende dafür auch den Trainingskasten auf Seite 28.
   b) Arbeite den Eindruck heraus, den Richard Aeckerle erwecken wollte.
   c) Erläutere die rechtliche Grundlage des Urteils der Spruchkammer (M9) und nimm dazu Stellung.
   d) Recherchiere die Bedeutung des Begriffs „Sühnemaßnahmen".
      ⌒ M8, M9

Das Auseinanderbrechen der Anti-Hitler-Koalition

Die nach außen gezeigte Übereinstimmung der Siegermächte konnte schon bei der Potsdamer Konferenz im Sommer 1945 nur noch mühsam hergestellt werden. Der gemeinsame Gegner war vollständig besiegt, die menschenverachtende Bedrohung durch den Nationalsozialismus war gestoppt. Nun zeigten sich sehr schnell Risse in der Zweckgemeinschaft der Anti-Hitler-Koalition, die sich sowohl auf die internationale Politik als auch auf die Deutschlandpolitik der Siegermächte auswirkten, wie das folgende Beispiel zeigt.

M 1 Schauplatz Berlin

Die Schriftstellerin und Journalistin Ruth Andreas-Friedrich schrieb in ihrem Tagebuch zu den Ereignissen in Berlin (1948):

Donnerstag, 24. Juni 1948
[...] Seit heute morgen haben die Sowjets die Stromzufuhr nach den Westsektoren abgeschnitten. [...]

Freitag, 25. Juni 1948
5 Die SMA [Sowjetische Militäradministration] hat befohlen, ab sofort jede Belieferung der Westsektoren mit Gütern aus der Ostzone einzustellen. [...]

Samstag, 10. Juli 1948
[...] Ich lese im Tagespiegel, dass das Gaskontingent gekürzt
10 werden müsse und das Stromkontingent nicht mehr aufrechtzuerhalten sei, dass bereits 50 % der Westberliner Betriebe wegen Strommangel stillgelegt wären und U-Bahn und Trambahn nur noch bis sechs Uhr abends verkehren. Ich höre, dass die SMA [...] seit heute wegen „Schleusenre-
15 paratur in Rathenow" auch den Wasserverkehr zwischen Berlin und den Westzonen eingestellt habe. [...]

Freitag, 23. Juli 1948
Ohne Licht, ohne Radio, ohne Kochstrom. Gut, dass es Sommer ist, denken wir jeden Tag. Die Abende sind länger, und
20 es macht nicht so viel aus, wenn man tagelang nichts anderes zu sich nimmt als Margarinebrote und Schnittlauchbrote. Man könnte auch Wasser dazu trinken. Aber seit die Kläranlagen nicht mehr funktionieren, ist es ratsam, Wasser nur im abgekochten Zustand zu genießen. Abkochen kann man nachts. Zwischen zwölf und zwei [...]. So sitzen wir
25 und warten. Wir tappen durch die Wohnung wie Blinde. Wir gähnen und reden über die Blockade. [...] „Berlin wird sich halten", sagen wir, wenn wir die Abendkerze anzünden. „Es ist eine Energie- und Nervenfrage. – Berlin kann sich nicht halten", seufzen wir, während die Kerze niederbrennt und
30 die Minuten wie Schnecken dahinschleichen. [...] Wenn es noch lange so weitergeht, werden wir zusammenbrechen. [...] – „Ah!" – rufen wir plötzlich wie aus einem Mund, „Licht!" Wir rennen durcheinander, wir lachen, wir lärmen, als hätten wir Wein getrunken. Zum Schalter, zum Kochherd, zum
35 Radio. Kochen, Strümpfe waschen, ein Hemdchen aufbügeln. [...] Vor allen Dingen Nachrichten hören. [...] Über uns brummen Flugzeuge. Alle drei Minuten. [...] Zwischen zwölf und zwei Uhr nachts fühlen wir uns mit unseren Nerven sehr stabil. Nicht Fußmatte, sondern Helden. Berufene Ver-
40 teidiger der europäischen Freiheit. Um zwei Uhr ist der Tag zu Ende. [...]

Sonntag, 22. August 1948
Die Luftbrückenflugzeuge bringen innerhalb vierundzwanzig Stunden 3–4000 Tonnen Versorgungsgüter nach Berlin.
45 Und die Berliner Selbstmordziffer, in normalen Zeiten pro Tag 1,5, ist auf etwa sieben Fälle täglich gestiegen. – Nervenfrage!

Ruth Andreas-Friedrich, Der Schattenmann. Schauplatz Berlin. Tagebuchaufzeichnungen 1938–1948, Frankfurt a. M.: Suhrkamp Taschenbuch 2000, S. 530–561.

Aufgaben

1. Schauplatz Berlin

a) Beschreibe anhand der Karte M1 auf Seite 20 die politisch-geografische Situation Berlins.

b) Erarbeite aus dem Tagebucheintrag (M1), welche Einschränkungen die Bevölkerung Westberlins 1948 hinnehmen musste und wer dafür verantwortlich gemacht wurde.

c) Überlege, welche weiteren Schwierigkeiten vermutlich noch hinzugekommen sind.

d) Stelle Vermutungen an, weshalb Westberlin 1948 so isoliert wurde und wie die Westmächte, vor allem die USA und Großbritannien, darauf reagieren konnten.

↪ M1 auf Seite 20, M1

M 2 „Die großen Drei": Churchill, Truman und Stalin

Auf der Potsdamer Konferenz, die vom 17. Juli bis zum 2. August 1945 auf Schloss Cecilienhof in Potsdam stattfand.

Der Beginn des „Kalten Krieges"

Die eigentlichen Gründe für das Auseinanderbrechen der Anti-Hitler-Koalition lagen in den völlig unterschiedlichen politischen, wirtschaftlichen und gesellschaftlichen Vorstellungen der Westmächte und der UdSSR:

5 ■ In den USA und den anderen Westmächten gab es eine parlamentarische, durch freie Wahlen legitimierte Regierung und garantierte Grundrechte, es herrschte Marktwirtschaft, die Gesellschaft war pluralistisch.

■ In der Sowjetunion gab es ein Einparteiensystem, das der KPdSU unter Stalin diktatorische Macht verlieh. Wirtschaftsbetriebe waren Staatseigentum und
10 der Staat gab strenge Vorgaben (Planwirtschaft). Die Gesellschaft wurde reglementiert und kontrolliert, bis hin zur Deportation von Gegnern in Lager (Gulags).

Die sowjetisch besetzten Staaten Osteuropas wurden gezwungen, das System der UdSSR in der Grundstruktur zu übernehmen, wodurch eine Reihe von „Satelliten-
15 staaten" entstand („Sowjetisierung" Osteuropas). Bald sprach man von einem „Eisernen Vorhang", der quer durch Europa ging – und auch durch Deutschland.

Truman-Doktrin und Marshallplan

US-Präsident Harry Truman hielt am 12. März 1947 eine klar gegen die Politik der
20 UdSSR gerichtete Grundsatzrede, in der er ankündigte, dass die USA nunmehr allen freien Völkern bei ihrem Kampf gegen Unterdrückung und „Druck von außen" beistehen werden. Massive Militär-, vor allem aber Wirtschaftshilfen sollten zur Stabilisierung der westlich orientierten Staaten und Gesellschaften dienen. Der amerikanische Außenminister George C. Marshall sorgte für die Umsetzung;
25 sein „Europäisches Wiederaufbauprogramm" bot dem kriegszerstörten Europa Kredite, Maschinen und Rohstoffe als Hilfe an. Westdeutschland war in dieses Programm mit einbezogen, der sowjetischen Besatzungszone und den anderen

M 3 Harry S. Truman
Der amerikanische Präsident am Rednerpult, 1943

Hinweis

Ein interessanter Ausschnitt aus einem US-amerikanischen Propagandafilm über die „Marshallplan"-Hilfe befindet sich unter:

www.hdg.de/lemo/bestand/medien/video-marshall-plan.html

(Beachte: Objektinfo und Transkription)

Staaten des Ostblocks wurde eine Teilnahme jedoch durch Stalin untersagt. Dies veranschaulicht, dass an die Stelle der Anti-Hitler-Koalition eine Entwicklung getreten war, die Europa in Einflusssphären der beiden Supermächte aufteilte. 30

Von der Bi-Zone zur Währungsreform und die Berlin-Blockade

Schon die Zusammenschlüsse der westlichen Besatzungszonen zur Bi- und später zur Tri-Zone zeigten, dass die USA letztlich ihren „Teil Deutschlands sichern" wollten (so der US-Diplomat George F. Kennan). In der Tri-Zone und in Westberlin 35 erfolgte dann am 21. Juni 1948 eine von den USA vorbereitete Währungsreform: Die wertlose Reichsmark wurde im Verhältnis 1:10 abgewertet, was alle Sparguthaben entwertete. An jeden Erwachsenen der Westzonen wurden insgesamt 60 neue „D-Mark" ausgegeben – die Geldmenge wurde also bewusst knapp gehalten, um inflationären Tendenzen gegenzusteuern. Dies alles begünstigte die Besitzer 40 von Sachwerten, z. B. von Grundstücken, sowie Schuldner, beendete aber auch den Schwarzmarkt und war Voraussetzung für einen wirtschaftlichen Neuanfang. Letztlich führte es aber mit zur Teilung Deutschlands.

Als die USA die neue Währung auch in den Westsektoren Berlins einführten, nahm die UdSSR dies zum Anlass, alle Straßen, Eisenbahnlinien und Wasserwege 45 zu den Westzonen Berlins zu blockieren. Westberlin war von der Strom- und Lebensmittelversorgung komplett abgeschnitten. Die Menschen befürchteten eine Eskalation bis hin zu einer militärischen Konfrontation der Supermächte, die UdSSR hoffte auf eine Eingliederung auch der Westsektoren Berlins in die SBZ. Doch Amerikaner und Briten reagierten mit einer Luftbrücke über die drei vertrag 50 lich zugesicherten Luftkorridore: Im Minutentakt starteten Bomberflugzeuge und brachten Lebensmittel, Kohle und Baumaterialien nach Westberlin. Am 12. Mai 1949, nach elf Monaten, gab die Sowjetunion die Blockade auf. Für das positive Verhältnis der Bewohner Westberlins und der Westdeutschen zur Siegermacht USA und der von ihr verkörperten Demokratie kann diese Hilfsaktion der „Rosi 55 nenbomber" kaum überschätzt werden.

M 4   Gefüllte Schaufenster
Zum Stichtag der Währungsreform, 23. Juni 1948

💻 WES-115467-102
Film über die Währungsreform 1948

M 5   Berliner Luftbrücke
Kinder beobachten den Landeanflug eines amerikanischen Transportflugzeugs. Da die Piloten oft Süßigkeiten für Kinder abwarfen, wurden die Maschinen liebevoll „Rosinenbomber" genannt, Foto (Ausschnitt) von Henry Ries.

Aufgaben

1. **Das Auseinanderbrechen der Anti-Hitler-Koalition**
   a) Stelle in einer Übersicht (z. B. Zeitleiste, Collage) wichtige Stationen dar, die zum Zerfall der Anti-Hitler-Koalition geführt haben.
   b) Erörtere die Gründe, die dafür ausschlaggebend waren (unterscheide zwischen politischen und wirtschaftlichen Gründen).

   c) Vergleiche die beiden Redeauszüge von Truman (M6) und Schdanow (M7) und nimm zu deren Positionen Stellung. Verwende für den Vergleich auch den Trainingskasten auf Seite 33.
   ↪ Text auf den Seiten 31–32, M6, M7

M 6 Die „Truman-Doktrin"

Das Programm wurde in einer Rede von Präsident Truman am 12. März 1947 vor beiden Häusern des US-Kongresses entwickelt:

In jüngster Zeit wurden den Völkern einer Anzahl von Staaten gegen ihren Willen totalitäre Regierungsformen aufgezwungen. Die Regierung der Vereinigten Staaten hat immer wieder gegen den Zwang und die Einschüchterung in Polen,
5 Rumänien und Bulgarien protestiert, die eine Verletzung der Vereinbarungen von Jalta [der Kriegskonferenz vom Februar 1945] darstellen. Ich muss auch erwähnen, dass in einer Anzahl von anderen Ländern ähnliche Entwicklungen vor sich gehen.
10 Zum gegenwärtigen Zeitpunkt der Weltgeschichte muss fast jede Nation zwischen alternativen Lebensformen wählen. Nur zu oft ist diese Wahl nicht frei. Die eine Lebensform gründet sich auf den Willen der Mehrheit und ist gekennzeichnet durch freie Institutionen, repräsentative Regie-
15 rungsform, freie Wahlen, Garantien für die persönliche Freiheit, Rede- und Religionsfreiheit und Freiheit von politischer Unterdrückung.
Die andere Lebensform gründet sich auf den Willen einer Minderheit, den diese der Mehrheit gewaltsam aufzwingt.
20 Sie stützt sich auf Terror und Unterdrückung, auf die Zensur von Presse und Rundfunk, auf manipulierte Wahlen und auf den Entzug der persönlichen Freiheiten.
Ich glaube, es muss die Politik der Vereinigten Staaten sein, freien Völkern beizustehen, die sich der angestrebten Un-
25 terwerfung durch bewaffnete Minderheiten oder durch äußeren Druck widersetzen. Ich glaube, wir müssen allen freien Völkern helfen, damit sie ihre Geschicke auf ihre eigene Weise selbst bestimmen können. Unter einem solchen Beistand verstehe ich vor allem wirtschaftliche und finanzielle
30 Hilfe, die die Grundlage für wirtschaftliche Stabilität und geordnete politische Verhältnisse bildet.

Übers. zit. nach: Wolfgang Lautemann/Manfred Schlenke (Hg.), Helmut Krause/Karlheinz Reif (Bearb.), Geschichte in Quellen Bd. 7. Die Welt seit 1945, München: Bayerischer Schulbuch-Verlag 1980, S. 576f.

M 7 „Zwei-Lager-Theorie"

Der Sekretär des ZK der KPdSU A. Schdanow in einer Rede zur internationalen Lage auf einer Konferenz der wichtigsten kommunistischer Parteien im September 1947 in Polen:

Während der Krieg im Gange war, marschierten die Alliierten im Kampfe gegen Deutschland und Japan zusammen und bildeten ein einziges Lager. Nichtsdestoweniger bestanden sogar während des Krieges im alliierten Lager im

Hinblick auf die Definition sowohl der Kriegsziele als auch 5
der Aufgaben der Nachkriegsorganisation der Welt Meinungsverschiedenheiten. Die Sowjetunion und die demokratischen Länder sahen ihre hauptsächlichen Kriegsziele in der Wiederherstellung und Konsolidierung der demokratischen Ordnung in Europa, in der Beseitigung des Faschis- 10
mus und der Verhinderung der Möglichkeit einer neuen Aggression seitens Deutschlands und in der Herstellung einer allseitigen, dauerhaften Zusammenarbeit unter den Nationen Europas. Die vereinigten Staaten von Amerika – und Großbritannien im Einvernehmen mit ihnen – stellten 15
sich ein anderes Kriegsziel: Sie wollten die Konkurrenten auf den Märkten – Deutschland und Japan – loswerden und ihre eigene Überlegenheit sichern.
Dieser Unterschied […] begann in der Nachkriegsperiode deutlich zu werden. Zwei entgegengesetzte Kurse der Poli- 20
tik nahmen Gestalt an: Auf der einen Seite strebte die Politik der UdSSR und der demokratischen Länder nach der Überwindung des Imperialismus und der Konsolidierung der Demokratie. Auf der anderen Seite strebte die Politik der Vereinigten Staaten und Großbritanniens nach der 25
Stärkung des Imperialismus und der Abwürgung der Demokratie. […] So sind zwei Lager entstanden: das imperialistische, antidemokratische Lager, dessen Hauptziel darin besteht, die Weltvormachtstellung des amerikanischen Imperialismus zu erreichen und die Demokratie zu zerstö- 30
ren, und das antiimperialistische, demokratische Lager, dessen Hauptziel es ist, den Imperialismus zu überwinden, die Demokratie zu konsolidieren und die Überreste des Faschismus zu beseitigen.

Übers. zit. nach: Wolfgang Lautemann/Manfred Schlenke (Hg.), Helmut Krause/Karlheinz Reif (Bearb.), Geschichte in Quellen Bd. 7. Die Welt seit 1945, München: Bayerischer Schulbuch-Verlag 1980, S. 460f.

◼◼ Training ◼◼

Erklärung des Operators „Vergleichen"

Du sollst Gemeinsamkeiten und Ähnlichkeiten von mindestens 2 Ereignissen, Vorgängen, Gegenständen oder z. B. Modellen finden, aber auch Unterschiede zwischen diesen entdecken. Abschließend musst du deine Ergebnisse zusammenhängend und für andere nachvollziehbar formulieren. Das heißt, du musst genau benennen, ob es Gemeinsamkeiten, Ähnlichkeiten und Unterschiede gibt und erläutern, worin sich diese zeigen bzw. woran du diese erkannt hast.

Der „Marshallplan" – Unterschiedliche Materialien bearbeiten

M 8   „Gegen Hunger und Armut"

Der amerikanische Außenminister Marshall gab mit dieser Rede vom 5. Juni 1947 in der Harvard-Universität den Anstoß zur Entwicklung des ERP (European Recovery Program), des sogenannten Marshall-Planes:

Unsere Politik ist nicht gegen irgendein Land oder eine Doktrin, sondern gegen Hunger, Armut, Verzweiflung und Chaos gerichtet. Ihr Zweck soll es sein, die Weltwirtschaft wiederherzustellen, um das Entstehen politischer und so-
5 zialer Verhältnisse zu ermöglichen, unter welchen freie Institutionen existieren können. Eine solche Hilfe darf nach meiner Überzeugung nicht in kleinen Portionen erfolgen, so wie sich die Krise entwickelt. Eine Hilfe, die die Regierung gewähren soll, müsste eine wirkliche Kur und nicht ein
10 Vorbeugungsmittel darstellen. Jede Regierung, die willens ist, bei der Aufgabe des Wiederaufbaues mitzuwirken, wird, dessen bin ich sicher, seitens der Regierung der Vereinigten Staaten volle Unterstützung erfahren. Eine Regierung, welche den Wiederaufbau anderer Länder zu verhindern sucht, kann keine Hilfe von uns erwarten. Regierungen, politische
15 Parteien oder Gruppen, welche bestrebt sind, das menschliche Elend zu verewigen, um daraus politisch oder in anderer Weise zu profitieren, werden auf den Widerstand der Vereinigten Staaten stoßen.

Übers. zit. n.: Wolfgang Lautemann / Manfred Schlenke (Hg.), Helmut Krause / Karlheinz Reif (Bearb.), Geschichte in Quellen Bd. 7. Die Welt seit 1945, München: Bayerischer Schulbuch-Verlag 1980, S. 370 f.

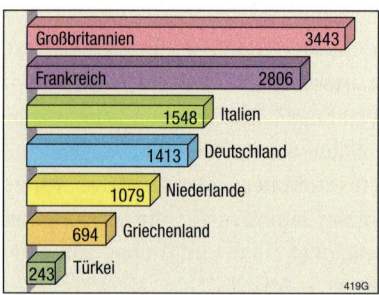

M 9   Hilfen aus dem Marshallplan 1948 – 1952
(in Mio. Dollar)

Land	Mio. Dollar
Großbritannien	3443
Frankreich	2806
Italien	1548
Deutschland	1413
Niederlande	1079
Griechenland	694
Türkei	243

419G

M 10   „Es geht vorwärts durch den Marshallplan"
Westdeutsches Plakat, um 1949

M 11   „Hinaus"
Ostdeutsches Plakat, um 1949

Der „Marshallplan" – Ein Interview auswerten

M 12　„Es kam kein einziger Dollar"

In einem Interview mit der Zeitung „Die Welt" erklärt der Wirtschaftshistoriker Werner Abelshauser die Wirkungen des Marshallplans (2007):

WELT: Viele Deutsche verbinden mit dem Marshallplan den Startschuss für einen jahrzehntelangen Wirtschaftsaufschwung. Zu recht?

Werner Abelshauser: Nein, er trug nur wenig direkt zum
5 Wachstum bei. Die Güter waren zu teuer, entsprachen oft nicht den Bedürfnissen der Industrie und kamen zu spät. Als die ersten Waren 1949 eintrafen, war die deutsche Wirtschaft schon seit über einem Jahr vom Aufschwung erfasst.

WELT: Warum hat der Marshallplan dann so ein gutes
10 Image?

Abelshauser: Weil Aufschwung und Plan zeitlich parallel liefen und die Menschen dachten, der Plan trage einen Großteil zum Boom bei.

WELT: Wie wurde konkret geholfen?

15 **Abelshauser:** Viele glauben, es seien Millionen von Dollar geflossen. Das ist ein großer Irrtum, es kam kein einziger Dollar. Die Amerikaner lieferten Waren: zu einem Großteil Baumwolle, Tabak und Nahrungsmittel. Sie richteten ihre Lieferungen an den Exportwünschen ihrer Wirtschaft aus,
20 und die Deutschen bezahlten dafür. Direkt profitiert von den Waren hat nur die Textilindustrie, in der ein Baumwoll-Engpass drohte, und Berlin von den Nahrungsmittellieferungen.

WELT: Mehr half der Marshallplan der deutschen Wirtschaft
25 nicht?

Abelshauser: Doch, aber eher indirekt. Deutschlands Reparationsgläubiger wurden mit dem Plan abgefunden. Wollten etwa die Franzosen selbst Unterstützung aus dem Marshallplan bekommen, durften sie nicht weiter Mittel aus der Produktion in Deutschland abziehen. 30

WELT: Für was steht das Wiederaufbauprogramm, wenn nicht für den Aufschwung?

Abelshauser: Er war ein sehr erfolgreiches Instrument der USA, Westeuropa gegen den Ostblock zu stabilisieren. Und in ihm manifestierte sich der Richtungswechsel in der 35 Deutschland-Politik der Amerikaner. Bis 1947 wollten die USA Westeuropa zu Lasten Deutschlands helfen, mit dem Plan forcierten sie eine Stabilisierung mit Hilfe Deutschlands.

Werner Abelshauser/Martin Greive: „Als Modell für Afrika absolut ungeeignet"; in: Die Welt 05.06.2007, https://www.welt.de/welt_print/article921083/Als-Modell-fuer-Afrika-absolut-ungeeignet.html [letzter Zugriff: 01.09.2021].

Training

Erklärung des Operators „Wiedergeben"

Du sollst den Inhalt eines Materials (z. B. eines Textes, einer Statistik, einer Karte etc.) in deinen eigenen Worten und auf das Wesentliche reduziert formulieren, sodass eine andere Person, die das Material nicht kennt, den Inhalt nachvollziehen kann. Das bedeutet nicht, dass du den Inhalt wortwörtlich nacherzählst, sondern, dass du die wichtigsten Informationen in Kürze sinngemäß zusammenfasst.

Aufgaben

1. Der Marshall-Plan

a) Stelle Marshalls Zielstellung und seinen Plan zur Realisierung (M8) dar.

b) Informiere dich über die Funktionsweise des Marshallplans.

c) Vergleiche die Aussagen der beiden Plakate M10 und M11.

Text auf den Seiten 31–32, M8–M11, Internet

2. Der Marshallplan – Ein Interview auswerten

a) Gib die Grundaussagen des Interviews M12 mit eigenen Worten wieder. Verwende dafür auch den Trainingskasten auf dieser Seite.

b) Vergleiche die Ausführungen Abelshausers (M12) mit denen Marshalls (M8).

c) Verfasse eine Darstellung zum Thema: „Die Bedeutung des Marshallplans für den Wiederaufbau Westdeutschlands".

M8, M12

Die doppelte Staatsgründung 1949

Auf dieser Seite sind mit M1 und M2 zwei Wahlzettel aus dem Jahr 1949 abgebildet, die beide für Wahlen in Deutschland Verwendung fanden. Beide Zettel geben dir einen ersten Eindruck über wichtige Unterschiede zwischen den beiden 1949 auf deutschem Boden gegründeten Staaten, der DDR und der Bundesrepublik.

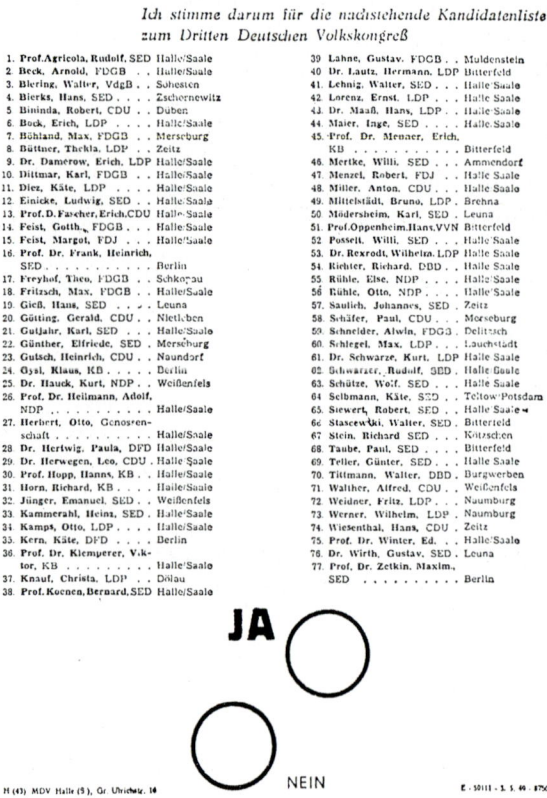

STIMMZETTEL

für den Stimmkreis 3 Land Sachsen-Anhalt zum 3. Deutschen Volkskongreß

Ich bin für die Einheit Deutschlands und einen gerechten Friedensvertrag

Ich stimme darum für die nachstehende Kandidatenliste zum Dritten Deutschen Volkskongreß

1. Prof. Agricola, Rudolf, SED Halle/Saale
2. Beck, Arnold, FDGB . . . Halle/Saale
3. Blering, Walter, VdgB . . Sohesten
4. Bierks, Hans, SED . . . Zschornewitz
5. Bininda, Robert, CDU . . Düben
6. Bock, Erich, LDP . . . . Halle/Saale
7. Bühland, Max, FDGB . . Merseburg
8. Büttner, Thekla, LDP . . Zeitz
9. Dr. Damerow, Erich, LDP Halle/Saale
10. Dittmar, Karl, FDGB . . Halle/Saale
11. Diez, Käte, LDP . . . . Halle/Saale
12. Einicke, Ludwig, SED . . Leuna
13. Prof. D. Fascher, Erich, CDU Halle/Saale
14. Feist, Gotth., FDGB . . . Halle/Saale
15. Feist, Margot, FDJ . . . Halle/Saale
16. Prof. Dr. Frank, Heinrich, SED . . . . Berlin
17. Freyhof, Theo, FDGB . . Schkopau
18. Fritzsch, Max, FDGB . . Halle/Saale
19. Gieß, Hans, SED . . . . Leuna
20. Gütting, Gerald, CDU . . Nietleben
21. Gutjahr, Karl, SED . . . Halle/Saale
22. Günther, Elfriede, SED . Merseburg
23. Gutsch, Heinrich, CDU . Naundorf
24. Gysi, Klaus, KB . . . . . Berlin
25. Dr. Hauck, Kurt, NDP . . Weißenfels
26. Prof. Dr. Heilmann, Adolf, NDP . . . . Halle/Saale
27. Herbert, Otto, Genossenschaft . . . . Halle/Saale
28. Dr. Hertwig, Paula, DFD Halle/Saale
29. Dr. Herwegen, Leo, CDU . Halle/Saale
30. Prof. Hopp, Hanns, KB . . Halle/Saale
31. Horn, Richard, KB . . . . Halle/Saale
32. Jünger, Emanuel, SED . . Weißenfels
33. Kammerahl, Heinz, SED . Halle/Saale
34. Kamps, Otto, LDP . . . . Halle/Saale
35. Kern, Käte, DFD . . . . Berlin
36. Prof. Dr. Klemperer, Viktor, KB . . . . Halle/Saale
37. Knauf, Christa, LDP . . Dölau
38. Prof. Koenen, Bernard, SED Halle/Saale

39. Lahne, Gustav, FDGB . . Muldenstein
40. Dr. Lautz, Hermann, LDP Bitterfeld
41. Lehnig, Walter, SED . . . Halle/Saale
42. Lorenz, Ernst, LDP . . . Halle/Saale
43. Dr. Maaß, Hans, LDP . . Halle/Saale
44. Maier, Inge, SED . . . . Halle/Saale
45. Prof. Dr. Menzer, Erich, KB . . . . Bitterfeld
46. Mertke, Willi, SED . . . Ammendorf
47. Menzel, Robert, FDJ . . Halle/Saale
48. Miller, Anton, CDU . . . Halle/Saale
49. Mittelstädt, Bruno, LDP . Brehna
50. Mödersheim, Karl, SED . Leuna
51. Prof. Oppenheim, Hans, VVN Bitterfeld
52. Posseli, Willi, SED . . . Halle/Saale
53. Dr. Rexrodt, Wilhelm, LDP Halle/Saale
54. Richter, Richard, DDD . . Halle/Saale
55. Rühle, Else, NDP . . . . Halle/Saale
56. Rühle, Otto, NDP . . . . Halle/Saale
57. Saulich, Johannes, SED . Zeitz
58. Schäfer, Paul, CDU . . . Merseburg
59. Schneider, Alwin, FDGB . Delitzsch
60. Schlegel, Hans . . . . . Lauchstädt
61. Dr. Schwarze, Kurt, LDP Halle/Saale
62. Schwarzer, Rudolf, SED . Halle/Saale
63. Schütze, Wolf, SED . . . Halle/Saale
64. Selbmann, Karl, SED . . Teltow/Potsdam
65. Siewert, Robert, SED . . Halle/Saale
66. Stacewski, Walter, SED . Bitterfeld
67. Stein, Richard, SED . . . Kötzschen
68. Taube, Paul, SED . . . . Bitterfeld
69. Teller, Günter, SED . . . Halle/Saale
70. Tittmann, Walter, DDD . Burgwerben
71. Walther, Alfred, CDU . . Weißenfels
72. Weidner, Fritz, LDP . . . Naumburg
73. Werner, Wilhelm, LDP . Naumburg
74. Wiesenthal, Hans, CDU . Zeitz
75. Prof. Dr. Winter, Ed. . . Halle/Saale
76. Dr. Wirth, Gustav, SED . Leuna
77. Prof. Dr. Zetkin, Maxim., SED . . . . Berlin

JA 〇

〇 **NEIN**

H (43) MDV Halle (S), Gr. Ulrichstr. 16   E. 50111 - 3. 5. 49 - 8750'9

Stimmzettel

Wahl zum ersten Bundestag
der Bundesrepublik Deutschland
am 14. August 1949 im Wahlkreis Nr. 30, Wolfenbüttel/Goslar-Land

1	Dr. Fritz **Wenzel** Pfarrer Braunschweig, Peter-Josef-Krahe-Str. 11 **Sozialdemokr. Partei Deutschlands**	SPD	〇
2	Gerhard **Hartwieg** Landwirt Ahlum Nr. 29 **Christlich-Demokratische Union**	CDU	〇
3	Dr. Wilm **Schäfer** Diplom-Landwirt Barnstorf **Deutsche Partei**	DP	〇
4	Dr. Dr. Joachim **Hinkel** Landrat Bad Harzburg, Rudolf Huch-Straße 10 **Freie Demokratische Partei**	FDP	〇
5	Werner **Ilberg** Schriftsteller Wolfenbüttel, Leibnizstraße 5 **Kommunistische Partei Deutschlands**	KPD	〇
6	Hermann **Grande** Präparator Ohrum Nr. 46 **Deutsche Zentrumspartei**	DZP	〇
7	Dr. Franz **Richter** Lehrer Luthe Nr. 77 **Deutsche Rechtspartei**	DRP	〇
8	Kurt **Grosch-Wehmer** Betriebsinhaber Wolfenbüttel, Anna Vorwerk-Straße 4 **Radikal Soziale Freiheitspartei**	RSF	〇
9	Otto **Rohde** Volks- und Landwirt Lengde Nr. 25 **unabhängig**	unab-häng.	〇

M 1 Stimmzettel aus Sachsen-Anhalt zur Wahl zum 3. Deutschen Volkskongress am 15./16. Mai 1949

M 2 Stimmzettel zur ersten Bundestagswahl am 14. August 1949

Aufgaben

1. Die doppelte Staatsgründung

Untersuche die beiden Stimmzettel M1 und M2.

a) Beantworte dazu zunächst folgende einfache Fragen: Wann, wo und wer wurde gewählt? Komplizierter sind die folgenden Fragen: Wen oder was konnte man wählen? Welche Entscheidungsspielräume hatte man beim Wählen?

b) Diskutiert in der Klasse, welche Wahl euch demokratisch erscheint und begründet eure Ansicht mithilfe der Quellen M1 und M2.

c) Im Mittelpunkt dieses Teilkapitels steht die Frage, wie es dazu kam, dass in Deutschland im Jahre 1949 zwei verschiedene Staaten gegründet worden sind. Entwickelt erste Leitfragen für den Unterricht zur Unterschiedlichkeit dieser beiden Staaten.

↪ M1, M2

Vorentscheidungen der Nachkriegszeit

Die deutsche Teilung begann bereits nach Kriegsende 1945. Die sowjetische Besatzungsmacht bereitete durch eine Bodenreform sowie durch die Verstaatlichung der Industriebetriebe eine staatlich gelenkte sozialistische Planwirtschaft vor. Zu-
5 gleich erfolgte mit dem Zwangszusammenschluss von Ost-SPD und Ost-KPD zur SED und die Ausschaltung politischer Gegner, beispielsweise im Rahmen der Entnazifizierung, eine gesellschaftliche und politische Gleichschaltung unter sowjetischer Kontrolle.

Die Konflikte um eine Währungsreform und die von der Sowjetunion herbei-
10 geführte Berlinblockade bestärkten die Westalliierten in ihrem Bestreben, einen demokratischen und marktwirtschaftlich ausgerichteten westdeutschen Staat zu gründen, der die Einflusssphäre der Sowjetunion Richtung Westeuropa begrenzen sollte. All dies zeigt, dass die entscheidenden Impulse zur Gründung zweier deutscher Teilstaaten von außen kamen und durch die Konfrontation der USA und der
15 UdSSR im „Kalten Krieg" ausgelöst wurden.

Auf dem Weg zum Weststaat

Im Frühjahr 1948 beschloss die Londoner Sechs-Mächte-Konferenz (USA, England, Frankreich und die Beneluxstaaten) die Gründung eines westdeutschen
20 Staates. Dieser sollte eine demokratische und föderalistische Verfassung erhalten, bestätigt durch eine Volksabstimmung in Westdeutschland. Eine verfassunggebende Versammlung sollte die Ausarbeitung übernehmen.

Die westdeutschen Ministerpräsidenten fürchteten jedoch, dass dies die Teilung Deutschlands vertiefen würde. Deshalb nahmen sie Abänderungen vor, ohne
25 aber eine westdeutsche Staatsgründung grundsätzlich abzulehnen: Die Verfassung sollte nun Grundgesetz heißen und nicht durch eine Volksabstimmung, sondern durch die Länderparlamente verabschiedet werden. Auf Herrenchiemsee wurde von Delegierten ein erster Entwurf diskutiert, aus dem der Parlamentarische Rat in Bonn das „Grundgesetz der Bundesrepublik Deutschland" erarbeitete.
30

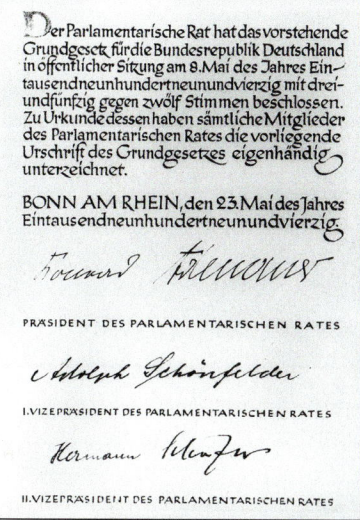

M 3 **Das Grundgesetz**
Letzte Seite der Urschrift

Das Grundgesetz als Garant der Demokratie

Mit Blick auf die Zeit der Weimarer Republik und des Nationalsozialismus wurden im Grundgesetz vielfältige Absicherungen des pluralistisch-demokratischen Systems vorgenommen:
35 ■ Grund- und Menschenrechte stehen – als Artikel 1 bis 20 – am Beginn des Grundgesetzes und sind in ihrem Wesenskern nicht veränderbar.
■ Föderalismus, Demokratie, Sozial- und Rechtsstaatlichkeit sind als Grundprinzipien festgeschrieben.
■ Die Stellung des Bundespräsidenten wird gegenüber der des Reichspräsiden-
40 ten der Weimarer Republik, der oft als „Ersatzkaiser" bezeichnet wurde, auf repräsentative Aufgaben beschränkt.

M 4 **Verkündung des Grundgesetzes der Bundesrepublik Deutschland**

Vorne rechts: Theodor Heuss (FDP), der später (ab 12. Sept. 1949) erster Bundespräsident wurde, Mitte: Carlo Schmid (SPD). Die KPD-Abgeordneten Renner und Reimann bleiben demonstrativ sitzen und bekunden damit ihren Protest gegen die Verabschiedung der Verfassung, Foto, 23. Mai 1949.

🖥 WES-115467-103
Film über die Gründung der
Bundesrepublik

🖥 WES-115467-104
Film über Gründung der DDR

- Die Abwahl eines Bundeskanzlers kann nur durch ein „konstruktives Misstrauensvotum" erfolgen, sodass stets eine handlungsfähige Exekutive gewährleistet ist.
- Auf die Möglichkeit von Volksanstimmungen auf Bundesebene wurde weitgehend verzichtet.
- Durch das Prinzip der „wehrhaften Demokratie" (beispielsweise durch Parteienverbote) kann sich die Bundesrepublik vor antidemokratischen Gruppierungen schützen.

Die Gründung der Bundesrepublik Deutschland

Am 23. Mai 1949 trat das neue Grundgesetz durch die Zustimmung fast aller Länderparlamente in Kraft; lediglich der Bayerische Landtag lehnte das Grundgesetz mehrheitlich als zu wenig föderalistisch ab. Allerdings waren sich alle bayerischen Abgeordneten bewusst, dass das Grundgesetz auch in Bayern in Kraft treten würde. Nach der ersten Bundestagswahl am 14. August 1949 wurde Konrad Adenauer (CDU) mit nur einer Stimme Mehrheit zum ersten Bundeskanzler einer CDU/CSU-FDP-Koalitionsregierung gewählt. Regierungssitz wurde das am Rhein gelegene Bonn, nicht Berlin.

Auf dem Weg zur Deutschen Demokratischen Republik

„Es muss demokratisch aussehen, aber wir müssen alles in der Hand haben", so formulierte der von Stalin in der SBZ eingesetzte Kommunist Walter Ulbricht schon im Frühjahr 1945 die Vorgehensweise in der SBZ.

Im Dezember 1947 trat auf Einladung und unter Führung der SED ein gesamtdeutscher „Volkskongress für Einheit und gerechten Frieden" mit über 2000 Delegierten aus West und Ost zusammen, der ein gesamtdeutsches Vorparlament bilden sollte. Seine Fortsetzung fand er in einem zweiten Volkskongress im März 1948, der gegen einen möglichen westdeutschen Teilstaat protestierte und eine gesamtdeutsche Verfassung ausarbeitete. Die Wirkung beider Kongresse blieb jedoch auf die SBZ beschränkt. Nach der Gründung der Bundesrepublik trat Ende Mai ein dritter Volkskongress zusammen, dessen von der SED dominierter Volksrat am 7. Oktober schließlich die sozialistische Verfassung der DDR verabschiedete.

Am 15. Oktober 1949 fand eine „Einheitswahl" zum ersten Parlament der DDR, der Volkskammer, statt: Die Wähler konnten nur mit „Ja" oder „Nein" zu einer von der SED kontrollierten Kandidatenliste stimmen.

Die Verfassung der „Volksrepublik" DDR gab sich zunächst einen liberal-demokratischen Anschein, auch weil die DDR im Systemvergleich mit der Bundesrepublik bestehen wollte. Die Nationalhymne sprach von „Deutschland, einig Vaterland"; formal gab es verschiedene Parteien, die jedoch zu einem von der SED kontrollierten „antifaschistischen Block" zusammengefasst wurden. So entstand eine Parteidiktatur im Osten Deutschlands, die sich bis zur Wiedervereinigung 1989/90 halten konnte.

45

50

60

65

70

75

80

M 5 Gründung der DDR

Die Provisorische Volkskammer erkennt die vom Volksrat bestätigte Verfassung als Verfassung der DDR an, Foto, 7. Oktober 1949.

Aufgaben

1. Die Gründung zweier deutscher Staaten
  a) Erläutere den Weg zur Gründung beider deutscher Staaten mithilfe eines Zeitstrahls.
  b) Diskutiere, ob die deutsche Teilung vor dem Hintergrund der Politik der Aliierten und deren Weltanschauungen nach dem Zweiten Weltkrieg unausweichlich war.

↷ Text auf den Seiten 37–38

„Männer und Frauen sind gleichberechtigt" – Streit um einen Grundgesetzartikel

M 6 Eine Stellungnahme

a) Im Parlamentarischen Rat, der verfassungsgebenden Versammlung, befanden sich 61 Männer und 4 Frauen, darunter Elisabeth Selbert. In den Beratungen zu Artikel 3 GG führte sie im Dezember 1948 aus:

Es ist eine Selbstverständlichkeit, dass man [...] den Frauen die Gleichberechtigung auf allen Gebieten geben muss. Die Frau soll nicht nur in staatsbürgerlichen Dingen gleichste-
5 hen, sondern muss auf allen Rechtsgebieten dem Manne gleichgestellt werden. Die Frau, die während der Kriegsjahre auf den Trümmern gestanden und den Mann an der Arbeitsstelle ersetzt hat, hat heute einen moralischen Anspruch darauf, so wie der Mann bewertet zu werden. [...] Sollte der Artikel in dieser Fassung heute wieder abgelehnt
10 werden, so darf ich Ihnen sagen, dass in der gesamten Öffentlichkeit die maßgeblichen Frauen wahrscheinlich dazu Stellung nehmen werden, und zwar derart, dass unter Umständen die Annahme der Verfassung gefährdet ist. [...] Alle ‚Aber' sollten hier ausgeschaltet sein, da mit den Stim-
15 men der Frauen als Wählerinnen als denjenigen Faktoren gerechnet werden muss, die für die Annahme der Verfassung[1] ausschlaggebend sind, nachdem wir in Deutschland einen Frauenüberschuss von 7 Millionen haben und wir auf 100 männliche Wähler 170 weibliche Wähler rechnen.
1 Das Abstimmungsverfahren war zu diesem Zeitpunkt noch in der Diskussion.

Zit. n.: Barbara Böttger, Das Recht auf Gleichheit und Differenz. Elisabeth Selbert und der Kampf der Frauen um Art. 3 II Grundgesetz, Münster: Verl. Westfälisches Dampfboot 1990, S. 184 f.

b) Nachdem der Selbert-Vorschlag zwei Mal abgelehnt worden war, verstärkten sich die Eingaben an den Parlamentarischen Rat. Folgende Eingabe stammt vom Betriebsrat der Firma Henschel in Kassel:

Hat man in Bonn die völlig veränderte Situation der heutigen Frauen übersehen? Glaubt der parlamentarische Rat vertreten zu können, dass eine verheiratete Frau und solche, die mit ihrer Hände Arbeit ein neues Leben aus dem
5 Chaos aufbauen, weniger Rechte besitzen soll als ein Jüng-

ling von 21 Jahren? [...] Sieht man in den Frauen nach all diesen Jahren der bitteren Erfahrung und der durchgestandenen Not ein unselbstständiges, urteilsloses Wesen?

Zit. n.: Barbara Böttger, a. a. O, S. 202.

c) Für Artikel 3 GG standen im Parlamentarischen Rat folgende Formulierungen zur Diskussion: „Männer und Frauen haben dieselben staatsbürgerlichen Rechte und Pflichten", „Der Gesetzgeber muss Gleiches gleich, Verschiedenes in seiner Eigenart behandeln" sowie „Männer und Frauen sind gleichberechtigt". Das Ergebnis der Beratung liegt mit Artikel 3 GG vor:

Artikel 3
[Gleichheit vor dem Gesetz; Gleichberechtigung von Männern und Frauen; Diskriminierungsverbote]
(1) Alle Menschen sind vor dem Gesetz gleich.
(2) Männer und Frauen sind gleichberechtigt. Der Staat fördert die tatsächliche Durchsetzung der Gleichberechtigung von Frauen und Männern und wirkt auf die Beseitigung bestehender Nachteile hin.
(3) Niemand darf wegen seines Geschlechts, seiner Abstammung, seiner Rasse, seiner Sprache, seiner Heimat und Herkunft, seines Glaubens, seiner religiösen oder politischen Anschauungen benachteiligt oder bevorzugt werden. Niemand darf wegen seiner Behinderung benachteiligt werden.

Grundgesetz für die Bundesrepublik Deutschland, Artikel 3 (Stand 1995). https://www.bundestag.de/parlament/aufgaben/rechtsgrundlagen/ grundgesetz/gg_01-245122 [letzter Zugriff: 01.09.2021].

M 7 Elisabeth Selbert

Rechtsanwältin, SPD-Politikerin, Mitglied des Parlamentarischen Rates, Foto von 1948/49.

Aufgaben

1. „Männer und Frauen sind gleichberechtigt"
   a) Erläutere die Unterschiede der vorgeschlagenen Formulierungen für Art. 3 GG (M6c).
   b) Erkläre die Begründung des Vorschlags von Elisabeth Selbert (M6a).
   c) Beurteile die Resonanz der Diskussion in der Öffentlichkeit.
   ↰ M6

Regierungserklärungen – Arbeiten mit Textquellen

M 8   Konrad Adenauer und Otto Grotewohl

a) Regierungserklärung des Bundeskanzlers Konrad Adenauer vor dem Deutschen Bundestag am 21.10.1949:

In der Sowjetzone wurden schon im Jahre 1945 im Gegensatz zu den drei anderen Zonen Zentralverwaltungen eingerichtet, die den unverkennbaren Zweck hatten, die ganze sowjetische Zone staatlich einheitlich zu organisieren. [...]
5 Die wirtschaftliche und die politische Trennung der Sowjetzone von dem übrigen Deutschland wurde weiter gefördert durch die Einsetzung des sogenannten Ersten Volkskongresses am 6. Dezember 1947, die Einberufung des Zweiten Volkskongresses am 18. März 1948, die Schaffung eines
10 Volksrats am gleichen Tag, die Erteilung des Auftrags an den Volksrat, eine Verfassung auszuarbeiten, und schließlich durch die Verabschiedung dieser Verfassung durch den Volksrat am 19. März 1949. Diese Volkskongresse sind nicht aus Wahlen, das heißt aus freien Wahlen, an denen sich
15 jeder hätte frei beteiligen können, hervorgegangen. Für den Dritten Volkskongress durfte nur eine Einheitsliste aufgestellt werden. Die in der vom Volksrat beschlossenen Verfassung vom 19. März 1949 vorgesehenen Wahlen für eine Volkskammer wurden nicht abgehalten. Der Volksrat
20 etablierte sich am 7. Oktober 1949 im Widerspruch mit der von ihm selbst beschlossenen Verfassung als provisorische Volkskammer. Gleichzeitig wurde erklärt, dass Wahlen, die schon mehrfach in Aussicht gestellt waren, bis zum 15. Oktober 1950 verschoben würden. [...]
25 Es wird niemand behaupten können, dass die nunmehr geschaffene Organisation der Sowjetzone auf dem freien Willen der Bevölkerung dieser Zone beruht.
Sie ist zustande gekommen auf Befehl Sowjetrusslands und unter Mitwirkung einer kleinen Minderheit ihm ergebener
30 Deutscher. [...]
Die Bundesrepublik Deutschland stützt sich dagegen auf die Anerkennung durch den frei bekundeten Willen von rund 25 Millionen stimmberechtigter Deutscher. Die Bundesrepublik Deutschland ist somit bis zur Erreichung der deutschen Einheit insgesamt die alleinige legitimierte 35 staatliche Organisation des deutschen Volkes.

Deutscher Bundestag, Stenographische Berichte. 13. Sitzung, Bonn: 21.10.1949, Bd. 1, S. 307f., https://dserver.bundestag.de/btp/01/01013.pdf [letzter Zugriff: 02.09.2021].

b) Regierungserklärung von Ministerpräsident Otto Grotewohl am 12.10.1949 vor der Provisorischen Volkskammer der DDR:

Die Handlungen der Regierung werden durch nichts anderes bestimmt als durch die vom Deutschen Volksrat beschlossene, vom 3. Deutschen Volkskongress bestätigte und durch die Volkskammer in Kraft gesetzte Verfassung der Deutschen Demokratischen Republik. Die Regierung 5 geht aus der ersten unabhängigen deutschen Volksbewegung hervor, sie ist damit die erste unabhängige deutsche Regierung. Durch ihre Herkunft aus dem deutschen Volke selbst unterscheidet sie sich schon von der aufgrund der Bonner Verfassung errichteten westdeutschen Separatre- 10 gierung. Die Bonner Verfassung ist nur die Ausführungsbestimmung des Besatzungsstatuts der westlichen Alliierten. Der in Westdeutschland errichtete Verfassungszustand ist keineswegs als der Ausdruck einer eigenen deutschen politischen Willensbildung anzuerkennen. Der westdeutsche 15 Sonderstaat ist nicht in Bonn, sondern in London entstanden. Bonn hat nur die Londoner Empfehlungen, die in Wahrheit Befehle der westlichen Alliierten waren, ausgeführt. Der nunmehr in die Volkskammer umgewandelte frühere Deutsche Volksrat hat wiederholt Vorschläge an die 20 westdeutschen Politiker ergehen lassen, eine gemeinsame politische Plattform für eine demokratische Willensbildung in ganz Deutschland zu schaffen. Sie haben in Westdeutschland diesen demokratischen Weg abgelehnt und glauben, mit den Methoden einer maßlosen Hetze und Verleumdung 25 gegen die Sowjetunion und gegen die sowjetische Besatzungszone weiterzukommen. [...] Die westdeutschen Politiker, die westlichen Alliierten und darüber hinaus die Weltöffentlichkeit werden sich davon überzeugen müssen, dass nur dann, wenn dem deutschen Volke das Recht auf die 30 staatliche Selbstbestimmung eingeräumt wird, das Deutschlandproblem gelöst werden kann. [...]
Der westdeutsche Separatstaat weist schon in seiner Geburtsstunde alle Krankheitszeichen eines politischen Wechselbalges und einer Krise auf, er kann darum vor dem 35 Urteil der Geschichte nicht bestehen.

Otto Grotewohl, Im Kampf um die einige Deutsche Demokratische Republik Bd. 1: Reden und Aufsätze aus den Jahren 1945–1949, Berlin: Dietz 1959, S. 489 ff.

M 9   Konrad Adenauer (1876–1967)

Bis zu seiner Absetzung durch die Nationalsozialisten Oberbürgermeister von Köln. Im „Dritten Reich" wurde er verfolgt und lebte zurückgezogen in Rhöndorf bei Bonn. Nach Kriegsende stieg er zur Führungsfigur der CDU auf.

Staatsaufbau der Bundesrepublik – Ein Verfassungsschaubild auswerten

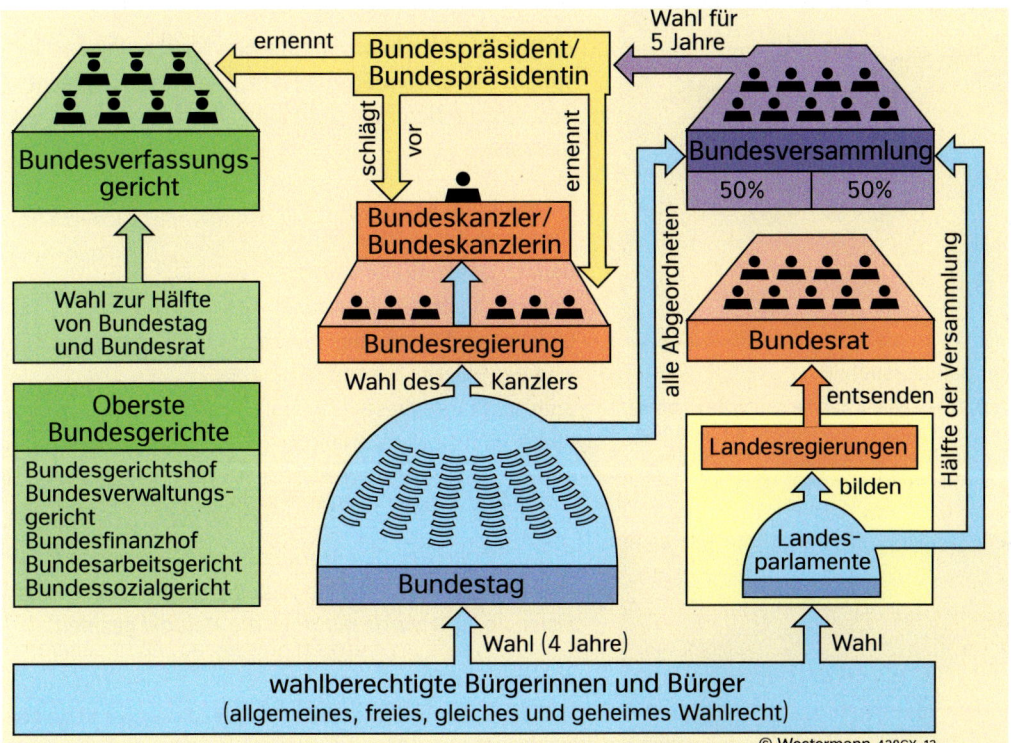

M 10 Das Grund-
gesetz der Bundesre-
publik Deutschland
Verfassungsschaubild

Aufgaben

1. Regierungserklärungen – Arbeiten mit Textquellen

a) Vergleiche die Regierungserklärungen von Adenauer (M8a) und Grotewohl (M8b) und stelle die zentralen Aussagen in einer Übersicht dar.

b) Analysiere die in den Reden eingesetzten sprachlichen Mittel auf ihre Wirkung.

⌒ M8

2. Staatsaufbau der Bundesrepublik – Ein Verfassungsschaubild auswerten

a) Ordne die im Verfassungsschaubild M10 genannten Verfassungsorgane der passenden staatlichen Gewalt (Exekutive, Judikative, Legislative) zu. Erkläre anschließend an diesem Schaubild das Prinzip der Gewaltenteilung.

b) Ermittle, bei welchen Gelegenheiten die Verfassung Wahlen vorsieht. Erkläre anschließend an diesem Schaubild die Bedeutsamkeit von Wahlen für die Demokratie.

⌒ M10, Internet

3. „Wehrhafte Demokratie"

Unter dem Begriff der „wehrhaften Demokratie" wurden 1949 in das Grundgesetz der Bundesrepublik

Deutschland folgende Artikel eingearbeitet:
Artikel 79/Abs. 3, Artikel 9/Abs. 2, Artikel 18,
Artikel 21/Abs. 2.
Schlage sie nach und erläutere ihren Inhalt vor dem Hintergrund des Nationalsozialismus.

⌒ Grundgesetz

4. Nationale Symbole: Ein Erklärvideo erstellen – Medienbildung

a) Ermittle aus beiden Liedtexten (M13, Seite 42), welche deutschlandpolitischen Ansprüche jeweils vertreten werden. Erkläre diese Ansprüche vor dem Hintergrund der historischen Entwicklungen seit 1945.

b) In der DDR-Nationalhymne erfolgt keine Bezugnahme auf sozialistische Zielvorstellungen. Versuche, dies zu erklären, indem du auf die Ergebnisse von Teilaufgabe a zurückgreifst.

c) Informiere dich über die Bedeutung der Farben Schwarz – Rot – Gold in der deutschen Flagge und fertige zu der Nationalflagge ein Erklärvideo an. Verwende dafür den Trainingskasten auf Seite 43

⌒ M11 – M13, Internet, Trainingskasten auf Seite 43

Nationale Symbole

M 11   Die Flagge der Bundesrepublik

Die Farben – Schwarz, Rot, Gold – gehen auf die deutsche National-
bewegung des 19. Jahrhunderts zurück. 1949 wurden diese Farben
in die Nationalflagge der Bundesrepublik Deutschland und am
3. Oktober 1990 für das geeinte Deutschland übernommen.

M 12   Die Flagge der DDR

Bis 1959 waren die Flaggen der Bundesrepublik und der DDR
identisch. Um die Eigenständigkeit der DDR zu betonen, wurde
seit 1959 das Staatswappen der DDR in die Flagge eingesetzt. Der
Ährenkranz repräsentiert die Bauern, der Hammer die Arbeiter, der
Zirkel Industrie und Technik.

M 13   Die Nationalhymnen

*a) Der Text der bundesdeutschen Nationalhymne ent-
spricht der dritten Strophe des „Liedes der Deutschen",
das August Heinrich Hoffmann von Fallersleben 1841
dichtete:*

Einigkeit und Recht und Freiheit
für das deutsche Vaterland!
Danach lasst uns alle streben
brüderlich mit Herz und Hand!
5 Einigkeit und Recht und Freiheit
sind des Glückes Unterpfand.
Blüh' im Glanze dieses Glückes,
blühe, deutsches Vaterland!

Hoffmann von Fallersleben, Werke. Erster Teil: Lyrische Gedichte, Berlin/
Leipzig/Wien/Stuttgart: Deutsches Verlagshaus Bong & Co. 1912, S. 275.

*b) 1. Strophe der DDR-Nationalhymne. Johannes R. Be-
cher schrieb den Text, die Melodie komponierte Hanns
Eisler. Ab 1973 wurde nur noch die Melodie gespielt:*

Auferstanden aus Ruinen
und der Zukunft zugewandt,
lass uns dir zum Guten dienen,
Deutschland, einig Vaterland.
5 Alle Not gilt es zu zwingen
und wir zwingen sie vereint,
denn es muss uns doch gelingen,
dass die Sonne schön wie nie
über Deutschland scheint.

Johannes R. Becher, Auswahl in sechs Bänden. Bd. 2, Berlin/Weimar:
Aufbau Verlag 1952, S. 309.

Info

Die Nationalhymnen

Im Zuge des erwachenden deutschen Nationalbe-
wusstseins verfasste der Schriftsteller August Heinrich
Hoffmann von Fallersleben 1841 das „Lied der Deutschen", das rasch als Symbol der deutschen National-
staatsbewegung galt. Im Ersten Weltkrieg avancierte vor
allem die erste Strophe mit dem Beginn „Deutschland,
Deutschland über alles" zu einem häufig gesungenen
Soldatenlied und leitete Siegesmeldungen ein. Erst in
der Weimarer Republik wurde das „Lied der Deutschen"
von Reichspräsident Friedrich Ebert offiziell hervorge-
hoben, wobei er vor allem auf die dritte Strophe Bezug
nahm. In der NS-Zeit wurde bei offiziellen Anlässen nur
noch die erste Strophe gesungen. Die Anerkennung des
„Lieds der Deutschen" als Nationalhymne der Bundesrepublik erfolgte 1952.

Info

Aus „staatspolitischen Gründen" wird nur die dritte
Strophe gesungen. 1991 wurde diese dritte Strophe zur
Nationalhymne ganz Deutschlands.

In der DDR wurde mit der Staatsgründung der Anspruch
erhoben, ein neues, friedvolles und sozialistisches
Deutschland zu begründen, deshalb erfolgte kein Rück-
griff auf das „Lied der Deutschen". Vielmehr schuf der
überzeugte Sozialist Johannes R. Becher eine Neudich-
tung, die faktisch zur Nationalhymne wurde. Allerdings
passte der 1949 im Text formulierte Anspruch der DDR-
Führung, für „Deutschland einig Vaterland" einzutreten,
ab den 70er-Jahren nicht mehr in die politische Linie
einer DDR als souveränes „sozialistisches Deutschland",
das gleichberechtigt neben der Bundesrepublik stehen
sollte. Deshalb wurde diese Nationalhymne nur noch
instrumental, also ohne Text, vorgetragen.

Ein Erklärvideo erstellen

Erklärvideos sind kurze Filme, die man ohne großen Aufwand selber herstellen kann.

In ihnen werden Sachverhalte, Prozesse oder Ereignisse und Begriffe kurz und verständlich dargestellt. Die Produzenten müssen keine Profis sein. Erklärvideos zeigen nicht nur, dass man selbst etwas verstanden hat, sondern sie haben auch das Ziel, anderen etwas auf verständliche Weise zu erklären. So kann man zeigen, wie etwas funktioniert (z. B. eine Verfassung), was etwas bedeutet (zum Beispiel ein schwieriger Begriff), wie etwas verlief (z. B. ein Prozess).

Wichtig ist dabei der klare Adressatenbezug auf den Laien, der etwas lernen soll. Die dabei verwendeten Mittel werden selbst hergestellt und greifen bewusst oft auf einfache Skizzen zurück, in die in einem Legeverfahren Symbole, Begriffe und Ähnliches in einer Sequenzenfolge eingelegt werden können. Dadurch erhalten die Filme etwas Dynamisches.

Erklärvideos haben eine informellen Erklärstil; das heißt, dass sie einfach und ggf. auch humorvoll erklären. Dabei steht natürlich nicht der Witz, sondern die korrekte Information weiterhin im Vordergrund. Dazu kann auch gehören, dass man Fachbegriffe extra noch einmal erklärt, ohne zu belehren.

Aufgabe: Erstellt ein drei- bis fünfminütiges Erklär-Video mit dem Handy.

Vorbereitung:

1. Arbeitsschritt: Fragestellung
Verdeutlicht euch die jeweilige Fragestellung!

2. Arbeitschritt: Reduzierung des Themas
Vereinfacht das komplexe Thema zunächst in sechs bis zehn sinnvoll abgegrenzte und wichtige Abschnitte („Storyboard"/„Screenshots") in einem kleinen Drehbuch.

3. Arbeitsschritt: Konzeptionierung/Planung
Entwickelt für jeden Abschnitt:
1. eine geeignete Möglichkeit der Darstellung, zum Beispiel die Einstellungsgröße und die Perspektive. Aber auch kleine Grafiken oder einzulegende Symbole, z. B. dynamisierende Pfeile oder in das Bild direkt Eingezeichnetes können hier schon überlegt werden etc.
2. einen kurzen, dazu passenden, für die Zielgruppe (Klasse) gut verständlichen Erklärtext
3. Anschluss und Überleitung zum vorangehenden und folgenden Bild.
4. Beachtet die Rechtefrage bei ggf. gezeigten Bildern, Grafiken etc.

4. Arbeitsschritt: Ausarbeitung
Arbeitet 1. bis 3. sorgfältig aus. Achtet auf
- gut erkennbare Zeichnungen (z. B. dicke Filzstifte o. Ä.)
- Verständlichkeit der Texte
- Deutlichkeit des Sprechens
- Synchronität des Sprechens mit dem im Bild Gezeigten

Besprecht in der Gruppe die Ergebnisse und teilt Verantwortliche für die jeweiligen Aufgaben ein (Sprecher, Materialbeweger, Beleuchter etc.).
Klärt Anfang und Ende des Videos (Rechtefrage, ggf. Quellenangaben …)
Beachtet besonders, dass am Ende eine kurze Zusammenfassung steht, Quellen gut lesbar und lange erkennbar bleiben.

5. Vorbereitung/Technikprobe:
Übt den gesamten Drehvorgang unter Echtbedingungen!
Ein paar Tipps:
- Handy möglichst senkrecht auf Stativ, blendfreies Licht, Ausschluss von Störungen, …
- Sprecht absolut deutlich
- Filmt großformatig
- Vermeidet zu viele Perspektivwechsel und Einstellungsgrößen

6. Die Umsetzung/Vorführung
- Kritik/Besprechung/Überarbeitung
- Drehen
- Vorführen
- Diskutieren in der Klasse

Rheinland-Pfalz – Ein Nachkriegs-Bundesland

*Die Entscheidung der westalliierten Siegermächte, wieder Länderregierungen ein-
zusetzen, war ein deutliches Zeichen für einen föderalen Aufbau von unten nach
oben und gegen eine Zentralmacht, wie sie im Nationalsozialismus durch die politische Ausschaltung der Länder vorherrschte. Durch diese Entscheidung der Alliierten wurden nicht nur alte Länder wieder hergestellt, sondern auch neue geschaffen,
darunter das „Bindestrichland" Rheinland-Pfalz. Der Name sagt schon, dass hier
Teile zusammengeschlossen wurden, die sich dann erst einmal finden mussten. Wie
gelang dies in Rheinland-Pfalz? Gibt es oder sollte es so etwas geben wie eine rheinland-pfälzische Identität?*

M 1 Flagge des Bundeslandes Rheinland-Pfalz

Das neue Landeswappen wurde 1948 durch ein Gesetz bestimmt. Es vereinigt die Symbole dreier
ganz unterschiedlicher Herrschaften, die viele Hundert Jahre lang in Eigenständigkeit und Konkurrenz die Vergangenheit des Landes an Rhein und Mosel geprägt haben und nun in einem neuen
Gebiet zusammengefasst wurden. Gekrönt wird das Landeswappen von einer „Volkskrone". Sie steht
nicht als Symbol für einen einzelnen Herrscher, sondern ist Sinnbild der Volkssouveränität. Damit
soll zum Ausdruck gebracht werden, dass alle Macht vom Volke ausgeht.

Aufgaben

1. Das Wappen von Rheinland-Pfalz

a) Beschreibe das Wappen (M1).

b) Recherchiere im Internet, für welches historische Gebiet die drei Wappenbilder im Landeswappen von Rheinland-Pfalz jeweils stehen.

⌒ M1, Internet

M 2   **Mainz in Trümmern 1945**
Foto, März/April 1945

Ein neues Land entsteht

In der Endphase des Zweiten Weltkrieges besetzten im Frühjahr 1945 zunächst amerikanische Truppen das Gebiet des heutigen Bundeslandes Rheinland-Pfalz. Die amerikanische Militärregierung setzte Deutsche, die man für unbelastet hielt, als Bürgermeister und Landräte ein. Nach der Aufteilung Deutschlands in vier
5 Besatzungszonen übernahmen dann im Sommer 1945 die Franzosen die Verwaltung. Ihre vorrangige Aufgabe sah die Militärverwaltung in der Bekämpfung des Hungers und der Wohnungsnot, vor allem in den ausgebombten Städten: Das Elend, das die Deutschen über weite Teile Europas gebracht hatten, hatte nun auch Deutschland selbst ereilt. Da viele deutsche Männer gefallen waren oder sich
10 in Kriegsgefangenschaft befanden, mussten hauptsächlich Frauen das Überleben in den zerstörten Städten sichern.

Am 30. August 1946 ordnete der französische General Pierre Koenig im gesamten französisch-besetzten linksrheinischen Gebiet die Gründung eines rhein-
15 pfälzischen Landes an. Eine vorläufige Landesregierung unter Wilhelm Boden arbeitete einen Verfassungsentwurf aus, und zwar zunächst gegen den Willen vieler Deutscher, die sich mit einem solchen „Kunstgebilde" nicht identifizieren wollten. Am 18. Mai 1947 nahm jedoch eine knappe Mehrheit der Bevölkerung die rheinland-pfälzische Verfassung an. Damit war – zwei Jahre vor der Gründung der
20 Bundesrepublik Deutschland 1949 – ein neues Bundesland entstanden, mit dessen geografischer Einrichtung sich allerdings nicht alle zufrieden zeigten: Noch 1975 fanden mehrere Volksentscheide statt, ob verschiedene Landesteile nicht doch anderen Bundesländern zugeschlagen werden sollten. Die Mehrheit der Bürger entschied sich jedoch immer gegen derartige Veränderungen.
25

Gewaltige Aufgaben

Die Regierungen von Rheinland-Pfalz standen vor zahlreichen schwierigen Aufgaben: Wohnungen und Straßen mussten instand gesetzt, eine einheitliche Verwaltung und Justiz mussten aufgebaut, Kriegsheimkehrer und rund 260 000
30 Vertriebene mussten eingegliedert werden. Hinzu kam die Aufgabe der Entnazifizierung. Die meisten dieser Probleme konnten bis Mitte der 1950er-Jahre im Großen und Ganzen gelöst werden. Zu einer ruhigen Entwicklung trug auch die Tatsache mit bei, dass es kaum politische Wechsel gab: Von 1947 bis 1991 stellte die CDU die Ministerpräsidenten, seit 1991 die SPD.
35   Schwierig gestaltete sich hingegen der Wiederaufbau des Schulsystems. Hier mussten neue Schulgebäude errichtet, politisch unbelastete Lehrerinnen und

M 3   **Zerstörungsgrade rheinland-pfälzischer Städte**

Koblenz	63 %
Mainz	54 %
Ludwigshafen	49 %
Trier	41 %
Kaiserslautern	28 %

Lehrer gefunden und neue Schulbücher entwickelt und gedruckt werden. Die unterschiedlichen historischen Traditionen der einzelnen Landesteile von Rheinland-Pfalz machten sich besonders im Streit um die Konfessions- oder Simultanschulen bemerkbar – in Letzterer werden die Schülerinnen und Schüler unabhängig von ihrer Religionszugehörigkeit gemeinsam unterrichtet. Der Schulstreit wurde schließlich mit dem Konzept einer christlichen Simultanschule gelöst.

Probleme und Chancen der Konversion

Schon bald nach 1945 wandelte sich das Verhältnis der beiden Supermächte und es begann die Phase des Kalten Krieges; die Bundesrepublik und die DDR wurden Mitglieder der gegeneinander gerichteten Militärblöcke NATO und Warschauer Pakt. In Rheinland-Pfalz waren neben den Bundeswehrsoldaten auch rund 260 000 amerikanische Soldaten und 50 000 britische Air Force-Angehörige stationiert, die die Entwicklung des Landes prägten. In Bitburg, Spangdahlem, Hahn, Pferdsfeld, Sembach, Zweibrücken, Landstuhl (Ramstein) und Büchel entstanden NATO-Flugplätze – im Volksmund wurde Rheinland-Pfalz daher auch „Flugzeugträger der NATO" genannt. Hinzu kamen Giftgaslager und Atomwaffendepots, gegen deren Existenz sich vor allem in den 1970er- und 1980er-Jahren große Demonstrationen der Friedensbewegung richteten.

Nach dem Ende des Kalten Krieges und der Vereinigung von Bundesrepublik und DDR verlor Rheinland-Pfalz seine militärstrategische Bedeutung und die amerikanischen Streitkräfte reduzierten ihre Truppen und Waffensysteme. Was die einen freute, wurde für andere zum Problem, denn mit dem Abzug der Soldaten gingen auch Tausende von Zivilarbeitsplätzen gerade in strukturschwachen Regionen verloren. Kaiserslautern, einst die größte amerikanische Wohnanlage außerhalb von Amerika mit 42 000 Militärangehörigen, geriet dadurch für viele Jahre in große wirtschaftliche Schwierigkeiten.

Mit einem Konversionsprogramm versucht die Landesregierung, ehemalige Militärstandorte wie den Flughafen Hahn bei Simmern im Hunsrück in zivile Einrichtungen umzuwandeln und so neue Arbeitsplätze zu schaffen. Dieser Umwandlungsprozess der strukturschwachen Regionen ist finanziell sehr aufwändig und stellt bis heute eine schwierige Aufgabe dar.

Herausforderungen der Zukunft

Eine der Hauptherausforderungen des Landes Rheinland-Pfalz ist die demografische Entwicklung. Seit Mitte der 1960er-Jahre sind die Geburtenzahlen und die Zahl der Gesamtbevölkerung vor allem in den ländlichen Gebieten stark rückläufig. Hinzu kommt, dass die Menschen immer älter werden und in die Städte drängen. Die Bereitstellung von bezahlbarem Wohnraum in den Ballungsräumen und von Versorgungsmöglichkeiten auf dem Lande sind daher neben den Konversionsproblemen die beiden anderen großen Aufgaben für die Zukunft.

Training

Erklärung des Operators „Diskutieren" bzw. „Erörtern"

Du sollst einen Sachverhalt, ein Problem, eine Frage aus verschiedenen Perspektiven (Sichtweisen) betrachten. Das bedeutet, dass du verschiedene Positionen (Meinungen), die es dazu gibt, und Argumente, die dafür oder dagegen sprechen, genau durchdenken, vergleichen, für dich prüfen und einander gegenüberstellen sollst. Dadurch sollst du eine eigene Position finden und formulieren. Das heißt, du musst dich aufgrund deiner gedanklichen Auseinandersetzung mit dem Sachverhalt/Problem bzw. der Frage abschließend entscheiden und ein eigenes Urteil fällen bzw. Stellung dazu nehmen.

M 5　Neuaufbau des Landes

Aus der ersten Regierungserklärung des Ministerpräsidenten Peter Altmeier (1899–1977) vom 9. Juli 1947:

Die Landesregierung fühlt sich verpflichtet, an dieser Stelle zu betonen, dass auch die höchstmögliche Nahrungsmittelerzeugung im eigenen Lande niemals ausreichen kann, um eine genügende Ernährung unseres Volkes sicherzu-
5 stellen. […] Neben der Sicherung der Ernährung werden wir unsere besondere Sorge der gewerblichen Wirtschaft zuwenden und uns vor allem bemühen, die Gewinnung von Baustoffen aller Art und ihre Bereitstellung zum Wiederaufbau zerstörten und der Erstellung neuen Wohnraums zu
10 steigern, den vorhandenen Transportraum zu vermehren und die Voraussetzungen für die Versorgung mit Bekleidung, mit Schuhen und allen anderen Dingen zu schaffen. […] Dem Schiebertum, dem gewinnsüchtigen und gewerbsmäßigen Schwarzhandel wird unser schärfster Kampf gel-
15 ten. […] Die Beseitigung der Not ist dem deutschen Volk allein aus eigener Kraft nicht möglich, sondern erfordert tatkräftige umfassende und schnelle Hilfe nicht nur durch die Besatzungsmacht, sondern durch die Gesamtheit der alliierten Mächte. Wenn Katastrophen abgewendet werden
20 sollen, dann bedingt dies die Herabsetzung der Lebensmittelentnahmen, die nicht der Bevölkerung unseres Landes zugutekommen, darüber hinaus die sofortige Einfuhr von Lebensmitteln. Es wird die Aufgabe der Regierung sein, sich mit allem Nachdruck dafür einzusetzen, dass die Demonta-
25 gen aller für den Friedensbetrieb notwendigen Betriebe sowie die begonnene Entnahme von Maschinen unterbleiben. […] Die Regierung betrachtet es als ihre erste Pflicht, dem Landtag schnellstens ein Gesetz über die Versorgung der Kriegsopfer, Kriegshinterbliebenen und der Opfer der
30 nationalsozialistischen Gewaltherrschaft vorzulegen. […] Zur Lösung dieser Aufgaben bedarf es aber nicht zuletzt der inneren Befriedung unseres Volkes im Wege einer schnellen und gerechten Durchführung der politischen Bereinigung. Die Bildung zahlreicher Spruchkammern in allen Be-
35 zirken des Landes steht unmittelbar vor dem Abschluss. Sie werden noch in diesem Monat ihre Tätigkeit aufnehmen.

Zit. n.: Karl Martin Graß, Franz-Josef Heyen (Hg.), Peter Altmeier. Reden 1946–1951, Boppard am Rhein: Boldt 1979, S. 37–40.

M 6　Ein Provisorium mit Dauerhaftigkeit?

Anlässlich des 60. Jahrestages der Gründung von Rheinland-Pfalz verfasste der Mainzer Historiker Michael Kißener (geb. 1960) im Jahre 2007 folgendes Resümee:

„Il n'y a que le provisoire qui dure" – es gibt nichts, das so viel Dauer hat wie ein Provisorium. Bedürfte dieses Diktum des berühmten Außenministers Napoleons, Talleyrand, eines Beweises: Die Geschichte des Landes Rheinland-Pfalz würde ihn wohl liefern. Produkt der Besatzungszeit nach 5 der katastrophalsten Niederlage, die es in der deutschen Geschichte je gegeben hat, zusammengewürfelt aus völlig unterschiedlichen Gebieten, gegründet auf schwacher ökonomischer Basis, Instrument divergentester politischer Ziele, hat dieses Land, dem kaum jemand bei seiner Grün- 10 dung Dauerhaftigkeit zusprechen wollte, nunmehr 60 Jahre Bestand und – wie viele, die das Land im Alltag kennen, bekunden – bereits nicht nur eine eigene Tradition, sondern auch ein gewisses Landesbewusstsein entwickelt. Man mag freilich schon angesichts der historisch betrach- 15 tet ja erst relativ kurzen Existenz des Landes von „nur" 60 Jahren mit guten Gründen bezweifeln, ob es ein echtes „rheinland-pfälzisches Selbstverständnis" gibt. Man mag das nach wie vor deutliche Selbstbewusstsein einzelner Landesteile wie der Pfalz oder der Eifel betonen. Fest steht 20 jedoch, dass im Vergleich zur Anfangszeit heute keine ernst zu nehmende Bewegung zur Auflösung von Rheinland-Pfalz oder zur Neuaufteilung der Landesteile in die föderale Struktur der Bundesrepublik mehr existiert. Rheinland-Pfalz ist längst ein selbstverständlicher und in seiner poli- 25 tischen wie ökonomischen Bedeutung stetig gewachsener Teil der 16 deutschen Bundesländer geworden.

Michael Kißener, Kleine Geschichte des Landes Rheinland-Pfalz 1945–2005. Wege zur Integration eines „Nachkriegsbundeslandes", Leinfelden-Echterdingen: G. Braun 2006, S. 8.

Aufgaben

1. **Rheinland-Pfalz – Ein Nachkriegs-Bundesland**
   a) Sammle Fotos und Zeitzeugenberichte aus deiner Region über das Kriegsende und die Besatzungszeit und stelle die Kriegsfolgen für die Menschen zusammen.
   b) Zeige an der Rede von Peter Altmeier (M5) die Handlungsgrenzen der Landesregierung auf.
   c) Rheinland-Pfalz hat „nicht nur eine eigene Tradition, sondern auch ein gewisses Landesbewusstsein entwickelt". Suche nach Beispielen, die die These von Michael Kißener (M6) stützen oder ihr widersprechen.
   d) Diskutiere auf der Basis deines Sachwissens die Frage, ob es eine rheinland-pfälzische Identität gibt oder geben kann. Verwende dafür den Trainingskasten auf Seite 46.

↱ Text auf den Seiten 45–46, M2, M5, M6, Internet

Fragebogen zum Thema: Deutschland und die Siegermächte 1945–1949

Hinweis: Die folgende Tabelle dient der Selbsteinschätzung deiner erworbenen Kenntnisse und Fähigkeiten. Die Auflistung erhebt nicht den Anspruch, vollstän-

Ich kann …	Ich bin sicher. ☺	Ich bin ziemlich sicher. 😐	Ich bin noch unsicher. 😕	Ich habe große Lücken 🙁
… die Situation in Deutschland am Ende des Zweiten Weltkrieges erklären.				
… die wichtigsten Beschlüsse der Potsdamer Konferenz erläutern.				
… die Auswirkungen für die Menschen infolge von Flucht und Vertreibung beschreiben.				
… den Verlauf und die Ergebnisse des Nürnberger Kriegsverbrecherprozesses erläutern.				
… den Beginn des politischen Lebens in den Besatzungszonen erläutern.				
… den Verlauf der Bodenreform in der Sowjetischen Besatzungszone darlegen.				
… die Ursachen für den Zerfall der Anti-Hitler-Koalition darstellen.				
… die Wirkung des Marshallplans beurteilen.				
… Ursachen und den Verlauf der Berlin-Blockade darlegen.				
… den Prozess der Staatsgründung beider deutscher Staaten vergleichend darlegen.				
… Geschichtskarten erschließen.				
… ein Erklärvideo anfertigen.				
…				

ACHTUNG:

bitte nicht beschreiben!

Du findest eine Kopie dieser Seite zur Bearbeitung unter dem Webcode

💻 WES-115467-105

dig zu sein. Es handelt sich um eine Auswahl, die ggf. erweitert werden kann. In der rechten Spalte findest du Hinweise, wie du eventuell vorhandene Lücken oder auch Unsicherheiten beseitigen kannst.

→ **Bitte kopiere die Seiten, bevor du mit ihnen arbeitest.**

Auf diesen Seiten kannst du in HORIZONTE nachlesen	Empfehlungen zur Übung, Wiederholung und Festigung
12–15	Nimm Stellung zu folgender Behauptung: „Für viele Deutsche war das Ende des Zweiten Weltkrieges nicht nur eine politische Katastrophe."
20–23	Halte einen Kurzvortrag zum Thema: „Die Beschlüsse der Potsdamer Konferenz".
16–19	Informiere dich im Internet über Schicksale während der Flucht und Vertreibung und verfasse dazu eine Darstellung.
24–26	Verfasse einen Artikel für ein Schülerlexikon zur Thematik: „Der Nürnberger Kriegsverbrecherprozess".
20–22	Vergleiche die Gründung von Parteien und Organisationen in den westlichen Besatzungszonen und der sowjetischen Besatzungszone.
20–22	Halte einen Kurzvortrag zur Bodenreform.
30–35	Begründe den Satz: „Die Anti-Hitler-Koalition war ein Zweckbündnis."
30–35	Nimm Stellung zu der Auffassung: „Der Marshallplan bildete die Grundlage für den Wirtschaftsaufschwung in Westdeutschland."
30–35	Informiere dich über die Versorgung der Berliner in den drei Westsektoren während der Berlin-Blockade.
36–42	Stelle die Staatsgründung beider deutscher Staaten in einem Schaubild dar.
20	Erschließe die Geschichtskarte M1 auf Seite 16. Verwende dafür den Trainingskasten „Umgang mit Geschichtskarten" auf Seite 20.
43, 44–47	Fertige über die Entstehung des Bundeslandes Rheinland-Pfalz ein Erklärvideo an. Verwende dafür den Trainingskasten „Ein Erklärvideo erstellen" auf Seite 43

Die Welt im Zeichen des Kalten Krieges

Im Kalten Krieg standen sich zwei militärische Bündnissysteme gegenüber: die North Atlantic Treaty Organization (NATO) unter Führung der USA und die Staaten des Warschauer Pakts unter Führung der Sowjetunion. Ein Rüstungswettlauf setzte ein, der Arsenale hervorbrachte, die alles Leben auf der Erde mehrfach vernichten konnten.

M 1 „Einverstanden, Herr Präsident, wir wollen verhandeln."
Der sowjetische Ministerpräsident Chruschtschow und der US-Präsident Kennedy messen ihre Kräfte zur Zeit der Kuba-Krise, britische Karikatur, 1962.

Anfang der 1960er-Jahre wurde die Gefahr eines „heißen Krieges" in der Kuba-Krise real: Nachdem die USA in der Türkei und in Italien Nuklearraketen stationiert hatten, die auf die Sowjetunion gerichtet waren, stationierte die Sowjetunion auf Kuba auf die USA gerichtete Raketen. Die USA blockierten daraufhin sowjetische Schiffe und drohten mit Krieg. Das Einlenken der Sowjetunion entschärfte die Situation.

Beide Weltmächte initiierten oder eskalierten überdies kriegerische Auseinandersetzungen auf mehreren Erdteilen, die in „Stellvertreterkriege" mündeten. Der fast 30jährige Krieg in Südostasien war Ausdruck dieser Systemgegensätze. Auf der einen Seite die Sowjetunion und China, die die kommunistischen Gruppen in den Ländern dieser Region unterstützten (Kambodscha, Laos, Teile von Vietnam), auf der anderen Seite die USA, die zuerst im Koreakrieg und später dann in Vietnam gegen dieses Vordringen Krieg führten. Vietnam wurde zu einem amerikanischen Trauma, das bis in die Gegenwart nachwirkt.

Auf die Kuba-Krise folgte in den späten 1960er- und in den 1970er-Jahren eine Zeit der Entspannung, in der sich die USA und die Sowjetunion um eine Entschärfung von Konflikten, um Abrüstung und Zusammenarbeit bemühten. In den 1980er-Jahren wurden die Spannungen jedoch größer, bis die Perestroika-Politik in der Sowjetunion eine neue Situation schuf: Die – nicht zuletzt aufgrund des ruinösen Rüstungswettlaufs notwendigen – Reformen Michail Gorbatschows zielten zwar ursprünglich auf eine Demokratisierung und Modernisierung des sowjetischen Systems ab, sie führten jedoch zum Zusammenbruch des sozialistischen Wirtschafts- und Gesellschaftssystems und zur Auflösung der UdSSR. Die vormaligen Sowjetrepubliken erklärten ihre Unabhängigkeit, einige Staaten schlossen sich zur Gemeinschaft Unabhängiger Staaten (GUS) zusammen. Russland verlor seinen Rang als den USA ebenbürtige Supermacht. Der Kalte Krieg schien beendet.

Europa zwischen Einigung und Spaltung

Der Kalte Krieg dominierte auch die Situation in Europa: Westeuropa stand unter dem Einfluss der USA, Osteuropa unter dem der Sowjetunion. Bei Kriegsende bestand bei vielen Menschen zunächst die große Hoffnung, dass die europäischen Staaten nun näher zusammenrücken und so weitere Kriege verhindern würden. Die quer durch Europa verlaufende Grenze der Interessensphären der Supermächte führte jedoch immer wieder zu Konflikten. Bereits kurz nach Kriegsende hatte Winston Churchill von einem „Eisernen Vorhang" zwischen den europäischen Ländern gesprochen und deshalb angeregt, Westdeutschland wieder in die westliche Staatenwelt zu integrieren.

In Westeuropa setzte gleichwohl ein bemerkenswerter Einigungsprozess ein. Nach verschiedenen Zusammenschlüssen erfolgte 1957 die Gründung der Euro-

M 2 Europa-Flagge
Die zwölf kreisförmig angeordneten Sterne symbolisieren nicht die einzelnen Mitgliedsländer der EU, sondern sie stehen für die Werte Einheit, Solidarität und Harmonie zwischen den Völkern Europas. Der Kreis ist ein Symbol für die Einheit. Die Anzahl der Sterne ist unveränderlich.

M 3 „Austerlitz, Izonzo …"
Karikatur von Fritz Behrendt, 1979

päischen Wirtschaftsgemeinschaft (EWG), die der ökonomischen Zusammenarbeit diente. Der wirtschaftlichen Kooperation folgte die politische Zusammenarbeit. Aus dem „Kerneuropa" der EWG hat sich bis heute eine Staatengemeinschaft
15 entwickelt, die als Europäische Union (EU) die meisten europäischen Länder
umfasst.

Die Idee eines gemeinsamen Europas, aufbauend auf den Trümmern des
Zweiten Weltkrieges, aber auch auf den Kriegen und Auseinandersetzungen des
19. und frühen 20. Jahrhunderts, war eine Idee, für die herausragende Politikerin-
20 nen und Politiker eingetreten sind und die dafür Mehrheiten schaffen mussten.
Ansätze dazu gab es auch schon lange vorher und besonders nach dem Ersten
Weltkrieg. Aber erst seit den 1950er-Jahren konnte sich der Gedanke immer stärker
durchsetzen, sodass Europa im Sinne der Europäischen Union ohne Grenzen etwas ist, was viele heute für selbstverständlich erachten, was es allerdings nicht ist.
25 Die Kritik an „Brüssel" zeigt, dass ein europäischer Einigungsprozess nur dann
gelingen kann, wenn die Menschen mitgenommen werden und politische Ent-
scheidungsprozesse transparent gemacht werden. Dass allerdings mittlerweile
(Stand 2021) einige Staaten Mitglieder der EU sind, die zum einen Demokratie-
mängel aufweisen und zum anderen den finanziellen Vorteil der Gemeinschaft
30 nutzen, nicht aber die gemeinsamen Aufgaben mittragen möchten, ist eine große
Herausforderung der nahen Zukunft.

Aufgaben

1. Europa zwischen Einigung und Spaltung

a) Beschreibt die Zeichnung von Fritz Behrendt (M3).

b) Recherchiert den Kontext der Zeichnung aus dem Juni 1979.

c) Recherchiert zu den Orten, deren Namen in der Zeichnung aufgeführt sind.

d) Stellt zu M3 erste Deutungshypothesen auf.

⌒ M3, Text auf den Seiten 50–51

Der Kalte Krieg in den 1950er-Jahren

Bereits seit 1947 prägte die Konfrontation zwischen den USA und der UdSSR die internationale Politik. Die beiden Großmächte spalteten die Welt in zwei sich feindlich gegenüberstehende Blöcke und lieferten sich über Jahrzehnte hinweg ein beispielloses Wettrüsten. Die Machtkonkurrenz zwischen den beiden Staaten führte wegen der Gefahr eines Atomkrieges jedoch nicht zu einer direkten militärischen Auseinandersetzung. Worin bestand das Wesen des Konflikts zwischen den USA und der UdSSR? Über welche Mittel verfügten sie, um diesen Konflikt für sich zu entscheiden? Wie haben die Europäer den Ost-West-Konflikt erlebt?

M 1 Die Welt im Ost-West-Konflikt nach 1949

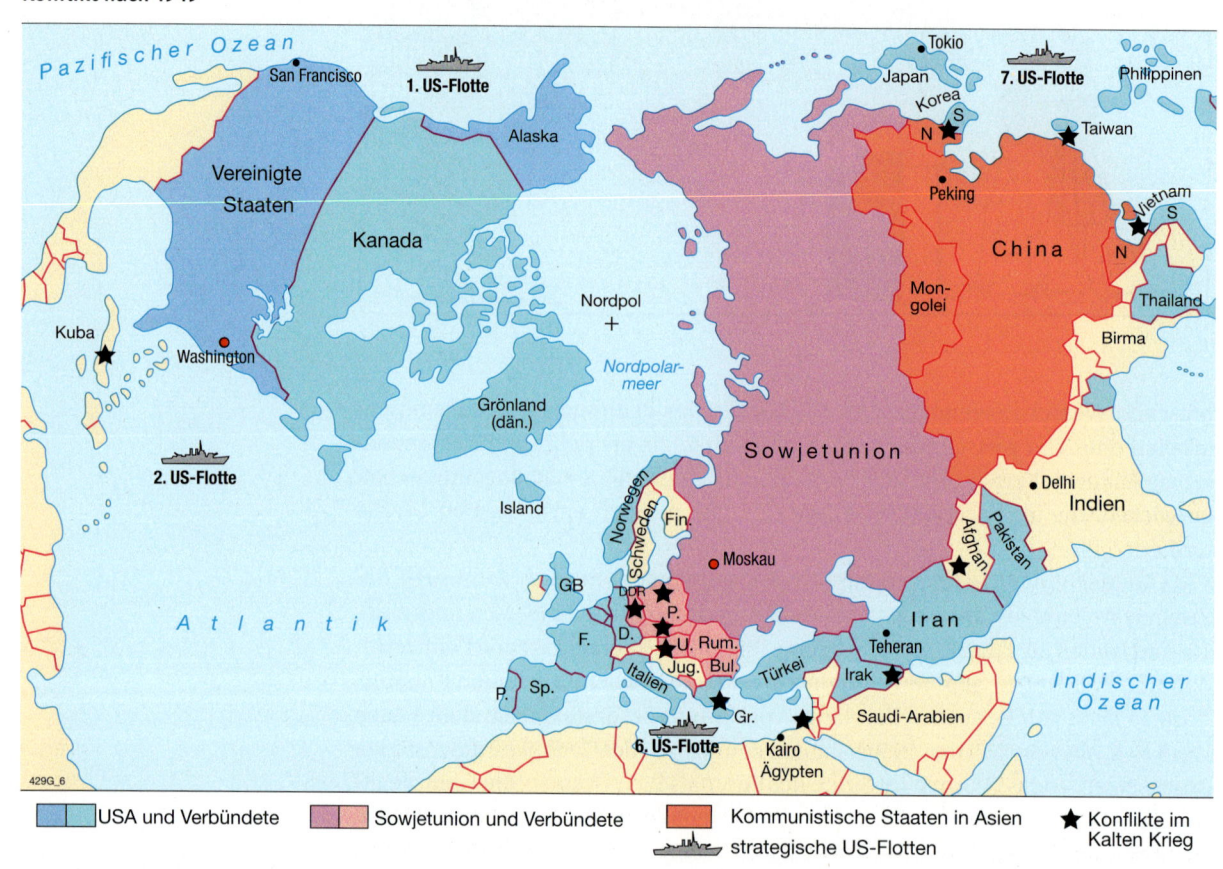

USA und Verbündete   Sowjetunion und Verbündete   Kommunistische Staaten in Asien   Konflikte im Kalten Krieg
strategische US-Flotten

Aufgaben

1. Der „Kalte Krieg"

Entwickle auf der Grundlage der auf den Seiten 52–57 vorliegenden Materialien ein Schaubild zum Thema „Der Kalte Krieg in den 1950er-Jahren". Gehe dabei wie folgt vor:

a) Informiere dich über den Begriff „Kalter Krieg".

b) Erläutere anhand der Karte M1 die weltpolitische Situation in den 1950er-Jahren.

c) Erarbeite aus dem Text auf Seite 54 den Zweck der beiden Militärbündnisse.

d) Erörtere, ob die Karikatur M2 die weltpolitische Situation treffend wiedergibt.

e) Überprüfe deine Ergebnisse mithilfe des Schulbuchtextes.

f) Erschließe aus den Aussagen der Zeitzeugen (M8) die Auswirkungen des Kalten Krieges auf die Menschen.

g) Stelle die so gewonnenen Ergebnisse in einem Schaubild zusammen. Überlege dir dabei den Grundaufbau und füge dann die passenden Informationen ein. Überlege dir die Schriftgestaltung und die Verwendung von grafischen Symbolen.

M1–M8, Text auf den Seiten 52–55

Beginn des Wettrüstens

Mit dem Jahr 1949 war die Entstehung der beiden Machtblöcke des Westens und
des Ostens weitgehend abgeschlossen. In Europa trennte sie der „Eiserne Vorhang" als politische, ideologische und militärische Grenze voneinander. In den
5 folgenden Jahrzehnten entwickelte sich der Ost-West-Konflikt weltweit nicht nur
zu einer Auseinandersetzung um Macht, Ansehen und Einflussgebiete, sondern
darüber hinaus auch zu einem Systemkonflikt: Sozialismus gegen Kapitalismus,
Einparteiendiktatur gegen pluralistische Demokratie, Planwirtschaft gegen
Marktwirtschaft.

10 Der Machtkampf zwischen den beiden Supermächten wurde auch in militärischer Hinsicht ausgetragen. Nach den amerikanischen Atombombenabwürfen
auf die japanischen Städte Hiroshima und Nagasaki 1945 testete 1949 auch die
Sowjetunion ihre erste Atombombe. Damit begann ein offenes Wettrüsten zwischen den USA und der UdSSR. 1951 entwickelten die USA eine Wasserstoffbombe
15 („H-Bombe"), welche die Sprengkraft von Atombomben noch einmal deutlich
steigerte.

1957 brachte die UdSSR mit „Sputnik 1" den ersten künstlichen Satelliten in
die Erdumlaufbahn – das Zeitalter der Raumfahrt begann. Infolge des technischen
Fortschritts drohte jede direkte Konfrontation zwischen den beiden Großmächten
20 unweigerlich in einen alles vernichtenden Atomkrieg zu münden. Dennoch ging
das Wettrüsten zur Einschüchterung des Gegners weiter (Abschreckungsdoktrin).
In den 1960er-Jahren entstand schließlich eine atomare Pattsituation, sodass der
Kalte Krieg in Form von sogenannten Stellvertreterkriegen und auf der Ebene einer umfassenden Propaganda ausgetragen wurde. Im geteilten Europa wurde die
25 ideologische Auseinandersetzung um die öffentliche Meinung besonders heftig
geführt. Fast alle Lebensbereiche waren davon erfasst.

M 3 **Die NATO-Staaten**

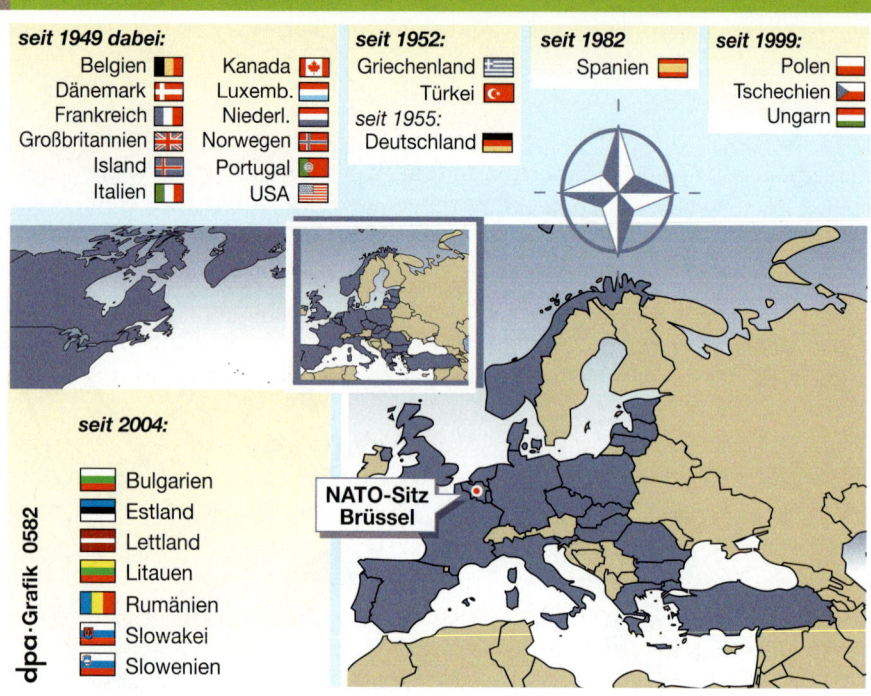

seit 1949 dabei:
Belgien · Kanada
Dänemark · Luxemb.
Frankreich · Niederl.
Großbritannien · Norwegen
Island · Portugal
Italien · USA

seit 1952:
Griechenland
Türkei
seit 1955:
Deutschland

seit 1982
Spanien

seit 1999:
Polen
Tschechien
Ungarn

seit 2004:
Bulgarien
Estland
Lettland
Litauen
Rumänien
Slowakei
Slowenien

dpa-Grafik 0582

NATO-Sitz
Brüssel

M 4 „NATO"
US-Briefmarke, 1952

🖥 WES-115467-201
Film über die Wiederbewaffnung in West und Ost 1956

M 5 „Klassenbrüder –
Waffenbrüder"
Werbeplakat des Warschauer
Pakts, 1965

Hinweis

Der Aufstand in der DDR 1953
wird in diesem Buch auf den
Seiten 108–111 ausführlich
behandelt.

Kampf der Ideologien

Die Medien auf beiden Seiten beschränkten sich nicht auf neutrale Berichterstattung, sie waren vor allem Propagandainstrumente und trugen wesentlich mit dazu bei, den extremen Gegensatz beider Systeme im Bewusstsein der Menschen 30 überhaupt erst zu schaffen: Im Westen wurde der Sozialismus des Ostens als „das Böse schlechthin" präsentiert. In den Medien des Ostens hingegen warf man Westeuropa vor, vom „US-Imperialismus amerikanisiert" worden zu sein. Die moskautreue Regierung der DDR bezeichnete die streng überwachte Grenze zur BRD als „antifaschistischen Schutzwall" und rückte damit die freiheitlich-demo- 35 kratische Bundesrepublik bewusst in die Nähe des Faschismus.

Die Gründung der Militärbündnisse

Bereits am 4. April 1949 hatten die USA und Kanada gemeinsam mit zehn westlichen europäischen Partnern in Washington das Militärbündnis NATO („North 40 Atlantic Treaty Organisation") gegründet. Als die Bundesrepublik der NATO am 6. Mai 1955 beitrat („Wiederbewaffnung"), reagierte die Sowjetunion am 14. Mai 1955 – auch aufgrund der Erfahrungen des Koreakrieges (1950–1953) – mit der Gründung eines eigenen Militärbündnisses: Der „Warschauer Vertrag" vereinte die sozialistischen Staaten Osteuropas unter der Führung der UdSSR. Im Westen 45 wurde und wird das Bündnis als „Warschauer Pakt" bezeichnet. Das Militärbündnis ermöglichte der UdSSR nicht nur eine Stationierung sowjetischer Truppen in allen Mitgliedsländern, sondern auch deren Kontrolle und notfalls ein militärisches Eingreifen in den von ihr dominierten „Satellitenstaaten".

Die Vertiefung des Ost-West-Gegensatzes

In der Folgezeit verschärfte sich die machtpolitische und ideologische Auseinandersetzung zwischen West und Ost immer weiter und drohte, zu einem Dritten Weltkrieg zu eskalieren. Insbesondere drei Krisen waren für diese Entwicklung prägend: der Koreakrieg (1950–1953), der Aufstand in der DDR 1953 und der Un- 55 garnaufstand 1956.

Der Koreakrieg 1950–1953

Nach der Kapitulation Japans 1945 besetzten sowjetische Truppen den Norden
Koreas und amerikanische Einheiten den Süden des Landes. Die Grenze zwischen
beiden Einflusssphären bildete der 38. Breitengrad. Der Kalte Krieg verhinderte
jedoch eine Einigung der Besatzungsmächte über die Zusammenführung eines
unabhängigen demokratischen Koreas. Schließlich entstand im Süden mit der
Republik Korea ein autoritäres Militärregime unter dem Schutz der USA, im Norden hingegen eine kommunistische Volksrepublik, die von der UdSSR und China
Unterstützung erhielt. Beide Teilstaaten – Südkorea und Nordkorea – beanspruch-
ten die Herrschaft über das gesamte Land.

Nach dem Abzug der Amerikaner überschritten nordkoreanische Truppen im
Juni 1950 den 38. Breitengrad. Die USA sahen darin einen Beweis für die aggressi-
ve Politik des Kommunismus und entschlossen sich zum militärischen Eingreifen.
Auch der Sicherheitsrat der UNO verurteilte Nordkorea als Aggressor und be-
schloss die Aufstellung einer UNO-Streitmacht. Die USA trugen die militärische
Hauptlast und stellten mit General MacArthur den Oberbefehlshaber. 15 weitere
Nationen entsandten Truppenkontingente.

Als US-Verbände in einer See- und Landoffensive den 38. Breitengrad überschritten und zur chinesischen Grenze vorstießen, griffen 200 000 chinesische
„Freiwillige" zugunsten Nordkoreas ein. General MacArthur forderte, als diese
Gegenoffensive Erfolge erzielte, sogar den Einsatz von Atomwaffen gegen China.
Eine solche Eskalation lag jedoch nicht im Interesse der US-Regierung unter Präsident Truman. Sie hätte ein Eingreifen der Sowjetunion wahrscheinlich gemacht
und damit die Gefahr eines globalen Konflikts heraufbeschworen. Außerdem hätte eine Konzentration der USA auf Asien deren Position in Europa geschwächt. So
beendete im Juli 1953 ein Waffenstillstandsabkommen die militärische Auseinandersetzung und bestätigte den 38. Breitengrad als Demarkationslinie. Der Konflikt
forderte etwa zwei Millionen Opfer unter Zivilisten und Soldaten und vertiefte die
Furcht vor einem Militärschlag in Ost und West. Korea ist bis heute geteilt.

Der Ungarnaufstand 1956

Aus Studentendemonstrationen in Budapest entwickelte sich Ende Oktober 1956
in Ungarn ein Volksaufstand gegen das stalinistische Regime. Auf großen Demonstrationen forderten viele Ungarn bürgerliche Freiheitsrechte, soziale Verbesserun-
gen, eine neue Regierung und den Abzug sowjetischer Truppen. Nach ersten bewaffneten Auseinandersetzungen zogen sich die sowjetischen Truppen aus
Budapest zurück. Der ungarische Politiker Imre Nagy löste die Geheimpolizei auf,
verkündete die Einführung eines Mehrparteiensystems und bildete eine unabhängige Regierung. Das Land sollte zwar sozialistisch bleiben, aber frei von sowjetischer Bevormundung sein. So trat Ungarn aus dem Warschauer Pakt aus.

Das konnte die Sowjetunion nicht dulden, ohne ihre Machtposition in Osteuropa aufs Spiel zu setzen. Deshalb schlug sie mit aller Härte zu. Panzer rollten
durch die Stadt. Es kam zu schweren Straßenkämpfen. Die politische Führung
wurde verhaftet, Imre Nagy nach einem Schauprozess 1958 hingerichtet. Andere
Aufständische erhielten langjährige Gefängnisstrafen. 20 000 Ungarn waren in den
Kämpfen getötet worden, 200 000 flohen ins westliche Ausland.

Der Westen griff nicht ein, obwohl Imre Nagy ihn dazu aufgerufen hatte. Angesichts des gewaltigen Arsenals an Atomwaffen fürchtete der Westen die Gefahr
eines Atomkriegs. Ungarn blieb bis 1989 kommunistisch.

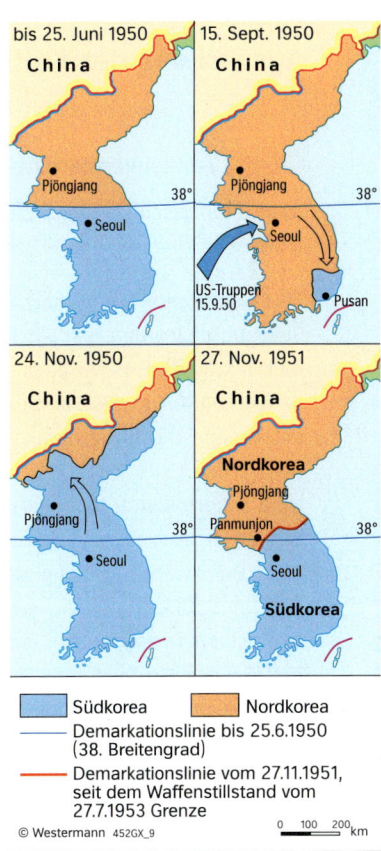

M 6 **Der Koreakrieg
1950–1953**

M 7 **Ungarnaufstand**

Aufständische vor einem zerstörten sowjetischen Panzer, November 1956

Hinweis

Filmtipp

„Das schweigende Klassen-
zimmer", Spielfilm von Lars
Kraume, Deutschland, 2018

Auswirkung des Kalten Krieges auf die Menschen – Zeitzeugenberichte

M 8 **Zeitzeugenberichte aus Ost und West**

a) In „Zeit Geschichte" berichtet die in Moskau geborene Irina Scherbakowa (*1949) am 21. August 2012:

ZEIT Geschichte: Frau Scherbakowa, 1949, das Jahr, in dem Sie geboren wurden, war ein Schlüssel- und Krisenjahr des Kalten Krieges. 1949 wurde die Nato gegründet, die Blocka-
5 de Westberlins endete, und die beiden deutschen Staaten entstanden, die Sowjetunion zündete ihre erste Atombombe [...].
Irina Scherbakowa: Ja, in diesem Klima der Konfrontation bin ich in Moskau groß geworden, in einer zweigeteilten Welt. Der Eiserne Vorhang war für mich über Jahrzehnte
10 eine unverrückbare Tatsache. Ich lebte in dem Bewusstsein, dass ich nie in den Westen würde reisen können. [...]
ZEIT Geschichte: Auch im Westen ging die Angst vor einem neuen Krieg um, vor einem atomaren Weltkrieg – zumal nach 1962. War das in der Sowjetunion ähnlich?
15 **Scherbakowa:** Nein, die Kubakrise ist mir eher als etwas irgendwie Abenteuerliches, beinahe Romantisches im Gedächtnis geblieben. Fidel Castro, Che Guevara – Kuba hatte nicht nur für die westliche Linke, sondern auch für uns etwas Anziehendes. Aber die Angst vor einem atomaren
20 Krieg? Nein. Dass wirklich Atomwaffen eingesetzt würden, war einfach undenkbar. Erst im Nachhinein wurde klar, wie gefährlich die Situation war. [...]
ZEIT Geschichte: Wie haben Sie den Systemwettstreit zwischen Ost und West erlebt, das Wettrüsten auf allen Gebie-
25 ten?
Scherbakowa: Ich erinnere ich mich noch gut an den ersten Flug ins All, Juri Gagarin, 1961. Und ich weiß noch, mit welchem Hochgefühl mich dieses Ereignis erfüllt hat. Der Raumflug war für mich ein Freiheitsversprechen. Natürlich
30 war es toll, dass „wir" die Ersten waren. Doch das stand nicht im Mittelpunkt. Ich habe diesen Raumflug vielmehr als ein Zeichen empfunden, dass auch wir Sowjetbürger zur ungeteilten, den Erdball bevölkernden Menschheit gehören. Nach oben gab es keinen Eisernen Vorhang! Und Gaga-
35 rin war ein so netter, aufgeschlossener Mensch. Bei einer Parade auf dem Roten Platz lösten sich seine Schnürsenkel. An dieser kleinen Begebenheit zeigte sich: Da geht ein Mensch, nahbar, verletzlich, kein sowjetischer Held aus Bronze.

Irina Scherbakowa, Gunter Hofmann, Christian Staas: Kalter Krieg. „Wir glaubten keiner Propaganda." Wie die Sowjetbevölkerung den Kalten Krieg erlebte; in: Die Zeit, 21.08.2012, https://www.zeit.de/zeit-geschichte/2012/03/Kalter-Krieg-Sowjetunion-Interview-Scherbakowa/komplettansicht [letzter Zugriff: 02.09.2021].

b) Der West-Berliner Gunter Hillenbrand (*1948) berichtet am 6. Juni 2000 im „LeMo-Zeitzeugenportal":

Wie war die Versorgung mit Kleidung und Essen Anfang der 50er-Jahre?
[In meinem Geburtsjahr] 1948 gab es ja die Währungsreform, und plötzlich konnte man sich wieder Waren kaufen [da das Geld wieder an reellem Wert gewann]. Die Leute 5 fühlten sich wieder sicherer und haben gewusst, wenn sie jetzt arbeiten, dann können sie sich für dieses Geld auch etwas kaufen. Die Leute haben gewusst, es geht bergauf und haben sich auch durchaus gegenseitig geholfen. [...]

10 **Was waren deine Idole in der Jugend?**
Mit Idolen wurde nach der Erfahrung des NS eher vorsichtig umgegangen. 1954 gewann Deutschland die Fußballweltmeisterschaft und die Spieler wurden bundesweit angehimmelt. Es war das erste Erfolgserlebnis seit dem Krieg. 15 Und das wurde natürlich auch propagandistisch ausgenutzt. [Die Spieler] waren die sogenannten „Helden von Bern", da man sonst keine Helden hatte. Weil der Krieg alles Heldentum erledigt hatte, hat man hier letztendlich Ersatzhelden gesucht und gefunden. In den 60er-Jahren kamen 20 die Beatles auf, und wurden von vielen verehrt. Aber als skeptischer Mensch hatte ich persönlich keine Idole. [...]

Hattest du während der Zeit des Kalten Krieges Angst vor einem dritten Weltkrieg? 25
Zur Zeit der Kuba-Krise war ich 14 Jahre alt. In der Zeit stand die Welt wohl mehrmals vor einem dritten Weltkrieg. Damals war im Wesentlichen das Radio das Medium. Wenn ich mir vorstelle, dass ein kalter Krieg in unsere heutige Mediengesellschaft fiele, da würde wahrscheinlich noch 30 viel mehr Propaganda laufen. Wenn man sich etwas in das Thema eingearbeitet hatte, konnte man die ernste Situation erkennen und wirklich Angst bekommen, z. B. beim Ungarnaufstand, beim Prager Frühling, beim Mauerbau. Niemand konnte garantieren, dass der Kalte Krieg ein kalter 35 bleibt.

Gunter Hillenbrand: Persönliche Erinnerungen an die Nachkriegszeit (bearb. v. Anke Hillenbrand u. John Wiesel); in: LeMO-Zeitzeugen, Lebendiges Museum Online, Stiftung Haus der Geschichte der Bundesrepublik Deutschland, http://www.hdg.de/lemo/zeitzeugen/gunter-hillenbrand-persoenliche-erinnerungen-an-die-nachkriegszeit.html [letzter Zugriff: 03.06.2021].

Der Koreakrieg

M 11 „Korean War Memorial" in Washington D.C.
Foto, 1995

M 9 Rechtfertigung des Koreakrieges

Aus einer Rede des amerikanischen Präsidenten Harry S. Truman zum Koreakrieg von 1950:

Wir glauben an die Freiheit aller Nationen im Fernen Osten. Das ist einer der Gründe, warum wir für die Freiheit Koreas kämpfen. Russland hat niemals irgendein Territorium freiwillig aufgegeben, das es sich im Fernen Osten angeeignet
5 hat – es hat noch keinem zur Unabhängigkeit verholfen, der unter seine Kontrolle geraten war.

Wir treten nicht nur für die Freiheit der Völker Asiens ein, sondern wir wollen ihnen auch helfen, sich bessere Verhältnisse in Bezug auf Gesundheit, Ernährung, Bekleidung
10 und Wohnen zu sichern und ihnen die Möglichkeit geben, ihr eigenes Dasein in Frieden zu führen. Wir rüsten lediglich für die Verteidigung gegen die Aggression. Wenn wir und die anderen freien Völker stark, geschlossen und geeint sind, kann der kommunistische Imperialismus, obgleich er
15 nicht an den Frieden glaubt, von einer neuen Aggression abgeschreckt werden.

Harry S. Truman, Rundfunkansprache am 01.09.1950, Übers. zit. n.: Erich Angermann (Hg.), Die Vereinigten Staaten von Amerika als Weltmacht: innen- u. außenpolit. Entwicklungen seit 1917, Stuttgart: Klett 1987, S. 56 f.

M 10 „America at its best"

Aus der Rede des amerikanischen Präsidenten Bill Clinton anlässlich des 50. Jahrestags des Kriegsausbruchs auf dem Gelände des „Korean War Memorial" 2000:

All across our nation today, our fellow citizens are coming together to say to men and women who fought for freedom half a century ago, half a world away, we will never forget your bravery, we will always honor your service and your sacrifice.
5 As we meet today, we are blessed to live, as Secretary Cohen said, "in a world where, for the first time, over half the people on the globe live under governments of their own choosing." It has happened so rapidly that we may fall into the trap of thinking that it had to happen, that communism's
10 fall and freedom's victory was inevitable.

But 50 crowded years ago, the world we know today was anything but inevitable. Hitler was gone, but Stalin was not. Berlin was divided. A revolution across the Pacific began a fierce debate here at home over the question: Who lost China? In 1949, the Soviet Union had detonated its first 15 atomic bomb. As we struggled to rebuild Europe and Japan, the free nations of the world watched and wondered when and where would the Cold War turn hot, and would America meet the test.

[...] The truth is, the leaders of the communist nations did 20 not believe America would stand up for South Korea. After all, Americans didn't want another war; the blood still hadn't dried from World War II. Nobody wanted more rationing, nobody wanted more Western Union boys riding up with telegrams from the War Department. Americans wanted 25 to start families. They wanted to see gold stars on report cards, not gold stars in windows.

But from the moment Harry Truman heard the news at home, on his first trip to Missouri since Christmas the year before, he knew this was a moment of truth. If an invasion 30 was permitted to triumph in Korea without opposition from the free world, no small nation again would have the courage to resist aggression. He knew American boys didn't fight and die to stop Nazi aggression only to see it replaced by communist aggression. 35

So Korea wasn't just a line on a map. It was where America drew the line in the sand on the Cold War; and where, for the first time, the nations of the whole world, together at the then newly-created United Nations, voted to use armed force to stop armed aggression. [...] There is no question: 40 Korea was war at its worst. But it was also America at its best.

Zit. n.: https://clintonwhitehouse6.archives.gov/2000/06/2000-06-25-remarks-at-korean-war-memorial-50th-anniversary-celebration.html [letzter Zugriff: 02.09.2021].

Aufgaben

1. **Der Koreakrieg**
   a) Erschließe mithilfe der Karte M6 den Verlauf des Koreakrieges.
   b) Beurteile die Bedeutung des Koreakrieges für die politische Entwicklung in der Bundesrepublik und Europa.
   c) Bewerte die Auffassung Harry S. Trumans (M9), durch Aufrüstung Aggressionen verhindern und so den Frieden sichern zu wollen.
   d) Fasse die Rede Bill Clintons (M10) zusammen und nimm dazu Stellung.

↝ M6, M9, M10, Text auf Seite 55

Die Kuba-Krise 1962 – Höhepunkt des Kalten Krieges

WES-115467-202
Film über die Kuba-Krise 1962

Das Verhältnis zwischen Ost und West war von Spannungen und Konflikten geprägt. In den Jahren 1961/62 spitze sich die Lage zu: Im Herbst 1962 entwickelte sich in der Karibik eine bedrohliche Krise zwischen den beiden Großmächten USA und UdSSR. Ein mit Atomwaffen geführter „Dritter Weltkrieg" schien möglich. Dass ein Krieg vermieden werden konnte, lag an der Einsicht der am Konflikt beteiligten Politiker. Wie gestaltete sich die „Diplomatie am Rande des Abgrunds"?

M 1   **„Einverstanden, Herr Präsident, wir wollen verhandeln."**

Der sowjetische Ministerpräsident Chruschtschow und der US-Präsident Kennedy messen ihre Kräfte zur Zeit der Kuba-Krise, britische Karikatur, 1962.

Aufgaben

1. Die Kuba-Krise – Höhepunkt des Kalten Krieges

a) Beschreibe und erläutere die Karikatur M1, indem du die dargestellte Situation erklärst und die Personen einordnest.

b) Begründe, wem die wörtliche Rede zuzuordnen ist.

c) Erschließe, wie das Kräftemessen nach Ansicht des Zeichners ausgehen wird.

d) Überprüfe deine bisherigen Ergebnisse, indem du mit den Karten M3 und M4 sowie dem Schulbuchtext die Ursachen, den Verlauf und die Ergebnisse der Kuba-Krise in einem Schaubild skizzierst und in der Klasse präsentierst.

e) Nimm die Perspektive eines Mädchens oder eines Jungen in deinem Alter ein, das oder der die Kuba-Krise miterlebt hat. Schreibe in einem appellartigen Tagebucheintrag, was du von den beiden Staatsmännern Chruschtschow und Kennedy in Zukunft erwartest.

M1, M3, M4, Text auf Seite 59

Die Welt am Abgrund: Die Kuba-Krise und ihre Folgen

Im Oktober 1962 hielt die Welt den Atem an, da eine militärische Konfrontation zwischen den USA und der Sowjetunion drohte – ein neuer, diesmal atomarer Weltkrieg.

5 Vorangegangen war 1959 der Sturz des kubanischen Diktators Batista durch den Revolutionär Fidel Castro. Unmittelbar nach seiner Machtübernahme begann Castro in Kuba mit grundlegenden gesellschaftlichen Reformen. Die USA sahen durch die kubanische Politik der Landreform und Verstaatlichung von Vermögenswerten ihre Interessen gefährdet und belegten die Insel mit einem umfangreichen 10 Handelsembargo.

Nachdem die USA im Januar 1959 mit der Aufstellung von nuklearen Mittelstreckenraketen in England, Italien und in der Türkei begonnen hatten, begriff die Sowjetunion die Entwicklung in Kuba als Chance, ein festes Bündnis mit einem Staat einzugehen, der nur 150 Kilometer vor der US-amerikanischen Küste liegt. 15 Im Mai 1962 begann die Sowjetunion unter Regierungschef Nikita Chruschtschow, heimlich eigene Mittelstreckenraketen auf Kuba zu stationieren. Als die USA die sowjetischen Raketenbasen auf Luftaufnahmen entdeckten, versetzte Präsident John F. Kennedy (1917–1963) die Streitkräfte in Alarmbereitschaft und forderte die Sowjetunion ultimativ zum Abbau ihrer Raketenstellungen auf. Zugleich verhäng-20 ten die USA eine Seeblockade, um den sowjetischen Nachschub zu stoppen. Planungen der US-Regierung sahen die Bombardierung und Invasion Kubas vor, was wohl einen Atomkrieg ausgelöst hätte. Lediglich das Nachgeben Chruschtschows und das Zugeständnis der USA, ihre auf die Sowjetunion gerichteten Atomraketen in der Türkei ebenfalls abzubauen, verhinderten einen dritten Weltkrieg.

25 Der Schrecken, nur knapp einem Atomkrieg entronnen zu sein, führte zu einer politischen Wende: Die beiden Supermächte installierten einen „heißen Draht", eine direkte Telefonleitung zwischen Washington und Moskau. Bei krisenhaften Entwicklungen sollten die Verantwortlichen künftig jederzeit direkt miteinander sprechen können, um die Gefahr eines globalen Atomschlags zu ver-30 meiden.

Darüber hinaus bemühten sich beide Mächte um Rüstungskontrolle. Der erste Schritt war 1963 ein Atomtest-Vertrag, der Atomversuche „in der Atmosphäre, im Weltraum und unter Wasser" verbot. Der Atomwaffen-Sperrvertrag von 1968 verpflichtete alle Staaten der Welt, die zum Zeitpunkt des Vertragsschlusses im 35 Besitz von Atomwaffen waren, diese nicht an andere Staaten weiterzugeben.

Die Entschärfung des Kalten Krieges

Sowohl das Risiko eines Atomkriegs als auch die immensen Kosten des Rüstungswettlaufs veranlassten beide Supermächte zu einer Politik der Entspannung. Trotz 40 lokaler Kriege und Krisen klang der Kalte Krieg nach der Kuba-Krise 1962/63 ab. Daran änderte auch das militärische Eingreifen der USA in Vietnam 1964–1973 und der Einmarsch der Sowjetunion in die Tschechoslowakei 1968 nichts.

Die von den Supermächten mit Vorsicht und Misstrauen betriebene Entspannungspolitik führte dazu, dass lokale Konflikte nicht mehr automatisch die Gefahr 45 eines Weltkrieges heraufbeschworen. Vielmehr wurden nun Möglichkeiten eines Ausgleichs und einer Zusammenarbeit zwischen Ost und West ernsthaft geprüft.

M 2   **Ernesto Che Guevara (1928–1967)**
Revolutionär und Mitstreiter Fidel Castros in Kuba, Foto, 1960

M 3   **Reichweite der US-amerikanischen Raketen in der Türkei, 1962**

M 4   **Reichweite der sowjetischen Raketen auf Kuba, 1962**

Die Kuba-Krise – Quellen und Darstellungen zum Verlauf und zur Lösung auswerten

M 5　**Kennedy und die Raketenkrise**

Am 22. Oktober 1962 wandte sich der Präsident der Vereinigten Staaten in einer Fernsehansprache an die amerikanische Nation:

Eindeutige Beweise haben den Verdacht bestätigt, dass gegenwärtig eine Reihe offensiver Raketenabschussrampen auf dieser in ein Gefängnis verwandelten Insel aufgebaut wird. Jede dieser Raketen ist, kurz gesagt, in der Lage,
5 Washington D.C., den Panama-Kanal oder Mexiko zu treffen. […] Diese rasche Umwandlung Kubas in einen wichtigen strategischen Stützpunkt – durch das Vorhandensein dieser großen, weit reichenden und eindeutig offensiven Massenvernichtungswaffen – stellt eine ernste Bedrohung des
10 Friedens und der Sicherheit aller amerikanischer Staaten dar. […]
Um dieser offensiven Aufrüstung Einhalt zu gebieten, wird eine strikte Sperre für alle offensiven militärischen Ausrüstungen, die auf dem Seewege nach Kuba gebracht werden,
15 eingeführt. […] Es wird die Politik unseres Landes sein, jeden Abschuss einer Atomrakete von Kuba aus gegen irgendeine Nation der westlichen Hemisphäre[1] als einen Angriff der Sowjetunion auf die Vereinigten Staaten anzusehen, der einen umfassenden Vergeltungsschlag gegen
20 die Sowjetunion erfordert. […] Der Preis der Freiheit ist

stets hoch – aber wir Amerikaner haben ihn immer wieder entrichtet, und ein Weg, den wir niemals wählen werden, ist der Weg der Kapitulation oder der Unterwerfung.
1 Im Kalten Krieg wurde unter der „westlichen Hemisphäre" derjenige Teil der Welt verstanden, der sich in seinen politischen Ordnungsvorstellungen an den USA orientierte bzw. Mitglied der Nato war.

Rundfunk- und Fernsehansprache des amerikanischen Präsidenten John F. Kennedy zur Kuba-Frage vom 22. Oktober 1962. Übers. zit. n.: Deutsche Gesellschaft für Auswärtige Politik (Hg.), Europa-Archiv (ISSN 0014-2476), Folge 23/1962, Bonn: Verlag für Internationale Politik GmbH 1969, D. 568.

M 7　**Chruschtschow und die Kuba-Krise**

Chruschtschows zweiter Brief an Kennedy vom 27. Oktober 1962:

Sie sagen, dass Kuba Sie beunruhigt, weil es 90 Meilen vor der Küste der Vereinigten Staaten von Amerika liegt. Aber die Türkei liegt direkt neben uns, die Grenzwachen sehen einander in die Augen. Wenn Sie also das Recht für sich in Anspruch nehmen, Sicherheit für Ihr Land und den Abzug 5 derjenigen Waffen einzufordern, die Sie als einen Angriff betrachten, warum gestehen Sie uns dann nicht dasselbe Recht zu? Sie haben zerstörerische Raketen […] in der Türkei stationiert, buchstäblich neben uns. […]
Ich glaube, dass wir die Kontroverse schnell beenden und 10 die Situation normalisieren können. […] Daher unterbreite ich Ihnen folgenden Vorschlag: Wir sind bereit, jene Waffen von Kuba abzuziehen, die Sie als Angriff betrachten […]. Wir werden dieses Versprechen vor der UNO abgeben und Ihre UNO-Repräsentanten werden im Gegenzug erklären, dass 15 die USA aus Rücksicht auf die Sorgen der Sowjetunion ihre vergleichbaren Waffen aus der Türkei abziehen werden.

Nikita S. Chruschtschow, übers. v. Daniela Arnold, München, nach: U.S. Department of State, Foreign Relations of the United States, 1961–1963, Volume XI, Cuban Missile Crisis and Aftermath: https://www.mtholyoke.edu/acad/intrel/nikita3.htm [letzter Zugriff: 30.11.2020].

M 6　**John F. Kennedy (1917 – 1963)**
US-Präsident von 1961 bis 1963, Foto, 1962

Training

Umgang mit schriftlichen Quellen

Schriftliche Quellen geben uns Auskunft über frühere Geschehnisse und Zusammenhänge. Beim Umgang mit den Quellen kommt es darauf an, die Informationen, die sie enthalten, durch sinnvolle Fragen zu erschließen. Einige Fragen an schriftliche Quellen sind dabei immer gleich. Ziehe bei der Erschließung von Quellen ggf. auch ein Lexikon oder das Internet heran.

1. **Inhalt: Was steht in der Quelle?**
2. **Autor: Wer hat die Quelle verfasst?**
3. **Adressat: Für wen ist/war der Text bestimmt?**
4. **Gattung: Welche Art von Text liegt vor?**
5. **Entstehungszeit: Wann ist die Quelle entstanden?**
6. **Intention: Welche Absicht hatte der Autor?**
7. **Abschließend kann die Quelle aus heutiger Sicht beurteilt werden.**

M 8 Diplomatie am Rande des Abgrunds

Jürgen Heideking / Christof Mauch: Geschichte der USA, Tübingen und Basel 2008:

Kennedy blieb auch in der Kubakrise vom Oktober 1962 besonnen, obgleich die Stationierung sowjetischer Mittelstreckenraketen auf der Insel eine viel unmittelbarere Herausforderung und Bedrohung der USA darstellte als der
5 Bau der Berliner Mauer[1]. Wenn sich Kennedy, wie von mehreren militärischen und zivilen Beratern empfohlen, für die Bombardierung der Raketenstellungen oder für eine Invasion der Insel entschieden hätte, wäre ein atomarer Schlagabtausch mit der Sowjetunion wohl unvermeidlich gewe-
10 sen. Stattdessen optierte Kennedy für die mildeste der vorgeschlagenen Maßnahmen, eine als „Quarantäne" bezeichnete Seeblockade Kubas. [...] In der aufs Äußerste angespannten Lage ließ der Präsident die Kontakte nach Moskau nicht abreißen und blieb kompromissbereit. Er
15 erleichterte Chruschtschow das Einlenken, indem er für den Fall des Abzugs der Raketen zusagte, die USA würden Kuba niemals militärisch angreifen. Vertraulich ließ er die sowjetische Führung darüber hinaus wissen, dass die von Moskau beanstandeten amerikanischen Mittelstreckenra-
20 keten aus der Türkei entfernt würden. [Kennedy] war zu der Auffassung gelangt, dass die Sowjetunion sein Interesse an einer Begrenzung des Wettrüstens teilte und dass er mit Chruschtschow gemeinsam auf dieses Ziel hinwirken konnte.

1 Bau der Berliner Mauer 1961: Schon seit 1952 versuchte die DDR, die deutsch-deutsche Grenze mit Zäunen und Sperranlagen unüberwindlich zu machen. Lediglich im geteilten Berlin war die Grenze noch offen, sodass qualifizierte Facharbeiter und Akademiker die DDR verließen. Sie verlor damit die Bürger, die sie für den Aufbau brauchte. Am 13. August 1961 wurden deshalb nach politischen Vorgaben der UdSSR die westlichen Sektoren mit Sperranlagen (Mauer und Stacheldraht) vom Ostteil der Stadt getrennt. Ein Hartes militärisches Eingreifen der Westmächte blieb aus. Die USA reagierten zurückhaltend und beließen es bei einer Protestnote.

Jürgen Heideking/Christof Mauch, Geschichte der USA, Tübingen: Francke 2008, S. 323 f.

M 9 Die Kuba-Krise und die Folgen

John Lewis Gaddis, Der Kalte Krieg, München 2007:

Atomwarnungen – sogar Alarmbereitschaften – gab es auch nach 1962 noch, aber keine Atomkrisen mehr von der Art, wie sie das Verhältnis der Supermächte seit Ende der vierziger Jahre geprägt hatten. Stattdessen kam es zu einer
5 Reihe von sowjetisch-amerikanischen Übereinkommen, die – zunächst stillschweigend, dann explizit – die Gefahr einräumten, die von Atomwaffen für die kapitalistische und kommunistische Welt gleichermaßen ausging. Dazu gehörte das unausgesprochene Einverständnis beider Seiten,
10 Satellitenaufklärung zu dulden [...]. Ferner sah man ein, dass es Zeit war, Verträge über den Umgang mit Atomwaffen zu schließen, wenn man sie schon nicht unter internationale Kontrolle stellen konnte. Der erste war 1963 der Vertrag über ein teilweises Verbot von Atomwaffentests, 1968 folg-
15 te der Atomwaffensperrvertrag, der die Atommächte verpflichtete, anderen Staaten nicht bei der Entwicklung oder Beschaffung von Atomwaffen zu helfen. [...] Am erstaunlichsten war jedoch der gleichzeitig unterzeichnete ABM-Vertrag[1] zwischen den USA und der UdSSR, der die Verteidi-
20 gung gegen Langstreckenraketen verbot. Damit hatten sich beiden Seiten zum ersten Mal [...] [dem] Gedanken angeschlossen, dass die Verwundbarkeit aufgrund der möglichen sofortigen gegenseitigen Vernichtung die Grundlage langfristiger stabiler sowjetisch-amerikanischer Beziehun-
25 gen bilden könne. [...] Der Kalte Krieg hätte in einen heißen übergehen können, der dem menschlichen Leben auf der Erde womöglich sein Ende gesetzt hätte. Doch da, wie sich herausstellte, die Angst vor einem solchen Krieg größer war als alle Differenzen, welche die Vereinigten Staaten und die Sowjetunion sowie ihre jeweiligen Verbündeten voneinan-
30 der trennten, hatte man jetzt Grund zu der Hoffnung, dass er niemals stattfinden würde.

1 ABM-Vertrag (Anti-Ballistic Missile Treaty): ein zwischen der Sowjetunion und den USA 1972 abgeschlossener Rüstungskontrollvertrag.

John Lewis Gaddis, Der Kalte Krieg: Eine neue Geschichte (übers. v. Klaus-Dieter Schmidt), München: Siedler 2007, S. 105 f.

Aufgaben

1. Die Kuba-Krise – Quellen und Darstellungen zum Verlauf und zur Lösung auswerten

a) Erschließe die beiden Quellen M5 und M7. Verwende dafür den Trainingskasten auf Seite 60.

b) Vergleiche die beiden Positionen miteinander.

c) Arbeite aus der Darstellung M8 heraus, wie dort das Verhalten Kennedys in der Krise beurteilt wird. Nimm anschließend Stellung.

d) Erörtere anhand der Kuba-Krise die Bedeutung der Diplomatie für die Lösung von zwischenstaatlichen und globalen Konflikten.

e) In diesem Teilkapitel wurde mit schriftlichen Quellen und Darstellungen gearbeitet. Erkläre die Unterschiede zwischen einer Quelle und einer Darstellung und erörtere jeweilige Vor- und Nachteile in Bezug auf die Gewinnung von historischen Erkenntnissen.

M5 – M9, Text auf Seite 59

Der „Prager Frühling" und sein gewaltsames Ende

Ein „Sozialismus mit menschlichem Antlitz" – dieser Gedanke des sogenannten „Prager Frühlings" sorgte nicht nur in Osteuropa für großes Aufsehen. Sollte der Sozialismus eine neue Ausrichtung bekommen? Wie reagierte die Sowjetunion auf solche Veränderungen in ihrem Machtbereich? Die beiden Materialien auf dieser Seite geben einen ersten Eindruck.

M 1 „Sag, dass du mich gerufen hast!"

Westdeutsche Karikatur von Peter Leger zum Prager Frühling, 1968

M 2 Die „Breschnew-Doktrin"

Aus der Rede Leonid Breschnews auf dem V. Parteitag der Polnischen Vereinigten Arbeiterpartei, 12. November 1968:

Es ist bestens bekannt, dass die Sowjetunion manches für die reale Stärkung der Souveränität und Selbstständigkeit der sozialistischen Länder getan hat. Die KPdSU setzte sich immer dafür ein, dass jedes sozialistische Land die konkre-
5 ten Formen seiner Entwicklung auf dem Wege zum Sozialismus unter Berücksichtigung der Eigenart seiner nationalen Bedingungen selbst bestimmte.
Aber bekanntlich, Genossen, gibt es auch allgemeine Gesetzmäßigkeiten des sozialistischen Aufbaus, und ein Ab-
10 weichen von diesen Gesetzmäßigkeiten könnte zu einem Abweichen vom Sozialismus im Allgemeinen führen. Und wenn innere und äußere dem Sozialismus feindliche Kräfte die Entwicklung eines sozialistischen Landes zu wenden und auf eine Wiederherstellung der kapitalistischen Zu-
15 stände zu drängen versuchen, wenn also eine ernste Gefahr für die Sache des Sozialismus in diesem Lande, eine Gefahr für die Sicherheit der ganzen sozialistischen Gemeinschaft entsteht – dann wird dies nicht nur zu einem Problem für das Volk dieses Landes, sondern auch zu einem gemeinsa-
20 men Problem, zu einem Gegenstand der Sorge aller sozialistischen Länder.
Begreiflicherweise stellt militärische Hilfe für ein Bruderland zur Unterbindung einer für die sozialistische Ordnung entstandenen Gefahr eine erzwungene, außerordentliche Maßnahme dar. Sie kann nur durch direkte Aktionen der
25 Feinde des Sozialismus im Landesinnern und außerhalb seiner Grenzen ausgelöst werden, durch Handlungen, die eine Gefahr für die gemeinsamen Interessen des sozialistischen Lagers darstellen.

Übers. zit. n.: Deutsche Gesellschaft für Auswärtige Politik (Hg.), Europa-Archiv (ISSN 0014-2476), Folge 11/1969, Bonn: Verlag für Internationale Politik GmbH 1969, D 257ff.

Der „Prager Frühling" 1968

Seit 1960 befand sich die sozialistische Tschechoslowakei in einer wirtschaftlichen und gesellschaftlichen Krise. So konnte sich 1967 eine Gruppe von Reformern durchsetzen, an deren Spitze Alexander Dubček stand. Nach seiner Wahl zum
5 Parteichef 1968 schaffte er die Pressezensur ab, garantierte Meinungsfreiheit und erlaubte Auslandsreisen. Ferner leitete er Wirtschaftsreformen ein und versuchte die Rolle der Kommunistischen Partei in der Gesellschaft neu zu bestimmen. Dieser „Sozialismus mit menschlichem Antlitz" fand in der Bevölkerung eine breite Anhängerschaft. Der „Prager Frühling" schien die Eiszeit des Kommunismus zu
10 beenden.

Das gewaltsame Ende und die „Breschnew-Doktrin"

Doch die Sowjetunion empfand die Entwicklung als Bedrohung ihrer Machtposition. Deshalb rückten am 20. August 1968 Truppen des Warschauer Pakts in Prag
15 ein. Der sowjetische Parteichef Leonid Breschnew rechtfertigte das mit der Behauptung, die Ostblockstaaten hätten nur eine „eingeschränkte Souveränität" (Breschnew-Doktrin).

Gegen den passiven Widerstand der Bevölkerung beendeten Panzer den „Prager Frühling". Dubček und seine Anhänger wurden verhaftet, die Reformen zu-
20 rückgenommen. Damit war der Weg eines „demokratischen Sozialismus" gescheitert. Dessen Ideale wirkten jedoch fort und trugen zur Auflösung des Ostblocks im Jahr 1989 bei.

M 3 **Leonid Breschnew (1906 – 1982)**
Generalsekretaer des ZK der KPd-SU, Foto, 1982

M 4 **„Prager Frühling"**
Demonstranten zwischen sowjetischen Panzern in Prag, 1968

Aufgaben

1. Der „Prager Frühling"
a) Erläutere die Ursachen für den Einmarsch der Truppen des Warschauer Paktes in die Tschechoslowakei 1968.
b) Interpretiere die Karikatur M1, auch mithilfe der Quelle M2.
c) Verfasse für eine bundesdeutsche Tageszeitung des Jahres 1968 einen Kommentar zur „Breschnew-Doktrin".
⌐ M1 – M2, Text auf Seite 63

Der Vietnamkrieg – Trauma der USA?

Bilder von Konflikten und aus Kriegsgebieten sind heute keine Seltenheit, wenn man Nachrichten und politische Sendungen im Fernsehen oder in den digitalen Medien verfolgt. Bis zu Beginn der 1960er-Jahre waren diese – auch dadurch bedingt, dass Fernseher noch keine Massenware waren – jedoch eine Seltenheit. Mit dem Vietnamkrieg sollte sich dies ändern: Der Krieg begann schon 1955 und gelangte mit dem Eingreifen der USA 1964 in das Bewusstsein der Weltöffentlichkeit. Welche Rolle spielten hierbei Bilder und welche Wirkung ging von ihnen aus?

M 1 Abwurf von Napalmbomben

Kinder während eines Angriffs südvietnamesischer Streitkräfte, die bei der Eroberung des Dorfs Trang Bang Napalm einsetzen. Eine fotografische Ikone des 20. Jahrhunderts: Das Foto Nick Uts vom 8. Juni 1972, wie es bereits am folgenden Tag auf der Titelseite der „New York Times" erschien und 1973 mit dem Pulitzer-Preis ausgezeichnet wurde. Napalm ist eine zähflüssige und klebrige Brandwaffe. Geringste Mengen verursachen auf der Haut schmerzhafte, schwere und schlecht heilende Brandwunden.

Aufgaben

1. Der Vietnamkrieg

a) Beschreibe das Foto M1.

b) Fasse in Worte, wie das Bild auf dich wirkt.

c) Erschließe, was der Betrachter des Fotos über den Vietnamkrieg erfährt, und beurteile, welche Auswirkungen die Veröffentlichung für die Wahrnehmung des Kriegs in der Öffentlichkeit hatte.

d) Erarbeite mithilfe der Zeitzeugenberichte M2 und M3 die Entstehungsgeschichte des Fotos M1. Thematisiere hierbei das persönliche Schicksal des auf dem Foto gezeigten Mädchens.

M1, M2, M3, Text auf Seite 66

Die Schrecken des Vietnamkrieges – Berichte von Zeitzeugen

M 2 Eyewitness Report 1

Kim Phuc remembers this day in an interview with the BBC in the year 2000:

In 1972 a napalm bomb was dropped on my village in south Vietnam. A photographer, Nick Ut, took a picture of me running away from the fire and that photo is very famous. I remember I was nine years old, just a child. That night we
5 heard the Viet Cong were coming and that they wanted to use the village. And then in the daytime, the soldiers came in and there was fighting.
We were so scared [verängstigt]. I remember my family decided to seek refuge in the temple, the pagoda, because
10 we thought it was a holy place. We could seek refuge there and we could be safe. I did not hear the explosion but I saw the fire around me.
And suddenly my clothes were burnt off by fire. I saw the fire over my body and especially my arm. I remember at
15 that moment I thought I would be ugly, and not normal like other children.
I was so scared because I did not see anyone around me. Just fire and smoke. I was crying and I was running out of the fire and the miracle was my feet were not burned. I kept
20 running and running and running.
My parents could not get past the fire, so they turned back to the temple and they sheltered [Schutz suchen] there. My aunt and two cousins died. One was three years old and one just nine months – two babies.
25 After that I passed out.

Kim Phuc: „Photo that haunted the world", BBC news 25.04.2000, http://news.bbc.co.uk/2/hi/asia-pacific/718106.stm [letzter Zugriff: 02.09.2021].

M 3 Eyewitness Report 2

Horst Fass and Marianne Fulton report on the events in the picture on the basis of interviews with Nick Ut:

We passed hundreds of refugees fleeing the village. They cooked and slept outside the village, hoping to return when the fighting stopped. [...]
When we moved closer to the village we saw the first people
5 running. I thought 'Oh my God' when I suddenly saw a woman with her left leg badly burned by napalm. Then came a woman carrying a baby, who died, then another woman carrying a small child with it's [sic] skin coming off. When I took a picture of them I heard a child screaming and
10 saw that young girl who had pulled off all her burning clothes. She yelled [anschreien] to her brother [...]

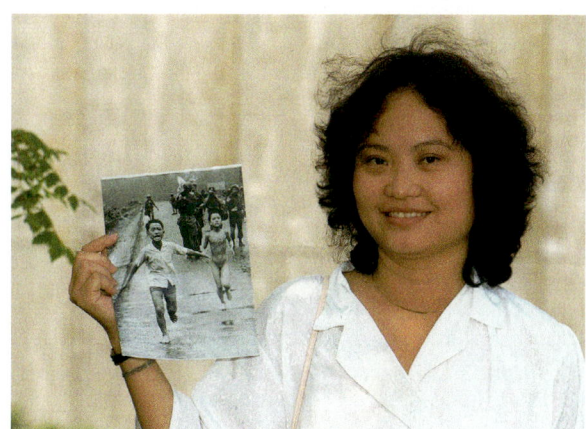

M 4 Eyewitness Kim Phuc

Kim Phuc has founded the Kim Phuc Foundation to help children that are/were traumatized by war. She even became a "goodwill ambassador" for UNESCO. Photograph, about 2000

Nick Ut recalls that Kim Phuc screamed [schrie] "Nong qua, nong qua" ("too hot, too hot") as he photographed her running past him. When the girl had stopped Nick Ut and
15 [...] Christopher Wain poured water from their canteens [Feldflaschen] over her burns.
[...] Nick Ut heard her saying to her also injured older brother [...], "I think I am going to die." [...]
Urged [bedrängt] on by Kim Phuc's uncle, Nick commandered
20 his car and being one of the few reporters able to communicate with the injured villagers he took over and carried Kim Phuc into the car. Then other members of her family [...] rushed into the car. Ut climbed aboard the now overcrowded minibus last and ask [sic] the driver to speed
25 towards the provincial Vietnamese hospital in Cu Chi, halfway to Saigon. "I am thirsty, I am thirsty, I need water" Kim Phuc continued to cry. When the van moved Kim Phuc screamed out loud, obviously in great pain and then lost consciousness [Bewusstsein]. Nick, beside her, tried to
30 console [trösten] her saying "don't worry, we will reach hospital very soon."
They reached the hospital within the hour. [...]
Only when Kim Phuc was on the operating table did Nick Ut leave the hospital and head towards Saigon, to bring his
35 film to the AP [Associated Press, eine Presseagentur].

Horst Fass/Marianne Fulton: „The Bigger Picture – Nick Ut recalls the Events of June 8, 1972", on: www.digitaljournalist.org/issue0008/ng2.htm [letzter Zugriff: 02.09.2021].

Der Vietnamkrieg
1964 – 1973

Demokratische
Republik
Nordvietnam

seit Herbst 1970
kommunistisch
kontrolliert vom
Vietcong

US-Luftbasen

US-Marinebasen

US-Luftangriffe
(seit Febr. 1965)

1833G_1

M 5   Der Vietnamkrieg 1964 – 1973

Info

My Lai

Vor allem das Massaker von
My Lai im März 1968, als
ein Trupp US-Soldaten 347
Zivilisten töteten, untergrub
weltweit die offizielle Legi-
timierung des Krieges. Der
einzige Angeklagte, Leutnant
Calley, wurde zu lebenslanger
Haft verurteilt, auf Betreiben
von Präsident Nixon wurde
diese Strafe in drei Jahre
Hausarrest umgewandelt.

Der Vietnamkrieg – Die Vorgeschichte

Infolge des Zweiten Weltkriegs verlor Frankreich zunehmend an Macht und Einfluss in seinen Kolonien, vor allem in den „Indochina" genannten Festlandsgebie-
ten Südostasiens. Während Laos und Kambodscha nach dem Indochinakrieg
(1946 – 1954) ihre Unabhängigkeit erlangten, wurde Vietnam entlang des 17. Brei-   5
tengrads geteilt.

 In der Folge entstand ein kommunistisches Nordvietnam unter Präsident Ho
Chi Minh (1890 – 1969), das von China und der Sowjetunion unterstützt wurde,
und eine Wiedervereinigung zu seinen Gunsten durchsetzen wollte. In Südvietnam bildete sich hingegen eine antikommunistische Diktatur, die von den USA   10
wirtschaftliche und militärische Unterstützung erhielt. In der Bevölkerung fand
das autoritäre System des Südens wenig Rückhalt, da es unter Korruption und
Misswirtschaft litt. Als Reaktion bildeten Oppositionsgruppen die „Nationale
Front Südvietnams", die neben einer Wiedervereinigung sozialistische Forderungen erhob und aus Nordvietnam Unterstützung erhielt. Nach der führenden kom-   15
munistischen Gruppe wurde diese Freiheitsbewegung auch als „Vietcong" bezeichnet.

 Der Vietcong besaß beträchtlichen Einfluss auf die Bevölkerung und kontrollierte bald große Teile Südvietnams. Das schürte in den USA die Furcht, dass ganz
Vietnam und später vielleicht sogar ganz Asien kommunistisch werden könnte.   20

Der Krieg der USA gegen Nordvietnam

1965 landeten amerikanische Bodentruppen in Südvietnam, zeitgleich begann die
US-Luftwaffe mit der systematischen Bombardierung militärischer und wirtschaftlicher Ziele in Nordvietnam. Doch obwohl die USA in den folgenden Jahren
540 000 Soldaten einflogen und die Luftwaffe sieben Millionen Tonnen Bomben   25
abwarf sowie „Agent Orange", ein Entlaubungsgiftgas auf Dioxinbasis, einsetzte,
waren die im Dschungel verborgenen Guerillakämpfer des Vietcong nicht zu be-
siegen.

 Seit dem amerikanischen Bürgerkrieg hat kein Ereignis die Vereinigten Staa-   30
ten innenpolitisch derart zerrissen wie der Vietnamkrieg. Entgeistert darüber, was
die amerikanischen Soldaten „im Namen von Freiheit und Demokratie" in dem
kleinen Land jenseits des Pazifiks anrichteten, entbrannte eine beispiellose Wut
gegen die Regierung und ihren Präsidenten Lyndon B. Johnson: Slogans wie „Hey!
Hey! LBJ! How many kids did you kill today?" brachten Johnson schließlich dazu,   35
auf eine neuerliche Präsidentschaftskandidatur zu verzichten. Schockierende Bilder und Berichte über Gräueltaten an der Zivilbevölkerung entfachten nicht nur
in den USA, sondern weltweit Proteste gegen den Vietnamkrieg.

 Der 1968 an die Macht gekommene Präsident Nixon trieb den Krieg zunächst
voran, gab am Ende jedoch auf. 1973 kam es zu einem Waffenstillstand und die   40
USA zogen sich aus Vietnam zurück. Der Krieg zwischen den beiden Landesteilen
ging jedoch weiter und endete erst 1975 mit dem Einmarsch kommunistischer
Truppen in Saigon. Auch Kambodscha und Laos wurden kommunistisch, ohne
dass sich etwas an der weltpolitischen Lage veränderte.

 Der Vietnamkrieg diskreditierte das Ansehen der USA für viele Jahre und rief   45
in Amerika ein fortwirkendes Trauma hervor: Erstmals hatte eine kleine Nation die
mächtigen USA in ihre Schranken verwiesen.

M 6   „War is Coming Home"

Der Vietnamkrieg war der erste Krieg, der über das Medium Fernseher Einzug ins Wohnzimmer hielt. Das von der Bundeszentrale für politische Bildung herausgegeben Magazin „Fluter" schreibt (2014):

Welche Rolle die Medien, insbesondere das Fernsehen, für den Meinungsumschwung gegen den Krieg, die Antikriegsproteste und den Abzug der USA spielten, ist bis heute umstritten. Um die Medienberichterstattung und ihren Ein-
5 fluss ranken sich verschiedene Mythen. Viele sind widerlegt, aber sie wirken sich bis heute aus – etwa bei den Zensurmaßnahmen des US-Militärs. [...]
Eine dieser Mythen ist, dass es das Fernsehen und seine drastischen Bilder von der Realität des Krieges waren, die
10 zur Stimmungsänderung in der Bevölkerung führten und damit quasi den Krieg beendete. Diese Auffassung kann Forschern zufolge nicht aufrechterhalten werden. Zwar gab es aus Vietnam Bilder, die es während des Zweiten Weltkriegs oder des Koreakriegs nicht durch die US-Zensur ge-
15 schafft hätten [...].
Doch solche Bilder seien eher selten gewesen. Dazu gehören drei berühmte Schockbilder: 1965 zünden US-Soldaten mit ihren Zippo-Feuerzeugen Dorfhütten an; 1968 richtet der südvietnamesische Polizeichef Nguyen Ngoc Loan in
20 Saigon einen Gefangenen auf offener Straße mit einem Kopfschuss hin[1]; 1972 fliehen schreiende, verletzte Kinder vor einem südvietnamesischen Fehlangriff mit der Brandwaffe Napalm[2]. [W]eniger als ein Viertel der TV-Beiträge [hat] Tote und Verwundete gezeigt, meist kurz und flüchtig
25 und nicht besonders drastisch. Manche besonders schlimmen Grausamkeiten seien dem Publikum von den TV-Sendern absichtlich vorenthalten worden, von anderen seien gar keine Bilder verfügbar gewesen.

Ein anderer Mythos ist der vom Vietnamkrieg als „unzen-
30 siertem Krieg". Oder der, dass die Journalisten von Beginn an kritisch gewesen seien. [...] Eine neue, kritischere Qualität habe die TV-Berichterstattung erst im Zuge des Antikriegsprotests Ende der 1960er-Jahre bekommen. [...]
Das sieht der Historiker Lars Klein von der Universität Göt-
35 tingen ähnlich. [...] „Ich würde die Bedeutung des Fernsehens, insbesondere der Bildwirkung, nicht zu hoch hängen. Denn es war ein noch relativ neues Massenmedium und noch stark ein Unterhaltungsmedium. Der Informationsanteil wurde langsam ausgebaut, und dieser war zunächst
40 noch sehr wortlastig." [...] Enormen Einfluss hätten die Pressefotos des Massakers von My Lai im März 1968 gehabt, das die US-Armee zu vertuschen versuchte. Sie zeigten wie US-Soldaten rund 500 Zivilisten umbrachten. Die Fotos konnten, so Klein, „die Brutalität des Kriegs viel deutlicher
45 zeigen, als das Fernsehen mit eigenen Mitteln es konnte". Die Fotos seien aber erst 1969 öffentlich geworden, als ein Meinungsumschwung bereits auszumachen war.
Klein betont, dass „Vietnam keineswegs ein Krieg war, aus dem frei und unbehindert berichtet werden konnte, und
50 auch keiner, in dem sich Journalisten und Militärs gleichberechtigt gegenüber standen." Einerseits habe es auch damals Zensur gegeben, andererseits seien sowohl TV- als auch Printjournalisten nicht so durchweg kritisch und ihre Berichterstattung nicht so wirkungsvoll gewesen, wie sie
55 selbst es später gern darstellten. „Es waren letztlich die ausbleibenden militärischen Erfolge und die steigende Zahl eigener toter Soldaten, die den Meinungsumschwung gegen den Krieg brachten."

1 Siehe M7 auf dieser Seite
2 Das Foto ist auf Seite 64 abgebildet.

Hans-Hermann Kotte, „War is coming home" (05.12.2014); in: fluter – Magazin der Bundeszentrale für politische Bildung; https://www.fluter.de/war-is-coming-home [letzter Zugriff: 30.11.2020].

M 7   Der Polizeichef von Saigon tötet einen Vietcong
Eines der bekanntesten Bilder aus dem Vietnamkrieg; der Fotograf Eddie Adams gewann dafür den Pulitzerpreis, Foto (Ausschnitt), 1968.

Der Vietnamkrieg – Perspektiven erfassen

M 8　**Zwei Perspektiven**

a) Rede des amerikanischen Präsidenten Lyndon B. Johnson (1908 – 1973) vom 7. April 1965:

Warum mussten wir diesen schmerzhaften Weg wählen? Warum musste diese Nation ihre Ruhe, ihre Interessen und ihre Macht für das Heil eines so fernen Volkes aufs Spiel setzen? Wir kämpfen, weil wir kämpfen müssen, wenn wir
5 in einer Welt leben wollen, in der jedes Land sein eigenes Schicksal bestimmen kann, und nur in einer solchen Welt wird unsere eigene Freiheit endgültig sicher sein. […]
Die Welt in Asien ist kein heiterer und friedlicher Ort. Die erste Realität ist, dass Nordvietnam die unabhängige Na-
10 tion Südvietnams angegriffen hat. Das Ziel ist die totale Eroberung. Natürlich unterstützen einige Südvietnamesen den Angriff auf ihre eigene Regierung. Aber ausgebildete Männer, Nachschub, Befehle und Waffen fließen unaufhörlich von Nord nach Süd. Diese Unterstützung ist der Le-
15 bensstrom des Krieges. Und es ist ein Krieg von unvergleichlicher Brutalität. Einfache Bauern sind Opfer von Mord und Verschleppung. Frauen und Kinder werden bei Nacht erwürgt, weil ihre Männer ihre Regierung unterstützen. Hilflose Dörfer werden durch heimtückische Überfälle
20 verwüstet. Umfangreiche Angriffe und Terror beherrschen die Zentren der Städte.
Die konfuse Natur dieses Konflikts kann die Tatsache nicht überdecken, dass es sich um das neue Gesicht eines alten Feindes handelt. Über diesem Krieg – und über ganz Asien –
25 hängt der dunkle Schatten des kommunistischen China. Die Regierung in Hanoi wird gelenkt von Peking. […] Es ist eine Nation, die den Mächten der Gewalt in fast allen Kontinenten Hilfe leiht. […]

Warum sind wir in Südvietnam? Wir sind dort, weil wir ein Versprechen zu halten haben. Seit 1954 hat jeder amerika- 30 nische Präsident dem Volk von Südvietnam Hilfe angeboten. Wir haben geholfen aufzubauen, wir haben geholfen zu verteidigen. Durch viele Jahre hindurch haben wir versprochen, Südvietnams Unabhängigkeit verteidigen zu helfen. Und ich beabsichtige, dieses nationale Versprechen zu hal- 35 ten.

Zit. nach: Wolfgang Lautemann/Manfred Schlenke (Hg.), Helmut Krause/ Karlheinz Reif (Bearb.), Geschichte in Quellen Bd. 7. Die Welt seit 1945, München: Bayerischer Schulbuch-Verlag 1980, S. 601f.

b) In einer Antwort auf den Friedensappell Papst Pauls VI. (1897 – 1978) vom 8. Februar 1967 formuliert der Politiker Ho Chi Minh (1890 – 1969) am 13. Februar 1967 die nordvietnamesische Position:

Unser Volk liebt den Frieden aufrichtig und wünscht, unser Land in Unabhängigkeit und Freiheit aufzubauen. Die US-Imperialisten haben jedoch eine halbe Million Soldaten aus den USA und ihren Satellitenstaaten geschickt und mehr als 600 000 „Marionetten-Soldaten" benutzt, um 5 Krieg gegen unser Volk zu führen. Sie haben monströse Verbrechen begangen. Sie haben die furchtbarsten Waffen wie Napalm, chemische Produkte und toxische Gase benutzt, um unsere Landsleute zu töten und unsere Dörfer, Pagoden, Kirchen, Krankenhäuser und Schulen niederzu- 10 brennen. Ihre Aggressionsakte haben die Genfer Vereinbarungen von 1954 über Vietnam grob verletzt und ernsthaft den Frieden in Asien und der Welt bedroht.
Um seine Unabhängigkeit und seinen Frieden zu verteidigen, kämpft das vietnamesische Volk entschlossen gegen 15

M 9　**Lyndon B. Johnson (1908 – 1973)**
Foto, 1964

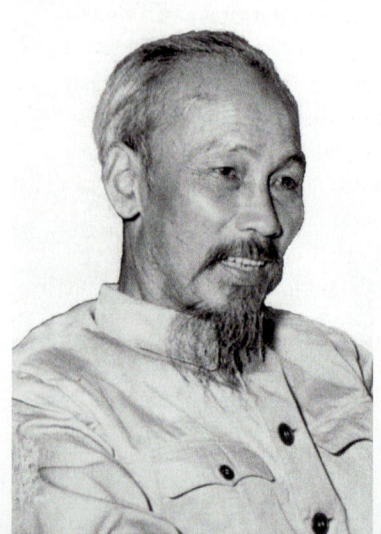

M 10　**Ho Chi Minh (1890 – 1969)**
Foto, undatiert

die Aggressoren. Sie vertrauen darauf, dass die Gerechtigkeit triumphieren wird. Die US-Imperialisten müssen ihre Aggression gegen Vietnam beenden, bedingungslos und endgültig der Bombardierung und allen anderen Kriegs-
20 handlungen gegen die Demokratische Republik von Vietnam ein Ende setzen, von Südvietnam alle amerikanischen und Satelliten-Truppen zurückziehen, die Nationale Front zur Befreiung Südvietnams anerkennen und das vietnamesische Volk seine Angelegenheiten selbst bestimmen las-
25 sen. Nur unter solchen Bedingungen kann der Friede in Vietnam wiederhergestellt werden.
Ich hoffe, dass Eure Heiligkeit im Namen der Menschlichkeit und Gerechtigkeit Ihren großen Einfluss nutzen wird, um die US-Regierung zu drängen, die nationalen Rechte
30 des vietnamesischen Volkes zu beachten, namentlich Frieden, Unabhängigkeit, Souveränität, Einheit und territoriale Integrität, wie sie in den Genfer Vereinbarungen von 1954 [Indochina-Konferenz] über Vietnam anerkannt sind.

Zit. nach: Wolfgang Lautemann/Manfred Schlenke (Hg.), Helmut Krause/ Karlheinz Reif (Bearb.), Geschichte in Quellen Bd. 7. Die Welt seit 1945, München: Bayerischer Schulbuch-Verlag 1980, S. 601f.

M 11 Charta der UNO

Auszug aus der Charta der Vereinten Nationen vom 26. Juni 1945:

Artikel 1: Die Vereinten Nationen setzen sich folgende Ziele:
(1.) den Weltfrieden und die internationale Sicherheit zu wahren und zu diesem Zweck wirksame Kollektivmaßnahmen zu treffen, um Bedrohungen des Friedens zu verhüten
5 und zu beseitigen, Angriffshandlungen und andere Friedensbrüche zu unterdrücken und internationale Streitigkeiten oder Situationen, die zu einem Friedensbruch führen könnten, durch friedliche Mittel nach den Grundsätzen der Gerechtigkeit und des Völkerrechts zu bereinigen oder beizulegen.
10 (2.) freundschaftliche, auf der Achtung vor dem Grundsatz der Gleichberechtigung und Selbstbestimmung der Völker beruhende Beziehungen zwischen den Nationen zu entwickeln [...].

Charta der Vereinten Nationen, 1945, https://unric.org/de/charta/ [letzter Zugriff: 02.09.2021].

Training

Erklärung des Operators „Beurteilen"
Du hast zu einem historischen Thema umfangreiche Informationen erarbeitet, z.B. unterschiedliche Perspektiven von beteiligten Zeitgenossen und Erkenntnisse von Historikerinnen und Historikern. Nun sollst du selbst eine eigene Beurteilung formulieren. Diese musst du mit passenden Argumenten begründen und durch ebenfalls passende Fakten oder Beispiele belegen.

Der Operator „beurteilen" fordert dich auf, ein historisches **Sachurteil** zu fällen. Das bedeutet, dass du einen historischen Sachverhalt beurteilen sollst: Aus welchen Gründen, mit welchen Absichten und mit welchen Folgen haben die Menschen in der Vergangenheit so gehandelt? Ist die Sichtweise des Textes auf den historischen Sachverhalt zutreffend? In welchen Punkten kann ich zustimmen und in welchen eher relativieren?

Aufgaben

1. **Der Vietnamkrieg: Trauma der USA? – Medienbildung**
   a) Erstelle mithilfe des Schulbuchtextes auf Seite 66 eine Zeitleiste zum Verlauf des Vietnamkrieges.
   b) Der Vietnamkrieg gilt als ein Beispiel für einen Stellvertreterkrieg während des Kalten Krieges. Nimm Stellung dazu.
   c) Formuliere mit eigenen Worten, worin die zwei Mythen bestehen, die der Autor in der Darstellung M6 nennt.
   d) Beschreibe, welche Rolle der Autor (M6) dem Medium Fernsehen und welche Rolle er dem Medium Foto zuweist.

   e) Erkläre, worin der Einfluss von Bildern auf die Politik während des Vietnamkriegs bestand.
   ↪ M6, Text auf Seite 66

2. **Der Vietnamkrieg – Perspektiven erfassen**
   a) Arbeite die Argumentation von Johnson und Ho Chi Minh (M8) zum Einsatz in Vietnam heraus.
   b) Vergleiche die Argumentation Ho Chi Minhs mit der Johnsons und beurteile sie unter dem Gesichtspunkt der UN-Charta (M11). Verwende für die Beurteilung auch den Trainingskasten auf dieser Seite.
   ↪ M8 – M11, Text auf Seite 66

Zwischen Kooperation und Konfrontation

Seit 1960 reichte das Rüstungspotenzial der beiden Blöcke aus, den jeweiligen Geg-
ner mehrfach zu vernichten. Nach der Kuba-Krise kam es zwar zu einer Phase der
Entspannung, allerdings wurde diese durch den Einmarsch sowjetischer Truppen
in Afghanistan 1979 wieder gefährdet. Die frühen 1980er-Jahre brachten eine erneu-
te Verschlechterung der Ost-West-Beziehungen mit sich. Warum kam es zu einer
Entspannungspolitik und warum spitzte sich der Ost-West-Konflikt in den 1980er-
Jahren erneut zu?

M 1 Sting: Russians (1985)

In Europe and America, there's a growing feeling of hysteria [= Hysterie]
Conditioned to respond to all the threats [= Drohungen]
In the rhetorical speeches of the Soviets
Mr. Krushchev said we will bury you [= begraben]
5 I don't subscribe to this point of view
It would be such an ignorant thing to do
If the Russians love their children too

How can I save my little boy from Oppenheimer's deadly toy [= Atombombe]
10 There is no monopoly in common sense
On either side of the political fence [hier = auf beiden politischen Seiten]
We share the same biology
Regardless of ideology [= gänzlich abgesehen von der Ideologie]
Believe me when I say to you
15 I hope the Russians love their children too

There is no historical precedent [= Präzedenzfall]
To put the words in the mouth of the President
There's no such thing as a winnable war
20 It's a lie we don't believe anymore
Mr. Reagan says we will protect you
I don't subscribe to this point of view
Believe me when I say to you
I hope the Russians love their children too

25

We share the same biology
Regardless of ideology
What might save us, me, and you
Is if the Russians love their children too

Text: Gordon Matthew Sumner/Sergej Prokofjew (1985), ©EMI Music Publishing Germany GmbH & Co. KG, Hamburg; Boosey & Hawkes. Bote & Bock, Berlin.

Aufgaben

1. **Zwischen Kooperation und Konfrontation**
   a) Analysiere den Liedtext M1 und beschreibe das dort zum Ausdruck kommende Lebensgefühl in der ersten Hälfte der 1980er-Jahre.
   b) Erstelle ein Diagramm, in dem du die Phasen der Konfrontation und der Entspannung anhand ge-
   eigneter Beispiele darstellst. Verwende dafür den Schulbuchtext.
   c) Ordne den Liedtext mithilfe deines Diagramms in den historischen Hintergrund des Kalten Krieges ein.

M1, Text auf den Seiten 71–72

M 2 **Gipfeltreffen**
Ronald Reagan und Michail Gorbatschow treffen sich in Genf zum ersten Mal, Foto, November 1985.

Bemühungen um das Ende des Wettrüstens

Die Kuba-Krise hatte der Welt die Gefahr eines Atomkrieges zwischen den beiden Supermächten vor Augen geführt und die Notwendigkeit des Dialogs deutlich gemacht.

5 Nicht zuletzt auch wegen der gewaltigen Rüstungsausgaben bemühten sich die USA und die Sowjetunion ab den 1960er-Jahren verstärkt darum, das Wettrüsten zu begrenzen: 1963 wurden oberirdische Atomversuche verboten, 1967 die Militarisierung des Weltraums und 1968 der Zugang weiterer Länder zu Atomwaffen. 1969 begannen die sogenannten SALT-Verhandlungen (Strategic Arms Limi-
10 tation Talks), die 1972 zu einem Abkommen über die Begrenzung atomarer Waffensysteme führten. An der Tatsache, dass eine zweite Vereinbarung dazu von 1979 nie in Kraft trat, wird erkennbar, dass das Bemühen um Abrüstung nur phasenweise erfolgreich war. Das „Gleichgewicht des Schreckens" blieb instabil.

15 ## Sicherheit für Europa – die Schlussakte der KSZE

Im Zuge der weltweiten Entspannungspolitik wuchs in Ost und West das Interesse an einer weitreichenden Verständigung. Schließlich wurde im Juli 1973 in Helsinki die „Konferenz über Sicherheit und Zusammenarbeit in Europa" (KSZE) eröffnet, an der alle europäischen Staaten sowie die beiden Supermächte und Kanada
20 teilnahmen. Die BRD und die DDR waren gleichberechtigt vertreten. Für die SED-Führung war dies ein wichtiger Schritt hin zur internationalen Anerkennung, für die Anerkennung des Status quo in Europa und die Nichteinmischung in ihre inneren Angelegenheiten.

Die 1975 verabschiedete „Schlussakte von Helsinki" enthielt Bestimmungen
25 über die Unverletzbarkeit der europäischen Nachkriegsgrenzen, zum Verzicht auf militärische Gewaltanwendung sowie über die Einhaltung der Menschenrechte.

M 3   Unterzeichnung der Schlussakte von Helsinki

Bundeskanzler Helmut Schmidt und der DDR-Staatschef Erich Honecker beim Unterzeichnen des Schlussdokuments am 1. August 1975. Der DDR ging es vor allem um die Nichteinmischung in ihre inneren Angelegenheiten und den Status quo in Europa. Die Bundesrepublik erhoffte sich hingegen Reiseerleichterungen zwischen beiden Staaten und eine Ausweitung der humanitären Kontakte.

💻 WES-115467-203
Film über den NATO-Doppelbeschluss 1981

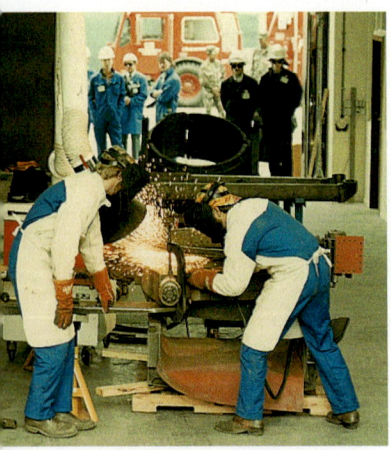

M 4   Verschrottung

In Anwesenheit sowjetischer Beobachter werden in Deutschland stationierte Pershing II-Raketen (Mittelstreckenraketen) zerstört, Foto von 1988.

Letztere wurden jedoch auch nach Unterzeichnung der Schlussakte in den Ländern des Warschauer Paktes nur eingeschränkt beachtet. Dennoch ließen die festgeschriebenen Grundsätze zur Achtung der Menschenrechte und Grundfreiheiten die Bürgerrechtsbewegungen im Ostblock erstarken.

Ein wichtiger Bestandteil der Akte waren Regelungen zur Verbesserung humanitärer Kontakte über Grenzen hinweg, also Ein- und Ausreisemöglichkeiten, Familienzusammenführungen und Besuchsreisen. Auf diesen Teil der Schlussakte von Helsinki beriefen sich nach 1975 Tausende von DDR-Bürgern, wenn sie Ausreiseanträge stellten oder mehr Reisefreiheit forderten. Auch in anderen sozialistischen Staaten verwiesen Bürgerrechtsgruppen immer wieder auf die Schlussakte, um ihren Forderungen nach Meinungs- und Pressefreiheit Nachdruck zu verleihen. Dennoch gaben die Regierungen der Ostblockstaaten meist nicht nach, verurteilten Bürgerrechtler zu Gefängnisstrafen oder wiesen sie aus.

Der NATO-Doppelbeschluss

Seit 1977 begann die Sowjetunion mit der Aufstellung moderner Mittelstreckenraketen, die Ziele in Westeuropa treffen konnten. Darauf reagierte das westliche Verteidigungsbündnis 1979 mit dem sogenannten „NATO-Doppelbeschluss". Er sah Abrüstungsverhandlungen mit der Sowjetunion vor, enthielt aber auch eine Drohung: Sollten die Raketen nicht abgebaut werden, würden die USA ebenfalls atomare Mittelstreckenraketen in Europa stationieren, um das Gleichgewicht zu wahren. Die Sowjetunion ließ sich nicht an den Verhandlungstisch zwingen und besetzte noch im selben Jahr (im Dezember 1979) Afghanistan. Der sowjetische Einmarsch in Afghanistan beendete die Phase der Entspannungspolitik.

In vielen Ländern wandte sich eine breite Friedensbewegung gegen den NATO-Doppelbeschluss und gegen die Eskalation der weltpolitischen Lage. Obwohl sich eine von breiten Teilen der Gesellschaft getragene Friedensbewegung dagegen aussprach, unterstützte die sozialdemokratische Bundesregierung unter Helmut Schmidt den NATO-Doppelbeschluss. Dies führte in der Bundesrepublik zu einer Zerreißprobe innerhalb der SPD.

In dieser Phase einer neuen Eiszeit zwischen Ost und West wählten die Amerikaner 1981 Ronald Reagan zum Präsidenten. Reagan lehnte jegliche Gipfeltreffen mit Moskau ab, solange die USA nicht in der „Position des Stärkeren" wären. Die Fronten verhärteten sich. Als Reaktion auf die Rüstungsanstrengungen der Sowjetunion und ihren Einmarsch in Afghanistan leitete Reagan 1983 ein umfassendes Aufrüstungsprogramm ein: Die sogenannte Strategische Verteidigungsinitiative (SDI) sah einen satellitengestützten Schutzschild für die USA vor. Die UdSSR brach daraufhin die „Gespräche über die Verminderung strategischer Waffen" ab.

Auf dem Weg zum Ende des Kalten Krieges

Vor dem Hintergrund dieser Politik und einer schweren Wirtschaftskrise in der UdSSR vollzog Michail Gorbatschow, der 1985 Staatschef der Sowjetunion geworden war, eine politische Wende. Er sah in einer Beendigung des Wettrüstens den einzigen Ausweg aus der wirtschaftlichen und gesellschaftlichen Krise, in der sich die Sowjetunion befand. Reagan zeigte sich als gesprächsbereiter Verhandlungspartner. 1987 vereinbarten beide Staatschefs schließlich den Abbau aller atomarer Mittelstreckenraketen. Hatte es zuvor lediglich Rüstungsbegrenzungen gegeben, so bedeutete dies erstmals eine echte Abrüstung.

30

40

45

50

55

60

65

70

75

Die KSZE-Schlussakte – mit einem Vertragstext arbeiten

M 5 **Die KSZE-Schlussakte von Helsinki**

Auszüge aus dem Schlussdokument vom 1.8.1975:

I. Souveräne Gleichheit

Die Teilnehmerstaaten werden gegenseitig ihre souveräne Gleichheit achten, einschließlich des Rechts eines jeden Staates auf territoriale Integrität [Unverletzlichkeit] sowie
5 auf Freiheit und politische Unabhängigkeit. Sie werden das Recht jedes Teilnehmerstaats achten, sein politisches, soziales, wirtschaftliches und kulturelles System frei zu wählen.

II. Enthaltung von der Androhung von Gewalt

10 Die Teilnehmerstaaten werden sich in ihren gegenseitigen Beziehungen der Androhung oder Anwendung von Gewalt enthalten.

III. Unverletzlichkeit der Grenzen

Die Teilnehmerstaaten betrachten gegenseitig alle ihre
15 Grenzen als unverletzlich und werden deshalb jetzt und in der Zukunft keinen Anschlag auf diese Grenzen verüben.
[...]

V. Friedliche Regelung von Streitfällen

Die Teilnehmerstaaten werden Streitfälle zwischen ihnen
20 mit friedlichen Mitteln auf solche Weise regeln, dass der internationale Frieden nicht gefährdet wird. Sie werden bestrebt sein, im Geiste der Zusammenarbeit eine gerechte Lösung auf der Grundlage des Völkerrechts zu erreichen.

VI. Nichteinmischung in innere Angelegenheiten

25 Die Teilnehmerstaaten werden sich ungeachtet ihrer gegenseitigen Beziehungen jeder Einmischung in die inneren oder äußeren Angelegenheiten enthalten.

VII. Achtung der Menschenrechte und Grundfreiheiten, einschließlich der Gedanken-, Gewissens-, Religions- oder
30 **Überzeugungsfreiheit**

Die Teilnehmerstaaten werden die Menschenrechte und Grundfreiheiten ohne Unterschied der Rasse, des Geschlechts, der Sprache oder der Religion achten. Sie werden die wirksame Ausübung der zivilen, politischen, wirt-
35 schaftlichen, sozialen, kulturellen sowie der anderen Rechte und Freiheiten, die sich aus der dem Menschen innewohnenden Würde ergeben, fördern und ermutigen.

Zusammenarbeit in humanitären Bereichen

a) Kontakte auf Grundlage familiärer Bindungen:

Um die weitere Entwicklung von Kontakten auf der Grund-
40 lage familiärer Bindungen zu fördern, werden die Teilnehmerstaaten Gesuche auf Reisen wohlwollend prüfen.

b) Familienzusammenführung:

Die Teilnehmerstaaten werden in positivem und humanitärem Geist Gesuche von Personen behandeln, die mit Ange-
45 hörigen ihrer Familie zusammengeführt werden möchten.
[...]

d) Reisen aus persönlichen o. beruflichen Gründen:

Die Teilnehmerstaaten beabsichtigen, Möglichkeiten für umfassenderes Reisen ihrer Bürger aus persönlichen oder
50 beruflichen Gründen zu entwickeln.

Schlussakte der Konferenz über Sicherheit und Zusammenarbeit in Europa, 01.08.1975, zit. n.: www.osce.org/de/mc/39503?download=true [letzter Zugriff: 02.09.2021].

M 6 **Karikatur von Rolf Henn**
1990

Aufgaben

1. Die KSZE-Schlussakte

a) Fasse die wesentlichen Bestimmungen der KSZE-Schlussakte (M5) zusammen.

b) Formuliere aus Sicht eines kritischen DDR-Bürgers ein Flugblatt, indem du die KSZE-Schlussakte nutzt, um Forderungen an die DDR-Regierung zu stellen (z.B. Meinungsfreiheit, Reiseerlaubnis).

M5, Text auf den Seiten 71–72

2. Die KSZE-Schlussakte – Eine Deutung

a) Beschreibe die Karikatur M6 und erläutere die Kernaussage.

b) Finde für die Karikatur einen passenden Titel. Berücksichtige dabei das Jahr der Entstehung.

M6

Das Nachkriegseuropa 1945 – 1989

Der Zweite Weltkrieg hatte Europa schwer erschüttert und über 50 Millionen Opfer gefordert. Die Menschen sehnten sich nach Frieden und einer Ordnung, die künftig gewaltsame Konflikte in Europa verhindern sollte. So begann nach 1945 eine neue Epoche, denn Europas Staatsmänner verwirklichten schrittweise einen engeren staatlichen Zusammenschluss: die europäische Integration. Entscheidend war der Vorschlag des französischen Außenministers Robert Schuman 1950, der jedoch auch zu Kritik führte.

M 1 Schumans Erklärung zum Aufbau eines gemeinschaftlichen Europas

Der französische Außenminister Robert Schuman verlas am 9. Mai 1950 im Uhrensaal des Außenministeriums am Quai d'Orsay folgende Erklärung:

Voraussetzung für den Zusammenschluss der europäischen Nationen ist aber die Beseitigung des jahrhundertealten Gegensatzes zwischen Frankreich und Deutschland. Das begonnene Unternehmen muss in
5 erster Linie Frankreich und Deutschland erfassen. Zu diesem Zweck beabsichtigt die französische Regierung, auf einem zwar begrenzten, aber entscheidenden Gebiet sofort Maßnahmen zu ergreifen. Die französische Regierung schlägt daher vor, die gesam-
10 te französisch-deutsche Kohle- und Stahlerzeugung in einer den anderen europäischen Ländern offenstehenden Organisation einer gemeinsamen Hohen Behörde zu unterstellen. [...]
An der so angeknüpften Gemeinschaftsproduktion
15 wird es sich erweisen, dass jeder Krieg zwischen Frankreich und Deutschland nunmehr nicht nur undenkbar, sondern auch materiell unmöglich ist. Die Aufrichtung dieser, allen Ländern, welche sich daran beteiligen wollen, zugänglichen machtvollen Produk-
20 tionseinheit [...] wird die wirklichen Grundlagen zu ihrer wirtschaftlichen Vereinigung schaffen. [...] Somit wird einfach und rasch die Verschmelzung von Interessen, die zur Bildung einer Wirtschaftsgemeinschaft unerlässlich sind, verwirklicht und der Ansatz zu einer
25 umfassenderen und tieferen Gemeinschaft der Länder geschaffen, die so lange durch blutige Streitigkeiten getrennt waren.
Durch die Zusammenfassung der Grundproduktionen und die Errichtung einer neuen Hohen Behörde, an
30 deren Entscheidungen Frankreich, Deutschland und die beitretenden Länder gebunden sind, schafft dieser Vorschlag die ersten festen Grundlagen zu einer für die Erhaltung des Friedens unerlässlichen Europäischen Föderation.

Zit. n.: www.cvce.eu/obj/erklarung_von_robert_schuman_paris_9_mai_1950-de-9cc6ac38-32f5-4c0a-a337-9a8ae4d5740f.html [letzter Zugriff: 03.09.2021].

Aufgaben

1. Der Schuman-Plan

a) Fasse die Erklärung von Robert Schuman (M1) zusammen.

b) Erläutere, inwiefern die Umsetzung des Schuman-Plans zur Friedenssicherung und zur europäischen Integration beitragen sollte.

M1, Text auf den Seiten 75 – 76

Erste Schritte zur Integration

Die Idee eines geeinten Europas war nicht neu. Bereits 1946 rief der ehemalige britische Premierminister Winston Churchill in Zürich die Europäer zur Zusammenarbeit auf. Als erster Schritt wurde 1949 der Europarat mit Sitz in Straßburg
5 gegründet, dem heute über 40 Staaten angehören. Die Verabschiedung der „Europäischen Menschenrechtskonvention" 1950 gehört zu den großen Erfolgen dieser Organisation.

Neben Frankreich, Italien, den Niederlanden, Belgien und Luxemburg zählte auch die Bundesrepublik Deutschland zu den Initiatoren der europäischen Eini-
10 gungsbewegung der Nachkriegszeit. Statt der jahrhundertealten Rivalitäten wollten die Politiker eine Wirtschaftsgemeinschaft als Grundstein der späteren politischen Einheit errichten. 1951 unterzeichneten die sechs Staaten den Vertrag über die „Europäische Gemeinschaft für Kohle und Stahl" (Montanunion), die bis heute – als Teil der Europäischen Union – fortbesteht.

15 Die Aufgabe der Montanunion bestand darin, die Schwerindustrie der Mitgliedsstaaten zu koordinieren und Zollbarrieren abzuschaffen, um den Handel zu erleichtern. Die Gründung der Gemeinschaft war aber mehr als nur ein wirtschaftlicher Zusammenschluss. Für diesen Wirtschaftsbereich wurde darüber hinaus eine eigene Rechtsordnung geschaffen. Das war neu, denn Gesetze erließen bis-
20 lang nur souveräne Staaten.

Europa im Zeichen des Kalten Krieges

Als erkennbar wurde, dass der Ost-West-Konflikt zur Teilung Europas führen würde, bemühten sich die Politiker um eine verstärkte Zusammenarbeit. Um nicht
25 Spielball amerikanischer und sowjetischer Machtinteressen zu werden, wollten die Europäer eine dritte Kraft bilden. Nach gleichem Muster wie bei der Montanunion versuchten die sechs Staaten eine „Europäische Verteidigungsgemeinschaft" (EVG) unter deutscher Beteiligung zu gründen.

Der Plan scheiterte jedoch 1954 – und damit die Idee einer dritten militäri-
30 schen Kraft. 1955 wurde die Bundesrepublik in das bereits 1949 von den westeuropäischen Staaten gemeinsam mit den USA gegründete Verteidigungsbündnis der NATO aufgenommen. Im gleichen Jahr gründete die Sowjetunion den Warschauer Pakt, das Militärbündnis des Ostblocks. Der Kalte Krieg beeinträchtigte die europäische Integration nachhaltig und führte zu einer langjährigen Trennung
35 von West- und Osteuropa.

Ausbau der europäischen Einigung

Ab Mitte der Fünfzigerjahre suchten die Bundesrepublik Deutschland, Frankreich, Italien und die Beneluxstaaten eine engere wirtschaftliche Zusammenarbeit. Die-
40 se Bemühungen führten 1957 mit den Römischen Verträgen zur Gründung der

M 2 Römische Verträge
Unterzeichnung am 25. März 1957

🖳 WES-115467-204
Film über die Deutsch-französische Freundschaft

Hinweis

Der Vertragstext des Elysee-
Vertrags ist zu finden unter:

Elysée-Vertag: https://
de.ambafrance.org/-Der-
Elysee-Vertrag-

M 3   **Geste der Freund-
schaft**
Konrad Adenauer und Charles de
Gaulle am 22. Januar 1963

OFAJ
DFJW

M 4   **Logo des Deutsch-
Französischen Jugendwerks**
(Office franco-allemand pour
la Jeunesse)

Hinweis

Eine Karte zur Entwicklung
der EU befindet sich auf Seite
182 in diesem Buch. Hier wird
auch die weitere Entwicklung
thematisiert.

„Europäischen Wirtschaftsgemeinschaft" (EWG). Sie wurde ergänzt durch die „Europäische Atomgemeinschaft" (EURATOM). Ziel war der schrittweise Aufbau eines zollfreien Binnenmarktes mit einem gemeinsamen Außenzoll sowie die friedliche Nutzung der Kernenergie. Das sollte zu mehr Wohlstand in Europa führen und den Anschluss an die überlegenen Supermächte sichern. 45

Das deutsch-französische Verhältnis in Europa

Entscheidenden Einfluss auf den europäischen Einigungsprozess hatte das Verhältnis zwischen Frankreich und Deutschland, den alten „Erbfeinden". Es war daher historisch bedeutungsvoll, dass sich gerade der französische Außenminister 50 Robert Schuman dafür einsetzte, die Schwerindustrie der bisherigen Rivalen zu koordinieren (Schuman-Plan) und damit die Verhandlungen über die Gründung der Montanunion anstieß.

Der deutsch-französische Freundschaftsvertrag, den 1963 Bundeskanzler Konrad Adenauer und Staatspräsident Charles de Gaulle in Paris unterzeichneten, 55 war ein Meilenstein im europäischen Einigungsprozess, der die Beziehungen zwischen beiden Staaten in Europas Mitte grundlegend änderte.

Die europäische Gemeinschaft wird größer

Als erkennbar wurde, dass der Ost-West-Konflikt zur Teilung Europas führen würde, bemühten sich die Politiker um eine verstärkte Kooperation. 1957/58 hatten 60 sich nur sechs Länder zur „Europäischen Wirtschaftsgemeinschaft" (EWG) zusammengeschlossen (Bundesrepublik, Frankreich, Italien und die Benelux-Länder), doch wuchs Europa in den nächsten Jahrzehnten immer mehr zusammen:
- 1967 vereinigten sich EWG, EURATOM und Montanunion zur „Europäischen Gemeinschaft" (EG). In der Präambel, dem Vorwort des Vertrags, lud die EG 65 alle Staaten Europas ausdrücklich ein, sich ihrem Projekt anzuschließen.
- Der europäische Einigungsgedanke gewann nun zunehmend an Anziehungskraft und führte in den nächsten Jahren zum Beitritt Großbritanniens, Dänemarks und Irlands (1973), Griechenlands (1981) sowie Spaniens und Portugals (1986). Die europäische Einigung erfasste allerdings zunächst nur den westlichen 70 Teil des Kontinents, da bis 1989 der „Eiserne Vorhang" Europa in zwei Hälften teilte.

Die Anfänge der Europäischen Integration – Eine politische Rede analysieren

M 5 Churchills Vision eines geeinten Europas

Am 19. September 1946 hielt der englische Premierminister Winston Churchill (1874 – 1965) in Zürich folgende „Rede an die akademische Jugend":

Wir müssen etwas wie die Vereinigten Staaten von Europa schaffen. Nur so können Hunderte von Millionen schwer arbeitender Menschen wieder die einfachen Freuden und Hoffnungen zurückgewinnen, die das Leben lebenswert
5 machen. [...]
Wir verfügen [...] über große Kenntnisse und das Material, mit dem wir bauen können; und außerdem über die teuer erkaufte Erfahrung. [...]
Ich spreche jetzt etwas aus, das Sie in Erstaunen setzen
10 wird. Der erste Schritt bei der Neugründung der europäischen Familie muss eine Partnerschaft zwischen Frankreich und Deutschland sein. Nur auf diese Weise kann Frankreich die moralische Führung Europas wieder erlangen. Es gibt kein Wiederaufleben Europas ohne ein geistig großes
15 Frankreich und ein geistig großes Deutschland. Die Struktur der Vereinigten Staaten von Europa, wenn sie gut und echt errichtet wird, muss so sein, dass die materielle Stärke eines einzelnen Staates von weniger großer Bedeutung ist. Kleine Nationen zählen ebenso viel wie große und erwer-
20 ben sich ihre Ehre durch ihren Beitrag zu der gemeinsamen Sache. [...] Ich muss Sie aber auch warnen. Die Zeit ist vielleicht knapp. Gegenwärtig haben wir eine Atempause. Die Geschütze schweigen. Der Kampf hat aufgehört, aber nicht die Gefahren. Wenn es uns gelingen soll, die Vereinigten Staaten von Europa, oder welchen Namen auch immer sie 25 tragen werden, zu errichten, müssen wir jetzt damit beginnen.

Zit. nach: Forschungsinstitut der deutschen Gesellschaft für auswärtige Politik/Auswärtiges Amt (Hg.), Europa. Dokumente zur Frage der europäischen Einigung Bd. 1, München: Oldenbourg 1962, S. 113 ff.

Training

Erklärung des Operators „Analysieren"

Du sollst ein Material (Text, Bild, Statistik, Karte etc.) gezielt auf einzelne Merkmale (z. B. Inhalt, Sprache) hin untersuchen. Der Arbeitsauftrag gibt dir genauere Hinweise dazu, worauf du genau achten bzw. welche Aspekte du genau erforschen, prüfen und herausarbeiten sollst.
Anschließend musst du die Ergebnisse deiner Analyse zusammenhängend und für andere nachvollziehbar formulieren. Das heißt, du muss sie in eigenen Worten erklären und mit geeigneten Stellen aus dem Material (z. B. Textstelle/Zeile bzw. Zitat) belegen und erläutern können. Wörtliche Zitate werden an- und abgeführt („Zitat") und mit Hinweise auf die Zeile versehen (siehe Zeilenzähler).

Aufgaben

1. Die Anfänge der Europäischen Integration – Eine politische Rede analysieren
Analysiere die Rede Churchills (M5). Gehe dabei auf seine Vorstellungen von den Vereinigten Staaten Europas und seine These ein, dass der europäische Einigungsprozess mit Frankreich und Deutschland beginnen müsse. Verwende für die Analyse auch den Trainingskasten auf dieser Seite.

⌢ M5, Text auf den Seiten 75 – 76

Die Entkolonialisierung

Mit den Vereinigten Staaten trieb eine Macht Kolonialpolitik, die sich selbst erst 1776 als Kolonie vom englischen Mutterland gelöst hatte. Dem amerikanischen Vorbild waren im 18. und 19. Jahrhundert von weißen Kolonisten geführte Unabhängigkeitsbewegungen in Australien, Kanada, Neuseeland und in den lateinamerikanischen Staaten gefolgt. Die Kolonialgebiete in Asien und Afrika errangen erst in den drei Jahrzehnten nach dem Ende des Zweiten Weltkriegs ihre Freiheit. Den Prozess nationaler Selbstfindung und Befreiung von europäischer Vorherrschaft bezeichnet man als Entkolonialisierung oder Dekolonisation. Das Ausmaß dieses Prozesses wird deutlich, wenn man bedenkt, dass die Vereinten Nationen 1945 bei ihrer Gründung nur 51 Mitglieder hatten, 1975 jedoch bereits 144.

M 1 **Die Entkolonialisierung 1945–1990**

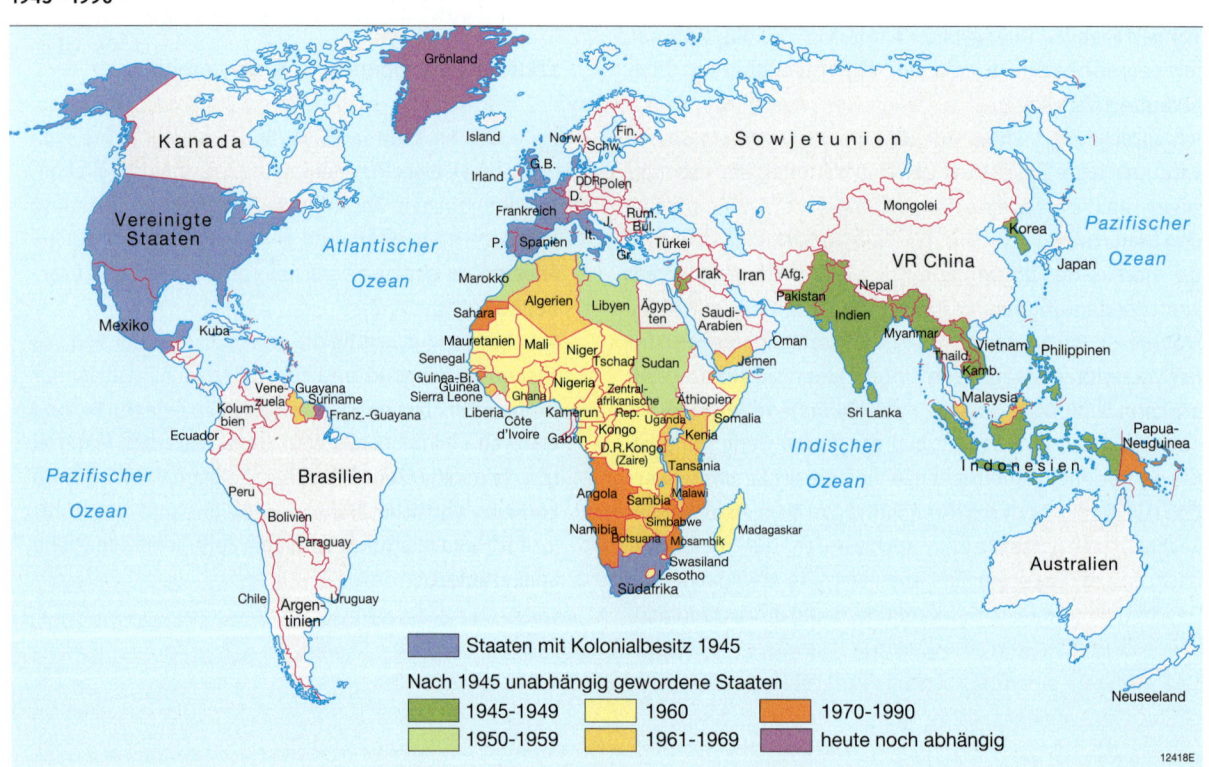

Staaten mit Kolonialbesitz 1945

Nach 1945 unabhängig gewordene Staaten
- 1945-1949
- 1950-1959
- 1960
- 1961-1969
- 1970-1990
- heute noch abhängig

12418E

M 2 **Atlantik-Charta**

In der Atlanik-Charta aus dem Jahr 1941 legten der amerikanische Präsident Franklin D. Roosevelt und der britische Premierminister Winston Churchill die gemeinsame Vorstellung einer Organisation der Welt nach dem Zweiten Weltkrieg fest:

Der Präsident der Vereinigten Staaten von Amerika und der Premierminister, Mr. Churchill, als Vertreter der Regierung seiner Majestät im Vereinigten Königreich, die zusammengetroffen sind, halten es für angezeigt, eine gemeinsame
5 Erklärung bekannt zu geben über gewisse allgemeine Grundsätze in der nationalen Politik ihrer Länder, auf die sie ihre Hoffnungen für eine bessere Zukunft der Welt gründen.

- Erstens, ihre Länder streben nach keiner territorialen oder sonstigen Vergrößerung; 10
- Zweitens, sie wünschen keine territorialen Veränderungen zu sehen, die nicht mit den frei geäußerten Wünschen der betroffenen Völker übereinstimmen;
- Drittens, sie achten das Recht aller Völker, die Regierungsform zu wählen, unter der sie leben wollen; und 15 sie wünschen, dass die souveränen Rechte und die Selbstregierung derjenigen wiederhergestellt werden, denen sie gewaltsam genommen worden sind;

Übers. zit. n.: Gottfried Zieger, Die Atlantik-Charta, Hannover: Niedersächsische Landeszentrale für politische Bildung 1963, S. 93ff.

Unabhängigkeitsbewegungen

Der weltweite Prozess der Loslösung von kolonialer Vorherrschaft nach dem Zweiten Weltkrieg hatte mehrere Gründe. Zum einen entstanden unter Führung indigener (aus dem Lateinischen: einheimischer, eingeborener) Politiker oder revolu-
5 tionärer Gruppen auch in den Hauptstädten europäischer Imperialmächte Organisationen oder Netzwerke. Diese bereiteten oft Jahrzehnte vor der formalen Unabhängigkeit gedanklich und politisch den Kampf für die Freiheit von wirtschaftlicher Ausbeutung und Unterdrückung kolonialer Gebiete vor.

Zum anderen hatte Japan bis zum Ende des Zweiten Weltkriegs die Vorherr-
10 schaft der europäischen Kolonialmächte in Südostasien durch eine aggressive Expansion erschüttert. Japan hatte dabei seine eigenen Ausbeutungsziele hinter der propagandistischen Forderung „Asien den Asiaten" verborgen. Aufgrund der Hoffnung der ostasiatischen Völker auf Frieden, Stabilität und Schutz vor westlichem Kolonialismus war Japan daher zunächst vielfach als Befreier von weißer Kolonial-
15 herrschaft begrüßt worden. Als Japan dann 1945 kapitulierte, erklärten besetzte Länder wie Vietnam, Korea oder Indonesien ihre Unabhängigkeit. Frankreichs Versuch, seine frühere Kolonialherrschaft in Indochina mit militärischen Mitteln zu erneuern, scheiterte. Ähnlich erging es anderen europäischen Kolonialmächten.

Hinweis

Der Indochinakrieg (1946–1954) wird in diesem Buch auf Seite 66 thematisiert.

20 Die Rolle der USA, der Sowjetunion und anderer europäischer Staaten

Die USA hatten im August 1941 in der Atlantik-Charta gemeinsam mit Großbritannien die Grundzüge einer künftigen Nachkriegsordnung formuliert. Beide Mächte betonten darin das Selbstbestimmungsrecht der Völker und den Verzicht auf Annexionen und Gewalt. Wie konnten sich die USA vor diesem Hintergrund
25 und mit Blick auf die eigene Geschichte gegen Unabhängigkeitsbestrebungen der Kolonialvölker wenden? Und wie konnten europäische Länder wie Frankreich, Belgien oder die Niederlande unmittelbar nach dem Trauma des Zweiten Weltkriegs und der eigenen Erfahrung von Besetzung, Ausbeutung und Fremdbestimmung die alte Kolonialherrschaft weiterführen bzw. wieder herstellen wollen?
30 Auch die Sowjetunion ging von der Gleichberechtigung aller Menschen und Völker aus: Die kommunistische Ideologie verkündete eine weltweite Befreiung von Kolonialherrschaft. Allerdings verfolgte die Sowjetunion nach 1945 auch das Ziel, weltweit präsent zu sein. Deshalb engagierte sie sich in den Kolonien und ehemaligen Kolonialgebieten.
35 Die Konkurrenz der Supermächte ermöglichte es den unabhängig gewordenen Staaten, eine eigenständige Politik zu treiben. Mit der Drohung, sich an den jeweils gegnerischen Machtblock anzulehnen, erpressten sie vielfach wirtschaftliche, finanzielle und militärische Hilfen. Nicht selten stießen die Machtinteressen der Großmächte gerade in den früheren Kolonialgebieten aufeinander, zum einen
40 aufgrund von Öl-, Erz- (z. B. Uran) oder Goldvorkommen, zum anderen aus geostrategischen Gründen. Vor diesem Hintergrund kam es in der Folgezeit immer wieder zu blutigen Stellvertreterkriegen, die politisch, gesellschaftlich und wirtschaftlich völlig zerrissene Staaten hinterließen.

Aufgaben

1. Die Entkolonialisierung

a) Beschreibe anhand der Karte M1 den Prozess der Entkolonialisierung.

b) Fasse die Aussagen der Atlantik-Charta (M2) in Thesen zusammen.

c) Inwieweit lässt sich in der Atlantik-Charta von 1941 (M2) auch ein Versprechen auf eine künftige Unabhängigkeit erkennen?

⌐ M1, M2, Text auf Seite 79

Der Zerfall der Sowjetunion und das Ende des Kalten Krieges

Die amerikanische Zeitschrift „Time" wählte 1998 Michail Gorbatschow, den ehemaligen Generalsekretär des Zentralkomitees der Kommunistischen Partei der Sowjetunion und späteren Staatspräsidenten, zum „Mann des Jahrzehnts".

Mit der Wahl Gorbatschows zum Generalsekretär wurde 1985 in der Sowjetunion eine Phase der innen- und außenpolitischen Veränderungen eingeleitet, die sich stark auf Europa und den Kalten Krieg auswirkte: Innerhalb weniger Jahre löste sich der Warschauer Pakt auf, die Sowjetunion zerfiel und mit ihr die kommunistischen Regime in Osteuropa.

Welche Entwicklungen hatten dazu geführt? Ging der Kalte Krieg zu Ende? Die folgende Karikatur gibt erste Auskünfte.

 **„Perestroika"**

Karikatur von Karl-Heinz Schoenfeld, Bundesrepublik, 1987.

„Perestroika": russisch für „Umbau" und „gesellschaftliche Neugestaltung"

Aufgaben

1. Der Zerfall der Sowjetunion und das Ende des Kalten Krieges

a) Analysiere die Karikatur M1 und formuliere Ihre Grundaussage.

b) Überprüfe die Grundaussage anhand des Schulbuchtextes auf den Seiten 81–82. Erstelle dazu mithilfe des Schulbuchtextes eine Veranschaulichung (z. B. eine Concept Map), in der du die wichtigsten Gründe für den Zerfall der Sowjetunion sowie die Bedeutung und die Auswirkungen von Perestroika und Glasnost auf die Sowjetunion darstellst.

Unterscheide innerhalb deiner Veranschaulichung durch farbliche Hervorhebungen, auf welcher Kategorie die Auswirkungen liegen (z. B. Gesellschaft, Wirtschaft, Herrschaft oder Weltdeutungen). Nutze möglichst auch einfache Symbole, einfache Hervorhebungsmittel (z. B. Unterstreichungen, Schriftfarbe, Umrandungen, Schriftgröße) und bildliche Darstellungsformen.

↶ M1, Text auf den Seiten 81–82

Das sozialistische Lager

Die Sowjetunion hatte sich nach dem Zweiten Weltkrieg mit einem Gürtel von Satellitenstaaten umgeben, die sie politisch, militärisch und wirtschaftlich beherrschte. Die innere Ordnung der Satelliten war – trotz erheblicher Differenzie-
5 rungen – nach sowjetischem Vorbild gestaltet. Dieses System von „Bruderstaaten" nannte sich selbst „sozialistisches Lager"; im Westen sprach man hingegen vom „Ostblock". Zu diesem zählten die DDR, Polen, die Tschechoslowakei, Ungarn, Rumänien und Bulgarien.

Die ebenfalls kommunistisch regierten Staaten Jugoslawien und Albanien
10 hatten sich aus sowjetischer Vorherrschaft gelöst – Jugoslawien bemühte sich um einen blockfreien Status, Albanien war 1968 aus dem Warschauer Pakt ausgetreten und orientierte sich an China.

Ursachen für den Zerfall und Reformversuche

15 Als Michail Gorbatschow 1985 zum neuen Generalsekretär der Kommunistischen Partei gewählt wurde, steckte die UdSSR in einer tiefen wirtschaftlichen und gesellschaftlichen Krise. Die sowjetische Wirtschaft war nicht mehr in der Lage, beim Rüstungswettlauf mit den USA mitzuhalten. Das sozialistische Wirtschaftssystem erwies sich als wenig leistungsfähig und blieb immer mehr hinter der Wirtschaft
20 der westlichen Industriestaaten zurück. Seit den 1970er-Jahren war der Alltag in der Sowjetunion zunehmend von Versorgungsmängeln geprägt. Der Lebensstandard der Bevölkerung sank beständig. Im sozialen Bereich sowie in Bildung und im Gesundheitswesen konnten die Behörden die wachsenden Defizite nicht beheben. Es entwickelten sich Strukturen des organisierten Verbrechens, in die auch
25 führende Parteifunktionäre verstrickt waren.

Um den Niedergang aufzuhalten, begann Gorbatschow 1985 ein gewaltiges Reformprojekt. Für seine Innenpolitik waren zwei Schlagworte von Bedeutung: „Perestroika" und „Glasnost". „Perestroika" heißt „Umbau" und bedeutete eine gründliche Neugestaltung der Gesellschaft. „Glasnost" lässt sich mit „Durchsich-
30 tigkeit" übersetzen. Damit war die Transparenz von Machtstrukturen und Entscheidungen gemeint. Die Reformpolitik Gorbatschows hatte eine Demokratisierung der sowjetischen Gesellschaft und die schrittweise Einführung der Prinzipien der freien Marktwirtschaft zum Ziel.

Um die Wirtschaft wieder auf Kurs zu bringen, musste Gorbatschow vor allem
35 die Systemkonfrontation mit den USA beenden. Der wiederaufgenommene Dialog mit den USA führte u. a. zum 1987 unterzeichneten Washingtoner Vertrag über die nuklearen Mittelstreckenraketen, der den Prozess der atomaren Abrüstung einleitete. Angesichts einer Phase der Konfrontation seit der Mitte der 1970er-Jahre stellte dieses Abkommen einen beachtlichen Erfolg dar.
40 Im Westen und auch bei DDR-Bürgern war Gorbatschow ungeheuer populär, im eigenen Land verlor er jedoch schon bald an Rückhalt. Die politischen Eliten schwankten zwischen einer Modernisierung des sozialistischen Systems und der Angst vor einem Machtverlust durch mehr Demokratie. Während auf dem kulturellen Sektor eine nie gekannte Freiheit einzog und sogar offen über die Verbrechen
45 der Stalinzeit gesprochen wurde, schritt der Verfall der Wirtschaft weiter voran.

Ein Vielvölkerstaat zerfällt

Die Sowjetunion war – ebenso wie zuvor das russische Zarenreich – ein Vielvölkerstaat. Etwa die Hälfte der 270 Millionen Sowjetbürger waren keine Russen. Offizi-

M 2 **Essen ist knapp**
In Riga (Lettland, damals Teil der UdSSR) warten die Menschen im Kaufhaus, um Fleisch zu kaufen. Foto 1988

WES-115467-205
Film über Hoffnungsträger Gorbatschow

M 3 **Michail Gorbatschow**
Generalsekretär des Zentralkomitees der Kommunistischen Partei der Sowjetunion (März 1985 bis August 1991) und Präsident der Sowjetunion (März 1990 bis Dezember 1991), Foto, 1991

ell genossen alle Völker Gleichberechtigung, jedoch regierte Moskau das Land 50
zentralistisch; die Russen und ihre Sprache wurden überall bevorzugt. Die schon
im Zarenreich bestehenden Nationalitätenkonflikte hatten unter der Oberfläche
weitergeschwelt, angesichts des Machtverfalls kamen sie zunehmend zum Aus-
bruch. Im Kaukasus und in Mittelasien gab es heftige Auseinandersetzungen zwischen den Völkerschaften, das Riesenreich begann zu zerfallen. 55

Auswirkungen im Ostblock

Die Parteiführungen der sozialistischen Länder beobachteten diesen Zerfallspro-
zess mit wachsender Sorge. Die SED-Führung wusste, dass es ohne die Sowjetunion und deren Vormachtstellung in Osteuropa kein Überleben für die DDR gab. 60
SED-Generalsekretär Erich Honecker ging daher immer deutlicher auf Distanz zu
Gorbatschow, obwohl weite Teile der Bevölkerung dessen Reformpolitik begrüß-
ten. Sie erhofften sich auch in der DDR mehr Demokratie und Freiheit sowie
wirtschaftliche Reformen. „Gorbi", wie die Leute gerne sagten, war in der DDR
zeitweise der populärste Politiker. 65

In den anderen sozialistischen Ländern zeigten sich ähnliche Entwicklungen:
In Polen entschloss sich die Führung nach einer Streikwelle im Jahr 1988 zu Ver-
handlungen, die einen schrittweisen, friedlichen Übergang zur Demokratie vor-
sahen. Hier fanden im Juni 1989 die ersten freien Wahlen in einem sozialistischen
Land statt. Sie endeten mit einem triumphalen Wahlsieg der Gewerkschaft 70
„Solidarność". Dies alles geschah, ohne dass die Sowjetunion eingriff.

In Ungarn war die kommunistische Partei bereit, ihren alleinigen Führungsanspruch aufzugeben und Oppositionsparteien zuzulassen. Noch bevor die Opposition die Regierungsgeschäfte übernehmen konnte, öffnete das Land im Mai
1989 seine Grenzen zu Österreich. Damit hatte der Eiserne Vorhang ein Loch. Die 75
Aussicht, über die ungarische Grenze in den Westen zu gelangen, lockte im Sommer 1989 Zehntausende DDR-Bürgerinnen und -Bürger an. Die Massenausreise
trug wesentlich zur Destabilisierung der DDR bei.

Die Tschechoslowakei war seit dem „Prager Frühling" von 1968 in Resignation
verfallen, allerdings war 1977 mit der „Charta 77" unter Václav Havel auch eine 80
mutige Bürgerrechtsbewegung entstanden, die ab 1988 zu politischen Aktionen
aufrief. Im November 1989 kam es zu mehrtägigen Demonstrationen in Prag, die
den Machtverlust der kommunistischen Führung bewirkten.

Das Ende der Sowjetunion – die Entstehung der GUS
85
Gorbatschows Reformkurs in der Sowjetunion veränderte die Sicherheitslage der
gesamten Welt: 1989 hob er die Breschnew-Doktrin auf und entließ die Staaten des
Ostblocks aus dem sozialistischen Lager. Die Länder erhielten ihre Unabhängigkeit zurück, was im Juli 1991 zur Auflösung des Warschauer Pakts führte.

Am 26. Dezember 1991 wurde auch die Sowjetunion formell aufgelöst. Präsi- 90
dent Gorbatschow, der wenige Monate zuvor noch einen Putsch konservativer
Politiker und Militärs überstanden hatte, trat zurück. An die Stelle der Sowjetunion
trat nun die „Gemeinschaft Unabhängiger Staaten" (GUS), der alle ehemaligen
Teilrepubliken mit Ausnahme der baltischen Staaten angehörten.

Der politisch beherrschende und wirtschaftlich stärkste Teilstaat der GUS 95
wurde das neue Russland unter Präsident Boris Jelzin.

M 4   „Solidarność"

Lech Wałęsa, der Anführer der
Gewerkschaftsbewegung in Polen
und spätere Staatspräsident, auf
einer Veranstaltung vor der Wahl,
Januar 1989

**M 5   Boris Jelzin mit An-
hängern vor dem russischen
Parlament**

Der Präsident Russlands schwenkt
die russische Flagge, die die sowjetische Flagge mit Hammer und
Sichel ablöste, Foto, 1991.

Reagan und Gorbatschow – zwei Reden am Ende des Kalten Krieges

M 6   **Der US-Präsident Ronald Reagan**
am 12. Juni 1987 vor dem Brandenburger Tor

M 7   **Ronald Reagan**

Der US-Präsident Ronald Reagan am 12. Juni 1987 vor dem Brandenburger Tor:

Präsident v. Weizsäcker hat einmal gesagt: „Die deutsche Frage ist so lange offen, wie das Brandenburger Tor zu ist." Heute sage ich: So lange das Tor zu ist, so lange wird diese Mauer als Wunde fortbestehen. Es ist nicht die deutsche
5 Frage allein, die offen bleibt, sondern die Frage der Freiheit für die gesamte Menscheit. Generalsekretär Gorbatschow, wenn Sie nach Frieden streben, wenn Sie Wohlstand für die Sowjetunion und für Osteuropa wünschen, wenn Sie Liberalisierung wollen, dann kommen Sie hierher, zu diesem Tor!
10 Herr Gorbatschow, öffnen Sie dieses Tor! Herr Gorbatschow, reißen Sie die Mauer nieder! Und ich unterbreite Herrn Gorbatschow folgenden Vorschlag: Bringen wir die Ost- und

Westteile der Stadt enger zusammen! Alle Bewohner der gesamten Stadt Berlin sollen die Vorzüge genießen, die das Leben in einer der größten Städte der Welt mit sich bringt. 15

Übers. v. Amerika Dienst, zit. n.: https://de.usembassy.gov/de/offnensie-dieses-tor-reisen-sie-diese-mauer-nieder/ [letzter Zugriff: 03.09.2021].

M 8   **Michail Gorbatschow**

Der Generalsekretär des Zentralkomitees der Kommunistischen Partei der Sowjetunion Michail Gorbatschow in einer Rede 1988 in Moskau:

Es ist durchaus berechtigt, die letzten drei Jahre als Wendepunkt in unserem Leben zu bezeichnen. Durch die Anstrengungen der Partei und der Werktätigen ist es gelungen, das Abrutschen des Landes in eine wirtschaftliche, soziale und intellektuelle Krise zu stoppen. Vergangenheit, 5 Gegenwart und Zukunft werden nun von der Gesellschaft besser verstanden. Die Politik der Umgestaltung […] wird für Millionen tatsächlich greifbar. Darin liegt das Wesen der politischen Situation im Land.
Es ist offensichtlich, dass die Gesellschaft neue Kräfte ge- 10 sammelt hat. […] Die Menschen haben erkannt, dass sie persönlich Verantwortung tragen; man überwindet Apathie und Entfremdung. Der Wind der Erneuerung stärkt die moralische Gesundheit des Volkes. Die Demokratisierung hat ein gewaltiges Potenzial von Gedanken, Emotionen und Initiati- 15 ven freigesetzt. Die Bestärkung von Wahrheit und Offenheit reinigt die Atmosphäre in der Gesellschaft, beflügelt die Menschen, befreit das Bewusstsein und fördert die Aktivität. Dies ist ein anschaulicher und beeindruckender Prozess, an dem alles Ehrliche und Fortschrittliche in unserem Volk 20 beteiligt ist. Es vollzieht sich eine Konsolidierung der Kräfte der revolutionären Erneuerung. Die Menschen glauben an die Perestroika und fordern, dass sie ständig vorangetrieben wird.

Übers. zit. nach: Juri Afanassjew (Hg.), Es gibt keine Alternative zu Perestroika, Nördlingen: Greno 1988, S. 7 ff.

Aufgaben

1. Reagan und Gorbatschow – zwei Reden am Ende des Kalten Krieges

a) Erarbeite anhand des Textes M7, welche Forderungen der amerikanische Präsident für einen Umbruch im Osten stellt und wie er sie begründet.

b) Erarbeite aus dem Text M8, worin Michail Gor-

batschow den Umbruch in der Sowjetunion sieht. Mache am Text fest, welche Vorteile er als Ergebnis der Veränderungen sieht.

c) Erläutere, inwieweit beide Reden in den Kontext „Ende des Kalten Krieges" gehören.

M7–M8

Der Zerfall der Sowjetunion – mit einer Geschichtskarte arbeiten

10°West
Irland
Dublin
ca.300 Großbritannien
London
Frankreich
0°
Paris Belgien Niederlande
621
Schweiz
Bonn BR Deutschland
München
Italien Österreich Wien
Rom Slow.
Kroatien
Bosnien
Belgrad Jugoslawien
Albanien Mazed.
Ungarn
Budapest
Slowakei
Griechenland
Sofia Bulgarien
Athen
Istanbul

Norwegen
Oslo
Dänemark
Kopenhagen
Schweden
Stockholm
Finnland
Helsinki
DDR Berlin
Prag Tschech. Rep.
Warschau
Polen
Litauen Wilna
Riga Lettland
Est-land
Tallinn
St.Peters-burg
Karelien
Minsk
Weiß-russland
Ukraine
Kiew
Rumänien
Bukarest
Kischinau
Moldawien
Krim
Schwarzes Meer

Nordpola
Spitzbergen
Nowaja Semlja
Murmansk
Barents-see
Archangalsk
Komi
Chanten u. Mansen
S i b
Moskau
Nishnij-Nowgorod
Mari
Mordwinen
Tschuwaschen
Kasan Udmurten
Tataren
Baschkiren
Perm
Jekaterinburg
17 505
Tscheljabinsk
Omsk
Nowosibirsk

Ankara
Türkei
Zypern
Libanon
Jerusalem Damaskus
Israel Syrien
Kairo
Ägypten
Jordanien
Irak
Bagdad
Teheran
Kuwait
Saudi-Arabien
Mekka
Riad
Bahrain
Katar
Vereinigte Arab. Emirate

Kalmüken
Georgien
Tiflis
Tschetschenen
Armenien Jerewan
Aserbaidschan
Baku
Kaspisches Meer
Aralsee
Turkmenistan
Aschchabad
Usbekistan
Samarkand
Taschkent
K a s a c h s t a n
Karaganda
Balchaschsee
Almaty
Bischkek
Kirgisistan
Duschanbe
Tadschikistan

Kabul
Afghanistan
Rawalpindi
Lahore
Pakistan
Iran
Indien
Urumchi
T i

Der Zerfall der Sowjetunion und des Ostblocks

- Grenze der Sowjetunion bis 1991
- Russische Föderation (seit 1991): Russland und autonome Gebiete nichtrussischer Nationalitäten
- Grenzen der Republiken und autonomen Gebiete der Russischen Föderation

Tataren Völkernamen
- neue Staatsgrenzen ehemaliger Sowjetrepubliken
- ehemalige Sowjetrepubliken, zusammengeschlossen mit Russland in der Gemeinschaft Unabhängiger Staaten (GUS)

- ehemalige Sowjetrepubliken, nicht der GUS beigetreten
- Staaten des Warschauer Pakt (unter Führung der Sowjetuni
- Westgrenze des ehemaligen Warschauer Pakts ("Eiserner

M 9　Der Zerfall der Sowjetunion und des Ostblocks

Aufgaben

1. **Mit einer Geschichtskarte arbeiten**
   a) Erschließe anhand der Karte M9 – indem du auf die einzelnen Gebiete der Sowjetunion in den Grenzen von 1991 eingehst –, warum man von einem Zerfall der Sowjetunion sprechen kann.
   b) Zeige anhand der Karte auf, welche Folgen in machtpolitischer Hinsicht sich aufgrund dieser Auflösung erkennen lassen.
   c) Nimm begründet Stellung zu folgender Behauptung: Der Zerfall der Sowjetunion beendete das Zeitalter der Bipolarität in der Welt und stellt folglich eine Epochenwende dar. Berücksichtige dabei auch die Situation zu Beginn des Kalten Krieges.

M9, Text auf den Seiten 81–82

Legende:
- Staaten der NATO
- wiedervereinigtes Deutschland seit 1990 (NATO-Mitglied)
- kriegerische Konflikte nach Zerfall der Sowjetunion und des Ostblocks
- Verbreitung des Islam
- Staaten mit offiziellem oder vermutetem Atomwaffenbesitz (Zahlen um 1991)
- 0　500　1000 km

Fragebogen zum Thema: Weltpolitik im Kalten Krieg

Hinweis: Die folgende Tabelle dient der Selbsteinschätzung deiner erworbenen Kenntnisse und Fähigkeiten. Die Auflistung erhebt nicht den Anspruch, vollständig zu sein. Es handelt sich um eine Auswahl, die ggf. erweitert werden kann. In

Ich kann …	Ich bin sicher. ☺	Ich bin ziemlich sicher. 😐	Ich bin noch unsicher. 🙁	Ich habe große Lücken. ☹
… den Verlauf und das Ergebnis des Koreakrieges nennen.				
… die Ereignisse in Ungarn 1956 wiedergeben.				
… die Ursachen für die Verschärfung des Kalten Krieges in den 1950er-Jahren benennen.				
… den Verlauf der Kuba-Krise erläutern.				
… die Ursachen für das Interesse beider Supermächte an einer Abrüstung nach der Kuba-Krise erklären.				
… den Begriff „Prager Frühling" erklären.				
… die Bedeutung der Breschnew-Doktrin für die Staaten des Warschauer Paktes darlegen.				
… den Verlauf des Vietnamkrieges und seine Folgen erklären.				
… die weltpolitische Situation Ende der 1970er-Jahre darlegen.				
… die wichtigsten Beschlüsse der Konferenz von Helsinki (KSZE) wiedergeben.				
… wichtige Stationen der Einigung Westeuropas von 1945 bis 1989 benennen.				
… Gründe für den Zerfall der Sowjetunion erläutern.				
… den Operator „Beurteilen" richtig anwenden.				
… schriftliche Quellen interpretieren.				
…				
…				

ACHTUNG:

bitte nicht beschreiben!

Du findest eine Kopie dieser Seite zur Bearbeitung unter dem Webcode

💻 WES-115467-206

der rechten Spalte findest du Hinweise, wie du eventuell vorhandene Lücken oder auch Unsicherheiten beseitigen kannst.

→ **Bitte kopiere die Seiten, bevor du mit ihnen arbeitest.**

uf diesen Seiten kannst du HORIZONTE nachlesen	Empfehlungen zur Übung, Wiederholung und Festigung
52–57	Verfasse einen Kommentar zum Thema: „Der Koreakrieg – ein Produkt des Kalten Krieges".
52–55	Dokumentiere in einem Schaubild die Ereignisse in Ungarn 1956.
52–57	Die Bildung der NATO und des Warschauer Paktes verschärften den Kalten Krieg. Begründe.
58–61	Stelle in einem Zeitstrahl den Verlauf der Kuba-Krise dar.
58–61 70–73	Lege die Ergebnisse der Abrüstung beider Supermächte bis Mitte der 1970er-Jahre dar.
62–63 55	Vergleiche den „Prager Frühling" mit den Ereignissen in Ungarn 1956.
62–63	Nimm Stellung zu folgender Behauptung: „Die Breschnew-Doktrin schränkte die Souveränität der sozialistischen Länder stark ein."
64–69	Verfasse eine Darstellung zum Thema: „Die USA und der Vietnamkrieg."
70–73	Halte einen Vortrag zum Thema: „Die Militärpolitik der NATO und des Warschauer Paktes Ende der 70er-Jahre".
70–73	Begründe, dass die Umsetzung der Beschlüsse der KSZE-Konferenz den Frieden in Europa sicherer machte.
74–77	Fertige einen Zeitstrahl mit den wichtigsten Stationen der Einigung im Nachkriegseuropa an.
80–85	Fertige eine Mind Map zur Auflösung der Sowjetunion an.
69	Erkläre den Zusammenhang zwischen dem Operator „Beurteilen" und dem Begriff „Sachurteil".
60	Interpretiere die Quelle M8 auf Seite 83. Verwende dafür den Trainingskasten „Umgang mit schriftlichen Quellen" auf Seite 60.

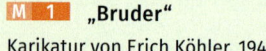
 „Bruder"
Karikatur von Erich Köhler, 1949

1945: „Bruder"

1955: „Mein lieber Vetter"

1965: „Ach ja, wir hatten ja einen entfernten Verwandten im Ausland"

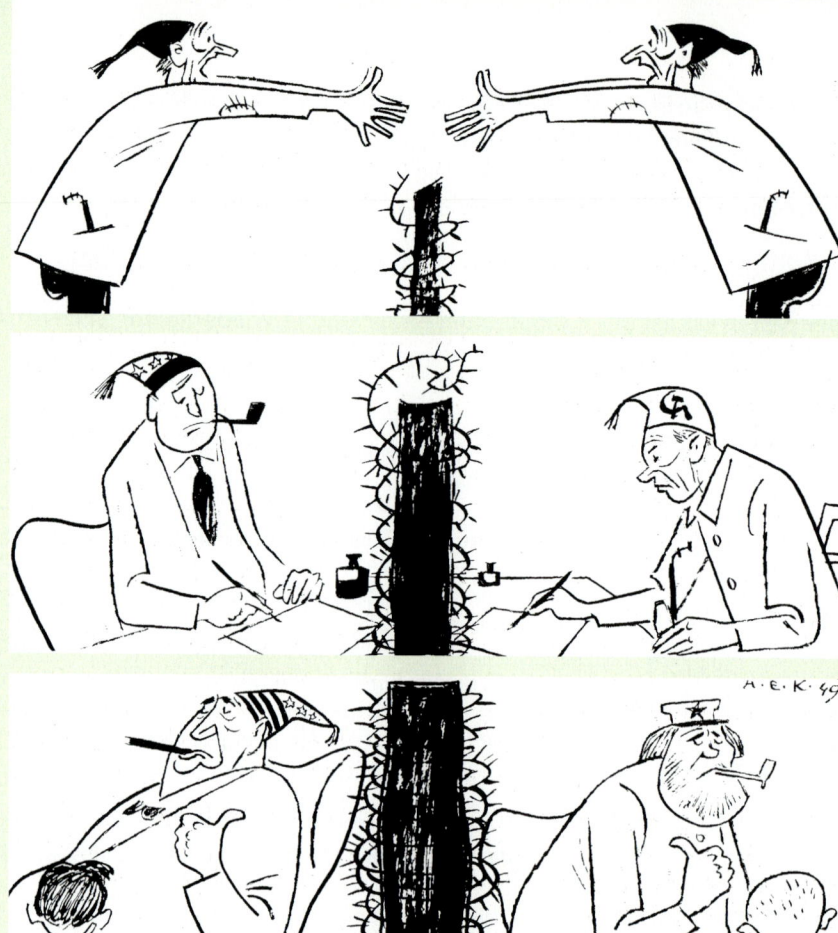

Das geteilte Deutschland und die deutsche Einheit

Entwicklungen in der Bundesrepublik Deutschland (BRD)

Bei der Ausgestaltung der parlamentarischen Demokratie in der Bundesrepublik wurden die Erfahrungen der Weimarer Republik berücksichtigt: Anders als der damalige Reichspräsident besitzt der Bundespräsident hauptsächlich repräsentative Funktionen. Dem Amt des Bundeskanzlers kommt hingegen eine starke politische Machtstellung zu, sodass gelegentlich auch von einer „Kanzlerdemokratie" die Rede ist. Die Gesetzgebung nimmt der Bundestag wahr, der aus in freier, gleicher und geheimer Wahl vom Volk gewählten Abgeordneten besteht. Der Bundesrat, die Vertretung der Regierungen der Bundesländer, kann bei bestimmten Themen mitbestimmen. Die Verfassung der Bundesrepublik wurde „Grundgesetz" genannt, um den vorläufigen Charakter der Staatsgründung zu betonen – das Ziel blieb die Wiedervereinigung. Das Wirtschaftssystem der Bundesrepublik wird als Soziale Marktwirtschaft bezeichnet. Aufgabe des Staates ist es, den kapitalistischen Wettbewerb zu gewährleisten und auf einen gewissen sozialen Ausgleich hinzuwirken (Sozialstaat).

Unter Konrad Adenauer, der von 1949 bis 1963 regierte, erholte sich die Bundesrepublik überraschend schnell von den Kriegsfolgen. Grundlegend für diese

Entwicklung war ein starker Aufschwung der deutschen Wirtschaft, die sich mit ihren Waren wieder international etablieren konnte. Auch kulturell übten die USA einen starken Einfluss auf die Bundesrepublik aus. Eine große, in beiden deutschen Staaten gelöste Aufgabe war die Integration der Flüchtlinge und Vertriebenen.

Entwicklungen in der Deutschen Demokratischen Republik (DDR)

In der DDR wurde ein anderer Entwicklungsweg beschritten. Auch wenn die Verfassung der DDR im Hinblick auf Parlamentarismus und Demokratie durchaus Gemeinsamkeiten mit dem Grundgesetz aufwies, wurde faktisch jedoch ein Einparteiensystem errichtet, das durch einen ausgedehnten Staatssicherheitsapparat gestützt wurde. Unter dem Druck der sowjetischen Besatzungsbehörden waren bereits 1946 die Kommunistische Partei Deutschlands (KPD) und die Sozialdemokratische Partei Deutschlands (SPD) zur Sozialistischen Einheitspartei Deutschlands (SED) vereinigt worden. Trotz des vorhandenen Mehrparteiensystems besaß die SED in der DDR ein unantastbares Machtmonopol. Die SED bestimmte und kontrollierte das politische und gesellschaftliche Leben des Landes, da alle wichtigen Entscheidungen nicht in der Regierung bzw. dem Parlament der DDR, der Volkskammer, getroffen wurden, sondern in den Gremien der Partei. Das Wirtschaftssystem der DDR war eine sozialistische Planwirtschaft nach sowjetischem Vorbild, zu deren Errichtung Banken und Industrien verstaatlicht wurden. Auf dem Land wurde eine Bodenreform durchgeführt. Eine staatliche Plankommission legte Bedarfe, Produktionsmengen und Produktionsverfahren fest, was ein im Vergleich zur Bundesrepublik deutlich geringeres Warenangebot zur Folge hatte. Ihrem Selbstverständnis als Arbeiter- und Bauernstaat gemäß baute die DDR ein engmaschiges sozialpolitisches Netz auf.

Auf kulturellem Gebiet kam es zu einem Wechsel zwischen relativ liberalen Phasen und Zeiten ideologischer Bevormundung. Wichtigster Bezugspunkt war auch hier die Sowjetunion.

M 2 DDR-Propagandaplakat
1950

M 3 Werbung für die Freie Deutsche Jugend (FDJ)
Plakat, 1955

M 4 Berliner Mauer am Brandenburger Tor aus Richtung Ost-Berlin
Luftbild 1988/89

Von der Teilung zur Wiedervereinigung

Die BRD wurde ein fester Bestandteil des Westens, während die DDR Teil des Ostblocks wurde. Der Mauerbau 1961 zementierte diese Teilung: Nachdem immer mehr DDR-Bürger in die BRD geflohen waren, riegelte die DDR ihre Grenze ab, um ihre wirtschaftliche Existenz zu sichern. Einer langen Konfrontationsphase zwischen den beiden Blöcken folgte ab 1969 eine Zeit der Entspannungspolitik. Verträge zwischen BRD, DDR und einigen anderen Ostblockstaaten sollten militärische Konflikte verhindern, eine politische Zusammenarbeit ermöglichen und die Lebensbedingungen der Menschen im Osten verbessern.

    1985 wurde Michail Gorbatschow Staats- und Parteichef in der Sowjetunion. Angesichts der großen wirtschaftlichen und gesellschaftlichen Probleme des Landes leitete er umfassende Reformen ein. Die zentralen Konzepte seiner Politik hießen Glasnost (russ. „Offenheit") und Perestroika (russ. „Umbau"): Politische Entscheidungen sollten fortan transparent und unter breiter Beteiligung des Volkes getroffen werden; Wirtschaft und Gesellschaft des Landes wurden grundlegend umstrukturiert. Die Reformen entwickelten jedoch eine Eigendynamik, die sehr rasch zum Zerfall des Ostblocks und schließlich auch zum Zerfall der Sowjetunion selbst führte.

    Obwohl sich die DDR-Führung unter Erich Honecker dem sowjetischen Glasnost- und Perestroika-Kurs verweigerte, war mit der Entwicklung in der UdSSR auch das Ende der DDR besiegelt: Eine nicht mehr zu steuernde Ausreisebewegung sowie Massenproteste führten 1989 zum Fall der Mauer und zum Zusammenbruch der SED-Herrschaft. Am 3. Oktober 1990 wurde nach schwierigen Verhandlungen zwischen beiden deutschen Staaten und den Siegermächten des Zweiten Weltkriegs schließlich die deutsche Einheit verwirklicht.

M 5 Fall der Mauer
Berliner erklettern noch in der Nacht des 9. November die Mauer vor dem Brandenburger Tor, Foto 1989.

Die DDR (1949–1990)

Dänemark

0 ——— 150 km

Kiel
Rostock
Hamburg
Schwerin
Neubranden-burg
Bremen

Bundes-
Hannover

Deutsche

VR
Polen

Oder

Berlin (West) Berlin (Ost)
Potsdam
Frankfurt

Magdeburg

Demokratische

republik

Halle
Leipzig
Cottbus

Republik (DDR)

Erfurt
Dresden

Suhl
Gera
Karl-Marx-Stadt
Plauen

Deutschland

Elbe

Prag

Tschechoslowakische Sozialistische Republik (ČSSR)

▨ „Eiserner Vorhang"	Grenzübergangsstelle der
— Bezirksgrenze	⊖ DDR
– – Innerdeutsche Grenze	⊖ BRD
■ Hauptstadt	▲ Zentren der Protestbewegung im Herbst 1989
• Bezirkshauptstadt	

2045G

Staatsgrenze
Landesgrenze
■ Hauptstadt
● Hauptstadt eines Bundeslandes

Dänemark

Kiel
Schleswig-Holstein
Hamburg
Mecklenburg-Vorpommern
Schwerin
Bremen

Nieder-lande

Niedersachsen
Hannover

Magde-burg
Potsdam
Berlin
Brandenburg
Polen

Nordrhein-Westfalen
Düsseldorf
Sachsen-Anhalt

Erfurt
Thüringen
Dresden
Sachsen

Belgien

Hessen
Wiesbaden

Rheinland-Pfalz
Mainz

Lux.
Saar-land
Saarbrücken

Frankreich

Stuttgart
Baden-Württemberg
München

Bayern

Tschechische Republik

0 ——— 100 km

Schweiz
Österreich

7585E_7

M 6 Deutschland – Von der Teilung zur Wiedervereinigung

„Uff!"

M 7 „Uff!"
Karikatur von Rolf Henn, 5.10.1990

DEUTSCHE EINHEIT

DEUTSCHE EINHEIT (FORMAL)

DEUTSCHE EINHEIT (REAL)

Aufgaben

1. Das geteilte Deutschland und die deutsche Einheit

a) Interpretiere die Karikatur M1.

b) Fertige – ausgehend vom Text auf den Seiten 88–90 – eine Zeitleiste mit den wichtigsten Stationen der deutschen Geschichte von 1949 bis 1989 an.

c) Liste anhand der Karten M6 die territorialen Veränderungen in Deutschland in einem Tafelanschrieb auf.

d) Interpretiere die Karikatur M7.

⌐ Text auf den Seiten 88–90, M1–M7

Die Bundesrepublik in den Fünfzigerjahren

Die 1950er- und frühen 1960er-Jahre werden in der Bundesrepublik mit Blick auf die Politik auch als „Ära Adenauer" bezeichnet. Wie Konrad Adenauer die „Kanzlerdemokratie" ausgestaltete, steht im Mittelpunkt des folgenden Kapitels.

M 1   „Keine Experimente"
Wahlplakat der CDU/CSU zur Bundestagswahl, 1957

M 2   „Nicht wahr, Michelchen – keine Experimente!"
Karikatur von H. E. Köhler, 1957

M 3   Kanzlerdemokratie

Der Historiker Edgar Wolfrum schreibt (2006):

Integrationskraft und Autorität weit über die Reihen der eigenen Parteifreunde hinaus sind die herausragenden Bestandteile der besonders wichtigen personellen Dimensionen der Kanzlerdemokratie: Adenauer scheint der Psyche
5 der Nachkriegswestdeutschen entgegengekommen zu sein. [...] Er stiftete Vertrauen, und das Vertrauen, das viele Menschen in seine Person setzten, sollte sich rasch auf die Bundesrepublik übertragen. Niemals ist dies sinnfälliger geworden als im höchst erfolgreichen Wahlkampfmotto der CDU/CSU „Keine Experimente" unter dem Konterfei des 10 Bundeskanzlers aus dem Jahr 1957. Adenauer stand bald synonym für eine Bundesrepublik, die Kurs nach Westen hielt und sich eines wachsenden Wohlstands erfreute, für das Neue, das aus Altem hervorging – wer Adenauer anerkannte, erkannte auch die Bundesrepublik an. Geholfen hat 15 ihm auch seine zumeist einfache Redeweise, die Gut und Böse, Wichtiges und Nebensächliches auf innen- und außenpolitischem Gebiet klar unterschied – und die jeder verstand.

Edgar Wolfrum, Die geglückte Demokratie. Geschichte der Bundesrepublik Deutschland von ihren Anfängen bis zur Gegenwart, Stuttgart: Klett-Cotta 2006, S. 53 f.

Aufgaben

1. „Keine Experimente"
   a) Beschreibe das Wahlplakat „Keine Experimente!" zur Bundestagswahl 1957 (M1).
   b) Vergleiche das Plakat M1 mit der Karikatur von H. E. Köhler (M2).

   c) Formuliere Fragen, die sich für dich aus den beiden Abbildungen M1 und M2 ergeben. Kläre diese Fragen mithilfe des Textes auf Seite 93.

   ⌐ M1, M2, Text auf Seite 93

Die Ära Adenauer – Erster Kanzler der Bundesrepublik

Der erste Kanzler der Bundesrepublik war Konrad Adenauer (1876–1967). Er gehörte zu einer Politikergeneration, die mit dem Kaiserreich, der Weimarer Republik und der NS-Diktatur viele Krisen und unterschiedliche Herrschaftsformen erlebt hatte. So hatte er sich 1933 als Oberbürgermeister (Zentrumspartei) von Köln geweigert, Hitler, der bereits Reichskanzler war, zu empfangen. Absetzung und kurzzeitige Verhaftung waren die Folgen.

Nach dem Zusammenbruch des Naziregimes zählte er zu den Mitbegründern der CDU im Rheinland. Im Alter von 73 Jahren wurde er 1949 mit einer Stimme Mehrheit erster Bundeskanzler der Bundesrepublik und behielt das Amt bis 1963, also 14 Jahre lang.

In dieser Zeit festigte sich die Demokratie und die Bundesrepublik erlebte einen enormen wirtschaftlichen Aufschwung, der auf einer Sozialen Marktwirtschaft basierte. Außenpolitisch gelang es Adenauer, die Bundesrepublik fest in der westlichen Staatenwelt zu verankern: wirtschaftlich in der EWG und militärisch in der NATO. Weil er diese Phase der Bundesrepublik entscheidend prägte, werden die Fünfzigerjahre auch als „Ära Adenauer" bezeichnet.

„Kanzlerdemokratie"

Aus der ersten Bundestagswahl im August 1949 ging die CDU/CSU knapp vor der SPD als Sieger hervor. Adenauer bildete eine Koalition aus CDU/CSU, FDP und DP. Vier Jahre später benötigte er nur noch die FDP als Koalitionspartner. 1957 errang die CDU/CSU unter Adenauer sogar die absolute Mehrheit im Bundestag.

Ausschlaggebend für diesen Erfolg waren Adenauers starke Persönlichkeit, sein Regierungsstil und seine Politik. Sie beruhte auf einem Machtverständnis, das sich auf einen autoritären Führungsstil stützte. So nutzte Adenauer als Bundeskanzler die im Grundgesetz festgelegte Richtlinienkompetenz, um wichtige Entscheidungen auch gegen seine Minister durchzusetzen. Das Kanzleramt wurde unter seiner Führung zur Machtzentrale ausgebaut. Daher spricht man auch von einer „Kanzlerdemokratie".

Nach den Erfahrungen mit der instabilen Weimarer Republik fand dieser Regierungsstil breite Zustimmung in der Bevölkerung.

Herrschaft der Parteien

In den Fünfzigerjahren entwickelte sich die CDU/CSU zu einer Volkspartei, die alle Wählerschichten ansprach. Bei der SPD führten die Wahlniederlagen der Fünfzigerjahre zu einer Umorientierung – weg von einer sozialistisch geprägten Arbeiterpartei, hin zu einer reform-orientierten sozialen Volkspartei. Dieser neue Kurs schlug sich 1959 im sogenannten Godesberger Programm nieder.

Zur Etablierung eines Drei-Parteien-Systems im Bundestag trug die Einführung einer 5-Prozent-Hürde bei. Auch gab es die Möglichkeit, verfassungsfeindliche Parteien vom Bundesverfassungsgericht verbieten zu lassen, wie 1952 die rechtsextreme SRP (Sozialistische Reichspartei) und 1956 die KPD (Kommunistische Partei Deutschlands). Entscheidenden Anteil an der Akzeptanz der Parteien hatten aber die wirtschafts- und sozialpolitischen Weichenstellungen, die von der Bundesregierung in den Fünfzigerjahren getroffen wurden. Sie trugen wesentlich dazu bei, dass sich in Westdeutschland eine funktionierende Demokratie entfalten konnte.

Aufgaben

1. Die „Kanzlerdemokratie" – Einen Fachbegriff erläutern
   a) Erläutere den Begriff „Kanzlerdemokratie".
   b) Arbeite die Rolle Adenauers im Rahmen der „Kanzlerdemokratie" heraus.
   Text auf Seite 93, M3

Das „Wirtschaftswunder" in der Bundesrepublik

🖥 WES-115467-301
Film über das Wirtschaftswunder

Nach der NS-Diktatur und den für viele Menschen entbehrungsreichen Jahren der unmittelbaren Nachkriegszeit veränderte sich in der Wirtschaft der Bundesrepublik und damit für die Bevölkerung viel. Im Rückblick werden die 1950er-Jahre daher gerne populär als „Wirtschaftswunder" bezeichnet. Was hatte es mit diesem „Wunder" auf sich? Welche politischen Maßnahmen mussten getroffen werden, um diesen Weg der „sozialen Marktwirtschaft" zu gehen?

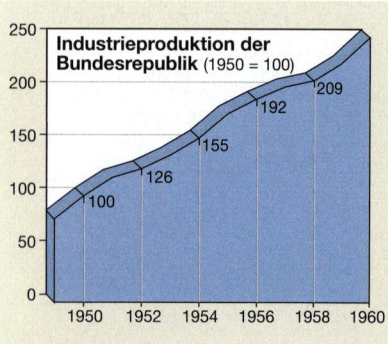
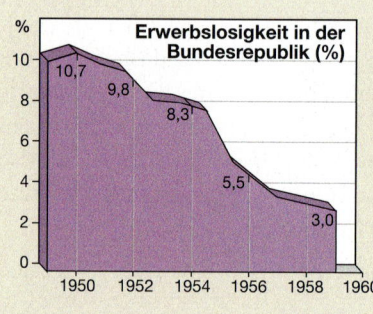
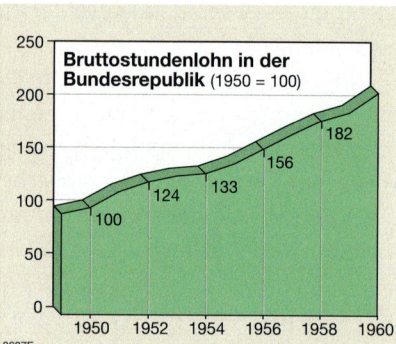

M 1   Wirtschaftsdaten zur Bundesrepublik (1950 – 1960)

M 2   „Wirtschaftswunder"

Die Wirtschaftsjournalistin Ulrike Herrmann schreibt (2016):

Ein Grund, weshalb es zum Aufschwung kam, war ganz banal: Die enormen Kriegsschäden mussten beseitigt werden […]. Nicht minder wichtig: Weltweit gab es einen Rückstau an Erfindungen, die endlich ihren Weg in die Praxis fanden
5 […]. Dazu gehörten unter anderem: (Farb-)Fernsehen, Kleinbildkameras, Haartrockner, Toaster, Plastik aller Art, Nylon und Kühlschränke […]. Der Massenkonsum war nur möglich, weil die Reallöhne mindestens so schnell stiegen wie die Produktivität: Der technische Fortschritt und das Wachstum kamen diesmal auch bei den Beschäftigten an, nicht 10 nur bei den Unternehmern. Da Vollbeschäftigung herrschte, mussten die Firmen hohe Gehälter bieten, um ihre Beschäftigten zu halten.

Ulrike Herrmann, Kein Kapitalismus ist auch keine Lösung. Die Krise der heutigen Ökonomie oder was wir von Smith, Marx und Keynes lernen können, Frankfurt a. M.: Westend 2016, S. 207.

Aufgaben

1. Soziale Marktwirtschaft/„Wirtschaftswunder"

a) Fasse die Ergebnisse der Statistiken (M1) in einem Text zusammen. Achte auf die Wechselwirkung der drei Teilbereiche.

b) Erläutere mithilfe der Darstellung M2 die Gründe dafür, dass sich dieses System in der Bundesrepublik durchsetzen konnte.

c) Erkläre die Begriffe „Wirtschaftswunder" und „Soziale Marktwirtschaft". Verwende dafür auch den Schulbuchtext auf den Seiten 95 – 96.

↷ M1 – M2, Text auf den Seiten 95 – 96

Er lief und lief und lief … 21,5 Mio. „Käfer" sind insgesamt gebaut worden, er war der deutsche Exportschlager und stand stellvertretend für den guten Ruf des „Made in Germany", Foto (Ausschnitt), 5. August 1955.

Das „Wirtschaftswunder" in der Bundesrepublik

Schon wenige Jahre nach Kriegsende setzte in der Bundesrepublik eine wirtschaftliche Entwicklung ein, die bereits zeitgenössisch als „Wirtschaftswunder" bezeichnet wurde. Das diesem „Wunder" zugrunde liegende Wirtschaftssystem war die
5 „soziale Marktwirtschaft". Zu ihr hatten sich insbesondere zunächst die CDU/CSU unter dem damaligen Wirtschaftsminister Ludwig Erhard bekannt. Gegen Ende der 1950er-Jahre vollzog auch die SPD mit ihrem „Godesberger Programm" (1959) weitgehend eine Hinwendung zu einer sozialen Marktwirtschaft. Im Wesentlichen geht es in der Sozialen Marktwirtschaft darum, dass der Staat sozialpo-
10 litisch dort eingreift, wo ein freier Markt für Verwerfungen und Ungerechtigkeiten sorgt. Dadurch sollen eine gleichmäßigere Einkommensverteilung und die Absicherung sozial schwächerer Schichten gewährleistet bleiben. Diese Idee gilt weiterhin als wirtschaftliches Erfolgsmodell der Bundesrepublik.

15 ## Gründe für das „Wirtschaftswunder"

Gründe für das „Wirtschaftswunder" (steigende Industrieproduktion, höheres Bruttosozialprodukt , zunehmende Nettolöhne) sind vielfältig:

- Kriegszerstörungen und Demontage erforderten den Aufbau neuer Produktionsstätten, die rationeller als die internationalen Konkurrenten für den
20 Weltmarkt produzierten,
- Einstellung der Reparationsforderungen durch die Westalliierten und damit steigende Kreditwürdigkeit,

M 4   „Wohlstand für alle"

Ludwig Erhard (1897–1977) war Wirtschaftswissenschaftler, CDU-Politiker und ab 1949 Wirtschaftsminister. „Wohlstand für alle" – so hieß ein 1957 von ihm herausgegebenes Buch, das rasch zum Verkaufsschlager wurde.

M 5 „Samstags gehört Vati mir"

Plakat des DGB, 1955. Im Fokus stand nicht mehr die wirtschaftliche Neuordnung, sondern die Verbesserung von Arbeits- und Lebensbedingungen, etwa durch kürzere Arbeitszeiten.

Hinweis

Die Anwerbung und Integration von „Gastarbeitern" werden ausführlich im Längsschnitt „Migration" (Seite 220 ff.) behandelt.

- Aufbaukredite durch den Marshallplan,
- vergleichsweise niedriges Lohnniveau und qualifizierte Arbeitskräfte,
- internationale Nachfrage nach Erzeugnissen der chemischen und der Elektroindustrie und im Maschinenbau,   25
- Ansehen von Produkten „made in Western-Germany".

Dies alles hatte einen Strukturwandel der westdeutschen Wirtschaft zur Folge: Während Industrie und Handel zentrale Bedeutung erlangten, büßte die Landwirtschaft ihren einstigen Stellenwert ein.   30

Der Ausbau des Sozialstaats und „Gastarbeiter"

Trotz des Wirtschaftsaufschwungs blieben die Kriegsfolgen ein großes Problem. Neben dem Wiederaufbau zerstörter Wohnungen und Industrieanlagen galt es, 12 Millionen Vertriebene und Flüchtlinge aus den deutschen Ostgebieten zu integrieren. Der Wirtschaftsboom ermöglichte der Bundesregierung den Ausbau des Sozialstaats: 35

- An erster Stelle stand der soziale Wohnungsbau: Von 1950 bis 1955 entstanden etwa zwei Millionen Wohnungen.
- Bedeutsam war auch das Versorgungsgesetz, das Kriegsopfern eine Rente zugestand;   40
- ferner der Lastenausgleich, der Vertriebene und Flüchtlinge, die Hab und Gut verloren hatten, finanziell unterstützte. Diese Maßnahmen linderten die Not und ermöglichten einen Neuanfang.
- Die Dynamisierung der Rente brachte ihre Anpassung an die aktuelle Lohn- und Preisentwicklung.   45

Dieser Ausbau des Sozialstaats in den Fünfzigerjahren konnte aber nur in Zeiten einer glänzenden Wirtschaftslage funktionieren.

Der soziale Friede begünstigte den wirtschaftlichen Aufstieg der Bundesrepublik. Im Gegensatz zur Weimarer Republik hatten sich die meisten Gewerkschaften   50 im „Deutschen Gewerkschaftsbund" (DGB) zusammengeschlossen, der mit den Unternehmern die Lohnverhandlungen führte. Das sorgte für einheitliche Tarife und wenige Streiks. 1951 führte die Montan-Industrie sogar die paritätische Mitbestimmung ein, d. h. ein gleichberechtigtes Stimmrecht von Arbeitnehmer- und Kapitalvertretern in den Aufsichtsräten.   55

Die sozialpolitischen Maßnahmen der Bundesregierung milderten die materielle Not aus Kriegsschäden und Vertreibung und entschärften soziale Spannungen. Ab Mitte der Fünfzigerjahre herrschte nahezu Vollbeschäftigung. In einigen Bereichen wurden Arbeitskräfte derart knapp, dass man sogenannte Gastarbeiter aus südeuropäischen Ländern ins Land holte. So entstand im Lauf der Jahre eine   60 moderne Gesellschaft von großer sozialer Mobilität.

Aufgaben

1. **Wirtschaftswunder – Mit Werbung arbeiten**
   a) Beschreibe die beiden Abbildungen (M6, M7) und arbeite die jeweilige Hauptaussage heraus. Berücksichtige dabei auch das deutlich werdende Frauenbild.
   b) Vergleiche die Werbeanzeigen M6 und M7 mit heutiger Werbung für Autos und Haushaltsgeräte. Stelle dazu Gemeinsamkeiten und Unterschiede in einer Tabelle gegenüber.
   c) Diskutiert die Rolle der Werbung in Hinblick auf „echte Marktdemokratie".
   d) Recherchiere unter dem unten aufgeführten Link die Grundregeln und die Einwirkungsmöglichkeiten des Deutschen Werberates. Beurteile, inwiefern die Arbeit des Werberates sinnvoll und effektiv ist.
   M6 – M7, www.werberat.de

Wirtschaftswunder – Mit Werbung arbeiten

M 6 **Werbung für Edelstahl-Kochtöpfe**
Werbeanzeige, 1958

Der große Tag...
endlich VW-Besitzer!

M 7 „Der große Tag ... endlich VW-Besitzer!"
Werbeanzeige, 1950er-Jahre

Die Außenpolitik der BRD in den 1950er-Jahren

Bundeskanzler Konrad Adenauer hielt seine außenpolitischen Vorstellungen, die er auch weitgehend durchsetzen konnte, in seinen Memoiren fest. Welche Konsequenzen hatten diese Vorstellungen für die Bundesrepublik?

M 1   Außenpolitische Position Adenauers

Konrad Adenauer schreibt 1965 in seinen Memoiren über die Situation nach 1945:

Deutschland liegt im Herzen Europas. Die Westmächte waren sich nicht klar über die künftige Gestaltung dieses Landes, dessen Schicksal in jedem Fall aufgrund seiner geografischen Lage von größter Bedeutung für die Entwicklung
5   Europas und damit für ihr eigenes Geschick sein musste. Das Ziel der Russen war eindeutig. Russland hatte, genau wie unter den Zaren, den Drang nach Westen, den Drang, sich neue Gebiete in Europa anzueignen oder zu unterwerfen. Die Politik der westlichen Alliierten hatte der Sowjet-
10   union die Regierungsgewalt über einen sehr großen Teil des ehemaligen Deutschen Reiches überlassen und dazu die Möglichkeit gegeben, in einem großen Teil Osteuropas moskauhörige Regierungen einzusetzen. Wir befanden uns durch unsere geografische Lage zwischen zwei Machtblö-
15   cken, die völlig gegensätzliche Lebensideale verfochten. Wir mussten entweder zur einen oder zur anderen Seite, wenn wir nicht zerrieben werden wollten. Eine neutrale Haltung zwischen den beiden Mächtegruppen hielt ich für unser Volk für unrealistisch. Früher oder später würde die
20   eine oder die andere Seite in jedem Fall versuchen, das deutsche Potenzial auf ihre Seite zu bekommen. Sowjetrussland zeigte eindeutig, dass es vorerst nicht gewillt war, das ihm überlassene deutsche Gebiet wieder freizugeben, und dass es darüber hinaus bestrebt war, auch den ande-
25   ren Teil Deutschlands allmählich an sich zu ziehen. Es gab für uns nur einen Weg, unsere politische Freiheit, unsere persönliche Freiheit, unsere Sicherheit, unsere in vielen Jahrhunderten entwickelte Lebensform, die die christlich-humanistische Weltanschauung zur Grundlage hat, zu ret-
30   ten: fester Anschluss an die Völker und Länder, die in ihrem Wesen die gleichen Ansichten über Staat, Person, Freiheit und Eigentum hatten wie wir. Wir mussten hart und ent-

schlossen Widerstand leisten gegenüber jedem weiteren Druck vom Osten her.
Unsere Aufgabe war, das Misstrauen, das überall in den 35 westlichen Ländern gegen uns Deutsche bestand, zu zerstreuen. Wir mussten versuchen, Schritt für Schritt das Vertrauen zu uns Deutschen wieder zu wecken. Grundvoraussetzung hierfür war meines Erachtens ein klares Bekenntnis zum Westen stetig und ohne Schwanken. 40

Konrad Adenauer, Erinnerungen 1945–1953, Stuttgart: DVA 1965, S. 92 f.

M 2   „Er ist bewaffnet"
Plakat des Deutschland-Union-Dienstes der CDU, 1953

Aufgaben

1. Die außenpolitische Position Adenauers

a) Gib die Ausführungen Adenauers (M1) mit eigenen Worten wieder.

b) Erkläre in einem kurzen Text, inwiefern sich die außenpolitische Positionen des ersten Bundeskanz-

lers im Wahlplakat (M2) widerspiegeln. Verwende dafür die Begriffe „Deutsche Frage", „Adenauer" und „Westintegration".

⌒ M1, M2

Erstes Ziel: Souveränität

Nach ihrer Gründung war die Bundesrepublik international isoliert und durfte keine eigene Außenpolitik betreiben. Sie stand weiterhin unter dem Besatzungsstatut. Bundeskanzler Adenauer verfolgte daher das Ziel, die Souveränität des
5 neuen Staats auszuweiten und ihn im Westen zu verankern. Hierbei verfolgten er und die CDU einen antikommunistischen Kurs. Der Bedrohung durch die UdSSR wollte Adenauer mit der Integration der Bundesrepublik in das militärische und wirtschaftliche Bündnissystem des Westens entgegenwirken. Mit der Unterzeichnung des Petersberger Abkommens am 22. November 1949 konnten erste außen-
10 politische Freiheiten erlangt werden.

Eine Armee für die Bundesrepublik?

Nach Beginn des Koreakrieges kam es im Westen zu einer Debatte über einen Wehrbeitrag der Bundesrepublik zur gemeinsamen Abwehr des Kommunismus in
15 Europa. Adenauer zeigte sich nicht abgeneigt und erhoffte im Gegenzug die volle Souveränität der Bundesrepublik. Frankreich schlug im Herbst 1950 eine Europäische Verteidigungsgemeinschaft (EVG) mit einem gemeinsamen europäischen Oberkommando vor.

In der Bundesrepublik brach nach Bekanntwerden der Pläne eine heftige Dis-
20 kussion aus. Der überwiegende Teil der Bevölkerung war kurz nach dem Zweiten Weltkrieg gegen eine erneute Aufrüstung. Zudem befürchteten die Gegner eine endgültige Teilung Deutschlands. Der Aufbau der Bundeswehr und die Einführung der allgemeinen Wehrpflicht blieben daher in der Bevölkerung umstritten und führten zu großen Demonstrationen.

25 Um den Beitritt Westdeutschlands zu einem Verteidigungsbündnis zu verhindern, bot Stalin den Westmächten 1952 die Wiedervereinigung an, falls Deutschland künftig neutral bliebe. War die so bezeichnete Stalin-Note also nur ein Trick Stalins, um die Westintegration der Bundesrepublik zu vermeiden, oder sollte Stalin ohne Hintergedanken bereit gewesen sein, ein neutrales Gesamtdeutsch-
30 land im Zentrum Europas zuzulassen? Über das Angebot wurde in der deutschen politischen Öffentlichkeit kontrovers diskutiert. Adenauer sah darin nur einen Versuch, Deutschland zu isolieren.

M 3 **Proteste gegen die Wiederbewaffnung**
Fahrraddemonstration in München, Foto (Ausschnitt), November 1954

M 4 Soldaten der Bundeswehr

Verteidigungsminister Theodor Blank übergibt den ersten Luftwaffensoldaten der Bundeswehr am 9. Januar 1956 im rheinischen Nörvenich die Ernennungsurkunden.

Die EVG scheiterte 1954 am Veto der französischen Nationalversammlung, doch waren die Weichen für eine Einbindung der Bundesrepublik ins westliche Staatensystem gestellt. 35

Die Entstehung der Bundeswehr

Die bedrohliche Blockbildung zwischen den westlichen Nationen unter Führung der USA sowie der Sowjetunion und den anderen Ostblockstaaten verschärfte sich. Westdeutsche Streitkräfte schienen den USA daher dringend geboten. Das 40 führte 1955 zum Beitritt der Bundesrepublik zum Nordatlantikpakt (NATO) und zur „Westeuropäischen Union" (WEU). Das Bündnis der NATO war 1949 von zehn westeuropäischen Staaten sowie Kanada und den USA zur gegenseitigen militärischen Hilfe gegründet worden. Hauptziel war die Abwehr des Kommunismus in Europa. 45

Im Mai 1955 erreichte Adenauer mit den Pariser Verträgen das Ende des Besatzungsregimes und die Souveränität der Bundesrepublik. Bis auf einige Rechte der Alliierten in Bezug auf Berlin und einen Notstand konnte die Bundesrepublik ihre inneren und äußeren Angelegenheiten künftig selbst regeln. Die Truppen der Alliierten blieben aber im Land. 50

1956 traten die ersten westdeutschen Soldaten ihren Dienst in der neuen Bundeswehr an. In Abgrenzung zu den auf blinden Gehorsam getrimmten Soldaten der Wehrmacht sollten sie als „Staatsbürger in Uniform" eindeutig dem demokratischen System verpflichtet sein.

55

Der „Alleinvertretungsanspruch"

Entscheidende Auswirkungen hatte die 1955 erlassene Hallstein-Doktrin, die den „Alleinvertretungsanspruch" der Bundesrepublik bekräftigte. Danach nahm die Bundesrepublik zu keinem Staat diplomatische Beziehungen auf, der die DDR anerkannte. Eine Ausnahme bildete die UdSSR. Sie zählte zu den alliierten Mäch- 60 ten und Adenauer erreichte durch Verhandlungen, dass die letzten deutschen Soldaten bis 1955 aus sowjetischer Kriegsgefangenschaft freikamen.

Aufgaben

1. **Die Außenpolitik der BRD in den 1950er-Jahren**
   a) Erkläre den Begriff „Souveränität".
   b) Erläutere die Gründe dafür, dass die Erlangung der Souveränität für die Bundesrepublik sehr bedeutend war.
   c) Erläutere den Begriff „Alleinvertretungsanspruch".
   ⌐ Text auf den Seiten 99 – 100

2. **Wiederbewaffnung der Bundesrepublik**
   Teilt die Klasse in fünf Gruppen ein (CDU, SPD, Westalliierte, DDR, Sowjetunion). Sammelt innerhalb der Gruppen Argumente für/gegen die Wiederbewaffnung und bildet dann an Gruppentischen kontroverse Diskussionsrunden.
   ⌐ Text auf den Seiten 99 – 100

3. **Die Pariser Verträge in der Kontroverse**
   a) Arbeite die Positionen heraus, die Konrad Adenauer und Erich Ollenhauer gegenüber den Pariser Verträgen einnahmen (M5).
   b) Konrad Adenauer und Erich Ollenhauer schätzten die Auswirkungen der Pariser Verträge auf die deutsche Teilung unterschiedlich ein. Vergleiche die beiden Positionen und nimm dazu Stellung.
   c) Interpretiere die Karikatur M6 im historischen Kontext.
   d) Erläutert anhand der Karikatur M6 den Konflikt zwischen Wiederbewaffnung/Souveränität und dem Ziel der Wiedervereinigung.
   ⌐ M5 – M6

Die Pariser Verträge in der Kontroverse

M 5   Pro und contra Pariser Verträge

a) Am 15. Dezember 1954 fand im Deutschen Bundestag eine Debatte über die Pariser Verträge statt. Bundeskanzler Konrad Adenauer (CDU):

Eines der bedeutsamsten Ergebnisse der Pariser Konferenz […] ist die Wiederherstellung der deutschen Souveränität im Bereich der Bundesrepublik. Diese Souveränität […] ist eine eigenständige deutsche Souveränität, die nur von der
5 Besatzungsgewalt zeitweilig verdrängt und überlagert war und jetzt überall dort wieder wirksam wird, wo die Besatzungsgewalt erlischt. […]
Die Bundesregierung weist nachdrücklich die Behauptung zurück, dass die Spaltung Deutschlands durch die Wieder-
10 herstellung der Souveränität für einen Teil Deutschlands vertieft oder verhärtet werde. Sie hat auch bei der Neuformulierung der Vertragstexte sorgfältig darauf Bedacht genommen, dass jene Elemente der Viermächte-Vereinbarungen von 1945 unberührt bleiben, die die Bewahrung der
15 staatlichen Einheit Deutschlands und seine Wiedervereinigung betreffen.
Nur aus diesem Grunde hat sie der Aufrechterhaltung der Verantwortlichkeiten der drei Westmächte für Berlin, die Wiedervereinigung und den Friedensvertrag und der Beibe-
20 haltung der damit verbundenen Rechte zugestimmt. Wenn darin eine Beschränkung der deutschen Souveränität liegt, dann handelt es sich jedenfalls um eine Beschränkung, die jeder einsichtige Deutsche im gegenwärtigen Zeitpunkt für unvermeidlich und notwendig halten muss, um die Lage
25 Berlins nicht zu gefährden und die Wiedervereinigung Deutschlands nicht zu erschweren. […]
Das Vertragswerk macht die Bundesrepublik erst fähig, die Spaltung Deutschlands zu beseitigen und die sich mit der Wiedervereinigung stellenden Aufgaben zu bewältigen.

b) Der Oppositionsführer Erich Ollenhauer (SPD) antwortete in der Debatte auf die Ausführungen des Bundeskanzlers wie folgt:

Es ist die Tragik der Außenpolitik der Bundesrepublik, dass […] praktisch die Integration der Bundesrepublik in den Westen immer den Vorrang vor der Wiedervereinigung gehabt hat.
5 Wenn nun die sozialdemokratische Bundestagsfraktion diese Schlussfolgerungen aus der gegenwärtigen internationalen Situation zieht, so ist daraus bereits zu ersehen, dass sie das Pariser Vertragswerk […] als nicht vereinbar mit

einer deutschen Politik ansieht, die die Wiedervereinigung Deutschlands in Freiheit als ihre vordringlichste Aufgabe 10 betrachtet. Es wird nach unserer Überzeugung die Sicherheit der Bundesrepublik nicht erhöht, aber es wird die Wiedervereinigung Deutschlands aufs Äußerste gefährdet. Ein Vertragswerk, das weder der Sicherheit noch der Einheit des deutschen Volkes dient, ist unannehmbar. 15
Die Behauptung des Herrn Bundeskanzlers, erst das Vertragswerk mache die Bundesrepublik fähig, die Spaltung Deutschlands zu beseitigen und die sich mit der Wiedervereinigung stellenden Aufgaben zu bewältigen, entbehrt leider jedweder Grundlage. Hier aber war und ist die Bundes- 20 regierung dem Bundestage und dem deutschen Volk Aufschluss darüber schuldig, wieso und in welcher Art denn die Einbeziehung nur des westlichen Teils von Deutschland in eine westliche Militärallianz zur Wiedervereinigung beitragen könnte. […] Ich möchte aber heute in diesem Zusam- 25 menhang noch einmal davor warnen, das neue Vertragswerk als die Basis unserer wiedergewonnenen Souveränität zu feiern.

2. Deutscher Bundestag, 61. Sitzung, Bonn, Plenarprotokoll vom 15.12.1954, S. 3136–3146, http://dipbt.bundestag.de/doc/btp/02/02061.pdf [letzter Zugriff: 03.09.2021].

Info

Pariser Verträge

Bezeichnung für das im Oktober 1954 in Paris unterzeichnete Vertragspaket, mit dem das Besatzungsstatut für die Bundesrepublik Deutschland beendet und der Beitritt der Bundesrepublik zur NATO und zur Westeuropäischen Union (WEU) vereinbart wurde.

M 6   „Des Michels neue Kleider"

Karikatur von Mirko Szewczuk, 1954

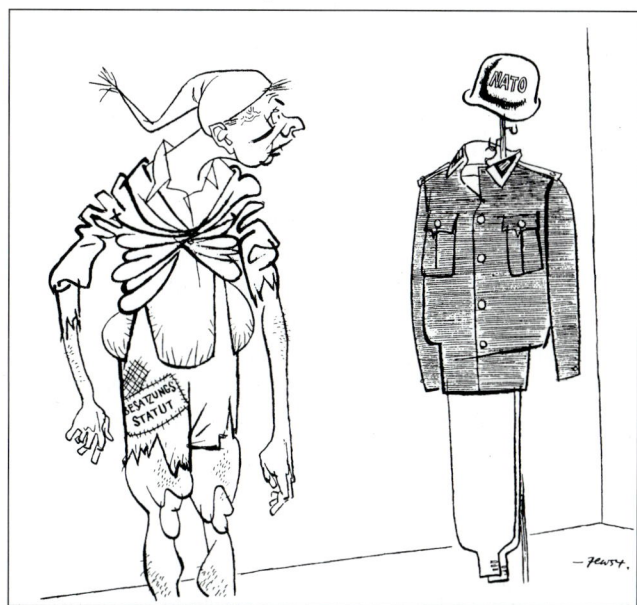

Leben in der Bundesrepublik in den 1950er-Jahren

Die Gesellschaften in der Bundesrepublik und in der DDR erlebten in den 1950er-Jahren ganz eigene Entwicklungen. Wie wirkten sich die politischen und wirtschaftlichen Rahmenbedingungen auf die Gesellschaft in der Bundesrepublik aus? Zwei Filmplakate aus den 1950er-Jahren geben erste Auskünfte.

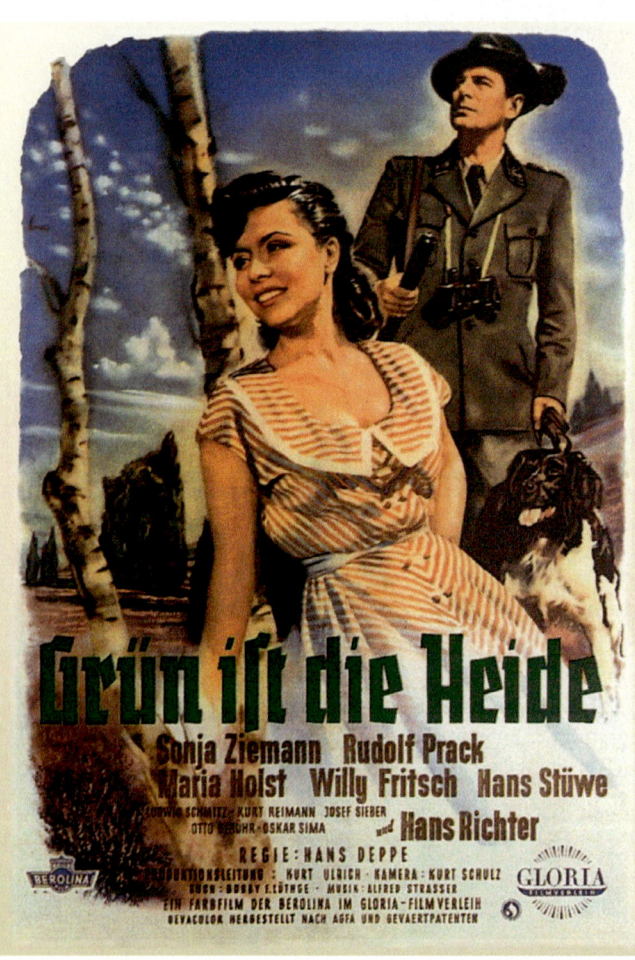

M 1 „Grün ist die Heide"
Filmplakat von 1951

M 2 „Die Halbstarken"
Filmplakat von 1956

Aufgaben

1. Mit Filmplakaten arbeiten

a) Informiert euch über den Inhalt der Filme (M1, M2).

b) Vergleicht die beiden Plakate im Hinblick auf Gestaltung und Adressaten.

c) Arbeitet das in den Plakaten deutlich werdende Frauen- und Männerbild heraus.

d) Erläutert, inwieweit sich in den 1950er-Jahren eine neue Jugendkultur entwickelte. Verwende dazu auch den Text auf den Seiten 103 – 104.

e) In den Fünfzigerjahren wurden Jugendliche oft als „Halbstarke" bezeichnet. Suche Begriffe, die heute für bestimmte Gruppen von Jugendlichen verwendet werden und erläutere die damit verbundenen Absichten.

f) Erläutere und diskutiere das Selbstverständnis solcher Gruppen.

↱ M1, M2, Internet, Text auf den Seiten 103 – 104

M 3   „Man spricht Deutsch"
Westdeutsche Urlauber in Italien,
1955

Die westdeutsche Konsumgesellschaft

Der anhaltende Wirtschaftsaufschwung trug wesentlich zur Veränderung der
Lebensverhältnisse bei. Wachsender Wohlstand ermöglichte nicht nur den Kauf
von Autos, Fernsehern und ganzen Wohnungseinrichtungen, er machte auch
5 Reisen ins europäische Ausland erschwinglich. Italien wurde zum Traumziel der
Deutschen.

Massenmedien

Die größte Neuheit der Fünfzigerjahre war ein Massenmedium: das Fernsehen,
10 das bald Millionen Menschen faszinierte. Wie auch die Rundfunkanstalten hatte
es öffentlich-rechtlichen Status. Die Regionalprogramme der ARD gingen 1954 auf
Sendung, 1963 folgte das ZDF. Ratesendungen wie „Einer wird gewinnen", die auf
unterhaltsame Weise Wissen über Europa abfragten, oder Sendungen wie „Was bin
ich?", die der reinen Unterhaltung dienten, erfreuten sich größter Beliebtheit. Da
15 viele zunächst keinen eigenen Fernseher besaßen, sahen sie sich Sendungen in
Gaststätten oder bei Bekannten an. Fernsehgeschichte schrieb die 1954 gewonne-
ne Fußballweltmeisterschaft in der Schweiz: Das Endspiel gegen Ungarn wurde
„live" übertragen.

Auf dem Pressemarkt konnten sich Zeitungen wie „BILD" oder die Illustrierte
20 „Quick" erfolgreich etablieren, deren Inhalt eher auf Sensation und Klatsch ausgerichtet war. Modezeitschriften fanden ebenfalls reißenden Absatz. Doch gab es
auch Wochenzeitschriften wie den „Stern" und den „Spiegel", die einen wichtigen
Beitrag zum westdeutschen Journalismus leisteten, sowie seriöse Tageszeitungen
wie die „Süddeutsche Zeitung" oder die „Frankfurter Allgemeine Zeitung".
25

Demokratische Kontrolle: Die „Spiegel-Affäre"

1962 erschütterte die „Spiegel-Affäre" die Öffentlichkeit. Dabei ging es um einen
Artikel, der die angeblich nur „bedingt abwehrbereite" Bundeswehr kritisierte.
Verteidigungsminister Franz Josef Strauß (CSU) ließ daraufhin Redakteure des
30 „Spiegel" sowie den Herausgeber Rudolf Augstein verhaften und die Redaktions-
räume durchsuchen. Vor dem Bundestag leugnete Strauß eine Beteiligung, musste
aber später zugeben, die Aktion angeordnet zu haben. Die Öffentlichkeit sah das
Grundrecht auf Meinungs- und Pressefreiheit in Gefahr, Strauß musste zurücktreten.

Hinweis

Filmtipp

Einen kleinen Einblick in die
Fernsehkultur der 1950er-
Jahre bietet: Clemens Wil-
menrod und die gefüllte
Erdbeere (2:36)

www.youtube.com/
watch?v=IAQhpI9euwg

M 4 **Philharmonie in West-Berlin**

1960 – 1963 erbaut, Architekt: Hans Scharoun, Foto, um 2000

Literatur, bildende Kunst und Archtektur

Im literarischen Bereich konnten einige Exil-Schriftsteller wie Thomas Mann an ihre großen Erfolge anknüpfen. Zum Teil galt dies auch für Autoren der „Inneren Emigration" wie zum Beispiel Werner Bergengruen, die noch über eine große Leserschaft verfügten. Hinzu kam jetzt eine Generation junger Schriftsteller wie Heinrich Böll oder Günter Grass, die wegen ihrer Kriegserfahrungen dem Staat kritisch gegenüberstanden. Viele fanden sich in der „Gruppe 47" zusammen. In der Malerei setzte sich eine abstrakte Stilrichtung durch, mit Künstlern wie Ernst Wilhelm Nay, Emil Schumacher oder Willi Baumeister. Architekten der Nachkriegszeit schufen interessante moderne Bauten wie die Philharmonie in Berlin (Hans Scharoun), die Liederhalle in Stuttgart (Rolf Gutbrod) oder das Olympiagelände in München (Frei Otto).

Eine neue Jugendkultur

Für die westdeutsche Jugend wurden die USA und der „American way of life" maßgeblich, Rock 'n' Roll, Haartolle und Bluejeans wurden von amerikanischen Vorbildern übernommen. Mit „BRAVO" entstand eine eigene Jugendzeitschrift. Damit kündigte sich ein Generationswechsel an, der künftig das Gesicht der Bundesrepublik veränderte.

M 5 **Jugendliche tanzen Rock 'n' Roll**

Foto, Deutschland, 1957

Ein Anstandsbuch – Geselschterrollen analysieren

Ein Anstandsbuch – Geschlechterrollen analysieren

M 6 „Richtiges Benehmen"

Aus einem weit verbreiteten Anstandsbuch (1955):

Das Platznehmen: Die besten Plätze an einem Tisch, also die bequemsten, den besten Ausblick bietenden usw., kommen immer den Damen zu. Selbstverständlich wird man aber dabei persönliche Wünsche der Damen berück-
5 sichtigen. Der Herr rückt seiner Dame den Stuhl zurecht und setzt sich erst dann, wenn alle Damen am Tisch Platz genommen haben. [...] Sitzen an dem ausgewählten Tisch schon Gäste, fragt der Herr mit einer leichten Verbeugung, ob dieser oder jener Platz noch frei sei, oder bittet mit
10 einem „Gestatten Sie", Platz nehmen zu dürfen. Sind die schon anwesenden Gäste wohlerzogen, so werden sie mit einem freundlichen Lächeln „Bitte sehr" sagen, auch wenn die Dazukommenden ihnen nicht gerade willkommen sind. [...]
15 Die Speisen- und Weinkarte: In einem gut geführten Lokal wird der Kellner zuerst der Dame, dann dem Herrn eine Speisenkarte vorlegen oder beiden gleichzeitig. In einem Weinlokal wird die Weinkarte dem Herrn gereicht. Denn die Auswahl der Getränke ist Sache des Herrn, wenn er sich

dabei auch nach den Wünschen der Dame richten muss. 20 Liegt eine Speisenkarte auf dem Tisch, so reicht der Herr sie zuerst der Dame, wenn die Dame für sich selbst bezahlt. [...] Ist die Dame eingeladen, so wählt sie nicht selbst aus der Speisenkarte aus, sondern wartet auf die Vorschläge des Herrn.
25 Speisenkarte: Ist die Dame zum Essen eingeladen, so wird sie bei der Auswahl der Speisen ungefähr den goldenen Mittelweg einschlagen. Es muss ja nicht das Teuerste sein, was sie sich wählt. Es ist aber auch falsche Bescheiden-
heit – vorausgesetzt, dass die finanziellen Möglichkeiten 30 nicht gerade sehr beschränkt sind –, grundsätzlich nur den „Bierhappen" oder das „Stück Wurst" zu nehmen. Der ge-wandte Tischherr wird seiner Dame auch dieses oder jenes vorschlagen. Voraussetzung für eine wirklich „gesegnete Mahlzeit" ist jedoch, dass auch hier im Großen und Ganzen 35 Harmonie herrscht. Denn es zerstört die netteste Stim-mung, wenn der Einladende seinem Gast zwar etwas An-spruchsvolles vorsetzt, sich selbst aber Kartoffelsalat mit Hering bestellt, um die Unkosten zu senken!

Gertrud Oheim, Einmaleins des guten Tons, Gütersloh: Bertelsmann 1962 (37. Aufl.), S. 288 ff.

Aufgaben

1. **Musik der 50/60er-Jahre in der Bundesrepublik**
   a) Recherchiert im Netz (Youtube o. Ä.) folgende Schla-ger:
   Rita Pavone, Wenn ich ein Junge wär' (1963)
   Cliff Richard, Rote Lippen soll man küssen (1963)
   b) Analysiert das in den Texten erkennbare Rollen-verständnis. Verwendet dabei die Kategorien: aktiv, passiv, herrschend, beherrscht
   ↪ Internet

2. **Geschlechterrollen analysieren**
   a) Stelle in einem Schaubild die Geschlechterrollen, die in der vorliegenden Quelle M6 ausgedrückt werden, dar.
   b) Viele Empfehlungen in diesem Anstandsbuch wirken auf uns altmodisch. Gehe auf die Gründe dafür ein.
   ↪ M6

M 1 **Der deutsche Fuss-
ballsieg wird gefeiert**

Fritz Walter am 4. Juli in Bern

Hinweis

Filmtipp

„Das Wunder von Bern",
BRD 2003,
Regie: Sönke Wortmann

Das „Wunder von Bern" 1954

„Bozsik, immer wieder Bozsik, der rechte Läufer der Ungarn – am Ball. Er hat den Ball – verloren, diesmal gegen Schäfer. Schäfer nach innen geflankt. Kopfball – abgewehrt. Aus dem Hintergrund müsste Rahn schießen. Rahn schießt ... Toooor! Toooor! Toooor! Tooor!"

Wenn es eine Reporterstimme zu einem Fußballspiel in eine Sammlung der 5 wichtigsten Dokumente zur deutschen Geschichte geschafft hat, dann muss es sich um ein Ereignis handeln, das weit über diesen Sport hinausragt. Ein solches Ereignis fand am 4. Juli 1954 in Bern statt. Hier trafen im Endspiel um die Fußballweltmeisterschaft die Nationalmannschaften aus Ungarn und aus der Bundesrepublik Deutschland zusammen. Die Vorzeichen waren eindeutig: Die Ungarn, 10 über Jahre hinweg das unbesiegte Team, gegen die Außenseiter.

Deutungen

Mit dem Tor-Schrei des Reporters Herbert Zimmermann kündigte sich eine Sensation an, die sogar zu einer Debatte unter Historikern führen sollte. Einige Histo- 15 rikerinnen und Historiker gingen später so weit, das Fußballspiel als „eigentliches Gründungsdatum der Bundesrepublik" zu bezeichnen, andere sehen dieses Datum in einer Linie mit der Währungsreform 1948 und der Verabschiedung des Grundgesetzes im Mai 1949 als „drittes identitätsschaffendes Ereignis".

Gerade einmal neun Jahre nach dem Ende der Naziherrschaft rief der Sieg der 20 deutschen Fußballmannschaft eine unerwartete Welle nationaler Euphorie in der Bundesrepublik hervor: An die 500 000 Menschen säumten die Zugstrecke der heimkehrenden „Helden von Bern" auf ihrem Weg nach München. In Berlin versammelten sich am 18. Juli 80 000 Menschen im Olympiastadion, um einer Auszeichnung der Fußballspieler durch den Bundespräsidenten Theodor Heuss bei- 25 zuwohnen. Das Fußballspiel hatte aber nicht nur in der Bundesrepublik für leere Straßen gesorgt, sondern auch in den Teilen der DDR, die Westmedien empfangen konnten.

Das Ausland beobachtete das Ereignis und seine Auswirkungen hingegen eher kritisch, schließlich hatten die deutschen Zuschauer im Berner Stadion – aus Un- 30 wissenheit oder aus Überzeugung? – statt der dritten die erste Strophe des Deutschlandliedes gesungen: „Deutschland, Deutschland über alles ...!" Und auch DFB-Präsident Peco Bauwens vergriff sich bei der Feier in München im nationalen Überschwang so sehr im Ton, dass seine Rede von einigen Reportern auch als „Sieg-Heil-Rede" bezeichnet wurde. Der Bayerische Rundfunk, der live von der 35 Feier berichtete, brach noch während der Rede Bauwens' die Übertragung ab.

Die damaligen nationalen Aufwallungen wurden also sehr unterschiedlich gewertet: Für die einen waren sie ein deutliches Zeichen einer deutschen „Wir-sind-wieder-wer"-Einstellung, die, nur neun Jahre nach dem Ende des Zweiten Weltkrieges, Anlass zur Besorgnis gab. Für die anderen hingegen war es lediglich 40 die Freude über ein Fußballspiel. Die Publikumsreaktionen und deren Interpretationen haben das Fußballspiel jedenfalls zu einem Politikum werden lassen, das sich in das kollektive Gedächtnis der Deutschen als „Wunder von Bern" eingeprägt hat.

Die Geschichte wurde vielfach in der erzählenden Literatur und in Sach- 45 büchern beschrieben, sie wurde verfilmt und sogar als Musical aufgeführt.

Zur Bedeutung des deutschen sportlichen Erfolges – Eine Deutung

M 2 **Eine Deutung**

Aus einem Interview mit dem Fußballhistoriker Dietrich Schulze-Marmeling zur Bedeutung des Endspielerfolgs der deutschen Fußballnationalmannschaft 1954 (2004):

Ich denke schon, dass dieser Sieg eine nicht unwesentliche Rolle bei der Akzeptanz der Demokratie in der BRD gespielt hat. Noch Anfang der Fünfzigerjahre konnten sich die Leute
5 mit der als aufoktroyiert empfundenen Demokratie nicht anfreunden und nur eine verschwindende Minderheit der Bevölkerung dachte rein republikanisch. Unter anderem durch den Sieg von Bern erwies sich jetzt die Demokratie als erfolgreich und effizient. Dies hat sicherlich dazu beige-
10 tragen, dass sich die Leute mit dieser „synthetischen" Demokratie versöhnen konnten.

Frage: Inwiefern spielte zugleich ein „Wir sind wieder wer" eine Rolle?
15 Man muss das sicherlich in Betracht ziehen. Die Deutschen lagen selbstverschuldet am Boden und das Selbstbewusstsein entwickelte sich nur langsam – auch bedingt durch den zeitgleich stattfindenden wirtschaftlichen Aufschwung. Dies hatte natürlich positive und negative Auswirkungen.
20 Positiv, wenn es mit einer Identifizierung der neuen politischen Verhältnisse einherging. Negativ, wenn man davon ausging, dass Deutschland bald wieder eine Größe im internationalen Staatensystem darstellen würde.

Frage zur Rede von DFB-Präsident Peco Bauwens auf der Feier in München:
25 Der DFB war bereits vor dem Ersten Weltkrieg eine strikt nationalkonservative Organisation. Später hatte der DFB nicht die geringsten Probleme mit dem NS-Regime. Es gibt nur wenige Institutionen, die von der Weimarer Republik über die NS-Zeit bis zur Bundesrepublik derartige perso-
30 nelle Kontinuitäten aufwiesen wie der DFB. […]
Die furchtbare Rede von Bauwens wurde in den Medien und von der Politik in vernichtender Weise kritisiert. Derartige Positionen waren einfach nicht angesagt. Meiner Meinung nach auch nicht in der Bevölkerung, da diese als Reaktion
35 auf die NS-Zeit eine Art apolitische Haltung entwickelt hatte. […]
Das Verhalten der Politik 1954 ist generell äußerst interessant. Das Finale von Bern hatte eine unglaubliche politische und atmosphärische Bedeutung, aber die Politik hat
40 sich distanziert verhalten: Weder der Bundeskanzler noch irgendein Minister waren anwesend. Heute ist es nahezu unvorstellbar, dass ein derartiges Ereignis nicht von politischer Seite instrumentalisiert würde. 1954 hat eher die Hal-
45 tung vorgeherrscht, Sport und Politik strikt voneinander zu trennen – auch in Abgrenzung zu diesbezüglichen Vorgängen zwischen 1933 und 1945. Vielleicht fürchtete die Regierung aber auch, dass ein Überschwappen der Emotionen dem Ansehen der Bundesrepublik im Ausland schaden
50 könnte.

Dietrich Schulze-Marmeling: „Lebenswelt"; in: Philtrat. Das Münchner Studierendenmagazin, Nr. 59, Mai/Juni 2004.

Aufgaben

1. Das „Wunder von Bern"
   a) Recherchiere nach Reaktionen in der Bundesrepublik und im Ausland auf den deutschen Finalsieg 1954 und stelle eine Übersicht zusammen.
   b) Informiere dich darüber, wie der DFB die Rolle Peco Bauwens heute darstellt.
   c) Verfasse einen Kommentar: Das „Wunder von Bern" – nur ein Fußballspiel oder ein Gründungsdatum der Bundesrepublik?
   d) Sammelt für eine durchzuführende Pro- und Contra-Diskussion Argumente zum Thema: Fußball – ein politisches Ereignis?
   Internet, Text auf Seite 106, M1–M2

Die DDR von der Gründung 1949 bis zum 17. Juni 1953

Die DDR verstand sich als das „fortschrittlichere" und „bessere" Deutschland, das aus den Trümmern des NS-Staates entstanden ist. Jedoch kam es von Beginn an zu Schwierigkeiten in der Umgestaltung der Verhältnisse. Wie sahen die Menschen in der DDR ihren Staat? Wie ging die DDR-Führung mit ihrem Anspruch um, ein „neues Deutschland" zu erschaffen?

Am 17. Juni 1953 gab es, ausgehend von Ostberlin, in mehreren Hundert Städten der DDR Protestdemonstrationen und schließlich Aufstände, die nur mithilfe sowjetischer Panzer niedergeschlagen werden konnten. Wie war es dazu gekommen? Was waren die Ziele der Menschen auf den Straßen 1953?

M 1 **„Monat der deutsch-sowjetischen-Freundschaft 1952"**
Plakat der SED, 1952

M 2 **Volksaufstand am 17. Juni 1953**
Sowjetische Panzer auf der Leipziger Straße in Ost-Berlin, Foto (Ausschnitt), 17. Juni 1953

Das Selbstverständnis der DDR

Die neu gegründete DDR suchte ihre Existenz damit zu rechtfertigen, dass sie sich in die „fortschrittliche Tradition" der deutschen Geschichte stellte. Nicht nur überzeugte Kommunisten sahen in ihr eine antifaschistische Alternative zur Bundes-
5 republik: In der DDR sollte der Faschismus ausgerottet sein und die sozialistische Planwirtschaft ihre Überlegenheit gegenüber dem Kapitalismus beweisen. Dieser neuen Gesellschaft, so hoffte man, würden die Menschen begeistert zustimmen.

Die SED – „Führende Kraft des Sozialismus"

10 Die SED verstand sich als führende Kraft des Sozialismus; die Blockparteien CDU, NDPD, DBD und LDPD mussten sich zum Sozialismus bekennen und die Führung der SED anerkennen. Diese erhob den Anspruch, die Interessen der „werktätigen Bevölkerung" zu vertreten. Dabei durchdrang sie alle Bereiche des Alltagslebens der Bürger.

Für die Kontrolle der Bevölkerung schuf die SED 1950 ein mächtiges Werk-
15 zeug: den Staatssicherheitsdienst. Er überzog das Land mit einem Überwachungssystem, das bis in die Wohnungen und Betriebe reichte. Spitzel beobachteten Verdächtige, geheime Zentralen hörten Telefongespräche ab, öffneten die Post und sammelten staatsfeindliche Äußerungen. Nach dem Ende der DDR wurde bekannt, dass in den 80er-Jahren 173 000 Spitzel und 91 000 feste Mitarbeiter dem
20 Ministerium für Staatssicherheit unterstanden (bei einer Einwohnerzahl von etwas über 16 Millionen).

Drei Jahre nach der Gründung der DDR bildete die SED 1952 auf Anordnung der Sowjets eine „Kasernierte Volkspolizei". Vier Jahre später erfolgte dann die offizielle Gründung der „Nationalen Volksarmee" (NVA) als Gegenstück zur Bun-
25 deswehr. 1955 trat die DDR auch dem östlichen Militärbündnis, der Warschauer Vertragsorganisation („Warschauer Pakt") bei, das v. a. der Niederschlagung sogenannter „konterrevolutionärer Erhebungen" diente.

Der Volksaufstand vom 17. Juni 1953

30 Im März 1953 nährte der Tod Stalins Hoffnungen auf einen Autoritätsverlust der Kommunistischen Partei der Sowjetunion (KPdSU) und der SED. Große Teile der DDR-Bevölkerung waren äußerst unzufrieden, was besonders an der Wirtschaftspolitik der SED lag, die sich auf die Schwerindustrie konzentrierte und darüber die Erzeugung von Konsumgütern vernachlässigte. Außerdem wurde das Wohlstands-
35 gefälle zu Westdeutschland immer gravierender. Vor diesem Hintergrund beorderten die Nachfolger Stalins an der Spitze der Sowjetunion Anfang Juni Vertreter der DDR-Regierung nach Moskau und zwangen diese zu einer grundsätzlichen politischen Kurskorrektur.

Bereits am 28. Mai 1953 hatte die SED-Führung eine Erhöhung der Arbeits-
40 normen um 10 Prozent verkündet. Dieser Beschluss, der die wirtschaftlichen Probleme beheben helfen sollte, bedeutete eine Arbeitszeitverlängerung ohne Lohn-

M 3 „Von den Sowjetmenschen lernen heißt siegen lernen"

Propagandaplakat, um 1951, Der russische Text auf dem Plakat lautet: „Hier arbeitet die Brigade des Stalinpreisträgers Hilfsmeister A. Tschutkich – Erzeugt nur beste Qualität".

WES-115467-302
Film über den Volksaufstand in der DDR – Der 17. Juni 1953

Aufgaben

1. **Zwei Bildquellen aus der DDR von 1952/53**
   a) Beschreibe die beiden Abbildungen von 1952 (M1) und 1953 (M2) und vergleiche die Eindrücke, die die Bilder jeweils vermitteln.
   b) Formuliere Fragen an die beiden Bildquellen und beantworte diese mithilfe des Schulbuchtextes.
   c) Ordne die beiden Bildquellen M1 und M2 mithilfe des Textes auf den Seiten 109–110 in den historischen Hintergrund ein.
   ↶ M1–M2, Text auf den Seiten 109–110

M 4 Demonstrationszug streikender Bauarbeiter

Am 16. Juni 1953 rufen Bauarbeiter in Ostberlin zum Generalstreik auf und fordern den Rücktritt der Regierung.

ausgleich. Der „Neue Kurs" aus Moskau begünstigte vor allem die Bauern und die Mittelschichten. Für die Arbeiter hätte einzig eine Rücknahme der Normerhöhung ein Entgegenkommen bedeutet. Da dies nicht geschah, streikten und demonstrierten am 16. Juni die Bauarbeiter in der Ostberliner Stalinallee. Obwohl 45 das Politbüro die Normerhöhung noch am selben Tag zurücknahm, breiteten sich die Proteste schnell aus.

Am Morgen des 17. Juni 1953 versammelten sich die Streikenden, um ihre Forderungen zu formulieren. Dabei ging es zwar auch um Preissenkungen, doch zunehmend rückten Forderungen nach freien Wahlen, dem Rücktritt der Regie- 50 rung und der Wiedervereinigung Deutschlands ins Zentrum. Nicht nur in Berlin, sondern in über 700 Orten zogen Demonstranten durch die Straßen. In wenigen Stunden war aus dem Protest der Arbeiter ein Volksaufstand geworden, an dem sich etwa 300 000 Menschen beteiligten.

Die Staatsmacht befand sich in Auflösung. Walter Ulbricht und die Mitglieder 55 des Politbüros begaben sich in den Schutz des sowjetischen Hauptquartiers in Berlin-Karlshorst. Allein Industrieminister Fritz Selbmann stellte sich als hoher SED-Funktionär vor dem Ostberliner Haus der Ministerien den Demonstranten, konnte aber die Menge nicht beruhigen.

60

Das gewaltsame Ende des Volksaufstandes von 1953

Da die Demonstranten und Streikenden die DDR-Staatsmacht in die Defensive gedrängt hatten, griff die Sowjetarmee ein und verhängte den Belagerungszustand. Panzer rollten durch die Städte und schüchterten die Menschen ein. Diese setzten sich mit Steinen, Holzstücken und Eisenträgern zur Wehr. An einigen Or- 65 ten, wie Görlitz und Wernigerode, hielten sich die selbstbestimmten Streikleitungen noch mehrere Tage, bis sie aufgeben mussten.

Die große Mehrheit der etwa 100 Opfer des 17. Juni 1953 wurde von Kasernierter Volkspolizei und sowjetischer Armee erschossen, etwa beim Versuch der Befreiung politischer Gefangener aus Haftanstalten. Gegen die massive sowjetische 70 Militärmacht war jeder Widerstand aussichtslos. Viele Menschen entschlossen sich zur Flucht in den Westen, andere fügten sich in die Verhältnisse. Die SED versuchte den Aufstand als „faschistischen Putsch" oder „CIA-Verschwörung" zu verunglimpfen. Die Wiederholung eines solchen „Tages X" sollte unter allen Umständen vermieden werden. So schuf sich die SED mit der Aufstellung von Be- 75 triebskampfgruppen ein weiteres Instrument innerer Herrschaftssicherung.

In der Bundesrepublik Deutschland wurde bereits 1954 der 17. Juni als „Tag der deutschen Einheit" zum gesetzlichen Feiertag erhoben.

M 5 Demonstration für freie Wahlen

am 17. Juni 1953 in Dresden

Der 17. Juni als Gedenktag – Zum Umgang mit Geschichte

M 6　**Eine Rede im Bundestag**

Redeauszug der Bundeskanzlerin Angela Merkel zum 60. Jahrestag des Volksaufstandes am 17. Juni 1953 im deutschen Bundestag 2013:

[...] Am 17. Juni 1953 war die DDR noch nicht einmal vier Jahre alt. Und doch war sie politisch bereits am Ende. Denn dieser Tag sollte zeigen, dass sich das System nur mit Gewalt und Unterdrückung aufrechterhalten ließ. Die Proteste gegen Normerhöhungen und teure Lebensmittel, die Rufe der Demonstranten nach echter Mitbestimmung und Teilhabe, die Einforderung demokratischer Grundrechte – all dies wurde am 17. Juni von Panzern niedergewalzt. Den Volksaufstand in der DDR vermochten die Machthaber zwar mit militärischer Gewalt zu beenden, doch die menschliche Sehnsucht nach Freiheit, den Wunsch, das Leben in die eigene Hand zu nehmen, das konnten sie nicht niederschlagen. Sonst stünden wir heute auch nicht hier – in einer ungeteilten Stadt, in einem wiedervereinten Land. Die Bilder vom Volksaufstand in der DDR blieben unvergessen – auf Seiten der Demonstranten, die ihren Überzeugungen folgten, wie auch auf Seiten der Machthaber, die fortan noch mehr Angst vor den eigenen Bürgerinnen und Bürgern als ohnehin schon hatten und ihr Kontroll- und Überwachungssystem immer weiter ausbauten. Die Mär vom Arbeiter-und-Bauern-Staat – sie war von Anfang an als politische Farce entlarvt. [...]

Der Volksaufstand vom 17. Juni 1953 führt eindrucksvoll vor Augen, dass sich die Sehnsucht nach Freiheit nicht eindämmen lässt – in der DDR nicht, in Budapest 1956 nicht, in Prag 1968 nicht, in Polen 1981 nicht. Ein politisches System kann auf Dauer nur bestehen, wenn es den Menschen Raum zur freien Entfaltung lässt – ja, mehr noch: wenn es die Menschen ermutigt, Freiheit in Verantwortung für sich und für andere zu nutzen. [...]

So kam es am 17. Juni 1953 in vielen Städten der DDR zu Straßenschlachten und Auseinandersetzungen. Die protestierende Bevölkerung sah sich der sowjetischen Armee, der kasernierten Volkspolizei und der Staatssicherheit gegenüber. Dutzende Menschen verloren ihr Leben. Einige von ihnen waren noch nicht einmal volljährig. Dieser Toten des 17. Juni 1953 gedenken wir heute. Wir gedenken zugleich der Menschen, die in den Tagen und Wochen nach dem Volksaufstand verhaftet und verurteilt wurden. Dies führte bis hin zu Todesurteilen und standrechtlichen Erschießungen. [...] Gerade die jungen Menschen unter uns bitte ich: Lassen Sie sich auf den 17. Juni 1953 ein. Fragen Sie in der Familie oder im Bekanntenkreis nach, wer sich an diesen Tag erinnert. Auch für uns als Repräsentanten des Staates hat der 17. Juni 1953 eine überaus wichtige Botschaft. Er unterstreicht, dass staatliches Handeln seine Legitimität stets durch die Bürgerinnen und Bürger erfahren muss. Politiker sind dazu da, die Anliegen der Menschen ernst zu nehmen. Wir müssen nach den Chancen jedes Einzelnen fragen und mit ihnen das Gemeinwohl fördern – also das Wohl aller und nicht nur das Wohl weniger. [...]

Angela Merkel: „Rede bei der Gedenkveranstaltung zum 60. Jahrestag des Volksaufstandes vom 17. Juni 1953" (17.06.2013); https://www.bundeskanzlerin.de/bkin-de/aktuelles/rede-von-bundeskanzlerin-merkel-bei-der-gedenkveranstaltung-zum-60-jahrestag-des-volksaufstandes-vom-17-juni-1953-475542 [letzter Zugriff: 28.09.2021].

Training

Erklärung des Operators „Bewerten"

Der Operator „Bewerten" fordert von dir ein **Werturteil**. Ein Werturteil baut auf einem historischen Sachurteil (vgl. Seite 69) auf. Wie du dich erinnerst, hast du beim historischen **Sachurteil** die Gründe, die Absichten und die Folgen eines historischen Sachverhaltes beurteilt.

Beim Operator „Bewerten" wird nun zusätzlich noch ein Werturteil gefordert, d.h. unsere heutigen Werte und Normen werden als Maßstäbe der Bewertung zugrunde gelegt, z.B.: War eine Handlung demokratisch bzw. entsprach sie unseren heutigen Wertvorstellungen von Freiheit, Gleichheit, Gleichberechtigung oder Menschenwürde?

Aufgaben

1. **Der 17. Juni als Gedenktag – Zum Umgang mit Geschichte**
   a) Arbeite den Argumentationsgang von Angela Merkel (M6) heraus und stelle diesen in Form eines Fließdiagramms dar.
   b) Formuliere mit eigenen Worten die Lehren, die wir nach Angela Merkel aus dem 17. Juni 1953 ziehen sollen, und nimm dazu Stellung.
   c) Bewerte das Vorgehen des Staates gegen die Demonstranten. Verwende für die Bewertung auch den Trainingskasten auf dieser Seite.

M6, Text auf den Seiten 109 – 110

WES-115467-303
Film über die Deutschen
im Sozialismus – Wirtschaft
nach Plan

Wirtschaft in der DDR im Zeichen des Sozialismus

Während sich in der Bundesrepublik in den 1950er-Jahren immer deutlicher eine Konsumgesellschaft entwickelte, war die wirtschaftliche Entwicklung in der DDR vor allem auf die Schwerindustrie ausgerichtet, wodurch der private Konsum eingeschränkt blieb. Wieso kam es zu dieser Entwicklung? Welche Rolle spielte die Planwirtschaft?

M 1   **Lebensmittelkarte** (1953)

Lebensmittel blieben in der DDR bis 1958 rationiert.

0,25 l Sz Vollmilch 10. 11. 53	0,25 l Sz Vollmilch 20. 11. 53	0,25 l Sz Vollmilch 30. 11. 53	50 g e BUTTER Nov. 53 / Sz	50 g c BUTTER Nov. 53 / Sz	50 g a BUTTER Nov. 53 / Sz
0,25 l Sz Vollmilch 9. 11. 53	0,25 l Sz Vollmilch 19. 11. 53	0,25 l Sz Vollmilch 29. 11. 53	50 g f BUTTER Nov. 53 / Sz	50 g d BUTTER Nov. 53 / Sz	50 g b BUTTER Nov. 53 / Sz
0,25 l Sz Vollmilch 8. 11. 53	0,25 l Sz Vollmilch 18. 11. 53	0,25 l Sz Vollmilch 28. 11. 53	eXa eXa	eXa eXa	eXa eXa
0,25 l Sz Vollmilch 7. 11. 53	0,25 l Sz Vollmilch 17. 11. 53	0,25 l Sz Vollmilch 27. 11. 53	DEUTSCHE DEMOKRATISCHE REPUBLIK		
0,25 l Sz Vollmilch 6. 11. 53	0,25 l Sz Vollmilch 16. 11. 53	0,25 l Sz Vollmilch 26. 11. 53	Sonder-Zusatzkarte **Sz** November 1953		
0,25 l Sz Vollmilch 5. 11. 53	0,25 l Sz Vollmilch 15. 11. 53	0,25 l Sz Vollmilch 25. 11. 53	Monatsrationen 7,5 Ltr. Vollmilch, 300 g Butter		
0,25 l Sz Vollmilch 4. 11. 53	0,25 l Sz Vollmilch 14. 11. 53	0,25 l Sz Vollmilch 24. 11. 53	Name		
0,25 l Sz Vollmilch 3. 11. 53	0,25 l Sz Vollmilch 13. 11. 53	0,25 l Sz Vollmilch 23. 11. 53	Wohnort Str. Nr. Bei Verlust der Karte kein Ersatz Lose Abschnitte sind ungültig		
0,25 l Sz Vollmilch 2. 11. 53	0,25 l Sz Vollmilch 12. 11. 53	0,25 l Sz Vollmilch 22. 11. 53	SECHS Sz Nov. 53	FÜNF Sz Nov. 53	VIER Sz Nov. 53
0,25 l Sz Vollmilch 1. 11. 53	0,25 l Sz Vollmilch 11. 11. 53	0,25 l Sz Vollmilch 21. 11. 53			

Aufgaben

1. Die Wirtschaft in der frühen DDR

a) Löst die Lebensmittelkarte M1 in ihre Einzelteile auf und stellt zusammen, was 1953 in welchen Mengen in welchem Zeitraum bezogen werden konnte.

b) Erklärt die Wirkung, die solche Lebensmittelkarten auf die Bevölkerung hatten.

c) Erläutert mit eigenen Worten den Begriff „Planwirtschaft". Verwendet dafür das Lexikon der Grundbegriffe in diesem Schulbuch.

d) Stellt anhand des Textes auf Seite 113 Anspruch und Wirklichkeit der DDR-Planwirtschaft einander gegenüber.

e) Formuliert in zwei Sätzen wesentliche Unterschiede zwischen Planwirtschaft und Sozialer Marktwirtschaft (S. 94–96 in diesem Schulbuch).

M1, Text auf Seite 113, Lexikon der Grundbegriffe in diesem Schulbuch, Text auf den Seiten 94–96

Wirtschaft in der frühen DDR

In den 1950er-Jahren gelang der DDR ein beträchtliches Wirtschaftswachstum. Dies galt allerdings vor allem für den Bereich der Schwerindustrie, während die Produktion von Konsumgütern (Güter für den privaten Gebrauch) zunächst ver-
5 nachlässigt wurde. Erst als Reaktion auf den 17. Juni 1953 korrigierte die SED ihre Wirtschaftspolitik. Nun stieg auch die Erzeugung von Lebensmitteln und anderen Bedarfsgütern, sodass sich der Lebensstandard der Bevölkerung deutlich erhöhte. Doch erst mit der Zeit konnte bei der Versorgung der Bevölkerung das Vorkriegs-niveau erreicht werden und erst im Mai 1958 wurden die Lebensmittelkarten ab-
10 geschafft.

Ein grundlegendes Problem stellte die seit dem Volksaufstand 1953 zuneh-mende Fluchtbewegung dar, durch die der Volkswirtschaft vor allem gut ausgebil-dete Facharbeiter verloren gingen. Die schwerfällige Planwirtschaft litt jedoch auch an organisatorischen Mängeln. Hinzu kam eine mangelhafte Warenqualität.
15 Produkte wie Fisch, Südfrüchte oder Gemüse blieben seltene Wirtschaftsgüter. Was die Bürgerinnen und Bürger sonst zum Leben brauchten, kauften sie in den staatlichen HO-Läden (HO = Handelsorganisation, ein staatliches Einzelhandels-unternehmen in der DDR), den genossenschaftlich organisierten Läden des Kon-sum oder den noch zahlreichen privaten Geschäften.
20 Um 1960 verschärfte die DDR die Kollektivierung der Landwirtschaft. Unter der Losung eines „Sozialistischen Frühlings auf dem Lande" wurden die Einzel-bauern durch Druck und Versprechungen in die Landwirtschaftlichen Produkti-onsgenossenschaften (LPG) gepresst. Viele verließen daraufhin ihre Höfe und flo-hen in den Westen. Die Folge war eine schwere Versorgungskrise. Auch in der
25 Industrie wurden aus privaten Betrieben, vor allem der Textil- und Nahrungsmit-telindustrie, Betriebe mit staatlicher Beteiligung.

Wohnungsmangel als Dauerproblem

Auch als sich die Lebensverhältnisse der Menschen langsam verbesserten, blieb
30 der gravierende Wohnungsmangel ein dauerhaftes Problem. Familien in Notun-terkünften und zu kleinen Wohnungen waren eher die Regel als die Ausnahme. Deshalb begann die DDR Mitte der 50er-Jahre, große Neubausiedlungen außer-halb der Städte zu errichten. Dafür wurde die Plattenbauweise entwickelt. Trotz größter Anstrengungen konnte das Wohnungsproblem aber nicht gelöst werden
35 und begleitete die DDR bis zu ihrem Ende 1990.

M 2 **Neu-Hoyerswerda**

Ein Arbeiter verlegt Wellbeton-Dachplatten am Wohnkomplex 4 in der Neustadt von Hoyerswerda, 1961.

Leben in der DDR in den Fünfzigerjahren

Die DDR nahm für sich in Anspruch, ein besserer Staat als die Bundesrepublik zu sein und die fortschrittlichen Traditionen der deutschen Geschichte weiterzuführen. Die bisherigen sozialen Abgrenzungen sollten überwunden und die Bevölkerung – vor allem die Jugend – für die Ziele des Sozialismus gewonnen werden. Wie dieses Ziel umgesetzt wurde, zeigten zum Beispiel die „Weltfestspiele der Jugend und Studenten" von 1951.

M 1 „Auf die Knie mit dem Krieg!"

Im August 1951 fanden die „Weltfestspiele der Jugend und Studenten" in Ostberlin statt. Die in Ostberlin ansässige Tageszeitung „Neues Deutschland" berichtete darüber am 18. August 1951:

In allen Straßen, auf allen Plätzen der deutschen Hauptstadt zeigt die Jugend den unermesslichen Reichtum ihrer Lieder und Tänze. In weiten hellen Sälen hängen Bilder und Plastiken, deren Schönheit die reine Sehnsucht der Völker
5 nach Glück und Frieden spiegelt, und zugleich den unaufhaltsamen Sieg des Tages über die Nacht. Schwarze und weiße und gelbe Söhne der Menschheit reichen einander die Hand und sprechen die Sprache der Zukunft: Die Sprache der Freundschaft.
10 Aber vor diesem leuchtenden sieghaften Bild liegen, die Zähne fletschend, die Fratzen wutverzerrt, die Kettenhunde des amerikanischen und deutschen Imperialismus, bereit über diese blühende Jugend herzufallen, sie in das entsetzliche Massengrab eines dritten Weltkrieges zu treiben, die
15 Lieder, die Tänze, die Kunstwerke mit der höllischen Detonation der Atombomben zu vernichten.
Bereit zu dieser Mordtat sind sie, aber sie können nicht, wie sie wollen, denn die Jugend greift ihnen in den Rachen, schlägt ihre Pranken zurück. Die Jugend singt und tanzt,
20 aber keine Sekunde läßt sie dabei die Todfeinde ihres glücklichen Lebens aus den Augen. Das mußten die [...] Mordkumpane zur Kenntnis nehmen, als tausende FDJler das leuchtende Blau des Friedens, den hellen Klang ihrer Lieder, den Stolz und die edle Begeisterung junger Men-
25 schen, die für die Wahrheit stehen, über die Sektorengrenzen hinübertrugen. [...]
Jetzt waren die „Kommunisten", die Friedenskämpfer da und sie sangen: „... das Kind will die Mutter vom Weinen befrein, und der Friede wird schön wie die Heimat sein. Im
30 August, im August blühn die Rosen!" Und die Menschen in den Häusern hoben den stumpfgewordenen Blick, die Frau des Arbeitslosen preßte ihr Kind erregt an die Brust, weil das Blau auf der Straße wie Hoffnung leuchtete: „Freundschaft!"

„Neues Deutschland" vom 18.08.1951.

M 2 Weltjugendlied

1. Jugend aller Nationen,
uns vereint gleicher Sinn, gleicher Mut!
Wo auch immer wir wohnen,
unser Glück auf dem Frieden beruht.
5 In den düsteren Jahren
haben wir es erfahren:
Arm ward das Leben!
Wir aber geben
Hoffnung der müden Welt!
10 Unser Lied die Ländergrenzen überfliegt,
Freundschaft siegt! Freundschaft siegt!
Über Klüfte, die des Krieges Hader schuf,
springt der Ruf, springt der Ruf:
Freund, reih dich ein,
15 dass vom Grauen wir die Welt befrein!
Unser Lied die Ozeane überfliegt,
Freundschaft siegt! Freundschaft siegt!

2. Schmerzhaft brennen die Wunden,
20 nun der Hass neuen Brand schon entfacht.
Denn wir haben empfunden:
Bittres Leid hat der Krieg uns gebracht.
Junger Kraft wird gelingen,
Not und Furcht zu bezwingen.
25 Licht soll es werden
ringsum auf Erden!
Zukunft, wir grüßen dich!

Text: Walter Dehmel; zit. n.: Zentralhaus f. Volkskunst (Hg.), Schreiten wir in Reih und Glied. Liederbuch f. d. Kampfgruppen, Leipzig: Hofmeister 1957.

Eine sozialistische Gesellschaft als Ziel

In der DDR sollte eine sozialistische Gesellschaft entstehen, in der sich jeder nach
seinen Fähigkeiten entwickeln könne. Dazu gehörte die volle berufliche, kulturelle und soziale Gleichberechtigung von Mann und Frau, zu deren Durchsetzung die
5 DDR bereits im September 1950 das „Gesetz über den Mutter- und Kinderschutz
und die Rechte der Frau" erlassen hatte. Große Bedeutung hatte dabei das Bil-
dungssystem, das den bisher Benachteiligten die Möglichkeit bieten sollte, sozial
aufzusteigen.

10 Gründung der Freien Deutschen Jugend

Die sowjetische Besatzungsmacht und die SED setzten alles daran, die Jugend für
den Aufbau jener neuen Ordnung zu gewinnen, die sie „antifaschistisch-demokra-
tisch" nannten. Im Juni 1946 tagte in Brandenburg/Havel das 1. Parlament der
Freien Deutschen Jugend (FDJ). Von allen Rednern wurde die Überparteilichkeit
15 beschworen, doch allein die Besetzung der Führungspositionen widerlegte dies:
Der Vorsitz lag bei Erich Honecker, dem verantwortlichen Jugendpolitiker in der
SED-Führung. Auch andere wichtige Funktionen wurden von SED-Mitgliedern
bekleidet.

Gerade in den Bereichen Sport, Freizeit und Wandern verzeichnete die FDJ
20 großen Zuspruch. Die Besatzungsbehörden stellten Räumlichkeiten zur Verfügung und die Jugendlichen strömten zu den Veranstaltungen wie zum Beispiel
Heimabenden, Tanzkursen oder Sportfesten.

M 3 „FDJ-Hemd"
vor 1970

Info

Internetlinks zur Vertiefung des Themas „FDJ":

Digitales Museum Brandenburg:
https://brandenburg.museum-digital.de
(Rubrik „Objekte": Eingabe FDJ)

Die Wochenschauen; hier guter westlicher Überblick über die Jahre 1945–1950
https://www.filmothek.bundesarchiv.de

FDJ-Aufzug „Neue Deutsche Wochenschau 18/1950", 30.05.1950 unter:
https://www.filmothek.bundesarchiv.de

Allg. Suchbegriff „FDJ" unter:
https://www.filmothek.bundesarchiv.de

Aufgaben

1. **„Weltfestspiele der Jugend und Studenten"**
   a) Analysiere die Quelle M1, indem du die wesentli-
      chen Inhalte des Textes wiedergibst und anhand
      geeigneter Zitate herausarbeitest, welche politische
      Position die Zeitung zum geschilderten Ereignis
      einnimmt. Beurteile anschließend die Aussagen des
      Berichts aus damaliger Perspektive.

   b) Fasse die Aussagen des „Weltjugendliedes" (M2)
      zusammen.
   c) Untersuche die Propaganda-Absichten, die im
      „Weltjugendlied" zum Ausdruck kommen. Verwende
      dafür auch den Text auf den Seiten 115–116.
      ⌒ M1, M2, Text auf den Seiten 115–116

Vergangenheitsbewältigung

Den DDR-Bürgerinnen und -Bürgern bot die SED eine klare Interpretation der Vergangenheit: Schuld an Faschismus und Krieg waren die Kapitalisten, die Hitler 25 und die Nationalsozialisten unterstützt hatten. Die Arbeiter und Bauern waren allein durch ihre Klassenzugehörigkeit entsühnt. „Die Mörder sind unter uns" – so hieß einer der ersten Filme nach dem Zweiten Weltkrieg, der in der SBZ gedreht wurde. Im Film „Der Rat der Götter" ging es um die Führungsspitze des Chemie-konzerns IG-Farben, die Hitler in den Sattel gehoben, am Krieg verdient hatte und 30 nun angeblich mithilfe der Amerikaner neue Kriege vorbereite.

Widerstand in den Fünfzigerjahren

Doch es gab von Anfang an Menschen, die sich der kommunistischen Diktatur verweigerten und sogar trotz hoher Risiken politischen Widerstand leisteten. Auch 35 sie beriefen sich auf den antifaschistischen Widerstandskampf, insbesondere auf den Kreis der „Weißen Rose". Sie wollten nicht wie ihre Eltern durch Schweigen mitschuldig an den Verbrechen einer totalitären Staatsmacht werden. So gründe-te in der sächsischen Kleinstadt Werdau ein Kreis von Oberschülern aus Protest gegen die Scheinwahlen zur Volkskammer am 15. Oktober 1950 eine Widerstand- 40 sorganisation. Die Gruppe verteilte Flugblätter und schrieb nachts Parolen an Häuserwände. Überall in der Stadt tauchte ein symbolisches „F" auf, das für Frei-heit stand. Im Mai 1951 kam es zu den ersten Verhaftungen. Am 4. Oktober 1951 wurden 19 Schüler vom Landgericht Zwickau zu langen Zuchthausstrafen verur-teilt. 45

Die Sowjetunion als Leitbild

Nicht nur politisch, sondern auch kulturell galt die Sowjetunion als Vorbild. Kunst und Literatur sollten den politischen Aufbau unterstützen. So findet sich in ein-schlägigen Werken oft eine idealisierende Darstellung der sozialistischen Wirk- 50 lichkeit. Diese Kunstrichtung hieß „sozialistischer Realismus" und verherrlichte den einfachen Arbeiter und die Aufbauleistungen nach dem Krieg.

Besondere Bedeutung hatte in den Anfangsjahren der DDR der Stalinkult. Der Führer der Sowjetunion wurde wie ein Übermensch dargestellt. Straßen trugen seinen Namen und sein Bild war in der Öffentlichkeit allgegenwärtig. Diese Pro- 55 paganda wollte aber nicht recht zum mühsamen Wiederaufbau nach dem Zweiten Weltkrieg passen.

Stalinkult und Widerstand

M 6 **„Wie soll man Stalin danken"**

In dem DEFA-Film „Roman einer jungen Ehe" (1952) von Bodo Uhse und Kurt Maetzig findet eine junge Schauspielerin in der Vier-Sektoren-Stadt Berlin ihren Weg durch die Wirren des Kalten Krieges an die Seite der „fortschrittlichen Arbeiterklasse". Den Höhepunkt des Films bildet die Rezitation eines Gedichts (von Kurt Barthel) über den Namensgeber der „Stalinallee":

Auf dieser Straße ist der Friede in die Stadt gekommen.
Die Stadt war Staub.
Wir waren Staub und Scherben
und sterbensmüde.
5 Aber sagt, wie soll man sterben?
Hat uns doch Stalin selber bei der Hand genommen
und hieß uns, unsre Köpfe stolz erheben.
Und als wir Schutt wegräumten und uns Pläne machten,
den grünen Streifen und die Häuserblocks erdachten,
10 da war'n wir Sieger, und die Stadt begann zu leben.
Gradaus zu Stalin führt der Weg, auf dem die Freunde kamen.
Nun soll'n sich in den Fenstern, in den neuen, blanken,
die Feuer spiegeln!
15 Sagt, wie soll man Stalin danken?
Wir gaben dieser Straße seinen Namen.

Zit. nach: Hans-Hermann Hertle/Stefan Wolle, Damals in der DDR. Der Alltag im Arbeiter- und Bauernstaat, München: Goldmann 2006, S. 15.

M 7 **Widerstand**

Achim Beyer war einer der Schüler, die 1950 in der Stadt Werdau eine Widerstandsorganisation gründeten. Die Oberschüler verteilten Flugblätter und wurden 1951 zu langjährigen Haftstrafen verurteilt. Achim Beyer erinnert sich 2003:

Bei der Lektüre ihrer Flugblätter aus dem Jahre 1943 wurde uns die Ähnlichkeit zwischen dem NS-Regime und dem Stalinismus von 1950 besonders offenkundig: ein Austausch der Begriffe NSDAP gegen SED, Hitlerjugend (HJ) gegen FDJ, Gestapo gegen Stasi drängte sich geradezu auf. Damit er- 5 schien der politische Widerstand gegen die NS-Diktatur für uns in einem völlig anderen Licht: Es ging nicht mehr nur um eine überwundene Vergangenheit – es ging auch um die gegenwärtige politische Entwicklung. Die Geschwister Scholl wurden für viele Jugendliche zum Vorbild – und dies nicht 10 nur in Werdau, sondern an vielen anderen Orten der DDR.

Achim Beyer, Urteil: 130 Jahre Zuchthaus. Jugendwiderstand in der DDR und der Prozess gegen die „Werdauer Oberschüler" 1951, Leipzig: Evangelische Verlagsanstalt 2003, S. 24.

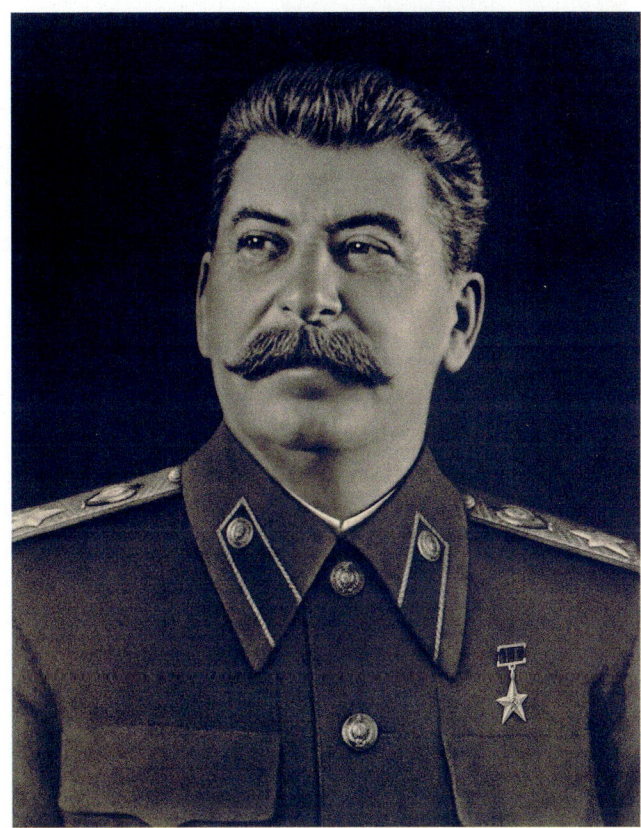

M 8 **Josef Stalin,** Porträtaufnahme, 1945

Aufgaben

1. **Stalinkult**
   a) Bearbeitet die Materialien zum Stalinkult (M6 – M8) und erläutert die Merkmale dieses Kults.
   b) Arbeitet anhand der Materialien die Auswirkungen des Stalinkults auf die frühe DDR heraus.
   c) Fasst eure Ergebnisse in einer Mind Map zusammen.
   M6 – M8, Text auf den Seiten 115 – 116

Eine Fallanalyse durchführen

Die Untersuchung eines historischen Fallbeispiels ist eine von mehreren historischen Untersuchungsformen. Historikerinnen und Historiker wenden dieses Verfahren an, wenn sie ganz konkrete Schlüsselereignisse von repräsentativer Bedeutung für eine Epoche erforschen wollen. Dabei untersuchen sie exemplarisch einen Konflikt oder eine Problemfrage wie unter einem Mikroskop oder wie in einem Brennspiegel, um so zu allgemeinen Schlüssen zu gelangen.

Bei einer Fallanalyse zum Mauerbau werden folgende Aspekte untersucht:
1. Die Vorgeschichte des Mauerbaus. Dazu gehören langfristige und unmittelbare, kurzfristige Ursachen.
2. Der Fall „Mauerbau".. Welche Kontrahenten stehen sich gegenüber? Welche Interessen haben die Akteure vertreten? Wie wurde der Mauerbau durchgeführt?
3. Die Folgen des Mauerbaus.

M 1   Mauerbau am 13. August 1961 in Ost-Berlin
Überwacht wurden die Baukolonnen von Volkspolizei, Betriebskampfgruppen und Soldaten der NVA, Foto (Ausschnitt).

💻 WES-115467-304
Film über den Bau der Mauer 1961

Der Bau der Berliner Mauer 1961 – Eine Fallanalyse

Reaktionen auf Stalins Tod in der Sowjetunion und der DDR

Drei Jahre nach dem Aufstand des 17. Juni 1953 versuchten sich Ungarn und Polen von der sowjetischen Vorherrschaft zu befreien. Ermutigt wurden sie dabei durch den XX. Parteitag der KPdSU, auf dem es zu einer Abkehr von Stalins Terrormethoden kam. In einer geheimen Rede verurteilte der neue Parteichef Nikita   5
Chruschtschow Stalins brutale Maßnahmen und den Kult um dessen Person und forderte die Rehabilitierung der Opfer. In der Folge konnte Chruschtschow unter dem Motto der Entstalinisierung bedeutende Reformen auf wirtschaftlichem und kulturellem Gebiet durchsetzen. Auch kamen viele Gefangene aus den Straflagern frei. Das grundlegende, von Stalin geprägte Herrschaftssystem blieb aber erhalten.   10

In der DDR konnte der Erste Sekretär des Politbüros der SED Walter Ulbricht, der ein getreuer Stalinist war, seine Machtposition durch die Niederschlagung des Volksaufstandes vom 17. Juni 1953 stärken. Die wenigen innerparteilichen Kritiker wurden entmachtet. Eine Entstalinisierung fand nicht oder nur sehr oberflächlich statt. Immerhin kamen auch in der DDR viele politische Häftlinge frei. Viele von   15
ihnen suchten den Weg in den Westen.

Der Mauerbau am 13. August 1961

Insgesamt verließ bis zum Jahre 1961 immerhin fast jeder sechste DDR-Bürger das Land, sodass sich allmählich auch ein großer Mangel an jungen und qualifizierten   20
Arbeitskräften bemerkbar machte. Diese Fluchtbewegung kann als „Abstimmung mit den Füßen" bezeichnet werden. Aufgrund der zunehmenden Befestigung der innerdeutschen Grenze blieb nur die Fluchtmöglichkeit über die offene Sektorengrenze nach West-Berlin. Als Fluchtmittel diente häufig die Berliner S-Bahn. Als die Fluchtzahlen schon zum Halbjahr 1961 das durchschnittliche Jahresniveau   25
erreichten, leitete die SED Absperrmaßnahmen rund um die Westsektoren Berlins ein. Der entscheidende Tag war der 13. August 1961.

1. **Eine Fallanalyse: Der 13. August 1961 und seine Folgen** – Medienbildung
   Im Folgenden werdet ihr euch in Kleingruppen in einer Fallanalyse mit dem 13. August 1961 und einigen seiner Folgen beschäftigen.

a) Erstellt mithilfe des Trainingskastens auf Seite 118 eine Fallanalyse.
b) Verfasst auf der Basis eurer Ergebnisse ein eigenes Erklärvideo zum Mauerbau. Verwendet dafür auch den Trainingskasten auf Seite 43.
   ⌒ Text auf Seite 118, M1–M9

Der 13. August 1961 und seine Folgen – Eine Fallanalyse

Jahr	1949	1950	1951	1952	1953	1954	1955	1956	1957	1958	1959	1960	1961
Flüchtlinge	129 245	197 788	165 648	182 393	331 390	184 198	252 870	279 189	261 622	204 092	143 917	199 188	155 402
Insgesamt						2 686 942							

Aus: Alexander Fischer, Friedemann Bedürftig, Nikolaus Katzer (Hg.), Ploetz: Die DDR. Daten, Fakten, Analysen, Köln: Komet 2003, S. 266.

M 2 Flüchtlingszahlen nach 1949

M 3 Eine zeitgenössische Textquelle

Stab Präsidium der Volkspolizei (PdVP) Berlin – Journal der Handlung, 13. August 1961:

03.45 Uhr Sonnenallee 2 Stupo-Schnellkdo. [Stupo: West-Berliner Polizei, benannt nach dem damaligen West-Berliner Polizeipräsidenten Stumm], Stärke ca. 50 Mann, am KP aufgefahren.

5 **04.05** gehörte Schüsse hat ergeben, daß es sich um den Stadtförster handelt, der auf Kaninchenjagd war. (Die Jagd wurde eingestellt.) [...]

04.25 VPI Treptow: 03.25 Uhr Stupo sperrt Elsenstraße. – – **04.25** Uhr Stützpunkt IX Ehrenmal wurden Schüsse gehört.

10 (Aufklärung im weiteren Umkreis eingesetzt.) [...]

04.25 Sicherheitskdo.: 04.25 Uhr Potsdamer Platz KP 36 fährt ein USA-Fahrzeug in Richtung demokr. Berlin. – 04.30 Uhr: Am Reichstagsufer KP 32 patrouilliert ein Mannschaftswagen der Stupo.

15 **04.35** Am KP 54 Treptower Brücke entzieht sich eine Person durch Flucht der Kontrolle.

04.48 Information Mitte: 04.27 Uhr wurde ein Provokateur festgenommen, der in der Brunnenstr. vor „Ritas Tanzpalast" provoziert hatte. Wurde K Mitte zugeführt. Näheres

20 noch nicht bekannt.

04.53 Am KP 50 Melchiorstr. machen zwei Zivilisten Aufzeichnungen über die Lage der Drahtsperren.

04.55 Trapo [Trapo: Transportpolizei] meldet: Auf dem S-Bahnhof Schönhauser Allee u. Friedrichstr. verbleiben ein

25 Teil der Reisenden auf dem Bahnsteig Richtung Westsektor stehen und diskutieren darüber, daß die Grenze nun doch zugemacht wird. [...]

04.55 Information Pankow: VPI Pankow erhält von Trapo die Meldung der Stromabschaltung auf Strecke Bernau-Pan-

30 kow. Überprüfung ergab Stromabschaltung durch Reichsbahn, keine Feindtätigkeit.

05.00 Am Brandenburger Tor KP 34 singen 3 Zivilisten auf der westlichen Seite das Lied „Brüder zur Sonne zur Freiheit" in Verbindung mit Pfui-Rufen. [...]

05.10 Der Kontrolloffz., Hptm. d. VP H., meldet um 05.00 Uhr, 35 daß der Zugverkehr vom Bhf. Friedrichstr. in Richtung Alexanderplatz nicht klar ist. Auf Veranlassung des Gen. H., Bezirksltg., wurde vom Gen. Oberstltn. d. VP G. die Bezirksltg. Kdo. 212 verständigt. Dort aufgenommen Gen. Sch.

05.15 Information Köpenick: Alle lebenswichtigen Betriebe 40 besetzt. – S-Bahn Grünau u. Köpenick, Bahnsteige u. Innenräume sowie Vorplätze durch Kräfte der VP besetzt. – Lage bisher normal.

05.15 VPI Mitte: Ergänzung zur Festnahme in der Brunnenstraße: Bei dem Täter handelt es sich um den K.-D. N., 1943 45 in Berlin geb., wohnh. Bln. N. ist Rückkehrer, der in der Brunnenstr. gegenüber 20 Personen, die vor „Ritas Tanzpalast" standen, hetzerische Äußerungen gegen den Gen. Ulbricht und gegen die eingeleiteten Maßnahmen unserer Regierung machte. 50

05.20 Information Lichtenberg: Die Lage im Bezirksbereich ist normal. – Auf dem S-Bhf. Lichtenberg und auf dem Straßenbahnhof Siegfriedstr. ist die Arbeit wie üblich aufgenommen worden. [...]

05.30 Information Mitte: Aufklärungsgruppen haben fest- 55 gestellt, daß um 05.22 Uhr gegenüber dem Übergang Brandenburger Tor Westreporter mit optischen Geräten erschienen sind. (Lage wird weiter aufgeklärt.)

05.30 Information Treptow: KP Sonnenallee Festnahme eines Provokateurs. Derselbe fuhr mit Fahrrad und provozier- 60 te im Vorbeifahren unsere Volkspolizisten. Zuführung zur VPI erfolgt. – Ein Genosse der Kreisdienststelle teilt mit, daß er an der Tankstelle Grünau nicht abgefertigt wurde. Der Tankwart sagte: „Wenn alles streikt, streike ich auch. Hoffentlich bumst es bald." (Information Köpenick benach- 65 richtigt zur Überprüfung u. Einleitung d. Maßnahmen.) [...]

05.55 Information Prenzlauer Berg: Schönhauser Allee befinden sich ca. 50 Bürger vor dem S-Bhf. Schönhauser Allee und diskutieren über den Beschluß und schimpfen darüber. Beide Zugänge des S-Bhfs. sind gesperrt. [...] 70

Zit. n.: www.chronik-der-mauer.de/index.php/de/Start/Detail/id/593839/page/42 [letzter Zugriff: 03.09.2021].

Der 13. August 1961 und seine Folgen – Eine Fallanalyse

Info

Die innerdeutsche Grenze

Die 1400 km lange Grenze zur Bundesrepublik baute die DDR zur „bestbewachten" Grenze Europas aus. Wachtürme, Metallzäune und Stolperdrähte in Verbindung mit Selbstschussanlagen sollten jede Flucht verhindern. Den Grenztruppen der DDR wurde befohlen, gegen „Grenzverletzer" kompromisslos die Schusswaffe anzuwenden. Insgesamt fanden bei Fluchtversuchen an der innerdeutschen Grenze und in Berlin etwa 1000 Menschen den Tod. Das letzte Opfer des DDR-Grenzregimes war der junge Kellner Chris Gueffroy, der im Februar 1989 an der Berliner Mauer erschossen wurde.

Hinweis

Links zur Mauer

http://www.chronik-der-mauer.de

https://www.berliner-mauer-gedenkstaette.de/de/ (Exkursionstip)

https://www.berlin.de/mauer/ (z.B. Video zum Mauerverlauf)

https://www.politische-bildung-brandenburg.de/ node/9367 (Grenze im Bezirk Potsdam)

M 4 Vorgehen bei „Grenzdurchbrüchen"

Aus dem Protokoll der 45. Sitzung des Nationalen Verteidigungsrats der DDR vom 3. Mai 1974 zum Tagesordnungspunkt 4: Bericht über die Lage an der Staatsgrenze der DDR zur BRD:

In der Aussprache […] legte Genosse Erich Honecker folgende Gesichtspunkte dar:

- die Unverletzlichkeit der Grenzen der DDR bleibt nach wie vor eine wichtige politische Frage,
- es müssen nach Möglichkeit alle Provokationen an der Staatsgrenze verhindert werden,   5
- es muss angestrebt werden, dass Grenzdurchbrüche überhaupt nicht zugelassen werden,
- jeder Grenzdurchbruch bringt Schaden für die DDR, […]
- überall muss ein einwandfreies Schussfeld gewährleistet werden […],   10
- nach wie vor muss bei Grenzdurchbruchsversuchen von der Schusswaffe rücksichtslos Gebrauch gemacht werden, und es sind die Genossen, die die Schusswaffe erfolgreich angewandt haben, zu belobigen […].   15

Zit. nach: Matthias Judt (Hg.), DDR-Geschichte in Dokumenten: Beschlüsse, Berichte, interne Materialien und Alltagszeugnisse, Berlin: Ch. Links 1997, S. 468 f.

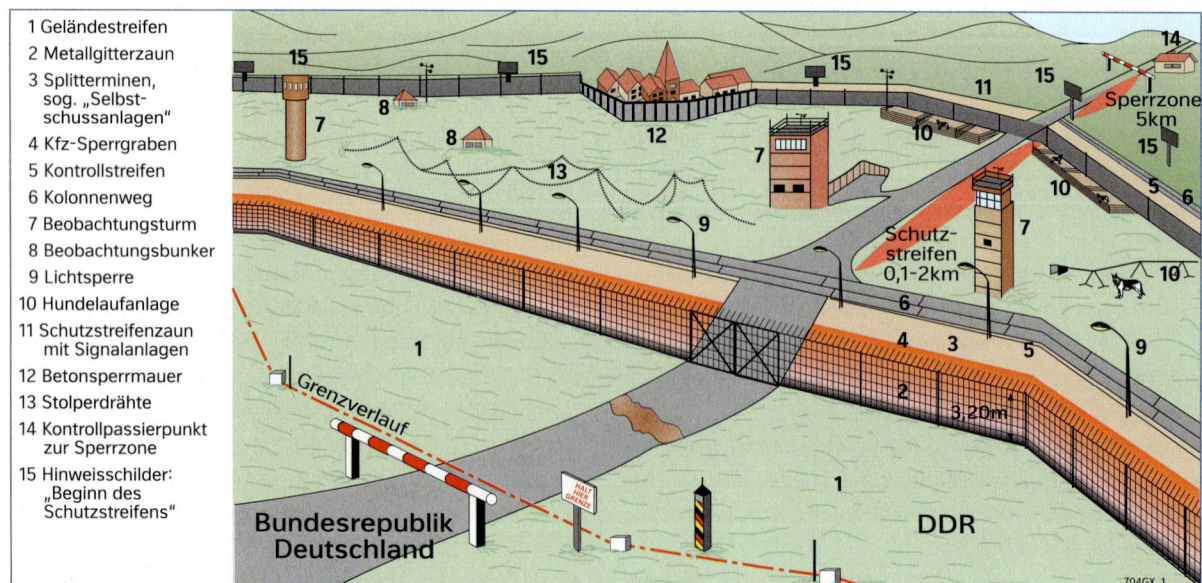

1 Geländestreifen
2 Metallgitterzaun
3 Splitterminen, sog. „Selbstschussanlagen"
4 Kfz-Sperrgraben
5 Kontrollstreifen
6 Kolonnenweg
7 Beobachtungsturm
8 Beobachtungsbunker
9 Lichtsperre
10 Hundelaufanlage
11 Schutzstreifenzaun mit Signalanlagen
12 Betonsperrmauer
13 Stolperdrähte
14 Kontrollpassierpunkt zur Sperrzone
15 Hinweisschilder: „Beginn des Schutzstreifens"

Sperrzone 5km

Schutzstreifen 0,1–2km

3,20m

Grenzverlauf

HALT HIER GRENZE

Bundesrepublik Deutschland

DDR

704GX_1

M 5   DDR-Grenzsperranlagen in den Jahren zwischen 1961 und 1989

M 6   Peter Fechter verblutet an der Mauer

Der achtzehnjärige Maurer Peter Fechter war eines der ersten Todesopfer an der Berliner Mauer. Sein Schicksal schildert folgender Bericht:

Vier Arbeiter, die auf einer Baustelle an der Ostberliner Prachtstraße „Unter den Linden" arbeiteten, machten am 17. August 1962 Mittagspause in einem Lokal namens „Bullenwinkel" am Hausvogteiplatz. Gegen 12.00 Uhr schickten
5 sie sich an, zur Baustelle zurückzugehen, doch auf halbem Weg kehrten zwei Bauarbeiter, der Betonbauer Helmut K. und der Maurer Peter Fechter, beide achtzehnjährig und gut miteinander befreundet, noch einmal um. Sie sagten, sie wollten noch schnell Zigaretten holen, und die anderen
10 beiden Arbeiter gingen weiter. Doch K. und Fechter kamen nicht mehr auf die Baustelle zurück.
Inzwischen war es 14.15 Uhr. Die beiden Grenzpolizisten, die im Abschnitt Zimmerstraße/Ecke Charlottenstraße eingeteilt waren, scheinen zu diesem Zeitpunkt nicht sehr auf-
15 merksam gewesen zu sein, denn sie bemerkten nicht, dass zwei junge Männer die von einem Stacheldrahtzaun gebildete erste Absperrung überwanden, die zehn Meter Grenzstreifen überquerten und begannen, auf die Sperrmauer zu steigen. Erst als einer der Männer schon oben war, entdeck-
20 ten die Uniformierten die Flüchtlinge. Laut MfS-Bericht [Ministerium für Staatssicherheit] an Erich Honecker eröffneten daraufhin „beide Posten [...] aus ca. 50 Meter Entfernung sofort das Feuer auf die Grenzverletzer". Fast zeitgleich schoss auch der Nachbarposten auf die Flüchtlinge. 35
25 Schuss wurden insgesamt abgefeuert. Helmut K. gelang es dennoch, unverletzt auf die westliche Seite zu kommen. Peter Fechter dagegen fiel auf die Ostberliner Seite zurück und blieb dort liegen. Verzweifelt versuchten Westberliner, dem vor Schmerzen schreienden Peter Fechter zu Hilfe zu
30 kommen. Mit Unterstützung von Polizisten legten sie eine Leiter an die Mauer; sie kamen aber an den Verletzten nicht heran. In ihrer Hilflosigkeit warfen sie Verbandszeug über den Stacheldraht. Amerikanische Militärpolizisten vom etwa hundert Meter entfernten „Checkpoint Charlie" wur-
35 den mit dem Hinweis auf den Viermächtestatus händeringend aufgefordert einzugreifen, doch sie weigerten sich, mit der Begründung, das sei nicht ihre Aufgabe.
Auch von der Ostberliner Seite erfolgte zunächst keine Bergung des Verletzten. [...] Erst gegen 15.00 Uhr, etwa eine
40 Dreiviertelstunde nach den Schüssen, wurde der bereits leblos wirkende Peter Fechter von DDR-Grenzpolizisten weggeschleppt. Er verstarb noch auf dem Transport in das Krankenhaus der Volkspolizei. Der Vorfall löste in Westberlin sofort helle Empörung aus. Schon wenige Stunden spä-
45 ter wurde auf der Westseite der Mauerstelle, wo Fechter gelegen hatte, ein Holzkreuz aufgestellt, das schon nach kurzer Zeit mit Blumen überhäuft war. Diesmal jedoch richtete sich der Zorn nicht nur gegen die DDR und ihre Grenzpolizisten, sondern auch gegen die amerikanische Schutz-
50 macht, der man wegen des Nichteingreifens schwere Vorwürfe machte.

Bernd Eisenfeld/Roger Engelmann, 13.8.1961: Mauerbau. Fluchtbewegung und Machtsicherung, Berlin: Die Bundesbeauftragte für die Unterlagen des Staatssicherheitsdienstes der ehemaligen Deutschen Demokratischen Republik 2001, S. 105 f.

M 7   „Niemand half ihm"

Der SPD-Politiker Egon Bahr erinnert sich 1996 an die Erschießung von Peter Fechter:

Die Kluft zwischen Wirklichkeit und Propaganda tat sich ein Jahr später auf. Der achtzehnjährige Bauarbeiter Peter Fechter wurde beim Versuch, die Mauer zu übersteigen, angeschossen, fiel auf die Ostseite zurück und schrie, fünf-
5 zig Minuten lang, bis er starb. Niemand half ihm. Ein Amerikaner, von dem man annahm, Uniform und Recht der Besatzungsmacht würden ihm gestatten, über die Mauer zu steigen und den Mann zu holen, erklärte, das sei jenseits seines Auftrags. Jetzt erst wurde den West-Berlinern schlag-
10 artig klar, dass die Vier-Mächte-Rechte nur noch Sprachhülsen waren. Die Kompetenzen der Westmächte endeten an der Mauer. Die Garantien galten nur den West-Berlinern. Es kam zu antiamerikanischen Kundgebungen und Ausschreitungen, erstmals nach dem Krieg. Die psychologische
15 Krise war durch Johnsons Besuch [des amerikanischen Präsidenten] vermieden worden. Sie brach ein Jahr später auf: Wir sind eingemauert in einer Festung, mit einem einzigen unkontrollierten Zugang durch die Luft. Wie lange würde sie sich halten können?

Egon Bahr, Zu meiner Zeit, München: Blessing 1996, S. 138 f.

M 8   17. August 1962, 14.30 Uhr

Der angeschossene Peter Fechter an der Berliner Mauer

Die Bundesrepublik von 1963 bis 1969

Die 1960er-Jahre brachten in vielen westlichen Staaten einen politischen und gesellschaftlichen Umbruch. Neue Vorstellungen bahnten sich den Weg und in der Bundesrepublik drängte die erste Nachkriegsgeneration nach vorne, die auch eine eigene Bezeichnung erhielt: Die „68er". Was dies bedeutet, kannst du auf den folgenden Seiten erschließen. Erste Hinweise finden sich im folgenden Liedtext, der die gesellschaftlichen Entwicklungen sehr kritisch betrachtet.

M 1   „Wir"

In den Fünfziger- und Sechzigerjahren war Freddy Quinn (geb. 1931 in Wien) einer der erfolgreichsten deutschsprachigen Schlagersänger, der regelmäßig mit seinen Titeln in den Hitlisten vertreten war. 1966 veröffentlichte er das Lied „Wir":

Wer will nicht mit Gammlern verwechselt werden? Wir!
Wer sorgt sich um den Frieden auf Erden? Wir!
Ihr lungert herum in Parks und in Gassen,
wer kann eure sinnlose Faulheit nicht fassen? Wir! Wir! Wir!

5
Wer hat den Mut, für euch sich zu schämen? Wir!
Wer lässt sich unsere Zukunft nicht nehmen? Wir!
Wer sieht euch alte Kirchen beschmieren,
und muss vor euch jede Achtung verlieren? Wir! Wir! Wir!

10
Denn jemand muss da sein,
der nicht nur vernichtet,
der uns unseren Glauben erhält,
der lernt, der sich bildet,
15 sein Pensum verrichtet,
zum Aufbau der morgigen Welt.

Die Welt von Morgen sind bereits heute Wir!
Wer bleibt nicht ewig die lautstarke Meute? Wir!
20 Wer sagt sogar, dass Arbeit nur schändet,
so gelangweilt, so maßlos geblendet? Ihr! Ihr! Ihr!

Wer will nochmal mit euch offen sprechen? Wir!
Wer hat natürlich auch seine Schwächen? Wir!
25 Wer hat sogar so ähnliche Maschen,
auch lange Haare, nur sind sie gewaschen? Wir! Wir! Wir!

Auch wir sind für Härte,
auch wir tragen Bärte,
auch wir gehen oft viel zu weit.
Doch manchmal im Guten,   30
in stillen Minuten,
da tut uns Verschiedenes leid.

Wer hat noch nicht die Hoffnung verloren? Wir!
Und dankt noch denen, die uns geboren? Wir!   35
Doch wer will weiter nur protestieren,
bis nichts mehr da ist zum Protestieren? Ihr! Ihr! Ihr!

Text: Fritz Rotter, Copyright: Edition Esplanade OHG, Hamburg.

M 2   Drei Jugendliche auf den Stufen der Gedächtniskirche in West-Berlin
Foto, 28.02.1966

Aufgaben

1. **Neuer Lebensstil – Eine Kritik analysieren**
   a) Verfasse zu jeder Strophe des Liedes „Wir" (M1) eine Strophe aus der Perspektive derjenigen, die angesprochen werden.

   b) Ordne mithilfe des Textes auf den Seiten 123 – 125 das Lied M1 in den historischen Kontext ein und nimm Stellung zu dem im Lied vertretenen Gesellschaftsbild.

➔ Text auf den Seiten 123 – 125, M1, M2

Das Ende einer Ära und die Große Koalition

Der Rücktritt Konrad Adenauers 1963 beendete die frühe Phase der Bundesrepublik. Nachfolger wurde sein Wirtschaftsminister Ludwig Erhard (CDU), der die Koalition mit der FDP fortsetzte. Obwohl die Bürgerinnen und Bürger mit seinem
5 Namen das deutsche „Wirtschaftswunder" verbanden, war ihm als Bundeskanzler wenig Erfolg beschieden. In seiner Amtszeit kam es zu einer Wirtschaftskrise mit einem bis dahin nicht gekannten Anstieg der Arbeitslosenzahl. Unter dem Eindruck dieser Krise trat Erhard 1966 zurück.

Um die Probleme zu meistern, ging die CDU nach heftigen Debatten im De-
10 zember 1966 eine „Große Koalition" mit der SPD ein. Neuer Bundeskanzler wurde Kurt Georg Kiesinger (CDU), Vize-Kanzler und Außenminister Willy Brandt (SPD). Damit übernahm die SPD erstmals in der Bundesrepublik Regierungsverantwortung. Grundlage dieser Entwicklung war das Godesberger Programm von 1959, in dem sich die Sozialdemokraten zur Marktwirtschaft und zur Einbindung ins west-
15 liche Bündnissystem bekannt hatten und damit neue Wählerschichten in der bürgerlichen Mitte gewannen. Der Großen Koalition gelang es mithilfe gezielter Maßnahmen, die wirtschaftliche Krise bald zu überwinden. Doch fiel in diese Zeit auch eine Phase gesellschaftlicher Proteste.

M 3 Große Koalition 1966

Bundeskanzler Kurt Georg Kiesinger (rechts) mit Vizekanzler und Außenminister Willy Brandt (links) und dem SPD-Fraktionsvorsitzenden Helmut Schmidt (Mitte), Foto.

Die Notstandsgesetze

20 Besonders umstritten waren die 1968 verabschiedeten Notstandsgesetze. Das Notstandsrecht, das bei inneren Unruhen, Katastrophen oder im Kriegsfall galt, hatten sich bislang die westlichen Alliierten vorbehalten. Nun sollte die Bundesrepublik auch auf diesem Sektor ihre Souveränität zurückgewinnen. Da der Staat
25 bei einem Notstand die Grundrechte einschränken kann, führten die Notstandsgesetze zu heftigen Protesten. Die Kritiker fürchteten, dass die demokratische Ordnung in Gefahr sei und – ähnlich wie in Weimar – die schleichende Errichtung einer Diktatur ermöglicht werde. Doch im Bundestag fehlte eine starke Opposi-

M 4 Demonstration gegen die „Notstandsgesetze"

Am alten Botanischen Garten in München demonstrierten Tausende gegen die Verabschiedung der Notstandsgesetze in Bonn, Foto, 1968.

💻 WES-115467-305
Film über die 68er Revolte

tion, da nur noch die FDP die Regierung kontrollierte. Sie hatte 9,5 Prozent der Stimmen bei der Bundestagswahl 1965 erhalten, sodass die Große Koalition über eine erdrückende Mehrheit verfügte. Die Demonstranten verstanden sich daher als „Außerparlamentarische Opposition" (APO). 30

Schatten der Vergangenheit

Auch forderte die jüngere Generation von der älteren eine schonungslose Aufar- 35 beitung der nationalsozialistischen Vergangenheit. Die Ermittlungen der 1958 eingerichteten „Zentralen Stelle der Landesjustizverwaltungen zur Verfolgung nationalsozialistischer Gewaltverbrechen" führten in den 60er-Jahren zu aufsehenerregenden NS-Prozessen. Der Auschwitz-Prozess, der von 1963 bis 1966 in Frankfurt stattfand, zeigte einer breiten Öffentlichkeit kaum vorstellbare Gewalttaten. 40 Man erkannte, dass eine große Anzahl von NS-Verbrechen ungesühnt geblieben war und die Täter sich in der deutschen Bevölkerung frei bewegten.

Die Studentenrevolte

Hatten die Studierenden zunächst Unzufriedenheit mit den verkrusteten Verhält- 45 nissen an den Universitäten geäußert, so erstreckte sich die Ablehnung später auf immer größere Bereiche. Insbesondere der von den USA geführte Krieg in Vietnam provozierte heftige Proteste. Mit neuen Aktionsformen verschaffte sich die APO Gehör: Flugblätter, Demonstrationen und Sitzblockaden („Sit-ins") wurden gängige Mittel, eigenen Forderungen Nachdruck zu verleihen. 50

1967 kam es in Berlin beim Staatsbesuch des persischen Herrschers, Schah Reza Pahlevi, zu ersten gewalttätigen Auseinandersetzungen: Während einer Demonstration erschoss ein Polizist den Studenten Benno Ohnesorg, was zu Straßenkämpfen zwischen Polizei und Demonstranten in verschiedenen deutschen Städten führte. 55

Im Frühjahr 1968 versuchte ein Attentäter, den Anführer der Studentenbewegung, Rudi Dutschke, zu erschießen. Dutschke wurde lebensgefährlich verletzt, überlebte aber. Die Studierenden gaben der konservativen Presse des Verlagshauses Springer (BILD) eine Mitschuld an der Eskalation, da sie die Studentenbewegung scharf kritisierte. 60

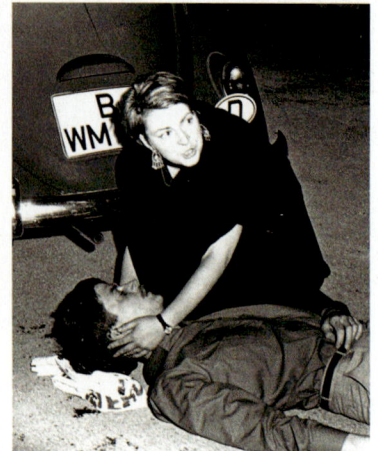

M 5 **Tod des Studenten Benno Ohnesorg in Berlin**
Foto, West-Berlin, 2.6.1967

M 6 **Tribunal zum Vietnamkrieg**
Der Sozialistische Deutsche Studentenbund (SDS) organisierte einen Internationalen Vietnam-Kongress im Auditorium Maximum (Audimax) der Technischen Universität Berlin, der sich gegen die US-amerikanische Vietnampolitik richtete; Rudi Dutschke (SDS) bei seiner Rede, Foto, 17. Februar 1968.

Erziehung, neuer Lebensstil und die Frauenbewegung

Die „68er-Bewegung" propagierte eine anti-autoritäre Erziehung und provozierte damit die ältere Generation. Warum sollten Kinder gehorchen? Warum sollte ihr Leben von Pflichten und Verboten bestimmt sein? Solche Fragen wurden damals ausgiebig diskutiert. Werte wie Familie und Ehe oder Tugenden wie Höflichkeit, Pünktlichkeit und Leistung wurden infrage gestellt oder abgelehnt. Bewusst grenzte sich ein Teil der jungen Generation auch äußerlich ab. Lange Haare und eine nachlässig-bequeme Kleidung kamen in Mode.

War es damals unüblich oder gar strafbar, Wohnungen an unverheiratete Paare zu vermieten, so gründeten Studierende nun Wohngemeinschaften, in denen unverheiratete Frauen und Männer zusammenlebten. Berühmtheit erlangte die Berliner „Kommune 1", die sexuelle Tabus brach und sich bewusst von kleinbürgerlichen Vorstellungen lösen wollte.

Fand der neue Lebensstil zunächst nur bei Studierenden und anderen jungen Leuten Anklang, so bewirkte er langfristig eine Veränderung der Gesellschaft. Eine freiere Lebensgestaltung bahnte sich an, die oft von bürgerlichen Normen abwich. Erstmals mischten sich auch Bürgerinnen und Bürger kräftig in politische Entscheidungen ein und machten ihre Forderungen mit Bürgerinitiativen geltend.

Es entstand eine Frauenbewegung, die die Emanzipation der Frau in allen gesellschaftlichen Bereichen, besonders in Familie und Beruf, zum Ziel hatte. Viele traten auch für die Streichung des §218 Strafgesetzbuch ein, der den Schwangerschaftsabbruch verbot. Unter dem Motto „Mein Bauch gehört mir" forderten Frauen das Recht, selbst über eine Abtreibung zu entscheiden. Die Einführung der Anti-Baby-Pille in den Sechzigerjahren ermöglichte eine gezielte und sichere Empfängnisverhütung und veränderte auch die Einstellung zur Sexualität.

M 7 „Kommune 1" in Berlin

Die „Kommune 1" war eine berühmte Wohngemeinschaft, die durch provokante Aktionen wie gemeinsame Nacktfotos auf sich aufmerksam machte. Die Räume in der Wohnung wurden gemeinschaftlich benutzt und die Türen innerhalb der Wohnung ausgehängt, Foto, 1968.

WES-115467-306
Film über die Emanzipation der Frau 1977

M 8 „Weg mit dem § 218"

Demonstration in Bonn gegen den Paragrafen 218 StGB, Foto, 21. September 1975

Frauen in der Bundesrepublik – Gleichberechtigt?

M 9 „Frauenaktion 70"

Die „Frauenaktion 70", ein Zusammenschluss zahlreicher Frauen, veröffentlichte folgende „Argumente und Forderungen" (1970):

Warum wollen wir die gesetzliche Erlaubnis für Schwangerschaftsunterbrechungen?

Weil jede Frau das Recht hat, über ihren Körper selber zu bestimmen. Weil jedes Kind das Recht hat, willkommen
5 geboren zu werden. Weil jeder Mann das Recht hat, nur bei gewollter Elternschaft Vater zu werden.

1. Verhüten ist besser als abtreiben: Schwangerschaftsunterbrechungen wären völlig überflüssig, wenn alle Frauen und Männer stets sichere Verhütungsmittel benutzen
10 würden. Solange dies nicht geschieht, wird es Schwangerschaftsunterbrechungen geben und geben müssen. (Zur Zeit nehmen nur 18 % der empfängnisfähigen Frauen die Pille.)

2. Das Elend der illegalen Schwangerschaftsunterbrechun-
15 gen: Nach seriösen Schätzungen werden in der Bundesrepublik jährlich etwa 500 000 bis eine Million illegale Schwangerschaftsunterbrechungen vorgenommen. [...] Bei diesen Eingriffen kommt es vielfach zu Gesundheitsschäden, ja gelegentlich zum Tode der Frauen (etwa 250 Todes-
20 fälle im Jahr). [...]

Das Bewusstsein der Strafbarkeit und Illegalität ist eine schwere seelische Belastung für die Frauen und beeinträchtigt oft die Freude an der Sexualität. [...]

Durch die hohen Kosten einer illegalen, aber fachgerechten
25 Schwangerschaftsunterbrechung werden wirtschaftlich schwächere Frauen gegenüber wohlhabenderen stark benachteiligt. Der § 218 StGB wendet sich eindeutig gegen die einkommensschwachen Gruppen unserer Gesellschaft.

3. Die klare Lösung: In mehreren Staaten der Welt ist die Schwangerschaftsunterbrechung nicht nur gesetzlich 30 freigegeben (z. B. England, mehreren Bundesstaaten der USA, Sowjetunion, Jugoslawien), sondern wird sogar gefördert (Japan, Indien). Auch in der Bundesrepublik ist es an der Zeit, dass nur noch gewünschte Kinder geboren werden. Ungewollte Kinder werden leicht um die elter- 35 liche Liebe betrogen und sind besonders oft bewussten oder unbewussten Aggressionen oder gar Misshandlungen ausgesetzt. [...]

Wir fordern: Alle Kinder und Jugendlichen müssen in der Schule rückhaltlos über Verhütungsmittel aufgeklärt wer- 40 den. Alle Ärzte müssen verpflichtet sein, auch an junge unverheiratete Mädchen Rezepte für die Pille abzugeben, sofern dies medizinisch verantwortet werden kann. Alle Verhütungsmittel müssen von den gesetzlichen Krankenkassen bezahlt werden. 45

Wir fordern: Die Schwangerschaftsunterbrechung muss völlig freigegeben werden. Die §§ 218–220 unseres Strafgesetzbuches von 1871 müssen verschwinden. Schwangerschaftsunterbrechungen sollen – auf Wunsch der betroffenen Frauen – auf Kosten der gesetzlichen Krankenkassen von 50 Fachärzten nach gynäkologischen Gesichtspunkten vorgenommen werden.

Zit. nach: Ilse Lenz (Hg.), Die Neue Frauenbewegung in Deutschland. Abschied vom kleinen Unterschied. Eine Quellensammlung, Wiesbaden: Verlag für Sozialwissenschaften 2008, S. 77 f.

Aufgaben

1. **Die Bundesrepublik 1963–1969**
   a) Stelle politische Streitfragen in der Bundesrepublik zusammen und erläutere diese.
   b) Wähle eine politische Streitfrage aus und verfasse dazu ein Kurzreferat, das unterschiedliche Perspektiven berücksichtigt.
   Text auf den Seiten 123–125, Internet

2. **Frauen in der Bundesrepublik – Gleichberechtigt?**
   a) Arbeitet drei wichtige Argumente und Forderungen, die die „Frauenaktion 70" (M9) aufstellte, heraus.
   b) Informiert euch über die aktuellen gültigen Regelungen (Möglichkeiten der Abtreibung, Kosten für die Pille, Aufklärung an Schulen) und diskutiert, ob die Frauenbewegung in dieser Frage erfolgreich war.
   Text auf den Seiten 123–125, M8, M9, Internet

3. **Der Auschwitz-Prozess – Medienbildung**
   a) Informiere dich auf der nachfolgenden Internetseite über Auschwitz im Allgemeinen (siehe Zeittafel, Opferzahlen, Opfergruppen). Informiere dich hinsichtlich des Prozesses über die Biografien von Angeklagten und den Urteilen. Hört euch Tonbandausschnitte an (z. B. Zeugenaussagen von Überlebenden und Familienmitgliedern der Angeklagten, Schlussworte der Angeklagten).
   b) Diskutiert über die Chancen und Grenzen des Auschwitz-Prozesses und den historischen Wert der erhaltenen Tonbandaufnahmen der Auschwitz-Überlebenden.
   Text auf den Seiten 123–125, www.auschwitz-prozess.de

Die Studentenbewegung: Notwendige Kritik oder gefährlicher Tabubruch? – Eine Narration (Geschichtserzählung) herstellen

M 10

M 11

Eine Narration anfertigen

Zum Begriff der Narration

(von lat. „narrare"-erzählen)

Dargestellte oder gedeutete Geschichte ist immer ein Erzählen der Geschichte. Das machen Historikerinnen und Historiker genauso wie Regisseurinnen und Regisseure von Spielfilmen mit historischem Inhalt. Stets liegt Geschichte in erzählter Form vor und es geht darum, Einzelereignisse/Vorgänge triftig (überzeugend) zu einer Geschichte zu verknüpfen. Eine derart verknüpfende Geschichtserzählung nennt man Narration. Diese ist unvermeidbar perspektivisch.

Die Mittel der Narration

Hat man die zu verknüpfenden Ereignisse/Zustände in eine sinnvolle Folge gebracht, geht es auch darum, diese sprachlich miteinander zu verbinden. Dabei hilft folgende Auswahl von Konjunktionen (Bindewörter).

temporal (gleichzeitig): als, während, indem, solange, sowie ...

temporal (vorzeitig): bevor, nachdem, sobald ...

temporal (nachzeitig): bis, bevor, als ...

kausal: weil, da, denn ...

final: damit, dass ...

modal: indem ...

konsekutiv: sodass, dass ...

1. Eine Narration (Geschichtserzählung) herstellen

a) Analysiert die einzelnen Bildquellen (M3, M4, M5, M6, M10, M11) und bestimmt zunächst deren Gattung und ggf. Aussage. Berücksichtigt dabei: Autor/Perspektive des Autors, dargestellte Akteure, Handlungen, Ziele, Aussage der Quelle, Wirkungsabsicht.

b) Formuliert (offene) Fragen an jede Bildquelle.

c) Stellt Vermutungen über mögliche Zusammenhänge/Wirkungszusammenhänge zwischen den hier vorgelegten Quellen an und legt eine erste Reihenfolge der Bilder fest.

d) **Geschlossener WebQuest – Medienbildung**
Recherchiert im Netz relevante Informationen zur Studentenbewegung. Diese sollen sich möglichst auf die Bilder beziehen. Verwendet dazu nur die folgenden Seiten:

– Lebendiges Museum Online: https://www.hdg.de/lemo/kapitel/geteiltes-deutschland-modernisierung/bundesrepublik-im-wandel/studentenbewegung-und-apo.html

– https://www.hdg.de/lemo/bestand/medien/video-studentenbewegung-rudi-dutschke.html

– Medienarchiv 68 des Axel-Springer Verlages: https://www.medienarchiv68.de/#/ (Zur Recherche in der Datenbank: Begriffe „Dutschke"; „SDS").

e) Erstellt anschließend auf der Grundlage eurer Ergebnisse und der Bildquellen aus dem Buch eine triftige Narration zur Leitfrage: Die Studentenbewegung: Notwendige Kritik oder gefährlicher Tabubruch?

Die sozialliberale Koalition von 1969 bis 1982

Bundeskanzler Willy Brandt kniete am 7. Dezember 1970 spontan vor dem Mahnmal im einstigen jüdischen Getto in Warschau, das den Opfern des Getto-Aufstands von 1943 gewidmet ist. Die Bilder dieses Ereignisses sind um die Welt gegangen und haben Geschichte geschrieben. Was stand hinter diesem Kniefall? Welche Vorstellungen hatte die Regierung Brandt von der Ostpolitik?

M 1 **Historische Szene: Zwei Fotos – zwei Perspektiven**
Bundeskanzler Willy Brandt in Warschau, Fotos, 7. Dezember 1970

Aufgaben

1. Kniefall von Willy Brandt – Medienbildung

Der Redakteur einer Warschauer Wochenzeitung, Adam Krzemiński, schreibt: „Willy Brandts Kniefall in Warschau wurde sofort zu einem Symbol und zugleich zu einem Zankapfel. [...]

Die polnische Zensurbehörde gab die Vorschrift raus, das Bild nicht allzu präsent herausstellen zu lassen. Das zugelassene Bild zeigte zudem eine bezeichnende Einstellung, der Agenturfotograf hatte es von vorne geschossen, somit schien der Bundeskanzler vor einem polnischen Soldaten der Ehrenwache zu knien, das Denkmal selbst war kaum erkennbar. Mit der Zeit wurde der kommunistischen Obrigkeit selbst dieses Bild zu gefährlich. Daher wurde es – so man es überhaupt druckte – auf Anweisung der Zensur unten abgeschnitten. Damit sah es so aus, als knie Willy Brandt nicht,

sondern als stehe er."
Stellt in Partnerarbeit (mithilfe eurer Handykamera) nach, wie man den Kniefall von Warschau durch unterschiedliche Kamerablickwinkel manipuliert darstellen konnte.

⌒ M1, Handykamera

2. Kontroverse um die neue Ostpolitik

a) Erkläre die Formel des SPD-Politikers Egon Bahr „Wandel durch Annäherung" (M2).

b) Arbeite heraus, was für Egon Bahr weiterhin das oberste Ziel bundesdeutscher Politik sein sollte.

c) Erläutere – ausgehend von der Karikatur (M3) – die Kritik an der neuen Ostpolitik. Verwende dafür auch den Text auf Seite 130.

⌒ M2, M3, Text auf Seite 130

Kontroverse um die neue Ostpolitik

M 2 **Wandel durch Annäherung**

Der Politiker Egon Bahr in einer Rede vom 15. Juli 1963:

Die amerikanische Strategie des Friedens lässt sich auch durch die Formel definieren, dass die kommunistische Herrschaft nicht beseitigt, sondern verändert werden soll. [...] Die erste Folgerung, die sich aus einer Übertragung der
5 Strategie des Friedens auf Deutschland ergibt, ist, dass die Politik des Alles oder Nichts ausscheidet. Entweder freie Wahlen oder gar nichts, entweder gesamtdeutsche Entscheidungsfreiheit oder ein hartes Nein, entweder Wahlen als erster Schritt oder Ablehnung, das alles ist nicht nur
10 hoffnungslos antiquiert und unwirklich, sondern in einer Strategie des Friedens auch sinnlos.
Heute ist klar, dass die Wiedervereinigung nicht ein einmaliger Akt ist, der durch einen historischen Beschluss an einem historischen Tag auf einer historischen Konferenz ins
15 Werk gesetzt wird, sondern ein Prozess mit vielen Schritten und vielen Stationen. Wenn es richtig ist, was Kennedy sagte, dass man auch die Interessen der anderen Seite anerkennen und berücksichtigen müsse, so ist es sicher für die Sowjetunion unmöglich, sich die Zone zum Zwecke einer Verstärkung des westlichen Potenzials entreißen zu lassen. 20 Die Zone muss mit Zustimmung der Sowjets transformiert werden. Wenn wir soweit wären, hätten wir einen großen Schritt zur Wiedervereinigung getan. [...] Wir haben gesagt, dass die Mauer ein Zeichen der Schwäche ist. Man könnte auch sagen, sie war ein Zeichen der Angst und des Selbst- 25 erhaltungstriebes des kommunistischen Regimes. Die Frage ist, ob es nicht Möglichkeiten gibt, diese durchaus berechtigten Sorgen dem Regime graduell so weit zu nehmen, dass auch die Auflockerung der Grenzen und der Mauer praktikabel wird, weil das Risiko erträglich ist. Das ist eine 30 Politik, die man auf die Formel bringen könnte: Wandel durch Annäherung.

Egon Bahr: „Wandel durch Annäherung". Rede in der Evangelischen Akademie Tutzing, 15. Juli 1963, Archiv der sozialen Demokratie der Friedrich-Ebert-Stiftung, Bonn, zit. n.: www.1000dokumente.de/pdf/dok_0091_bah_de.pdf [letzter Zugriff: 03.09.2021].

M 3 **„Anerkennung der Oder-Neissegrenze ist ein Ausverkauf Deutschlands"**

„Einmal müssen sie es ja erfahren, wir werden es ihnen also schonend beibringen, dass wir 1945 den Krieg verloren haben!"

Vorne: Walter Scheel (FDP) und Willy Brandt (SPD); oben: Franz Josef Strauß (CSU), Rainer Barzel (CDU) und Kurt Georg Kiesinger (CDU), Karikatur von 1970.

M 4 „Unterschrift des Jahres"

Karikatur von Hanns Erich Köhler, Bundesrepublik Deutschland, 1970

Hinweis

Seit 1970 erschütterte eine Serie terroristischer Gewaltakte der „Roten Armee Fraktion" (RAF) die Bundesrepublik. Dieses Thema wird auf den Seiten 132–135 behandelt.

M 5 Autofreier Sonntag

Radfahrer auf dem Kurfürstendamm in Berlin am autofreien Sonntag, 25. November 1973. Wegen der Ölpreiskrise wurden in diesem Jahr an mehreren Sonntagen Fahrverbote für Automobile ausgesprochen.

Machtwechsel in Bonn 1969: „Mehr Demokratie wagen!"

Nach der Bundestagswahl 1969 übernahm eine sozialliberale Koalition aus SPD und FDP die Macht und Willy Brandt wurde im Oktober 1969 der erste sozialdemokratische Kanzler, Walter Scheel (FDP) sein Außenminister. Brandt trat mit dem Motto „Mehr Demokratie wagen" an. Das entsprach Forderungen der Jugend und führte zu umfangreichen Reformen: Im Rahmen einer Bildungsreform erhielten Gesamtschulen einen festen Platz, eine Hochschulreform strebte die Demokratisierung der Universitäten und eine größere Mitbestimmung der Studenten an. Das Wahlrecht wurde von 21 auf 18 Jahre herabgesetzt, die rechtliche und gesellschaftliche Stellung der Frau verbessert. Zudem gewährte ein Betriebsverfassungsgesetz den Arbeitnehmern mehr Mitbestimmung. 5

Eine neue Ostpolitik: „Wandel durch Annäherung!"

Einen neuen Kurs schlug Willy Brandt in der Ostpolitik ein. Sie war nun auf Verständigung und Aussöhnung mit Osteuropa ausgerichtet und suchte den Ausgleich mit der DDR. 1970 schloss die Bundesregierung Ostverträge mit der Sowjetunion und Polen. Am 21.12.1972 vereinbarte sie mit der DDR den Grundlagenvertrag. In diesen Verträgen erkannte die Bundesrepublik die Unverletzlichkeit der Nachkriegsgrenzen an und verzichtete auf Gebietsansprüche und Gewaltanwendung. Der Grundlagenvertrag regelte das Nebeneinander beider deutscher Staaten. Die Bundesrepublik erkannte die Souveränität der DDR an, die dafür eine Reihe von Reiseerleichterungen garantierte, nicht aber die Freizügigkeit der Bürgerinnen und Bürger der DDR. Die Forderung nach Wiedervereinigung erhielt die Bundesregierung aufrecht, akzeptierte aber die bestehenden politischen Realitäten. 15 20

Bei der CDU/CSU-Opposition stieß die Ostpolitik auf erbitterten Widerstand, wurde aber international hoch bewertet. Bundeskanzler Willy Brandt erhielt dafür 1971 sogar den Friedensnobelpreis. Mit der Ostpolitik war der Grundstein für eine politische Entwicklung gelegt, die 1975 zur „Konferenz für Sicherheit und Zusammenarbeit in Europa" (KSZE) führte und schließlich auch zur Überwindung des „Eisernen Vorhangs" in Europa im Jahr 1989 beitrug. 25 30

Von Willy Brandt zu Helmut Schmidt (SPD-Kanzler)

Insbesondere die heftig umstrittene Ostpolitik führte dazu, dass einige FDP-Abgeordnete zur CDU/CSU wechselten, sodass die sozialliberale Koalition ihre knappe Mehrheit verlor. Aus den vorgezogenen Wahlen ging 1972 die SPD als stärkste Partei hervor. Willy Brandt war auf der Höhe seiner Macht angelangt und setzte die SPD/FDP-Koalition fort. Doch bereits im Mai 1974 erklärte er seinen Rücktritt, nachdem ein enger Mitarbeiter, Günter Guillaume, als Spion der DDR enttarnt worden war. Nachfolger Brandts wurde Helmut Schmidt (SPD). Dieser setzte die Ostpolitik seines Vorgängers fort und festigte die deutsch-französischen Beziehungen. Zusammen mit dem französischen Präsidenten Valery Giscard d'Estaing war er einer der Initiatoren des Europäischen Währungssystems, das die Grundlage für die spätere gemeinsame europäische Währung legte. Schmidt war auch Mitbegründer des Weltwirtschaftsgipfels, der jährlich die Staats- und Regierungschefs der sieben wichtigsten Industriestaaten (G7) zusammenführt. 35 40 45

In diese Zeit fielen auch die Auswirkungen der „Ölkrise", welche die Erdöl exportierenden arabischen Staaten durch Drosselung der Fördermengen 1973 auslösten. Der gestiegene Ölpreis führte zu einer internationalen Wirtschaftskrise, die in der Bundesrepublik die Zahl der Arbeitslosen und die Staatsverschuldung ansteigen ließen. 50

Der Grundlagenvertrag von 1973 – Mit einem Vertragstext arbeiten

M 6   Grundlagenvertrag

Der 1973 in Kraft getretene Vertrag regelte die Grundlagen der Beziehungen zwischen der Bundesrepublik Deutschland und der DDR:

Artikel 1: Die Bundesrepublik Deutschland und die Deutsche Demokratische Republik entwickeln normale gutnachbarliche Beziehungen zueinander auf der Grundlage der Gleichberechtigung.

5

Artikel 2: Die Bundesrepublik Deutschland und die Deutsche Demokratische Republik werden sich von den Zielen und Prinzipien leiten lassen, die in der Charta der Vereinten Nationen niedergelegt sind, insbesondere der souveränen

10 Gleichheit aller Staaten, der Achtung der Unabhängigkeit, Selbstständigkeit und territorialen Integrität, dem Selbstbestimmungsrecht, der Wahrung der Menschenrechte und der Nichtdiskriminierung.

15 Artikel 3: Entsprechend der Charta der Vereinten Nationen werden die Bundesrepublik Deutschland und die Deutsche Demokratische Republik ihre Streitfragen ausschließlich mit friedlichen Mitteln lösen und sich der Drohung mit Gewalt oder Anwendung von Gewalt enthalten. Sie bekräfti-

20 gen die Unverletzlichkeit der zwischen ihnen bestehenden Grenze jetzt und in der Zukunft und verpflichten sich zur uneingeschränkten Achtung ihrer territorialen Integrität.

[...] Artikel 7: Die Bundesrepublik Deutschland und die

25 Deutsche Demokratische Republik erklären ihre Bereitschaft, im Zuge der Normalisierung ihrer Beziehungen praktische und humanitäre Fragen zu regeln. Sie werden Abkommen schließen, um auf der Grundlage dieses Vertrages und zum beiderseitigen Vorteil die Zusammenarbeit

30 auf dem Gebiet der Wirtschaft, der Wissenschaft und Technik, des Verkehrs, des Rechtsverkehrs, des Post- und Fern-

meldewesens, des Gesundheitswesens, der Kultur, des Sports, des Umweltschutzes und auf anderen Gebieten zu entwickeln und zu fördern. Einzelheiten sind in dem Zusatzprotokoll geregelt.

35

Zit. nach: Der Grundlagenvertrag, Seminarmaterial des Gesamtdeutschen Instituts, Bonn: Gesamtdeutsches Institut 1975, S. 3f.

Training

Hilfe zum Erschließen des Grundlagenvertrags von 1973

- Markiere und kläre alle dir unbekannten Begriffe
- Notiere die Vertragsparteien
- Fasse für jeden Abschnitt (bzw. Artikel) eine Hauptaussage zusammen
- Untersuche den vorliegenden Grundlagenvertrag, indem du folgende Zitate auf ihre Berechtigung hin überprüfst (Zitate aus der Urteilsverkündung des Bundesverfassungsgerichts vom 31. Juli 1973):

„Nach dem Grundgesetz soll das gesamte deutsche Volk in freier Selbstbestimmung die Einheit und Freiheit Deutschlands vollziehen. Der Grundvertrag macht dagegen die Wiedervereinigung rechtlich von der Zustimmung der nicht frei gewählten DDR-Regierung abhängig.“

„Der Vertrag enthält keine Einigung beider Seiten über die Einheit der Nation und darüber, dass die beiden deutschen Staaten füreinander nicht Ausland sind ...“

„Die Bundesregierung hat allerdings in eigener Verantwortung zu entscheiden, mit welchen politischen Mitteln und auf welchen politischen Wegen sie das nach dem Grundgesetz rechtlich gebotene Ziel der Wiedervereinigung zu erreichen oder ihm wenigstens näher zu kommen versucht.“

Aufgaben

1. Die Ostverträge

a) Untersuche den Grundlagenvertrag (M6), indem du die oben im Kasten aufgeführten Zitate auf ihre Berechtigung hin überprüfst.

b) Interpretiere die Karikatur „Unterschrift des Jahres“ (M4) von Hanns Erich Köhler.

↷ M4, M6, Text auf Seite 130

Der Terrorismus der RAF in der Bundesrepublik

Die „Rote Armee Fraktion" (RAF)

Zum Ende der 1960er-Jahre bildeten sich vor allem in West-Berlin aus dem Umfeld der studentischen Proteste und der sogenannten Außerparlamentarischen Opposition (APO) militante Gruppen heraus, die mit Gewalt gegen die bestehenden staatlichen und ökonomischen Strukturen vorgehen wollten. Die wichtigste dieser terroristische Vereinigungen war die „Rote Armee Fraktion" (RAF), die nach ihren Gründern Andreas Baader und Ulrike Meinhof auch als „Baader-Meinhof-Gruppe" bezeichnet wurde. Die RAF operierte aus dem Untergrund. Sie versuchte, den aus ihrer Sicht „faschistoiden Staat" Bundesrepublik als „kapitalistisches und imperialistisches System" mit Brand-, Sprengstoff- und Mordanschlägen zu bekämpfen. Parallel dazu wollte man die Bevölkerung mobilisieren, sich diesem als „Klassenkampf" bezeichneten Terror anzuschließen. Die Mitglieder und Sympathisanten der RAF verstanden sich dabei als Teil einer internationalen Bewegung gegen Unterdrückung, Ausbeutung und Krieg, insbesondere gegen den Vietnamkrieg.

Die Geschichte des Linksterrorismus in der Bundesrepublik lässt sich anhand verschiedener Eckdaten umreißen: Der Tod des Studenten Benno Ohnesorg während der Proteste gegen den Schah-Besuch in Berlin am 2. Juni 1967 und der Mordanschlag auf den bekannten Studentenführer Rudi Dutschke am 11. April 1968 waren wichtige Gründe für die Radikalisierung einzelner Aktivisten der Studentenrevolte. Diese sahen sich in ihrer Auffassung bestätigt, dass der Staat auch vor Mord nicht zurückschrecke, und verglichen die politische Entwicklung der Bundesrepublik mit der Lage in Deutschland in den 1930er-Jahren. Zu diesem frühen Zeitpunkt konnte sich die RAF durchaus auf Sympathisanten in Kreisen der politischen Linken stützen. Zu einer ersten Hochphase des Terrors kam es im Frühjahr 1972 („Mai-Offensive") mit Anschlägen gegen Einrichtungen der US-Armee, gegen die Bildzeitung und gegen exponierte Vertreter des Staates wie etwa den Bundesrichter Wolfgang Buddenberg. Im Juni/Juli 1972 wurden die führenden RAF-Mitglieder Andreas Baader, Ulrike Meinhof, Gudrun Ensslin, Jan-Carl-Raspe und Holger Meins verhaftet. Nachdem man eigens für sie in Stuttgart-Stammheim ein Hochsicherheitsgefängnis errichtet hatte, wurde den Terroristen von 1975 bis 1977 mit zuvor nicht gekanntem Aufwand und unter großer öffentlicher Beach-

M 1 Blutige Entführung des Arbeitgeberpräsidenten Hanns Martin Schleyer in Köln

Bei der Entführung am 5. September 1977 wurden vier Begleiter Schleyers getötet.

tung der Prozess gemacht. Der sogenannte Stammheim-Prozess stellte ein zentrales Ereignis in der Geschichte der Bundesrepublik dar. Die Angeklagten akzep-
35 tierten dabei weder das Gericht noch den Prozess selbst, versuchten mithilfe ihrer
Anwälte den Prozess zu verzögern und fielen immer wieder durch Beleidigungen
und Störungen auf. Aber auch aufseiten der Staatsorgane wurden Fehler gemacht,
die rückblickend dazu beigetragen haben, die Ereignisse von Stammheim zu einem wichtigen Orientierungspunkt für die späteren Terroristen der sogenannten
40 zweiten und dritten RAF-Generation werden zu lassen.

Der Herbst 1977

Die RAF reagierte auf die Festnahme ihrer Führungsfiguren mit dem Versuch,
neue Mitglieder zu gewinnen, um die Inhaftierten zu befreien. Das Jahr 1977 bil-
45 dete den dramatischen Höhepunkt des Terrors in Deutschland. Die Morde am
Generalbundesanwalt Siegfried Buback und am Vorstandsvorsitzenden der Deutschen Bank Jürgen Ponto sowie die Entführung und Ermordung des Arbeitgeberpräsidenten Hanns Martin Schleyer machten deutlich, mit welcher Menschenver-
achtung und Brutalität die RAF-Mitglieder vorgingen. Ein bedeutendes, ins
50 kollektive Gedächtnis eingegangenes Ereignis des Jahres 1977 stellte auch die
Entführung der Lufthansamaschine „Landshut" durch mit der RAF zusammenar-
beitende palästinensische Terroristen dar. Die Bundesregierung unter Bundeskanzler Helmut Schmidt ließ sich jedoch nicht erpressen: Die RAF-Gefangenen
wurden nicht freigelassen. Einer Einheit des Bundesgrenzschutzes gelang es, das
55 in Mogadischu gelandete Flugzeug zu stürmen und die Passagiere zu befreien.
Einige RAF-Häftlinge begingen daraufhin im Gefängnis Stammheim Selbstmord,
unter ihnen Andreas Baader, Gudrun Ensslin und Jan-Carl Raspe. Die RAF zwei-
felte diese Selbstmorde an und unterstellte den zuständigen Stellen, die Gefangenen ermordet zu haben.
60   Die Terroranschläge der RAF erschütterten die bundesrepublikanische Gesellschaft zutiefst und führten zu einer Ausweitung und Professionalisierung der
staatlichen Gegenmaßnahmen (z. B. Rasterfahndung). Überdies wurden Straf-
recht und Strafvollzug in der Bundesrepublik verschärft. Neue Gesetze stellten
sowohl die Bildung terroristischer Vereinigungen als auch das bloße Befürworten
65 terroristischer Taten unter Strafe.

Die zweite und dritte Generation der RAF

Auch wenn das Jahr 1977 in der Geschichte des Terrorismus in der Bundesrepublik den Höhepunkt darstellte, war es nicht das Ende der Mordaktionen. Bis Anfang
70 der 1990er-Jahre wurden immer wieder Repräsentanten des Staates getötet, so der
Ministerialdirektor im Auswärtigen Amt Gerold von Braunmühl, der Vorstands-
sprecher der Deutschen Bank Alfred Herrhausen und der Vorstandsvorsitzende
der Treuhandanstalt Detlev Karsten Rohwedder. Nicht zu vergessen sind auch die
Polizisten, Zollbeamten und Personenschützer, die im Rahmen ihrer Berufs-
75 ausübung getötet wurden. Insgesamt ermordeten die Mitglieder der RAF 34
Menschen, 230 Menschen wurden bei Anschlägen verletzt. Nach der deutschen
Wiedervereinigung 1990 wurde die Unterstützung von einzelnen Mitgliedern der
RAF durch das Ministerium für Staatssicherheit der DDR bekannt. 1998 erklärte
die RAF ihre Auflösung, gab sich dabei jedoch noch immer von der Richtigkeit
80 ihrer „Mission" überzeugt.

M 2 **Entführungsopfer der RAF:**
Hanns-Martin Schleyer
Foto, 1977

M 3 **Rückkehr der befrei-**
ten Passagiere der Lufthansa-
maschine „Landshut"
Nach der Stürmung der Maschine
durch die GSG 9 in Mogadischu erfolgte der Rückflug nach Frankfurt
am 18. Oktober 1977.

RAF-Terrorismus

M 4   RAF-Terrorismus

Die RAF-Terroristin Ulrike Meinhof verteidigt im Jahre 1970 in einem Spiegel-Artikel ihre Teilnahme an der Befreiung des Terroristen Baader aus dem Gefängnis. Zugleich nimmt sie zur Frage der Gewaltanwendung in der Bundesrepublik Stellung:

Die intellektuelle Linke hat die Aktion im Großen und Ganzen abgelehnt. Wir gehen davon aus, dass die Intellektuellen natürlich als Initiatoren von politischen Auseinandersetzungen gar nicht zu entbehren sind. Es ist ja auch eine Tatsache, dass es die Intellektuellen gewesen sind, auch in Deutschland und in Berlin, die die politischen Auseinandersetzungen zu dem Punkt gebracht haben, wo wir jetzt sind. Wir sehen aber auch, dass eben diese Intellektuellen mit ihren theoretischen Konzepten so weit sind, zu wissen, dass Bewaffnung notwendig ist und dass die Revolution nicht gemacht werden wird, ohne dass sich die Revolutionäre bewaffnen; dass sie aber gleichzeitig Leute sind, die den nächsten Schritt, der jetzt zu machen ist […], nicht machen werden. […] 10

Wovon wir ausgehen und was ja auch die Linken, die intellektuellen Linken begriffen haben, das ist, dass die Revolution nicht von ihnen gemacht werden wird, sondern vom Proletariat; das ist, dass man also in die Fabriken zu gehen hat und in Stadtteile und dass die Organisierung stattzufinden hat. Nur sind wir der Auffassung, dass die Organisierung des Proletariats ein Popanz [= willenloses Geschöpf] dann ist, wenn man nicht gleichzeitig anfängt, das zu machen, was wir jetzt tun, nämlich die Rote Armee aufzubauen […]. Das ist ein Problem, und wir sagen, natürlich, die Bullen sind Schweine, wir sagen, der Typ in der Uniform ist ein Schwein, das ist kein Mensch, und so haben wir uns mit ihm auseinanderzusetzen. Das heißt, wir haben nicht mit ihm zu reden, und es ist falsch, überhaupt mit diesen Menschen zu reden, und natürlich kann geschossen werden. 15 20 25

Ulrike Meinhof: „Natürlich kann geschossen werden", in: Der Spiegel, Nr. 25/1970, S. 74 f., https://www.spiegel.de/politik/natuerlich-kann-geschossen-werden-a-eeb9c6b2-0002-0001-0000-000044931157 [letzter Zugriff: 03.09.2021]. 30

M 5   „Anarchistische Gewalttäter"

Fahndungsplakat des Bundeskriminalamts, 1972

M 6   Prozess in Stammheim – Eine Deutung

Der Jurist und Historiker Uwe Wesel schreibt zum Prozess von Stammheim (2009):

Nachdem der Kern der ersten Generation der RAF bald nach den Anschlägen verhaftet worden war, wurde der Prozess vorbereitet, und zwar erstens durch den Neubau eines Gerichtsgebäudes neben dem Gefängnis in Stuttgart-Stammheim, zweitens durch die Einsetzung eines neuen Vorsitzenden, Dr. Prinzing, dem man die erfolgreiche Durchführung dieses strapaziösen Prozesses zutraute, der die große Abrechnung mit der RAF werden sollte und Muster für die folgenden Verfahren, sowie drittens durch neu eingeführte Sondergesetze. […] Der Prozess begann am 21. Mai 1975 in diesem großen Neubau aus Stahl und Beton. Der Gerichtssaal hatte keine Fenster, nur Neonlicht und Wände aus rohem Beton. Es herrschte eine Festungsatmosphäre. 400 5 10

bewaffnete Polizisten in und auf dem Gebäude und drum
herum, ein Stahlnetz über dem Hof gegen Befreiung mit
Hubschraubern, Überwachungskameras, Außenscheinwerfer, Spanische Reiter vor dem Gebäude. Von den fünf Angeklagten erschienen nur vier. Holger Meins war ein halbes
Jahr zuvor bei einem Hungerstreik gegen die Haftbedingungen gestorben. [...]

Die Angeklagten benehmen sich teilweise wie Rasende, beleidigend und provozierend aggressiv. Das entschuldigt
aber nicht, dass die Richter sich provozieren lassen und das
Verfahren einen polizeistaatlichen Charakter bekommt, der
im Grunde nur bestätigt, was diese Angeklagten von diesem Staat und seiner Justiz immer behauptet haben. [...]
Kurz vor dem Urteil – lebenslang für die drei Angeklagten,
verkündet am 28. April 1977 – wird auch noch bekannt, dass
vertrauliche Gespräche zwischen Verteidigern und Angeklagten über Wanzen im Besucherraum der Gefängnisse
heimlich abgehört, auf Tonband aufgenommen und den
Staatsschutzbehörden überlassen worden sind. Der Landesinnenminister rechtfertigt das mit Staatsnotstand.
Rechtsanwalt Schily erklärt vor Gericht: „Was hier in diesem
Verfahren stattfindet, kann man nicht anders benennen als
die systematische Zerstörung aller rechtsstaatlichen Garantien. Insofern hat das Verfahren für den Zustand dieser
Republik seine exemplarische Bedeutung." So war es. Ein
Monstrum in der Rechtsgeschichte der Bundesrepublik.

Uwe Wesel: „Der Prozess von Stammheim" (20.08.2007), www.bpb.de/
geschichte/deutsche-geschichte/geschichte-derraf/49264/prozess-von-
stammheim [letzter Zugriff: 03.09.2021].

M 7   Das Ende der RAF?

Auszug aus der RAF-Auflösungserklärung, März 1998

Vor fast 28 Jahren, am 14. Mai 1970, entstand in einer Befreiungsaktion die RAF: Heute beenden wir dieses Projekt. Die
Stadtguerilla in Form der RAF ist nun Geschichte. [...] Wir

stehen zu unserer Geschichte. Die RAF war der revolutionäre Versuch einer Minderheit, entgegen der Tendenz dieser
Gesellschaft, zur Umwälzung der kapitalistischen Verhältnisse beizutragen. Wir sind froh Teil dieses Versuchs gewesen zu sein. Das Ende dieses Projekts zeigt, daß wir auf
diesem Weg nicht durchkommen konnten. Aber es spricht
nicht gegen die Notwendigkeit und Legitimation der Revolte. Die RAF ist unsere Entscheidung gewesen, uns auf die
Seite derer zu stellen, die überall auf der Welt gegen Herrschaft und für Befreiung kämpften. Für uns ist diese Entscheidung richtig gewesen. Zusammengenommen Hunderte von Jahren Gefängnis gegen die Gefangenen aus der RAF
haben uns ebensowenig auslöschen können wie alle Versuche, die Guerilla zu zerschlagen. [...]
Die RAF nahm den Kampf gegen einen Staat auf, der nach
der Befreiung vom Nazi-Faschismus mit seiner nationalsozialistischen Vergangenheit nicht gebrochen hatte. Der bewaffnete Kampf war die Rebellion gegen die autoritäre
Gesellschaftsform, gegen Vereinzelung und Konkurrenz. Er
war die Rebellion für eine andere soziale und kulturelle
Realität. Im Aufwind der weltweiten Befreiungsversuche
war die Zeit reif für einen entschiedenen Kampf, der die
pseudonatürliche Legitimation des Systems nicht mehr akzeptiert und dessen Überwindung ernsthaft wollte. [...]
Es ist uns nicht möglich, auf eine glatte und fehlerlose Geschichte zurückzublicken. Aber wir haben etwas versucht
und dabei viele von den Herrschenden gesetzte und von
der bürgerlichen Gesellschaft verinnerlichten Grenzen
überschritten. Die RAF konnte keinen Weg zur Befreiung
aufzeigen. Aber sie hat mehr als zwei Jahrzehnte dazu beigetragen, daß es den Gedanken an Befreiung heute gibt. Die
Systemfrage zu stellen, war und ist legitim, solange es Herrschaft und Unterdrückung anstelle von Freiheit, Emanzipation und Würde für alle auf der Welt gibt.

RAF-Auflösungserklärung, zit. n.: www.rafinfo.de/archiv/raf/raf-20-4-98.
php [letzter Zugriff: 03.09.2021].

Aufgaben

1. Der RAF-Terrorismus

   a) Arbeite das Ziel heraus, das Ulrike Meinhof (M4)
verfolgte, sowie die Mittel, die sie dafür einsetzen
wollte.

   b) Diskutiere, ob es gerechtfertigt ist, einen derartigen
Artikel zu veröffentlichen.

   c) Recherchiert zu den Opfern des RAF-Terrors – etwa
auf den Seiten der Bundeszentrale für politische
Bildung – und erstellt Porträts der Ermordeten.

   d) Fasse die Kernaussagen der Auflösungserklärung
(M7) zusammen und stelle die Ausführungen der

politischen Realität des RAF-Terrorismus gegenüber.

   e) Bewerte die Selbsteinschätzung der RAF in der
Auflösungserklärung vor dem Hintergrund ihrer
konkreten terroristischen Maßnahmen.

   f) Informiert euch über den Ablauf des Prozesses von
Stammheim und stellt weitere Argumente zusammen, warum Uwe Wesel im Text M6 zum Prozess
schreibt: „Ein Monstrum in der Rechtsgeschichte der
Bundesrepublik".

Text auf den Seiten 132 – 133, M1 – M7, Internet

Die Ära Kohl 1982 bis zur Wiedervereinigung

1982 wurde mit Helmut Kohl wieder ein Christdemokrat Bundeskanzler. Zeitgenössisch wurde von einer „konservativen Wende" gesprochen. Gleichzeitig politisierte sich die westdeutsche Gesellschaft aber wieder, vor allem gegen die Atomkraft und die Aufrüstung. Welche Konsequenzen hatte dies für die Bundesrepublik? Zwei Wahlplakate zur Bundestagswahl 1983 ermöglichen erste Einblicke.

M 1 „Dieser Kanzler schafft Vertrauen"
CDU-Plakat zur Bundestagswahl 1983

M 2 „Die Grünen"
Plakat der Grünen zur Bundestagswahl 1983

Aufgaben

1. Die Ära Kohl

a) Beschreibe die beiden Wahlplakate von 1983, erläutere die jeweilige Aussage und bestimme die Wählergruppen.

b) Formuliere ausgehend von den beiden Wahlplakaten Thesen zur Innen- und Außenpolitik der Ära Kohl. Überprüfe diese Thesen anhand des Textes auf Seite 137.

M1, M2, Text auf Seite 137

Das Ende der sozialliberalen Koalition

Nach 13 Jahren brach 1982 die sozialliberale Koalition auseinander. Es ging um Fragen der Wirtschaftspolitik, aber auch um das sicherheitspolitische Konzept Helmut Schmidts, dem ein großer Teil der SPD nicht folgen wollte. Schmidt for-
5 derte eine Nachrüstung durch amerikanische Mittelstreckenraketen als Antwort auf die Stationierung moderner sowjetischer SS-20-Atomraketen. Das führte zu heftigen Protestdemonstrationen der Friedensbewegung.

Am 1. Oktober 1982 wurde Helmut Schmidt durch ein konstruktives Misstrauensvotum gestürzt. Die CDU/CSU wählte mit Unterstützung der FDP Helmut Kohl
10 zum neuen Bundeskanzler. Dieser vollzog eine konservative Wende. Vorgezogene Neuwahlen bestätigten 1983 das Ergebnis.

Die Partei der „Grünen"

Erstmals zog 1983 neben CDU/CSU, SPD und FDP mit den „Grünen" eine weitere
15 Partei in den Bundestag ein. Die „Grünen" waren eine pazifistisch, ökologisch und basisdemokratisch orientierte Partei, die sich in den 1970er-Jahren als Reaktion auf die atomare Bedrohung und die Verschmutzung der Umwelt gebildet hatte.

Die Ölkrise, die hemmungslose Ausbeutung natürlicher Ressourcen und Atomunfälle wie die Reaktorkatastrophe von Tschernobyl 1986 (in der Ukraine, die
20 damals zur Sowjetunion gehörte) erzeugten bei vielen Menschen ein neues ökologisches Bewusstsein.

Außenpolitische Entscheidungen

Unter der neuen CDU-FDP-Regierung wurde der NATO-Beschluss zur Nachrüstung
25 gegen den Widerstand einer starken Friedensbewegung durchgesetzt. Doch nahm die Sowjetunion bald Verhandlungen mit den USA auf, die zu einem Durchbruch bei der Abrüstung führten: 1987 vereinbarten US-Präsident Reagan und der sowjetische Staatschef Gorbatschow die Vernichtung sämtlicher Mittelstreckenraketen.

Außenpolitisch setzte die Regierung Kohl die Ostpolitik der Vorgänger fort. So
30 erhielt die DDR 1983 einen Milliarden-Kredit, der ihr vorläufig das wirtschaftliche Überleben sicherte. 1987 empfing Kohl sogar den Staatschef der DDR, Erich Honecker, zu Gesprächen in Bonn.

„Kanzler der Einheit"

35 In die lange Amtszeit Helmut Kohls, die bis 1998 währte, fiel 1990 die deutsche Wiedervereinigung. Der Zusammenbruch des Ostblocks 1989/90 eröffnete die Chance, die deutsche Einheit herbeizuführen. Helmut Kohl wurde der erste gesamtdeutsche Bundeskanzler und gilt seitdem als „Kanzler der Einheit".

M 3 **Friedensdemonstration in Bonn**

300 000 Menschen demonstrieren für Abrüstung und Entspannung, Foto, 10. Oktober 1981.

M 4 **Logo der Anti-AKW-Bewegung**

gegen die zivile Nutzung der Kernenergie

M 5 **Staatsbesuch von DDR-Staatschef Erich Honecker in Bonn 1987**

Trotz Anerkennung der DDR 1972 war dieser Besuch eine Besonderheit.

Neue Soziale Bewegungen – „Wir sind die Alternative"

M 6   „Gorleben soll leben!"

In einem Aufruf, der im September 1977 veröffentlicht und u.a. von Wolf Biermann, Günter Grass und Walter Mossmann unterschrieben wurde, wird der geplante Bau einer atomaren Wiederaufbereitungsanlage im niedersächsischen Gorleben so bewertet:

Keine Atommülldeponie in Gorleben und anderswo!
Die Energiedebatte im Bundestag, die wieder einmal vor fast leeren Bänken stattfand, hat gezeigt, dass wir nicht länger auf die Einsicht von Regierung und Opposition in
5 den Irrsinn ihrer eigenen Energiepolitik hoffen können. Die Fronten im Deutschen Bundestag verlaufen heute nicht mehr zwischen Befürwortern und Gegnern der Atomenergie, sondern zwischen denen, die den Bau weiterer Kernkraftwerke von der Lösung der Entsorgungsfrage abhängig
10 machen, und denen, die sofort und ohne Rücksicht auf Verluste mit dem Bau beginnen wollen.

M 7   Demonstration in Berlin
Atomkraftgegner demonstrieren am 23.10.2010 in Berlin gegen den bevorstehenden Castor-Transport (mit Atommüll) nach Gorleben.

So oder so nimmt die in Gorleben geplante zentrale Atommülldeponie und Wiederaufbereitungsanlage dabei eine Schlüsselstellung ein: In Gorleben wird darüber entschieden, ob die Bundesrepublik bis zum Jahre 1984 in einen 15 Atomstaat umgewandelt werden soll, in dem zusammen mit den letzten Rückzugsgebieten der Natur auch der letzte noch verbliebene Rest von Lebensqualität beseitigt werden wird.
[…] Um dieser Entwicklung frühzeitig Einhalt zu gebieten, 20 muss sich der bundesweite Widerstand der Bürgerinitiativen verstärkt auf Gorleben konzentrieren. Zugleich sollen hier, unter dem Motto „Wiederaufforstung statt Wiederaufbereitung", neue Formen des gewaltfreien Widerstandes praktiziert werden. 25

Zit. nach: Klaus Wagenbach (Hg.), Vaterland, Muttersprache. Deutsche Schriftsteller und ihr Staat seit 1945. Ein Nachlesebuch fur die Oberstufe, Berlin (West): Wagenbach Verlag 1979, S. 313 ff.

M 8   Programm der „Grünen"

Die Präambel zum Parteiprogramm der Grünen (1980):

Wir sind die Alternative zu den herkömmlichen Parteien. Hervorgegangen sind wir aus einem Zusammenschluss von grünen, bunten und alternativen Listen und Parteien. Wir fühlen uns verbunden mit all denen, die in der neuen demokratischen Bewegung mitarbeiten: den Lebens-, Natur- und 5 Umweltschutzverbänden, den Bürgerinitiativen, der Arbeiterbewegung, christlichen Initiativen, der Friedens- und Menschenrechts-, der Frauen- und 3.-Welt-Bewegung. Wir verstehen uns als Teil der grünen Bewegung in aller Welt. Die in Bonn etablierten Parteien verhalten sich, als sei auf 10 dem endlichen Planeten Erde eine unendliche industrielle Produktionssteigerung möglich. Dadurch führen sie uns nach eigener Aussage vor die ausweglose Entscheidung zwischen Atomstaat oder Atomkrieg, zwischen Harrisburg [Kernkraftwerk in den USA] oder Hiroshima. Die ökologi- 15 sche Weltkrise verschärft sich von Tag zu Tag: Die Rohstoffe verknappen sich, Giftskandal reiht sich an Giftskandal, Tiergattungen werden ausgerottet, Pflanzenarten sterben aus, Flüsse und Weltmeere verwandeln sich in Kloaken, der Mensch droht inmitten einer späten Industrie- und Kon- 20 sumgesellschaft geistig und seelisch zu verkümmern, wir bürden den nachfolgenden Generationen eine unheimliche Erbschaft auf.

www.boell.de/sites/default/files/assets/boell.de/images/download_de/publikationen/1980_001_Grundsatzprogramm_Die_Gruenen.pdf [letzter Zugriff: 03.09.2021].

Helmut Kohl im Spiegel von Karikaturen

M 9 „Es muss was Wunderbares sein …"
Karikatur von Horst Haitzinger, 1982

M 10 „Sonnenkanzler"
Karikatur von Horst Haitzinger, 1990

Aufgaben

1. **Die Ära Kohl**

   Skizziere die wichtigsten innenpolitischen und außenpolitischen Entwicklungen in der Ära Kohl. Beurteile,
   welche Handlungen Kohls als Leistungen gedeutet
   werden könnten.

   ⤻ Text auf Seite 137

2. **Neue Soziale Bewegungen – „Wir sind die Alternative"**

   a) Arbeite aus dem Aufruf M6 die Kritik an der geplan-
   ten Atomanlage in Gorleben heraus.

   b) Erläutere die Alternativvorstellungen, die im Aufruf
   entwickelt werden.

   c) Analysiere die Sicht der Grünen (M8) in Bezug auf
   das Verhältnis zu den schon bestehenden Parteien.

   d) Erläutere die Kernforderungen der neuen Partei.

   ⤻ Text auf Seite 137, M6, M8

3. **Helmut Kohl im Spiegel von Karikaturen**

   a) Beschreibe die beiden Karikaturen M9 und M10 von
   Horst Haitzinger.

   b) Erläutere die Zusammenhänge, auf die die Karikaturen Bezug nehmen.

   c) Setze dich mit den Aussagen der Karikaturen auseinander.

   ⤻ M9, M10, Text auf Seite 137

4. **Helmut Kohl – Medienbildung**

   Findet heraus, wie viele Varianten von Wikipedia-
   Artikeln inzwischen über Helmut Kohl erschienen sind.
   Verwendet dazu im Artikel „Helmut Kohl" den Reiter
   „Versionsgeschichte". Bestimmt, von wann die älteste
   und von wann die jüngste Version stammt. Markiert
   beide. Nehmt euch anschließend drei Minuten Zeit für
   einen Vergleich der beiden Versionen (siehe auf der
   Wiki-Seite unten: „Gewählte Versionen vergleichen").

   ⤻ Internet

Die DDR zwischen Mauerbau 1961 und Revolution 1989

Der Mauerbau führte in der Bevölkerung der DDR dazu, sich – freiwillig oder notgedrungen – mit dem System zu arrangieren. Wie versuchte die DDR, die Probleme der frühen Jahre in den Griff zu bekommen? Welche Konsequenzen hatte dies auf die Gesellschaft und das Leben der Menschen in der DDR? Zwei Quellen über die sogenannte Jugendweihe geben erste Auskünfte.

M 1 Das Gelöbnis zur Jugendweihe

a) Die 1955 in der DDR eingeführte Jugendweihe knüpfte an ältere humanistische Traditionen an. Sie wurde als Konkurrenz zur katholischen Firmung und zur evangelischen Konfirmation staatlich massiv gefördert. Eine Mehrheit der Vierzehnjährigen nahm an der Jugendweihe teil. Das Gelöbnis lautete folgendermaßen (Auszug):

Liebe junge Freunde!
Seid ihr bereit, als junge Bürger unserer Deutschen Demokratischen Republik mit uns gemeinsam, getreu der Verfassung, für die große und edle Sache des Sozialismus zu ar-
5 beiten und zu kämpfen und das revolutionäre Erbe des Volkes in Ehren zu halten, so antwortet: Ja, das geloben wir! […]
Seid ihr bereit, als würdige Mitglieder der sozialistischen Gemeinschaft stets in kameradschaftlicher Zusammen-
10 arbeit, gegenseitiger Achtung und Hilfe zu handeln und euren Weg zum persönlichen Glück immer mit dem Kampf für das Glück des Volkes zu vereinen, so antwortet: Ja, das geloben wir!
Seid ihr bereit, als wahre Patrioten die feste Freundschaft
15 mit der Sowjetunion weiter zu vertiefen, den Bruderbund mit den sozialistischen Ländern zu stärken, im Geiste des proletarischen Internationalismus zu kämpfen, den Frieden zu schützen und den Sozialismus gegen jeden imperialistischen Angriff zu verteidigen, so antwortet: Ja, das ge-
20 loben wir!
Wir haben euer Gelöbnis vernommen. Ihr habt euch ein hohes und edles Ziel gesetzt. Feierlich nehmen wir euch auf in die große Gemeinschaft des werktätigen Volkes, das unter Führung der Arbeiterklasse und ihrer revolutionären

25 Partei, einig im Willen und im Handeln, die entwickelte sozialistische Gesellschaft in der Deutschen Demokratischen Republik errichtet.
Wir übertragen euch eine hohe Verantwortung. Jederzeit werden wir euch mit Rat und Tat helfen, die sozialistische
30 Zukunft schöpferisch zu gestalten.

Zit. nach: Thomas Gandow, Jugendweihe. Humanistische Jugendfeier, München: Evang. Presseverb. für Bayern, Abt. Schriftenmission 1994, S. 47.

b) Claudia Rusch, geboren 1971, schildert ihre Jugendweihe in Berlin (2003):

Die Jugendweihe war das abschließende und am heißesten erwartete Ereignis einer DDR-Kindheit. Sie bedeutete die feierliche Aufnahme der Vierzehnjährigen in den Kreis der Erwachsenen. Zeitgleich bekam man seinen Personalaus-
5 weis, trat in die FDJ ein und wurde fürderhin von den Lehrern im Unterricht gesiezt. Ein bedeutsamer Moment also. […] Ich hatte Anfang 1985 Jugendweihe. […] Der Festakt mit Reden, Kulturprogramm und sozialistischem Glaubensbekenntnis fand in einem Saal des Museums für Deutsche
10 Geschichte statt. […] Obwohl ich sogar eine Rede halten musste, war ich insgesamt ein wenig leidenschaftslos, was diese ganze Weihe betraf. […]
Die entscheidende Frage der Jugendweihe lautete: „Was ziehst du an?" […] Das Gelöbnis spielte keine Rolle – ent-
15 scheidend waren das Fest und die Geschenke. […] Als wir dran waren, erhob ich mich und tat das, was ich immer tat: Ich ging los und stand es durch. In meinem bedeutungsvollen Westkleid stieg ich auf die Bühne, schwor mit gekreuzten Fingern auf den Staat und wurde erwachsen.

Claudia Rusch, Meine freie deutsche Jugend, Frankfurt a. M.: S. Fischer 2003, S. 47 ff.

Aufgaben

1. Die Jugendweihe – Mit Textquellen arbeiten
a) Arbeitet aus dem Gelöbnis zur Jugendweihe die Erwartungen des Staates an die Jugendlichen heraus.
b) Erläutert an konkreten Textstellen die im Bericht von Claudia Rusch (M1b) erkennbare Einstellung zur Jugendweihe.
c) Formuliert Vermutungen über den Zweck der Jugendweihe aus der Perspektive des Staates und der Jugendlichen. Überprüft die Thesen mithilfe des Textes
M1, Text auf den Seiten 141–143

Die Ära Honecker (1971–1989)

Nach dem Mauerbau begann für die DDR eine Phase der Konsolidierung, denn die Gefahr eines Wirtschaftskollapses durch die „Abstimmung mit den Füßen" war gestoppt. Trotzdem musste Walter Ulbricht im Mai 1971 auf Anordnung der neuen
5 Führung der Sowjetunion unter Leonid Breschnew als Staats- und Parteichef zurücktreten. Er war in Moskau aufgrund seiner „schwierigen Persönlichkeit" in Ungnade gefallen. Seine Ämter übernahm Erich Honecker, unter dem die Bindung der DDR an die Sowjetunion noch enger wurde.

Kurz darauf beschloss ein Parteitag der SED 1971 die „Einheit von Wirtschafts-
10 und Sozialpolitik". Dieses in den folgenden Jahren umgesetzte Konzept steigerte die Konsummöglichkeiten der DDR-Bevölkerung spürbar. So hatten 1975 26,2 % der Haushalte einen PKW, 84,7 % eine Waschmaschine, 73 % einen Kühlschrank und 87,9 % ein Fernsehgerät.

Das nach wie vor ungelöste Wohnungsproblem sollte durch ein gewaltiges
15 Neubauprogramm gelöst werden. Doch während am Rande der Großstädte neue Plattenbausiedlungen aus dem Boden schossen, wurden historische Innenstände dem Verfall preisgegeben. Neubauwohnungen waren durchaus begehrt und ihre Vergabe geriet nicht selten zum Politikum.

M 2   **Erich Honecker**
Foto, 1975

▬▬▬▬▬▬▬ Hinweis ▬

**Filmtipp zum Wohnungsbau
in der DDR**

https://www.berlin-mauer.
de/videos/einmillionste-
wohnung-von-honecker-
uebergeben-657/

💻 WES-115467-307
Film über 1971: Honecker an
der Macht

M 3   **Plattenbausiedlung**
Platz in einer Wohnsiedlung in
Schwedt (Brandenburg), Foto, 1974

Das Verhältnis zum Westen

20 Die vom westdeutschen Bundeskanzler Willy Brandt initiierte Entspannungspolitik wurde von Honecker aufgenommen. Nachdem die Bundesrepublik und die DDR 1972 den Grundlagenvertrag unterzeichnet hatten, traten beide deutschen Staaten den Vereinten Nationen bei. Damit erlangte die DDR internationale Anerkennung auch außerhalb des Ostblocks. Gleichzeitig verschärfte Honecker aber
25 die symbolische Abgrenzung zur Bundesrepublik: Alle Hinweise auf die deutsche Einheit verschwanden aus der überarbeiteten Verfassung vom Oktober 1974 und

M 4 Intershop
im Bahnhof Friedrichstraße in Ost-Berlin, Foto von 1985

der Text der Nationalhymne entfiel wegen seiner Berufung auf „Deutschland, einig Vaterland". Bei feierlichen Anlässen spielte man nur noch die Melodie.

Trotz der Teilung blieben die Deutschen in Ost und West miteinander im Gespräch. Auch wurden die Bürgerinnen und Bürger der DDR durch die häufigen Besuche aus dem Westen und die mitgebrachten oder verschickten „Westpakete" mit Konsumgütern konfrontiert, die im Sozialismus nicht erhältlich waren. Seit 1962 gab es die begehrten Westwaren in sogenannten „Intershops" zu kaufen. Bezahlen konnte man dort aber nur mit westlicher Währung, was nur wenigen Bürgerinnen und Bürgern der DDR möglich war.

Honeckers Kulturpolitik

In den 1970er-Jahren proklamierte das ZK der SED „Weite und Vielfalt" in der Kunst. So entstanden bemerkenswerte Filme wie „Die Legende von Paul und Paula" oder die Erzählung „Die neuen Leiden des jungen W." von Ulrich Plenzdorf. Diese Werke vermittelten dem DDR-Publikum ein individuelles und jugendliches Lebensgefühl. Doch Kritik am SED-Regime wurde weiterhin nicht geduldet. Ein Beispiel dafür war der Umgang mit dem Liedermacher Wolf Biermann. Dieser erhielt 1976 eine Ausreisegenehmigung für ein Konzert in Köln. Biermann bekannte sich dort zum Sozialismus, kritisierte aber die SED-Hierarchie und den Stalinismus. Daraufhin wurde er von der DDR-Regierung ausgebürgert und durfte nicht in die DDR zurückreisen. Biermanns Ausbürgerung spaltete die DDR-Künstler und Intellektuellen in zwei Lager. Die einen solidarisierten sich mit Biermann in einem Aufruf gegen seine Ausbürgerung. Die anderen hingegen stellten sich in einer offiziellen Erklärung im „Neuen Deutschland" auf die Seite des SED-Staates. Viele von denen, die Biermann unterstützt hatten, stellten einen Ausreiseantrag oder wurden ausgebürgert und gingen in den Westen. So verließen viele prominente Künstler wie Angelika Domröse, Eva-Maria Hagen, Nina Hagen, Manfred Krug und Armin Müller-Stahl Ende der 1970er- und Anfang der 1980er-Jahre die DDR.

Arbeitswelt und Freizeit

„Sozialistisch arbeiten, lernen und leben" war eine zentrale Botschaft der DDR-Propaganda, die dem bürgerlichen Individualismus den Kampf ansagte und das sozialistische „Kollektiv" pries. Da die zentral verwaltete Wirtschaft ohne Rücksicht auf betriebswirtschaftliche Kosten Arbeitskräfte einstellte, herrschte offiziell Vollbeschäftigung. In den Betrieben wurden „Bestarbeiter" ausgezeichnet und auch „Normuntererfüller" öffentlich gemacht, um sowohl Kontrolle als auch Planerfüllung zu erreichen.

Besonders in der Berufswelt waren Frauen und Männer gleichberechtigt, was als sozialistische Errungenschaft gefeiert wurde. Anders als in der Bundesrepublik gingen die meisten Frauen ganz selbstverständlich einer Erwerbsarbeit nach und waren in allen Berufsgruppen vertreten. Außerdem galt das Prinzip „Gleicher Lohn für gleiche Arbeit". In wichtigen Parteiämtern und führenden Positionen der Wirtschaft waren Frauen hingegen kaum vertreten.

Im Familienleben galt das traditionelle Rollenverständnis von Mann und Frau in der Regel unverändert. Frauen mussten die Doppelbelastung von Familie und Beruf stemmen. Dabei wurden sie allerdings vom Staat unterstützt, etwa durch zusätzliche Urlaubstage, kürzere Arbeitszeiten und flächendeckende Kinderbetreuungsangebote.

Das Erziehungssystem der DDR war von der Krippe bis zur Universität streng organisiert. Es setzte auf Disziplin und Leistung und zielte auf die ideologische

M 5 Arbeiterin in der Produktion
Eine Facharbeiterin produziert beim „VEB Wirkwarenfabrik Goldfisch Oberlungwitz" (Sachsen) Badebekleidung, Foto, undatiert.

Beeinflussung. Mit der 1955 eingeführten Jugendweihe sollten junge Menschen ab 14 Jahren symbolisch auf die sozialistische Weltanschauung verpflichtet und kirchliche Bindungen zurückgedrängt werden. Wer sich statt der Jugendweihe für
80 die Konfirmation oder Firmung entschied, musste mit Nachteilen in der Schule und später während des beruflichen Werdegangs rechnen.

Urlaubsmöglichkeiten in der DDR waren stark eingeschränkt. Die Plätze in den staatlichen Betriebsferienheimen wurden bezuschusst und waren entsprechend heiß umkämpft. Alternativ boten sich staatliche Zeltplätze oder private
85 Unterkünfte an, die allerdings meist recht teuer waren. Auslandsreisen waren nur in andere Ostblockstaaten möglich. Zwischen Ostseeküste und Balaton in Ungarn sehnten sich viele DDR-Bügerinnen und -Bürger nach westlichen Reisezielen.

Mangel und Konsum

90 In den 1980er-Jahren zeigte sich, dass sich die ineffektive Planwirtschaft nicht dauerhaft von der Entwicklung des Weltmarktes abkoppeln ließ. Versorgungskrisen bei Konsumgütern, Devisenmangel (fehlende ausländische Zahlungsmittel), steigende D-Mark- und Dollarverschuldung, fehlende Investitionen und ausbleibende Modernisierung waren die Probleme, die zunehmend auf der Wirtschaft
95 lasteten. Dies führte zu wachsendem Unmut in der Bevölkerung. Besonders schlecht war die Versorgung mit Baumaterialien, Autoersatzteilen und Möbeln, doch waren auch andere Güter knapp. Südfrüchte und höherwertige Genussmittel waren rar, überall gab es Warteschlangen. Staatlich festgesetzte Preise führten zu billigen Grundnahrungsmitteln und niedrigen Mieten, sodass die Menschen
100 viel Kaufkraft besaßen, diese aber aufgrund des beschränkten Angebotes nicht nutzen konnten. So betrug 1987 die Wartezeit für einen Trabant (Automarke) zwischen 13,5 und 15 Jahren.

Hinweis

Opposition und Widerstand in der DDR wird in diesem Schulbuch auf den Seiten 146–151 thematisiert.

M 6 Einkaufen

Schlange vor einem Obst- und Gemüseladen in Weimar, 1983

Ausreise

Schließlich erkannte die DDR auf der Konferenz für Sicherheit und Zusammen-
105 arbeit in Europa 1973–1975 im Prinzip das Bürgerrecht der Freizügigkeit an. Dies führte zu einer Welle an Ausreiseanträgen. Das MfS reagierte mit Verhaftungen und „Zersetzungsmaßnahmen". Tausende Häftlinge wurden von der BRD freigekauft.

Versorgungsengpässe – Mit Textquellen arbeiten

M 7 Automarkt

Annoncen in der „Lausitzer Rundschau"
vom 7. Juni 1982. Die gesetzlich festgelegten Preise führten zu der seltsamen
Situation, dass gebrauchte Autos teurer
waren als Neuwagen. Gegen den blühen-
den Schwarzmarkt halfen keine Gesetze
und Strafandrohungen (Namen und
Adressen sind aus Gründen des Daten-
schutzes unkenntlich gemacht).

M 8 Automarkt

*Information der Bezirksleitung der SED Berlin an das
Politbüro der SED vom 16. April 1980 über Straftaten unter Ausnutzung von Zeitungsannoncen:*

Bei den unter der Rubrik „Automarkt" [...] annoncierten
Angeboten ist überwiegend der rechtswidrige und speku-
lative Charakter von Preisforderungen erkennbar.
Die in den Annoncen geforderten Preise stehen im Wider-
5 spruch zu den für die Preisbildung bei gebrauchten Kraftfahrzeugen gültigen Rechtsvorschriften. Die Praxis bestätigt, dass darüber hinaus der dann zwischen Verkäufer und
Käufer ausgehandelte Preis noch darüber liegt.
Überpreisforderungen sind besonders in Annoncen über
10 den Verkauf von PKW des Typs „Trabant" enthalten, treten
jedoch auch bei Importfahrzeugen in Erscheinung. Charak-
teristisch ist dabei, dass, differenziert für Fahrzeuge, die bis
zu 15 Jahren alt sind und Laufleistungen von über 50 000 km
aufweisen, überwiegend 80–110 % der Neupreise angege-
15 ben sind.
Der beschäftigungslose Gerd G. erzielte von Oktober 1975
bis November 1978 durch den spekulativen Handel mit
PKW, wertintensiven Konsumgütern sowie mit anderen Gegenständen in einem Umfang von 1,9 Mio Mark einen per-
20 sönlichen Gewinn von 379 TM. Allein bei 44 PKW wurden
unter Verletzung von Preisbestimmungen in einer Höhe von
260 TM bis zu 20 TM über den EVP für den jeweiligen PKW
gefordert und von den Interessenten gezahlt.

Zit. nach: Bundesarchiv, SAPMO-Barch, ZPA, DY 30, IV2/2037/26 (16.04.1980)

M 9 Engpässe

*Aus einer streng vertraulichen Information der Bezirks-
verwaltung Suhl (Thüringen) des MfS (Ministeriums für
Staatssicherheit) vom 13.5.1985:*

Kreis Sonneberg: In den Grenzgemeinden des Kreises bestehen seit Monaten Schwierigkeiten bei der Bereitstellung
von ausgewählten Gemüsekonserven wie Gurken, Paprika
und Letscho [ungarisches Schmorgericht]. [...]
5 Ständige Nachfrage besteht in den Grenzgemeinden nach
gekörnter Brühe, schwarzem Tee in Beuteln, Waffeln und
Dauergebäck.
Kreis Suhl: [...] In der Konsumverkaufsstelle Suhl-Neundorf
gibt es heftige Diskussionen über die schlechte Obst- und
10 Gemüseversorgung; außer Kuba-Orangen gebe es z.Z. keinerlei Obst und Gemüse.
[...]
In diesem Zusammenhang wurde die Auffassung geäußert,
dass „40 Jahre nach dem Krieg die Versorgung mit bestimm-
15 ten Dingen besser sein müsste". Unter der Bevölkerung der
Bezirksstadt traten Diskussionen über den ungenügenden
Frischegrad von Brot auf sowie über die ungenügende Versorgung mit Joghurterzeugnissen, Südfrüchten, Backzuta-
ten und Kuko-Reis. Ausgewählte Käsesorten wie Limburger,
20 Romadur und Brie sind nicht ständig im Angebot. Der Bedarf nach Edelfleisch- und Schinkenware kann derzeit nicht
befriedigt werden.

Zit. nach: BStU (Bundesbeauftragter für die Unterlagen des Staatssicherheitsdienstes der ehemaligen DDR), Archiv der Außenstelle Suhl, AKG/29 Bd. 2.

Wohnungsbau – Perspektiven erläutern und vergleichen

M 10 Wohnungsbau: Anspruch…

Aus der Autobiografie Erich Honeckers (1980):

Nur ein den spezifischen Wohnbedürfnissen gerecht werdender Wohnungsbau und eine an sozialen Kriterien sich orientierende Wohnungsvergabepolitik bei niedrigen Mieten entspricht dem humanistischen Anliegen, Wohngebiete
5 zu schaffen, die frei sind von den versteinerten Gegensätzen zwischen Arm und Reich, in denen sich alle Bewohner wohl fühlen und wo ihre Kinder in menschlicher Wärme und sozialer Geborgenheit aufwachsen.

Erich Honecker, Aus meinem Leben, Berlin: Dietz 1980, S. 310.

M 11 … und Wirklichkeit

Seit 1975 hatten die Bürger der DDR das Recht, sich durch sogenannte Eingaben bei staatlichen Stellen über Missstände zu beschweren. Dabei standen Klagen über die mangelhafte Versorgung mit Wohnraum an erster Stelle. Den folgenden Brief vom 30. Dezember 1986 schickte ein Bürger an den Oberbürgermeister von Meißen und parallel an die Redaktion der Fernsehsendung Prisma mit der Bitte, das Problem öffentlich zu machen:

Werter Genosse Bürgermeister!
Am gestrigen Abend hörte ich in der „Aktuellen Kamera" [DDR-Nachrichtensendung], wie Sie über die Erfolge der Stadt Meißen sprachen und Ihren Stolz über die Verbesse-
5 rung der Wohnverhältnisse der Bürger Ihrer Stadt zum Ausdruck brachten.
Um die Verhältnisse in Ihrer Stadt richtig kennen zu lernen, empfehle ich Ihnen einen Besuch bei der Familie Senf in der Hopfendorfer Straße 45. Dort, unter dem Dach, erhielt
10 vor ca. 4 ½ Jahren meine Tochter als junge Lehrerin eine Absolventenwohnung, bestehend aus einem Wohnzimmer,

einer kleinen Küche und einer kleinen Kammer mit schräger Wand. Meine Tochter verwendete ihren gesamten Urlaub und ihre gesamten Ersparnisse, um mit Hilfe von Freunden und Kollegen diese Wohnung in einen bewohn- 15 baren Zustand zu versetzen. Heute wohnt dort eine 4-Personen-Familie.
Wohnen heißt für diese Familie: Das Ehepaar schläft auf Matratzen am Fußboden, weil keine Möglichkeit zum Aufstellen von Betten besteht. […] Welche Schwierigkeiten es 20 bereitet, unter den gegebenen Umständen die erforderlichen hygienischen Bedingungen für die Kinder zu gewährleisten, möchte ich hier nicht detailliert darstellen.
[…] Nach Ihrem Auftreten in der „Aktuellen Kamera" erwarte ich nun Ihre konkreten Maßnahmen. Noch immer gilt 25 doch wohl, dass Menschen nicht nur durch Agitation und Propaganda überzeugt werden, sondern sich vor allem anhand ihrer eigenen Erfahrungen überzeugen.

Zit. nach: Ina Merkel (Hg.), „Wir sind doch nicht die Meckerecke der Nation". Briefe an das Fernsehen der DDR, erw. Neuaufl., Berlin: Schwarzkopf und Schwarzkopf 2000, S. 88 ff.

Training

Erklärung des Operators „Erläutern"

Du sollst einen komplexen, vielschichtigen Inhalt (ein Phänomen, ein Ereignis, ein Problem, ein Modell, ein Schaubild usw.) in wesentliche Einzelheiten / Bestandteile zerlegen und deren Zusammenhänge deutlich machen.
Deine Erklärung muss für jemanden verständlich und nachvollziehbar sein, der dazu keine Kenntnisse hat. Erläutern heißt erklären mit zusätzlichen Informationen, z. B. mit (eigenen) Beispielen, die deine Erklärung veranschaulichen

Aufgaben

1. **Versorgungsengpässe**
   a) Erklärt die Gründe dafür, dass Gebrauchtwagen oft teurer waren als Neuwagen.
   b) Beschreibt die Engpässe im Bereich des Konsums in der DDR.
   c) Erklärt die Gründe dafür, dass sich das Ministerium für Staatssicherheit der DDR mit diesen Problemen beschäftigte.
   ⌐ M6, M7 – M9, Text auf den Seiten 141 – 143
2. **Wohnungsbau – Perspektiven vergleichen**
   Erläutert die Frage des Wohnungsbaus in der DDR aus

zwei relevanten Perspektiven. Verwendet dabei die Begriffe Anspruch, Wirklichkeit und Propaganda sowie den Trainingskasten auf dieser Seite.
⌐ M10, M11, Text auf den Seiten 141 – 143
3. **Künstlerinnen und Künstler in der DDR**
   Führt eine Umfrage in der Klasse durch: Wer kennt die Künstlerinnen und Künstler, die im Abschnitt „Honeckers Kulturpolitik" (S. 142) erwähnt werden? Erstellt zu den Künstlerinnen und Künstlern Steckbriefe.
   ⌐ Text auf Seite 142, Internet

Opposition und Widerstand in der DDR

Das Wappen des Ministeriums für Staatssicherheit (MfS) verdeutlicht, warum es diesem politischen Geheimdienst ging. Wie arbeitete die „Stasi"? Welche Konsequenzen hatte dies für die Bevölkerung im Allgemeinen und die Menschen, die von ihr verfolgt wurden?

M 1 **Wappen der DDR-Staatssicherheit**

Aufgaben

1. Opposition und Widerstand in der DDR
Analysiert das Wappen des MfS. Recherchiert weitere Symbole des MfS (Wappen, Flagge) und erstellt dazu ein Lernplakat, das die Bedeutung dieser Abzeichen und damit das Selbstverständnis des Ministeriums für Staatssicherheit erklärt.
  ⌐ M1, Internet

2. Staat und Repression – Medienbildung
Verfasse eine Beurteilung der Internetseite des Mitteldeutschen Rundfunks (MDR) zur Todesstrafe in der DDR (www.mdr.de/zeitreise/ddr/todesstrafe-ddr-todesurteil-werner-teske-100.html). Führe dafür eine Gegenprüfung der Informationen der Internetseite anhand des Schulbuchtextes auf den Seiten 147 – 149 sowie eigener Internetrecherche durch.
  ⌐ Text auf den Seiten 147 – 149, Internet

Der Herrschaftsanspruch der SED

Die SED vertrat seit ihrer Gründung 1946 in der SBZ bis zum Ende der DDR 1989/90 einen totalitären Herrschaftsanspruch. Dieser beschränkte sich nicht nur auf die Politik, sondern griff in alle Bereiche der Gesellschaft ein. Versuche, die Machtpo-
⁵ sition der SED in Frage zu stellen oder Alternativen zu entwickeln, wurden als staatsfeindlicher Angriff auf die DDR unterdrückt und verfolgt. Die eigene Macht-sicherung stand für die SED im Vordergrund, woraus ihr konsequentes Vorgehen gegen Opposition und Widerstand folgte.

Instrumente der Machtsicherung: MfS und politische Justiz

Bereits 1950 wurde das Ministerium für Staatssicherheit (MfS) gegründet. Es ver-stand sich als „Schild und Schwert" der SED. Als politischer Geheimdienst agierte das MfS abseits rechtsstaatlicher Prinzipien und ohne gesetzliche Grundlage. Die Bevölkerung der DDR wurde systematisch überwacht, um jede Form von politi-
¹⁵ scher Gegnerschaft im Keim zu ersticken. Dafür verfügte das MfS über eigene Untersuchungshaftanstalten. Der Ausbau des Geheimdienstes auf bis zuletzt fast 90 000 hauptamtliche und etwa 189 000 inoffizielle Mitarbeiter dokumentiert sei-ne Bedeutung als wichtigstes Machtinstrument der SED.

Auch die Justiz war den Machtinteressen der SED unterworfen. Bei als poli-
²⁰ tisch eingestuften Gerichtsverfahren schalteten sich Führungskräfte der SED ein und beeinflussten direkt Urteile und die Höhe des Strafmaßes bis hin zur Todes-strafe, die erst 1987 aus dem Strafgesetzbuch der DDR gestrichen wurde. Die Verfolgung und Bestrafung politischer Gegner der SED-Herrschaft erfolgte zwar auf einer gesetzlichen Grundlage, dies widersprach aber rechtsstaatlichen Prinzi-
²⁵ pien.

Erziehung und Zwang

Auch Kinder und Jugendliche waren dem Machtanspruch der SED unterworfen.
Die staatlichen Bildungs- und Erziehungsinstitutionen der DDR verfolgten das
³⁰ Ziel, einen neuen sozialistischen Menschen zu formen. Der Einzelne sollte aus-schließlich im Kollektiv der sozialistischen Gesellschaft seinen Platz finden. Viele Jugendliche, die durch nonkonformes Verhalten auffielen, bekamen das Stigma „schwer erziehbar". Um ihre Anpassung an die sozialistischen Ideale zu erzwin-gen, konnte die Jugendhilfe der DDR, die dem Ministerium für Volksbildung un-
³⁵ terstand, auch gegen den elterlichen Willen eine Einweisung in Erziehungsheime anordnen. Die härteste Maßnahme war eine Einweisung in den geschlossenen Jugendwerkhof in Torgau. Hier wurden zwischen 1964 und 1989 über 4000 Jungen und Mädchen im Alter von 14 bis 18 Jahren völlig ohne Rechtsgrundlage eingewie-sen. Ein haftähnliches System von strenger Kontrolle, Drill, Strafen, körperlich
⁴⁰ schwerer Arbeit und ideologischer Indoktrinierung sollte die Jugendlichen „um-erziehungsbereit" machen.

M 2   **Arrestzelle**
im geschlossenen Jugendwerkhof
Torgau, Foto von 1990

Opposition und Widerstand: Eine Geschichte von Wenigen

Kritik an der Politik der SED war weit verbreitet. Nur wenige hingegen suchten den
⁴⁵ offenen Konflikt mit der Staatsmacht. In der Bevölkerung hatte sich in Folge der Niederschlagung des Aufstands vom 17. Juni 1953 und des Mauerbaus auch ein Gefühl der Ohnmacht und Resignation ausgebreitet. Dabei vollzog die große Mehrheit der Bevölkerung – gezwungen durch die staatliche Repression, aber vielfach auch freiwillig – eine Anpassung an Werte und Normen der sozialistischen

M 3 „Wir fordern Freiheit"

Parole des Eisenberger Kreises auf einem Bahnwaggon im Bahnhof Hainspitz (Nordost-Thüringen), 21.10.1956, vom MfS als Beweismittel aufgenommen

Was hat dir die bisherige bolsche-wistische Herrschaft gebracht? Entziehung der freien Meinungs-äußerung der Versammlungs- und Pressefreiheit, des Streikrechts. Immer noch kriegsmäßiges Karten-system, HO-Wucherpreise und rücksichtslose Ausbeutung. Willst du das alles noch länger mit-ansehen? Deshalb stimme mit deinen ver lässlichen Arbeitskameraden ge-gen die sog. „Nationale Front"!

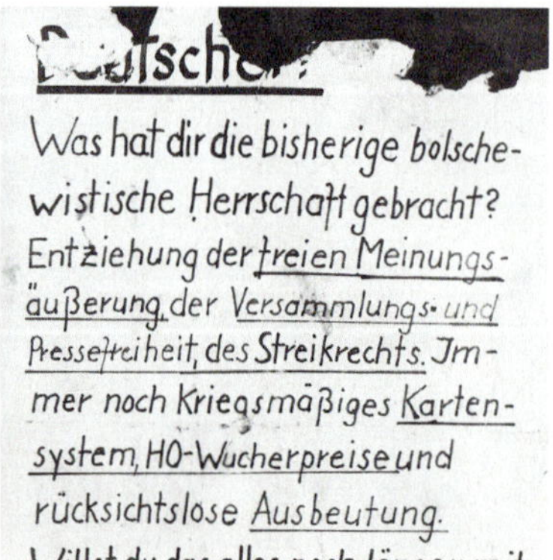

M 4 **Plakat**

des Eisenberger Kreises zu den Volkskammerwahlen am 17.10.1954, DIN-A 4, vom MfS als Beweismittel aufgenommen

Gesellschaft. So ließen sich private Rückzugsräume schaffen. Außerdem war nur 50 durch Anpassung ein sozialer Aufstieg möglich. Häufig anzutreffende Formen der Verweigerung im Alltag (z. B. der Konsum westlicher Medien, das Fernbleiben von Massenveranstaltungen und die Orientierung an Mode und Lebensstil des Westens) stellten nicht grundsätzlich die politische Machtfrage und wurden mehr oder weniger offen durch das SED-Regime toleriert. 55

Es waren daher vor allem einzelne und kleinere Gruppen, die es trotz größter Gefahren und teilweise schwerer persönlicher Konsequenzen wagten, für ihre Überzeugungen einzutreten und die SED-Herrschaft direkt herauszufordern. Massenproteste gegen die SED-Politik blieben eine seltene Ausnahme. Die Formen und Mittel des Widerstands waren sehr unterschiedlich. Neben den stark 60 eingeschränkten legalen Möglichkeiten wurden teilweise auch illegale und gewalttätige Formen des Widerstandes gewählt. Im Folgenden werden exemplarisch Formen jugendlichen Widerstands beleuchtet.

Jugendlicher Widerstand: Der Eisenberger Kreis
65
In der thüringischen Stadt Eisenberg musste der Oberschüler Thomas Ammer (geb. 1937) 1953 mit ansehen, wie einige seiner Mitschüler aufgrund ihrer Zugehörigkeit zur evangelischen Jungen Gemeinde vom Unterricht ausgeschlossen wurden. Als Reaktion auf die kirchenfeindliche SED-Politik gründete er mit Freunden eine Widerstandsgruppe. Von der Unrechtmäßigkeit der SED-Herrschaft 70 überzeugt, brachten die Mitglieder des „Eisenberger Kreises" heimlich politische

Losungen an Hauswänden an und verteilten Flugblätter. Besonderes Aufsehen erregte ihr Brandanschlag auf einen Schießstand der „Gesellschaft für Sport und Technik" (GST) im Januar 1956. Durch diesen Gewaltakt wollten sie ihre Ableh-
75 nung der Militarisierung der DDR und der bevorstehenden Gründung der Nationalen Volksarmee (NVA) zum Ausdruck bringen. 1957 verhaftete das MfS 24 Mitglieder des „Eisenberger Kreises", die im Herbst 1958 zu insgesamt 116 Jahren und sechs Monaten Zuchthaus verurteilt wurden. Thomas Ammer erhielt mit 15 Jahren die höchste Haftstrafe, wurde aber nach sechs Jahren Haft 1964 als politischer
80 Häftling von der Bundesrepublik Deutschland freigekauft und dorthin entlassen.

Flucht: Die Oberschüler von Storkow

Wenige Wochen vor den Abiturprüfungen 1957 flohen 16 Schüler aus Storkow in Brandenburg nach West-Berlin. Sie hatten in einer Schweigeminute in der Schule
85 der Opfern des Ungarn-Aufstandes von 1956 gedacht. Weil die Klasse trotz intensiver Nachforschungen durch die Staatsorgane nach den „Rädelsführern" schwieg, wurden alle Schülerinnen und Schüler vom Abitur ausgeschlossen. Nach geglückter Flucht konnten schließlich alle im hessischen Bensheim ihr Abitur ablegen. Zwischen 1949 und 1961 flohen insgesamt rund 2,8 Millionen Menschen aus der
90 DDR in die Bundesrepublik Deutschland.

Protest: Die Leipziger Beat-Demonstration

Am 31. Oktober 1965 fand die größte nichtgenehmigte Demonstration nach dem 17. Juni 1953 in Leipzig statt. Etwa 1000 bis 2000 jugendliche „Beatniks" hatten
95 sich in der Leipziger Innenstadt versammelt, um gegen das im Zuge des 11. Plenums der SED erlassene Verbot von „Beatgruppen" zu demonstrieren. Westliche Musikkultur galt der SED als Einfallstor für westliche Werte, vor denen die Jugend in der DDR geschützt werden sollte. Der Protest der überwiegend als „Gammler" diffamierten Jugendlichen wurde mit harter Polizeigewalt aufgelöst.
100 Von 297 Verhafteten im Alter von 15 bis 25 Jahren mussten 97 ohne Gerichtsurteil bis zu sechs Wochen Zwangsarbeit in Braunkohletagebauen in der Nähe von Leipzig leisten.

Opposition: „Schwerter zu Pflugscharen"

105 Christliche Gruppen engagierten sich ab den 1980er-Jahren gegen die umfassende Militarisierung der DDR-Gesellschaft. Für die kirchliche Friedensdekade 1980 hatte der sächsische Landesjugendpfarrer Harald Bretschneider (geb. 1942) das Symbol „Schwerter zu Pflugscharen" angeregt. Auf einem Textilvlies gedruckt, fand das Symbol reißenden Absatz unter Jugendlichen über die evangelischen
110 Jungen Gemeinden hinaus. Insgesamt waren über 100 000 Exemplare des Aufnähers im Umlauf. Die spontane Bewegung „Schwerter zu Pflugscharen" wurde in den Jahren 1981 und 1982 zur größten oppositionellen Massenbewegung zwischen dem Volksaufstand 1953 und der Friedlichen Revolution 1989/1990. Der SED-Machtapparat antwortete auf die Herausforderung durch diese unabhängige
115 Friedensbewegung mit öffentlich erzwungenen Rechtfertigungen, Schul- und Universitätsverweisen sowie Verhaftungen. Um die Konfrontation mit dem Staat zu entschärfen, entschieden sich die evangelischen Kirchenleitungen, dass das Symbol nicht mehr in der Öffentlichkeit, sondern nur noch im innerkirchlichen Bereich verwendet werden sollte. Doch die Kraft des Symbols für die oppositionel-
120 len Gruppen blieb ungebrochen.

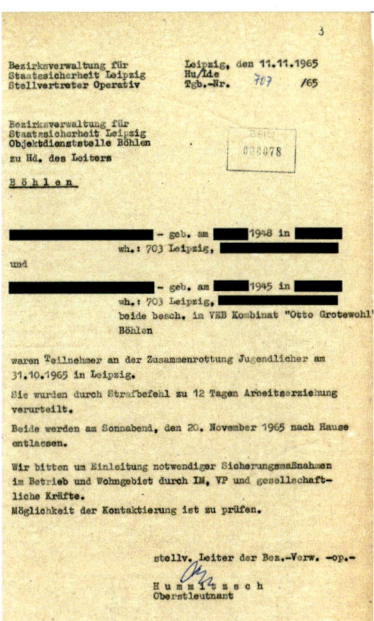

M 5 **Fernschreiben**
mit Vermerk über die bevorstehende Entlassung von zwei Teilnehmern der Beat-Demonstration nach 12 Tagen „Arbeitserziehung"

M 6 **„Schwerter zu Pflugscharen"**
Aufnäher

Staatliche Repression – Der Jugendwerkhof Torgau und das DDR-Strafrecht

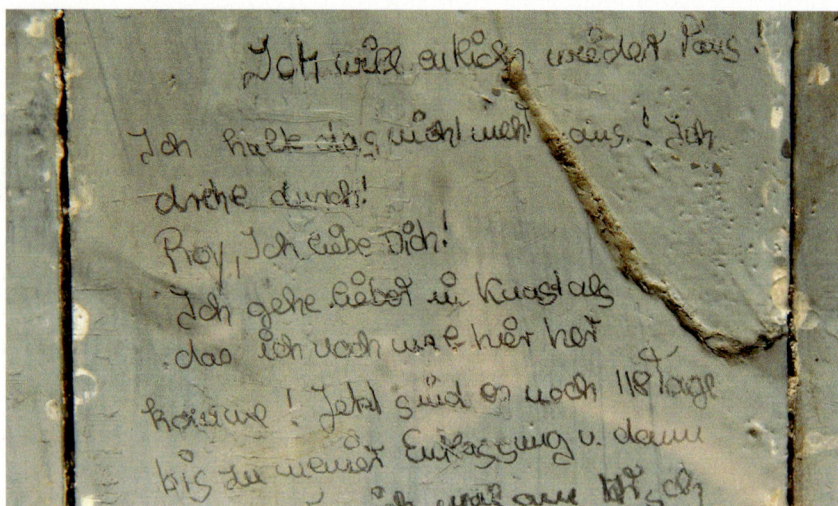

M 7 **Inschrift**

auf einer Zellenpritsche im geschlossenen Jugendwerkhof Torgau

M 8 **Arrestordnung**

Arrestordnung des geschlossenen Jugendwerkhofes Torgau:

Da Sie die Hausordnung des Jugendwerkhofes Torgau nicht eingehalten haben, werden Sie mit Arrest bestraft. Sie haben sich im Arrest entsprechend der nachstehenden Ordnung zu verhalten:

5 a) Ihnen ist im Arrest verboten:

1. Das Singen und Pfeifen
2. Das Lärmen
3. Das Herausschauen aus dem Fenster
4. Das Benutzen der Lagerstätte außerhalb der Nachtruhe
10 5. Der Besitz von Büchern, Zeitungen, Bleistiften und dergleichen außer den vom diensthabenden Leiter übergebenen Gegenständen
6. Das Beschmieren oder Beschriften der Wände und Türen
7. Jede Art der Unterhaltung mit anderen Jugendlichen
15 b) Weiterhin haben Sie folgende Anordnungen zu befolgen:

1. Wird die Arrestzelle geöffnet, haben Sie Grundstellung einzunehmen und Meldung zu machen.
Inhalt der Meldung ist:
20 Name – Dauer des Arrestes – Grund des Arrestes – die schon verbüßte Zeit
2. Der Hocker hat in der Mitte der Zelle zu stehen
3. Die Lagerstätte steht in der Zelle links an der Wand am Fenster
25 4. Der Kübel steht in der Zelle rechts neben der Tür

Dinge des persönlichen Bedarfs, wie Zahnbecher, Seife, Kamm werden außerhalb des Arrestes aufbewahrt […]
c) Sollten Sie gegen die Arrestordnung verstoßen, werden notwendige erzieherische Maßnahmen – Arrest-Verlängerung oder Aufenthaltsverlängerung – angewandt. 30

Zit. nach: Bundesarchiv Berlin, DR 203

M 9 **Strafrechtliche Grundlagen**

Aus dem Strafgesetzbuch der DDR (1979):

§ 101. (1) Wer bewaffnete Anschläge oder Geiselnahmen oder Sprengungen durchführt, Brände legt oder Zerstörungen, oder Havarien herbeiführt oder andere Gewaltakte begeht, um gegen die sozialistische Staats- und Gesellschaftsordnung der Deutschen Demokratischen Republik 5 Widerstand zu leisten oder Unruhe hervorzurufen, wird mit Freiheitsstrafe nicht unter drei Jahren bestraft. (2) Vorbereitung und Versuch sind strafbar. (3) In besonders schweren Fällen kann auf lebenslängliche Freiheitsstrafe oder Todesstrafe erkannt werden. […] 10
§ 107. Staatsfeindliche Gruppenbildung. (1) Wer einer Gruppe oder Organisation angehört, die sich eine staatsfeindliche Tätigkeit zum Ziele setzt, wird mit Freiheitsstrafe von zwei bis zu acht Jahren bestraft. (2) Wer eine staatsfeindliche Gruppe oder Organisation bildet oder deren Tätigkeit 15 organisiert, wird mit Freiheitsstrafe von drei bis zu zwölf Jahren bestraft. (3) Der Versuch ist strafbar.

Zit. nach: Ministerium der Justiz (Hg.), Strafgesetzbuch der Deutschen Demokratischen Republik (StGB vom 12. Januar 1968 i.d. Neufassung vom 19. Dezember 1974), Berlin: Staatsverlag der DDR 1979.

„Schwerter zu Pflugscharen" – Die unabhängige Friedensbewegung der DDR

M 10 Brief des Schulleiters der Oberschule Werdau

Erhalten in der Behörde des Bundesbeauftragten für die Unterlagen des Staatssicherheitsdienstes der ehemaligen Deutschen Demokratischen Republik (BStU). Bei dem im Brief genannten „Abzeichen" handelte es sich um den Aufnäher „Schwerter zu Pflugscharen" (vgl. M6).

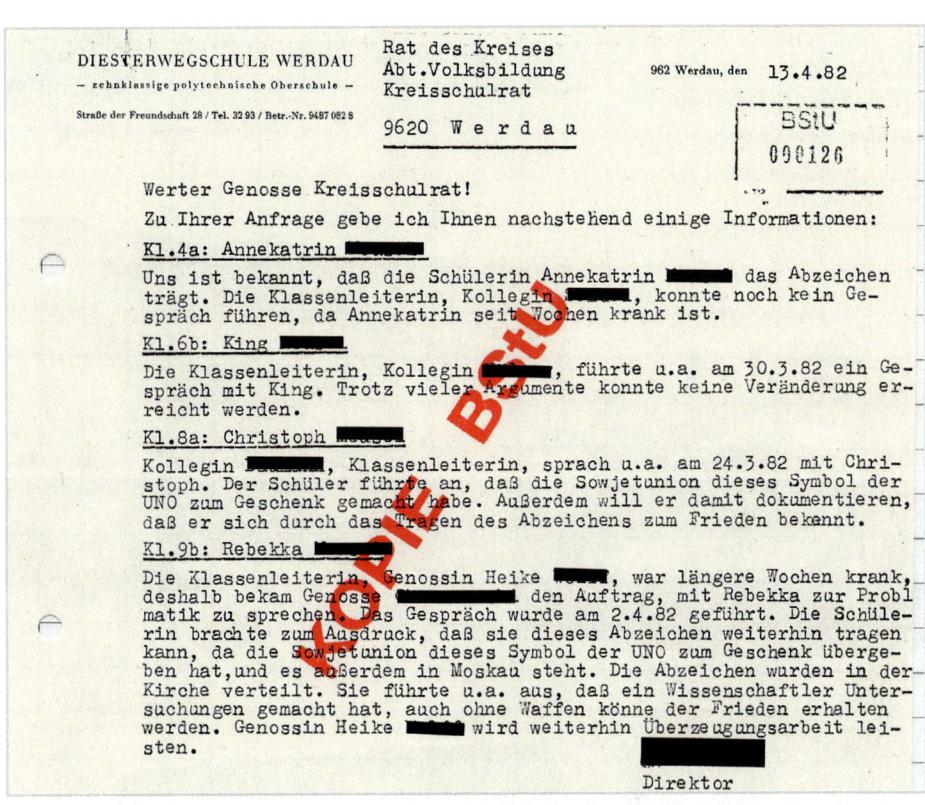

DIESTERWEGSCHULE WERDAU
– zehnklassige polytechnische Oberschule –
Straße der Freundschaft 28 / Tel. 32 93 / Betr.-Nr. 9487 082 8

Rat des Kreises
Abt.Volksbildung
Kreisschulrat

962 Werdau, den　13.4.82

9620　W e r d a u

BStU
090126

Werter Genosse Kreisschulrat!

Zu Ihrer Anfrage gebe ich Ihnen nachstehend einige Informationen:

Kl.4a: Annekatrin ▮▮▮▮▮

Uns ist bekannt, daß die Schülerin Annekatrin ▮▮▮▮ das Abzeichen trägt. Die Klassenleiterin, Kollegin ▮▮▮▮▮, konnte noch kein Gespräch führen, da Annekatrin seit Wochen krank ist.

Kl.6b: King ▮▮▮▮▮

Die Klassenleiterin, Kollegin ▮▮▮▮▮, führte u.a. am 30.3.82 ein Gespräch mit King. Trotz vieler Argumente konnte keine Veränderung erreicht werden.

Kl.8a: Christoph ▮▮▮▮▮

Kollegin ▮▮▮▮▮, Klassenleiterin, sprach u.a. am 24.3.82 mit Christoph. Der Schüler führte an, daß die Sowjetunion dieses Symbol der UNO zum Geschenk gemacht habe. Außerdem will er damit dokumentieren, daß er sich durch das Tragen des Abzeichens zum Frieden bekennt.

Kl.9b: Rebekka ▮▮▮▮▮

Die Klassenleiterin, Genossin Heike ▮▮▮▮, war längere Wochen krank, deshalb bekam Genosse ▮▮▮▮▮ den Auftrag, mit Rebekka zur Problematik zu sprechen. Das Gespräch wurde am 2.4.82 geführt. Die Schülerin brachte zum Ausdruck, daß sie dieses Abzeichen weiterhin tragen kann, da die Sowjetunion dieses Symbol der UNO zum Geschenk übergeben hat,und es außerdem in Moskau steht. Die Abzeichen wurden in der Kirche verteilt. Sie führte u.a. aus, daß ein Wissenschaftler Untersuchungen gemacht hat, auch ohne Waffen könne der Frieden erhalten werden. Genossin Heike ▮▮▮▮ wird weiterhin Überzeugungsarbeit leisten.

Direktor

Aufgaben

1. **Der geschlossene Jugendwerkhof Torgau**

   Erläutere, weshalb der geschlossene Jugendwerkhof Torgau von den jugendlichen Insassen auch als „Hölle von Torgau" beschrieben wurde. Beachte dabei folgende Unteraufgaben:

   a) Recherchiere im Internet Biografien von Jugendlichen, die im geschlossenen Jugendwerkhof in Torgau eingewiesen wurden. Benenne die Gründe für die Einweisung und erkläre, wie sie heute damit leben.

   b) Arbeite anhand der Quellen (M7, M8) sowie deiner Rechercheergebnisse die Auswirkungen heraus, die die Erziehungsmethoden auf die Jugendlichen hatten.

   c) **Medienbildung:** Recherchiere, wie die Geschichte des Jugendwerkhofs in Torgau aufgearbeitet und wie an die Ereignisse erinnert wird.

   ↗ Text auf den Seiten 147 – 149, M2, M7, M8, Internet

2. **Der Eisenberger Kreis**

   a) Erläutere die Bedeutung von „Freiheit" für die Jugendlichen des Eisenberger Kreises anhand der Analyse von M4.

   b) Informiert euch durch gezielte Internetrecherche über die „Gesellschaft für Sport und Technik" (GST). Trefft anschließend ein Sachurteil, indem ihr die Motive und erhofften Folgen des Brandanschlages auf die GST aus Sicht der Jugendlichen des Eisenberger Kreises formuliert.

   ↗ Text auf den Seiten 147 – 149, M3, M4

3. **„Schwerter zu Pflugscharen"**

   a) Fasse die Angaben zusammen, die der Brief M10 zu den Motiven der Schülerinnen und Schüler macht, das Symbol „Schwerter zu Pflugscharen" zu tragen.

   b) Beschreibe die Reaktion der Lehrerinnen und Lehrer und des Schulleiters.

   c) Erkläre die Rückschlüsse, die sich aus dem Fundort des Briefes im Archiv des BStU für den staatlichen Umgang mit der Friedensbewegung ziehen lassen.

   ↗ Text auf den Seiten 147 – 149, M6, M10

Die Friedliche Revolution und das Ende der DDR

Hinweis

Chronologie bis zum Mauerfall in der Tagesschau

12 Videos der Tagesschau:

http://www.tagesschau.de/
multimedia/mauerfall
videos-101.html

Im Herbst 1989 vollzogen sich in der DDR weltpolitische Ereignisse, die schließlich zur Deutschen Einheit im Jahr 1990 führten. Wie kam es zu diesen Ereignissen und welchen Anteil hatte die Bevölkerung der DDR daran? Wie reagierten die Machthaber in Ostberlin auf diese Entwicklung?

M 1 Bilder zur Grenzöffnung
in den Tagen vom 9.–12. November 1989 in Berlin

Aufgaben

1. **Die Entwicklung zur Friedlichen Revolution im Fernsehen – Medienbildung**

   a) Erarbeitet in Gruppen die auf dieser Seite vorgestellten Videoclips der ARD. Verbindlich für alle: Video vom 4.11.89, 5:55: „Ruhiger und doch lauter Protest".

   b) Stellt euch die jeweiligen Inhalte in chronologischer Reihenfolge gegenseitig vor.

   c) Findet für jeden Videoclip eine neue Überschrift.
   Internet:
   http://www.tagesschau.de/multimedia/mauerfall
   videos-101.html

M 2   **Massendemonstration**
Foto, Berlin, 4. November 1989

Der Zusammenbruch der SED-Herrschaft 1989

Mitglieder von Oppositionsgruppen wiesen die Fälschung der DDR-Kommunal-
wahlen im Mai 1989 nach. Sie verglichen ihre eigenen Auszählergebnisse mit dem
amtlichen Endergebnis und stellten eine Differenz von 20 bis 30 Prozent zum
amtlichen Endergebnis von 98,77 Prozent fest. Das steigerte den Unmut der Be-
5 völkerung. So nutzten im Sommer Zehntausende die beginnende Urlaubszeit und
flüchteten in die Botschaften der Bundesrepublik in Prag, Budapest und Warschau, um von dort ihre Ausreise in den Westen zu erlangen. Als Ungarn im September 1989 seine Grenzen öffnete, wagten Tausende die Flucht über Österreich
10 in die Bundesrepublik.

Inzwischen fanden sich große Teile der Bevölkerung der DDR zu mächtigen
Demonstrationen zusammen: Hunderttausende begaben sich angesichts der Präsenz der Staatssicherheit in Gefahr und gingen auf die Straße, demonstrierten
gewaltlos für Demokratie und Reformen und riefen in Sprechchören „Wir sind das
15 Volk!" – vor allem in Berlin und Leipzig. Das SED-Regime wagte aber nicht, gegen
die Demonstranten vorzugehen. Das erschreckte Politbüro stürzte vielmehr am
18. Oktober den reformunwilligen Erich Honecker, doch konnte auch dessen
Nachfolger Egon Krenz, der bei großen Teilen der Bevölkerung über keinerlei Vertrauen verfügte, die Lage nicht beruhigen.

20

Der Fall der Mauer

Da die Situation in der DDR immer unhaltbarer wurde, beschloss der Ministerrat
eine neue Reiseregelung: Den Bürgern gestattete man die sofortige Ausreise in alle
Länder. Am Abend des 9. November 1989 wurde diese Meldung im DDR-Fernse-
25 hen verkündet. Noch in der gleichen Nacht strömten viele Ost-Berliner zur Mauer.
Die verunsicherten Grenzpolizisten öffneten unter dem Druck der Massen die
Schlagbäume. Hunderttausende besuchten in den nächsten Tagen über neue
Grenzübergänge West-Berlin und die Bundesrepublik.

30 Von der „Friedlichen Revolution" zum Ruf nach Einheit

Im November 1989 übernahm der als Reformpolitiker geltende Hans Modrow
(SED) das Amt des Ministerpräsidenten. Egon Krenz trat am 3. Dezember als Generalsekretär der SED zurück. Ein im Dezember 1989 in Ostberlin aus Vertretern
aller Parteien, der SED und der Bürgerbewegungen gebildeter „Runder Tisch"
35 beschloss freie Wahlen für den 18. März 1990.

M 3   **„Wir sind ein Volk"**
Demonstrant in Ostberlin,
9. Dezember 1989

Wahlplakat für die Volkskammerwahl am 18. März 1990 mit Lothar
de Maizière als CDU-Kandidat der
„Allianz für Deutschland", Foto,
Leipzig-Connewitz, 1990.

In einem sogenannten „Zehn-Punkte-Plan" ging Bundeskanzler Helmut Kohl im November 1989 noch von einer Konföderation beider deutscher Staaten aus, mit der Einheit als Fernziel. Doch mehrten sich in der Bevölkerung der DDR rasch Stimmen, die keine Reform des Sozialismus wünschten, sondern eine baldige Wiedervereinigung forderten. Diesen Stimmungsumschwung nutzte Bundeskanzler Kohl. Er unterstützte eine „Allianz für Deutschland" unter Führung der Ost-CDU, die eine rasche Vereinigung mit der Bundesrepublik versprach.

Ferner drohte der wirtschaftliche und finanzielle Zusammenbruch der DDR, da der osteuropäische Markt wegbrach und westdeutsche Waren viele DDR-Produkte verdrängten. Die Bevölkerung forderte lautstark die Einführung der Deutschen Mark: „Kommt die D-Mark, bleiben wir, kommt sie nicht, gehn wir zu ihr!", so lautete damals ein geläufiger Spruch. Auch um einen Exodus der DDR-Bevölkerung zu verhindern, erstrebte die Regierung Kohl nun eine rasche Vereinigung.

Erste freie Wahlen zur Volkskammer und Währungsunion

Aus der ersten freien Volkskammerwahl am 18. März 1990 ging die „Allianz für Deutschland" mit 48 % als Siegerin hervor. Die SPD gewann 21,9 %, die Liberalen 5,3 %. Das „Bündnis 90" – die Gruppe der Bürgerrechtsbewegungen – kam hingegen nur auf 2,9 %. Die „Partei des Demokratischen Sozialismus" (PDS), die Nachfolgerin der SED, kam auf 16,4 %. Dieses Ergebnis zeigte deutlich, dass die SED gegen eine Mehrheit der Bevölkerung geherrscht hatte. Der neue Ministerpräsident Lothar de Maizière (Ost-CDU) bildete eine Regierung, die den Vereinigungsprozess beschleunigte.

Ein wichtiger Schritt in Richtung Einheit war der Staatsvertrag vom 1. Juli 1990 über eine „Währungs-, Wirtschafts- und Sozialunion": Jetzt galt die DM als alleiniges Zahlungsmittel in der DDR; Löhne, Renten und Mieten wurden – anders als große Teile der Sparguthaben – im Verhältnis 1:1 umgestellt. Dieser Umtauschkurs blieb jedoch umstritten, da die reale Kaufkraft der DDR-Währung erheblich geringer war.

Die Vereinigung beider deutscher Staaten

Es stellte sich nun die Frage, auf welche Weise die Vereinigung vollzogen werden sollte. Dafür boten sich zwei Lösungen: Artikel 23 des Grundgesetzes ermöglichte einen „Beitritt" der DDR zur Bundesrepublik. Bei Anwendung von Artikel 146 GG hätten beide deutsche Staaten eine neue Verfassung ausarbeiten müssen.

Da die Bevölkerung der DDR eine rasche Wiedervereinigung forderte und die internationalen Bedingungen günstig waren, beschloss die Volkskammer am 23. August 1990 mit überwältigender Mehrheit den Beitritt zur Bundesrepublik. Der Einigungsvertrag vom 31. August gliederte die neu geschaffenen Länder der Bundesrepublik ein und verfügte den Beitritt der DDR zur Bundesrepublik Deutschland nach Artikel 23 des Grundgesetzes zum 3. Oktober 1990. Damit war die Wiedervereinigung Deutschlands vollzogen.

Bundeskanzler Helmut Kohl auf
einer Wahlkampfveranstaltung,
März 1990

Aufgaben

1. **Die Revolution in der DDR**
   a) Erkläre mithilfe des Textes auf den Seiten 153–154 die Ursachen für die Revolution in der DDR. Unterscheide dabei zwischen politischen, wirtschaftlichen und gesellschaftlichen Ursachen.
   b) Ordne die Massenkundgebung vom 4. November 1989 in den Verlauf der Friedlichen Revolution ein.

   c) Fasse die zentralen Aussagen von Jan Josef Liefers und Christa Wolf (M6) zusammen.
   d) Erläutere die Grundeinstellung zur DDR, wie sie jeweils in den Reden deutlich wird.
   e) Vergleiche die Erwartungen der Redner vom 4. November 1989 mit der weiteren Entwicklung.
   ↰ Text auf den Seiten 153–154, M6

Berlin am 4. November 1989 – Reden analysieren

M 6 **Eine Massenkundgebung**

a) Die Protestbewegung in der DDR fand ihren Höhepunkt in einer Massenkundgebung am 4. November 1989 auf dem Berliner Alexanderplatz, an der mehrere Hunderttausend Menschen teilnahmen. Die Liste der Redner
5 *reichte von reformbereiten Funktionären der SED bis hin zu Regimegegnern. Jan Joseph Liefers (*1964), Schauspieler am Deutschen Theater in Berlin:*

Ich möchte drei Überlegungen mitteilen. In den letzten Wo-
10 chen haben Hunderttausende Menschen auf den Straßen unseres Landes das Gespräch eingefordert. Wir alle führen es seit kurzer Zeit. Natürlich hat jeder das Recht, Partner in
5 diesem Gespräch zu sein. Aber ich meine, wir sollten darauf achten und uns verwahren gegen mögliche Versuche von
15 Partei- und Staatsfunktionären, jetzt oder zukünftig Demonstrationen und Proteste von Menschen unseres Landes für ihre Selbstdarstellung zu benutzen, Initiatoren und
10 Führer des begonnenen gesellschaftlichen und politischen Reformprozesses zu sein.
20 Der zweite Gedanke. Zur ganzen Frage der führenden Rolle [der SED] überhaupt meine ich schon, dass sie zur Disposition gestellt werden muss. Zur Demokratie gehört für mich,
15 dass keine gesellschaftliche Kraft allein dieses Recht okkupieren noch sich um sie bewerben, sondern sie bestenfalls
25 erringen kann. Und zwar in täglicher Arbeit, demokratisch und eindeutig durchschaubar organisierter Arbeit und entsprechender Resultate. Solange die Spitze der SED nur auf
20 unser aller Druck reagiert, kann meiner Meinung nach von führender Rolle nicht die Rede sein. Außerdem haben, den-
30 ke ich, allein die in diesem Land verbliebenen und verbleibenden Menschen darüber zu entscheiden, wen sie mit der Führung beauftragen.
25 Und der dritte Gedanke: Es ist richtig, jeden Menschen zu ermutigen, die durch die Politik von Partei und Regierung
35 entstandene Krise in unserem Land durchzustehen. Ich glaube allerdings nicht, dass in 40 Jahren DDR-Geschichte nur einzelne Personen immer wieder in Krisen führten,
30 sondern auch die von ihnen geschaffenen und zentrierten Strukturen.
40 Die vorhandenen Strukturen, die immer wieder übernommenen prinzipiellen Strukturen lassen Erneuerung nicht zu. Deshalb müssen sie zerstört werden. Neue Strukturen müs-
35 sen wir entwickeln, für einen demokratischen Sozialismus.

Zit. n.: http://www.dhm.de/archiv/ausstellungen/4november1989/lief.html [letzter Zugriff: 03.09.2021].
45

b) Christa Wolf (1929–2011), Schriftstellerin:

Jede revolutionäre Bewegung befreit auch die Sprache. Was bisher so schwer auszusprechen war, geht uns auf einmal frei über die Lippen. Wir staunen, was wir offenbar schon 5 lange gedacht haben und was wir uns jetzt laut zurufen: Demokratie jetzt oder nie! Und wir meinen Volksherrschaft, 5 und wir erinnern uns der steckengebliebenen oder blutig niedergeschlagenen Ansätze in unserer Geschichte und wollen die Chance, die in dieser Krise steckt, da sie alle 10 unsere produktiven Kräfte weckt, nicht wieder verschlafen; aber wir wollen sie auch nicht vertun durch Unbesonnen- 10 heit oder die Umkehrung von Feindbildern. Mit dem Wort „Wende" habe ich meine Schwierigkeiten. Ich sehe da ein Segelboot, der Kapitän ruft: „Klar zur Wende!", weil der 15 Wind sich gedreht hat und die Mannschaft duckt sich, wenn der Segelbaum über das Boot fegt. Stimmt dieses Bild? 15 Stimmt es noch in dieser täglich vorwärtstreibenden Lage? Ich würde von revolutionärer Erneuerung sprechen. Revolutionen gehen von unten aus. „Unten" und „oben" wech- 20 seln ihre Plätze in dem Wertesystem und dieser Wechsel stellt die sozialistische Gesellschaft vom Kopf auf die Füße. 20 Große soziale Bewegungen kommen in Gang.
[...]
Stell dir vor, es ist Sozialismus, und keiner geht weg! Wir 25 sehen aber die Bilder der immer noch Weggehenden, fragen uns: Was tun? Und hören als Echo die Antwort: Was tun! 25 Das fängt jetzt an, wenn aus den Forderungen Rechte, also Pflichten werden: Untersuchungskommission, Verfassungsgericht. Verwaltungsreform. Viel zu tun, und alles ne- 30 ben der Arbeit. Und dazu noch Zeitung, essen! Zu Huldigungsvorbeizügen, verordneten Manifestationen werden 30 wir keine Zeit mehr haben. Dieses ist eine Demo, genehmigt, gewaltlos. Wenn sie so bleibt, bis zum Schluss, wissen wir wieder mehr über das, was wir können, und darauf be- 35 stehen wir dann: Vorschlag für den Ersten Mai: Die Führung zieht am Volk vorbei. Unglaubliche Wandlungen. Das 35 „Staatsvolk der DDR" geht auf die Straße, um sich als „Volk" zu erkennen. Und dies ist für mich der wichtigste Satz dieser letzten Wochen – der tausendfache Ruf: Wir sind das 40 Volk! Eine schlichte Feststellung. Die wollen wir nicht vergessen. 40

Zit. n.: http://www.dhm.de/archiv/ausstellungen/4november1989/cwolf. html [letzter Zugriff: 03.09.2021].

Die Wiedervereinigung im Rückblick – Eine Zeitzeugenbefragung analysieren

M 7 **Nach der Grenzöffnung**

Ein Auszug aus dem Gespräch mit der Zeitzeugin Hedi Seidel, die zum Zeitpunkt der Wende 42 Jahre alt war, aus dem Jahr 2015:

Mit dem Mauerfall kamen ja viele neue Möglichkeiten aber auch Veränderungen. Wie haben Sie davon erfahren und wie haben Sie sich gefühlt? Was haben Sie erlebt und be-obachtet, wo Sie das erste Mal nach der Grenzöffnung in
5 **den Westen sind?**

Das erste Mal über die Grenze in den Westen, das weiß ich noch ganz genau, das war im November 1989. Die Freude über die Grenzöffnung war bei uns auf Arbeit riesig! Wir haben davon das erste Mal über Radio und Fernsehen er-
10 fahren und waren erstmals irritiert aber zugleich sehr er-freut. Das erste Mal in den Westen gefahren bin ich mit meiner jüngeren Schwester und ihrem Mann. Es war am Montag den 04.12.1998 [sic!]. Ich habe meinen Chef am Sonntag angerufen und mitgeteilt ich käme am Montag
15 nicht auf Arbeit und er hatte Verständnis. Wir sind also am Montag von Gera (wo meine Schwester gewohnt hatte) nach Bayreuth in den Westen gefahren. Wir haben uns extra für Bayreuth entschieden, da wir wegen den befürchteten Mas-sen in Hof nicht hin wollten. Als wir dann in Bayreuth waren
20 haben wir wie jeder DDR-Bürger 100 D-Mark Begrüßungs-geld erhalten. Und anschließend sind wir zum Einkaufen in die Stadt gefahren. Diesen Gedanken hatten wahrschein-lich noch viele weitere Menschen als wir, denn die Stadt war so überfüllt! Das habe ich mir so echt nicht vorgestellt.
25 Wir sind nach Bayreuth mit dem Auto gefahren, sind aber dort auf Busse umgestiegen, wie jeder aus dem Osten. Wir kannten uns ja gar nicht aus. [...] Am selben Tag sind wir aber wieder zurück gefahren und am nächsten Tag wieder ganz normal auf Arbeit.
30 **Sie sagten „ganz normal auf Arbeit", hat sich in ihrem Be-ruf in dem sie tätig waren nichts verändert mit dem Mau-erfall?**

Also im November 1988 war ich in der Zwickauer Schulspei-sung angestellt und eine Zeit lang lief alles noch wie bisher.
35 Doch dann im Januar 1990 kamen westdeutsche Vertreter und sie hatten eine große Veränderung mit sich gebracht. Das vorher in der gesamten DDR verbreitete Kübelessen in Schulen, Kindergärten und in allen Kantinen wurde gegen die Erfindung des Westens ausgetauscht, die Assietten-
40 Essens-Produktion wurde von einen auf den anderen Tag eingeführt. Dies war eine große Veränderung für alle! [...]

Durch die geringere Zahl an Bestellungen wurde ich im Juni 1991 entlassen und bekam für einen Monat noch Über-gangsgeld. Doch ich war kein Einzelschicksal, die gesamte Bekleidungsindustrie in Zwickau ist zusammen gebrochen, 45 weil neue Kleidung aus dem Westen einfach so zu uns in den ehemaligen Osten kam, obwohl wir genug hatten. Doch die „Ostkleidung" wurde mit der Zeit nicht mehr so nachge-fragt, da ihre Herstellungskosten höher waren als die aus dem „Westen". [...] 50

Heidi Seidel, Celine Thielemann: „Das Jahr 1990 – Der Weg in die deutsche Einheit", http://www.deutsche-einheit-in-sachsen.de/zeitzeugeninter-views/dasjahr-1990-der-weg-in-die-deutsche-einheit/ [letzter Zugriff: 20.01.2021].

M 8 **Frühjahr 1989**

Erinnerungen von Tobias Klinkberg aus Wolfenbüttel:

Im Jahr der Grenzöffnung zwischen der Bundesrepublik Deutschland und der Deutschen Demokratischen Republik 1989 war ich gerade 6 Jahre alt. Dennoch kann ich mich an einige Geschehnisse erinnern. [...] Im Frühjahr des Jahres 1989 ist mein Vater mit mir ein- oder zweimal zur Grenze 5 Mattierzoll gefahren. Ich erinnere mich, dass wir unser Auto auf einem Parkplatz abgestellt haben und dann zu Fuß wei-tergegangen sind. Bis zu einer Art Schranke, an der ein Schild mit der Schrift „Achtung Zonengrenze" befestigt war. Von dort aus konnte man den mir damals sehr hoch er- 10 scheinenden Wachturm und den Grenzzaun sehen. Oben im Wachturm konnten wir Grenzbeamte mit Ferngläsern beob-achten. [...] Damals wusste ich noch nicht viel über die Po-litik und die Zustände in der DDR. Mein Vater erklärte mir zwar das Grundlegende, aber genaue Einzelheiten verstand 15 ich noch nicht. Ich erfuhr auch erst später, dass auf Flücht-linge aus der DDR an der Grenze geschossen wurde. Hätte ich das damals gewusst, hätte ich möglicherweise nicht gewollt, dass wir zur Grenze fahren. [...] Am 12.11.1989 (Sonn-tag) wurde die Grenze in Mattierzoll geöffnet. Wie meine 20 Eltern mir erzählten, erfuhren wir davon aus dem Radio. Am Nachmittag sind wir dann zur Grenze gefahren. Auf dem Weg kam uns schon eine lange Schlange von Trabbis entge-gen, die Fahrer hatten ihre Scheibenwischer hochgeklappt und winkten damit zum Gruß. Direkt am Grenzübergang 25 waren riesige Menschenmassen unterwegs. Alle jubelten, winkten und freuten sich. Menschen aus Ost und West la-gen sich in den Armen. Das war sehr beeindruckend.

Tobias Klinkberg: „Die Wiedervereinigung Deutschlands", https://www.hdg.de/lemo/zeitzeugen/tobias-klinkberg-die-wiedervereinigung-deutschlands.html [letzter Zugriff: 03.09.2021].

Eine Zeitzeugenbefragung durchführen

Quellen sind die Grundlage für das, was wir über die Vergangenheit wissen. Neben der schriftlichen, bildlichen und gegenständlichen Überlieferung spielt die mündliche eine besondere Rolle. Im Alltag ist sie selbstverständlich, auch wenn uns das nicht immer bewusst ist, z. B. wenn Großeltern ihren Enkeln von früher erzählen, als sie selbst noch jung waren. Doch ist zu bedenken, dass es sich um die Meinungen Einzelner handelt, die nicht unbedingt allgemeingültig sind. Für die Durchführung einer Zeitzeugenbefragung können folgende Arbeitsschritte sinnvoll sein:

1. Vorbereitung

a) Informiert euch umfassend über euer Thema und den historischen Hintergrund (Schulbücher, Lexika, Fachbücher).

b) Legt fest, welche Interviewziele ihr verfolgt: Wollt den Zeitzeugen nach thematischen oder biografischen Aspekten befragen?

c) Sucht nach einem geeigneten Zeitzeugen (Großeltern, Nachbarn …).

d) Holt erste Informationen über den Zeitzeugen ein (Name, Alter, damalige und aktuelle Funktionen, Lebensstationen).

e) Unterstützt die Vorbereitung des Zeitzeugen, in dem ihr ihn bittet, ein Erinnerungsstück mitzubringen.

f) Kümmert euch um die Aufzeichnung des Gesprächs (Mitschrift, Audioaufnahme oder Video).

g) Entwickelt „erzählgenerierende Fragen", die offen formuliert sind und zum Erzählen anregen.

2. Durchführung des Interviews

a) Wählt einen geeigneten Ort für das Gespräch aus. Bedenkt, dass die Umgebung als „Interpretationsrahmen" ein Gespräch beeinflusst.

b) Stellt euch vor und berichtet eurem Zeitzeugen noch einmal kurz von eurem Projekt.

c) Bemüht euch um „aktives Zuhören" und darum, den Redefluss des Gesprächspartners nicht zu beeinflussen.

d) Formuliert „erzählgenerierende" Nachfragen, indem ihr z. B. etwas aufgreift, das schon gesagt wurde.

e) Stellt gegen Ende auch detaillierte Nachfragen, um direkte Informationen zu erhalten und eventuelle Lücken zu schließen.

3. Auswertung und Quellenkritik

a) Haltet erste Eindrücke in einem Gesprächsprotokoll fest.

b) Ermittelt Schwerpunktsetzungen des Zeitzeugen. Grenzt die Wiedergabe von Erlebnissen von Deutungen ab.

c) Beantwortet folgende Fragen: Wie alt war der Zeitzeuge zum Zeitpunkt des Geschehens? Wie nah war er am Geschehen? Was war seine Funktion?

d) Bestimmt, was der Zeitzeuge zu welchem Thema gesagt hat, ob er dabei auf Fragen geantwortet oder das Gespräch selbst auf das Thema gelenkt hat.

e) Erschließt die Struktur der Erzählung. Untersucht, wie der Zeitzeuge seine Darstellung aufbaut. Analysiert, wie er sich selbst im Geschehen darstellt und ob er bestimmte Botschaften an den Zuhörer vermitteln möchte.

Aufgaben

1. Eine Zeitzeugenbefragung durchführen

a) Arbeite aus den beiden Zeitzeugenberichten M7 und M8 die verschiedenen Perspektiven auf die Wiedervereinigung heraus.

b) Sucht in eurer Verwandtschaft oder im Bekanntenkreis Menschen, die den 9. November 1989 miterlebt haben. Führt eine Zeitzeugenbefragung durch. Verwendet dafür den Trainingskasten auf dieser Seite.

c) Vergleicht die Aussagen eurer Zeitzeugen.

⌒ M7, M8, Trainingskasten auf dieser Seite

2. Die Aussagen von Zeitzeugen beurteilen

Diskutiert in der Klasse, warum Zeitzeugen wichtig für den Unterricht sein können und welche Probleme dabei der Beitrag im SPIEGEL aufwirft, der hier kurz skizziert wird: In einem Bericht über ihre Forschungsergebnisse zum Erinnern und zum Gedächtnis äußert die Londoner Psychologin und Gedächtnisforscherin Julie Shaw folgende Grundthesen: „Wenn wir uns erinnern, bauen wir jedes Mal eine neue Geschichte auf (...). Und es kommt dabei zu Fehlern." Weiter heißt es im gleichen Beitrag: „(F)ür perfekte Abbilder der Vergangenheit ist das Gedächtnis gar nicht gemacht. Es ist gut darin, Erfahrungen zu speichern – vor allem dafür hat die Evolution es hervorgebracht (...). Das Gedächtnis muss nicht genau sein, sondern flexibel. Es ist ein Werkzeug des Lernens und der Alltagsbewältigung, kein vollgestopftes Museum." (Spiegel, 1/2016, S. 16 f.)

Die deutsche Einheit und Reaktionen im Ausland

Die Reaktionen bei den ehemaligen Siegermächten waren sehr unterschiedlich. Sie waren aber entscheidend, denn ohne ihre Zustimmung hätte die Einheit nicht verwirklicht werden können. Wie sahen die USA, Frankreich, Großbritannien und die Sowjetunion die deutsche Einheit? Die Karikatur gibt einen ersten Einblick.

M 1 „March of the Fourth Reich"
Britische Karikatur zur Deutschen Wiedervereinigung, 20.02.1990

Aufgaben

1. Die deutsche Einheit und Reaktionen im Ausland
   a) Beschreibe die Karikatur M1 und erläutere die Grundaussage.
   b) Stelle Vermutungen über die Gründe für die Anfertigung einer deratigen Karikatur in Großbritannien an. Überprüfe deine Vermutungen, indem du dieses Teilkapitel bearbeitest.

M1, Teilkapitel auf den Seiten 158–161

Reaktiones im Ausland

Das Ausland betrachtete eine mögliche Wiedervereinigung Deutschlands mit großer Skepsis. Viele europäische Staaten fürchteten ein wirtschaftlich dominantes
und militärisch erstarktes Deutschland in Europas Mitte. Von den ehemaligen
5   Siegermächten des Zweiten Weltkrieges (USA, UdSSR, F, GB) signalisierten lediglich die USA ihr volles Einverständnis. Beide deutsche Staaten suchten solche
Bedenken zu zerstreuen und versicherten, ein vereintes Deutschland werde auch
künftig dem Westen angehören und Mitglied der Europäischen Union (EU) und
der NATO sein.
10

Der „Zwei-plus-Vier-Vertrag"

Nach langen Verhandlungen konnte Helmut Kohl im Juli 1990 die Zustimmung
des sowjetischen Präsidenten Gorbatschow zur deutschen Einheit erreichen. Die
sowjetischen Truppen sollten bis 1994 abziehen und die UdSSR im Gegenzug fi-
15   nanzielle Unterstützung erhalten.
Nun galt es, in Verhandlungen zwischen beiden deutschen Staaten und den
vier Siegermächten des Zweiten Weltkrieges die Vereinigung außenpolitisch zu
vollenden. Am 12. September 1990 unterzeichneten die Außenminister in Moskau
den „Zwei-plus-Vier-Vertrag", der Deutschland die volle Souveränität zurückgab.
20   Als Gegenleistung musste die Bundesrepublik die Oder-Neiße-Grenze zu Polen
völkerrechtlich anerkennen und die Bundeswehr verkleinern. Damit war der Weg
zur deutschen Einheit frei.

M 2   **Unterzeichnung des
2+4-Vertrags**
v.l.n.r.: US-Außenminister Baker,
brit. Außenminister Hurd, Außenminister der UdSSR Scheward-
nadse, Frankreichs Außenminister
Dumas, DDR-Außenminister de
Maiziere und Bundesaußenminis-
ter Genscher

Die Außenpolitik des vereinten Deutschlands

Das wiedervereinigte Deutschland blieb Mitglied sowohl der NATO als auch der
25   Europäischen Union (EU). Die Sowjetunion hatte diesen Plänen bereits 1990 in
langen Verhandlungen zugestimmt und ihre Truppen bis 1994 aus Deutschland
abgezogen. Mit der Erlangung der vollen Souveränität erhöhten sich die Anforderungen der internationalen Staatengemeinschaft an Deutschland. Durfte die Bundeswehr bislang nicht an sogenannten Out-of-Area-Einsätzen, also Einsätzen
30   außerhalb des NATO-Gebietes, teilnehmen, wurde nun die Beteiligung deutscher
Soldaten auch an solchen Missionen gefordert. Das war in Deutschland umstritten. Schließlich entschied das Bundesverfassungsgericht, dass die Bundeswehr an
bewaffneten Friedensmissionen teilnehmen darf, wenn der Bundestag ausdrücklich zustimmt (Parlamentsarmee). Seitdem beteiligt sich die Bundeswehr an ver-
35   schiedenen Auslandseinsätzen, so etwa auf dem Balkan, in Afghanistan und im
Libanon.

Reaktionen im Ausland auf die Wiedervereinigung – Standpunkte erfassen

M 3 Die „Deutsche Frage"

a) Über sein Treffen am 10. Februar 1990 mit dem damaligen Bundeskanzler Helmut Kohl schreibt Michail Gorbatschow:

Was die prinzipielle Einstellung der UdSSR zu Deutschlands Vereinigung betraf, so erklärte ich Kohl: „Wahrscheinlich kann man behaupten, dass zwischen der Sowjetunion, der Bundesrepublik und der DDR in der Frage der Einheit der
5 deutschen Nation keine Meinungsunterschiede bestehen. Um es kurz zu machen: Wir stimmen im wichtigsten Punkt überein. Die Deutschen selbst müssen ihre Entscheidung treffen. Und sie müssen unsere diesbezügliche Position kennen."
10 „Die ist ihnen bekannt", erwiderte Kohl. „Meinen Sie damit, die Frage der Einheit ist eine Entscheidung der Deutschen selbst?"
„Aber im Kontext der Realitäten", fügte ich hinzu. „Damit bin ich einverstanden", erklärte der Kanzler. In der gegebe-
15 nen Situation war es in meinen Augen entscheidend, zu verhindern, dass Kohl in Euphorie verfiel und die „deutsche Frage" lediglich auf die Vereinigung und die Befriedigung nationaler Sehnsüchte der Deutschen reduzierte. Sie betraf die Interessen aller Nachbarstaaten, einschließlich der
20 Sowjetunion, betraf die Situation in Europa ebenso wie die globale. In diesem Zusammenhang war eine Unzahl von Fragen zu lösen: nach Garantien der Unantastbarkeit der Grenzen und der Anerkennung der territorial-politischen

Realitäten der Nachkriegszeit, nach dem militärpolitischen Status des vereinten Deutschland, nach der Verknüpfung 25 des gesamteuropäischen Prozesses mit dem der deutschen Wiedervereinigung.
Der Kanzler nahm meine Argumente im Großen und Ganzen verständnisvoll auf, obwohl er sich sofort gegen alle Varianten einer deutschen Neutralität aussprach. Ansonsten 30 einigten wir uns, alle mit der Wiedervereinigung zusammenhängenden Probleme im Rahmen der „Sechs" – die UdSSR, die USA, Großbritannien und Frankreich auf der einen, die Bundesrepublik und die DDR auf der anderen Seite – zu erörtern. Die Idee der „Vier plus Zwei"-Konferenz 35 (später bestanden die Deutschen, aktiv unterstützt von den USA, darauf, dass sie die Bezeichnung „Zwei plus Vier" erhielt) sage ihm zu, meinte Kohl, eine separate Konferenz der vier Mächte zur „deutschen Frage" lehne er jedoch kategorisch ab. Ich versicherte ihm, dass ohne Beteiligung der 40 Deutschen keine Entscheidungen getroffen würden. Damit schlossen wir unser Gespräch ab.

Michail Gorbatschow, Erinnerungen, Berlin: Siedler Verlag 1995, S. 717.

b) Stellungnahme des US-Präsidenten George Bush sen. vom 24. Oktober 1989:

Interviewer: Können Sie irgendwelche Veränderungen im Status von Deutschland voraussehen?
Präsident Bush: Ja. [...] Ich teile die Sorge mancher europäischer Länder über ein wiedervereinigtes Deutschland

M 4 US-Präsident George Bush sen. und der sowjetische Staats- und Parteichef Michail Gorbatschow
Foto, 2. Dezember 1989

5 nicht, weil ich glaube, dass Deutschlands Bindung an und Verständnis für die Wichtigkeit des [atlantischen] Bündnisses unerschütterlich ist. Und ich sehe nicht, was einige befürchten, dass Deutschland, um die Wiedervereinigung zu erlangen, einen neutralistischen Weg einschlägt, der es 10 in Widerspruch oder potenziellen Widerspruch zu seinen NATO-Partnern bringt [...]

Trotzdem glaube ich nicht, dass wir den Begriff der Wiedervereinigung forcieren oder Fahrpläne aufstellen und über den Atlantik hinweg unsererseits eine Menge neuer 15 Verlautbarungen zu diesem Thema machen sollten. Sie braucht Zeit. Sie benötigt eine vorsichtige Entwicklung. Sie verlangt Arbeit zwischen ihnen (den Deutschen) [...] und Verständnis zwischen den Franzosen und Deutschen, den Engländern und Deutschen über alle diese [Fragen].

Interview mit George Bush sen. in der „New York Times", 25. Oktober 1990, zit. nach: Bundeszentrale für politische Bildung (Hg.), IzpB – Informationen zur politischen Bildung: Der Weg zur Einheit. Deutschland seit Mitte der achtziger Jahre, Heft 250, Bonn 1996, S. 38 f.

c) Stellungnahme der britischen Premierministerin Margaret Thatcher (nach 1990):

Der wahre Ursprung der deutschen Angst [im original deutsch; A.d.Ü.] ist die Qual der Selbsterkenntnis. Wie ich bereits erklärt habe, ist das einer der Gründe, warum so viele Deutsche aufrichtig – und wie ich meine, irrigerwei-5 se – Deutschland in ein föderatives Europa eingebettet wissen wollen. Es ist doch wahrscheinlich, dass Deutschland in einem solchen Gefüge die Führungsrolle einnehmen würde, denn ein wiedervereinigtes Deutschland ist schlichtweg viel zu groß und zu mächtig, als dass es nur einer von vielen 10 Mitstreitern auf dem europäischen Spielfeld wäre. Überdies hat Deutschland sich immer auch nach Osten hin orientiert, nicht nur in Richtung Westen, obwohl die moderne Version solcher Tendenzen eher auf wirtschaftliche denn auf kriegerische territoriale Expansion abzielt. Daher ist 15 Deutschland vom Wesen her eher eine destabilisierende als eine stabilisierende Kraft im europäischen Gefüge. Nur

das militärische und politische Engagement der USA in Europa und die engen Beziehungen zwischen den beiden anderen starken, souveränen Staaten Europas, nämlich Großbritannien und Frankreich, können ein Gegengewicht zur 20 Stärke der Deutschen bilden. In einem europäischen Superstaat wäre dergleichen niemals möglich.

Margaret Thatcher, Downing Street No. 10. Die Erinnerungen (übers. v. Heinz Tophinke), Düsseldorf: ECON 1993 (2. Aufl.), S. 1095 f.

M 5 Margaret Thatcher (1925–2013)
Britische Premierministerin von 1979 bis 1990, Foto, 1985

Training

Erklärung des Operators „Begründen"

Du sollst Gründe für dir bekannte Sachverhalte (oder eigene Entscheidungen/Positionen/Behauptungen) formulieren: Warum ist es so und nicht anders? Dabei musst du darauf achten, dass deine Begründung zusammenhängend formuliert und für andere nachvollziehbar ist.

Aufgaben

1. Reaktionen im Ausland

a) Arbeite die Position heraus, die Michail Gorbatschow gegenüber Helmut Kohl bezüglich einer möglichen deutschen Wiedervereinigung vertritt.

b) Helmut Kohl lehnte eine deutsche Neutralität kategorisch ab. Erläutere mögliche Gründe.

c) Vergleiche die Positionen von Margaret Thatcher und George Bush sen.

d) Verfasse einen Leserbrief, in dem du deine Meinung zu den Bedenken vieler europäischer Politikerinnen und Politiker benennst und erläuterst. Berücksichtige die folgenden Ebenen: Politik, Wirtschaft, territoriale Integrität. Begründe deine Meinung. Verwende dafür den Trainingskasten auf dieser Seite.
M3, Text auf den Seiten 158–161

Fragebogen zum Thema: Deutschland – Von der Teilung zur Wiedervereinigung 1949–1989/90

Hinweis: Die folgende Tabelle dient der Selbsteinschätzung deiner erworbenen Kenntnisse und Fähigkeiten. Die Auflistung erhebt nicht den Anspruch, vollstän-

Ich kann …	Ich bin sicher. ☺	Ich bin ziemlich sicher. 😐	Ich bin noch unsicher. ☹	Ich habe große Lücken ☹
… den Begriff „Kanzlerdemokratie" erklären.				
… die innenpolitische Entwicklung der Bundesrepublik Deutschland in den Fünfzigerjahren an zwei Beispielen erläutern.				
… die Gründe für den Volksaufstand am 17. Juni 1953 in der DDR nennen sowie den Verlauf und die Ergebnisse des Aufstandes erläutern.				
… die Unterschiede der wirtschaftlichen Entwicklung zwischen der BRD und der DDR in den Fünfzigerjahren darlegen.				
… die Ursachen für die Errichtung der Berliner Mauer erklären.				
… den Begriff „Ostpolitik" erläutern und die wichtigsten Ergebnisse dieser Politik erklären.				
… die Veränderungen des Parteisystems in der BRD in den Achtzigerjahren darlegen.				
… die Ursachen für die Revolution in der DDR erläutern.				
… den Verlauf der Friedlichen Revolution in der DDR bis zur Herstellung der deutschen Einheit an relevanten Beispielen darlegen.				
… die Bedeutung des Zwei-plus-Vier-Vertrages erklären.				
… eine Zeitzeugenbefragung durchführen.				
…				
…				

ACHTUNG:

bitte nicht beschreiben!

Du findest eine Kopie dieser Seite zur Bearbeitung unter dem Webcode

💻 WES-115467-308

dig zu sein. Es handelt sich um eine Auswahl, die ggf. erweitert werden kann. In der rechten Spalte findest du Hinweise, wie du eventuell vorhandene Lücken oder auch Unsicherheiten beseitigen kannst.

→ **Bitte kopiere die Seiten, bevor du mit ihnen arbeitest.**

Auf diesen Seiten kannst du in HORIZONTE nachlesen	Empfehlungen zur Übung, Wiederholung und Festigung
92 – 93	Verfasse einen Lexikonartikel zum Thema: „Der Regierungsstil Konrad Adenauers".
92 – 93 102 – 105	Entwickle ein Schaubild zur innenpolitischen Entwicklung der BRD in den Fünfzigerjahren.
108 – 111 112 – 113 114 – 117	Erstelle einen Kurzvortrag zum Thema: „Der 17. Juni 1953 in der DDR – Volksaufstand oder Arbeiterrevolte?"
94 – 97 112 – 113	Erläutere wichtige Unterschiede zwischen sozialer Marktwirtschaft und Planwirtschaft.
118 – 121	Die Regierung der DDR hat die Berliner Mauer als „Antifaschistischen Schutzwall" bezeichnet. Nimm dazu Stellung.
128 – 131	Verfasse eine Erörterung zur Ostpolitik der Regierung Brandt.
136 – 139	Finde Argumente für die Behauptung: „Die Gründung der Grünen war ein Resultat neuer politischer Herausforderungen."
140 – 145 146 – 151	Erstelle ein Schaubild zu den kurz- und langfristigen Ursachen für die Revolution in der DDR.
152 – 157	Fertige einen Zeitstrahl mit den wichtigsten Stationen der Friedlichen Revolution in der DDR an.
158 – 161	Erörtere den Satz: „Der Zwei-plus-Vier-Vertrag bedeutete das Ende der Nachkriegszeit für Deutschland."
157	Nenne fünf Aspekte, die bei eine Zeitzeugenbefragung berücksichtgt werden sollten. Orientiere dich dabei am Trainingskasten auf Seite 157.

Neue Herausforderungen seit 1989/90

Das Ende des Kalten Krieges stärkte zunächst die Hoffnung auf globalen Frieden und Wohlstand. Allerdings zeigte sich schnell, dass stattdessen neue Probleme auf die Tagesordnung traten:

- Die internationale Politik erlebte einen Umbruch: Die Auflösung der Sowjetunion führte zu einer Hegemonie der USA, deren Geopolitik in vielen Gegen- 5 den der Erde auf zunehmenden Widerspruch stößt. China, Indien, Russland und Brasilien gewinnen an globaler Bedeutung, aber auch der EU und Japan kommen gewichtige Rollen zu. Der notwendige Interessenausgleich zwischen all diesen Zentren deutet auf eine gegenwärtige Verschiebung von einer unipolaren zu einer multipolaren Weltordnung hin. 10

- Das militärische Blocksystem und die Konkurrenz der Supermächte hatten zwar Kriege nicht gänzlich verhindert, jedoch dafür gesorgt, dass diese nicht zu einem neuen Weltkrieg eskalierten. Nach 1990 brachen neue Konflikte auf, die zuvor kaum vorstellbar waren. Als Folge dieser neuen Konflikte sind wieder weltweit große Fluchtbewegungen zu verzeichnen. Auch wenn das 15 21. Jahrhundert bislang keine Kriege globalen Ausmaßes erleben musste, wie sie für das 20. Jahrhundert kennzeichnend waren, gibt es doch eine Reihe von Problemen, die einer dauerhaften Lösung bedürfen. Eine der wichtigsten Regionen hierbei ist der Nahe Osten.

- Mit dem Ende des Kalten Krieges hat sich der Prozess der Globalisierung noch 20 einmal beschleunigt. Das bedeutet, dass die einzelnen Staaten vor allem wirtschaftlich mit weltweiten Entwicklungen konfrontiert sind, die sie nur begrenzt beeinflussen können. Auch regionale Krisen wirken sich jetzt unter Umständen schnell auf die gesamte Weltwirtschaft aus.

- Der internationale Terrorismus hat seit den Anschlägen in den USA am 25 11. September 2001 eine neue Dimension angenommen. Relativ kleine und schwer kontrollierbare Gruppen beeinflussen durch Attentate das Handeln einzelner Staaten als auch der internationalen Politik.

- Die Armut in vielen Regionen der Welt ist nach wie vor bestürzend und sogar zunehmend. Die Entkolonialisierung in Afrika hat dem Kontinent zwar die 30 Befreiung von der Kolonialherrschaft gebracht, seine politischen, wirtschaftlichen und sozialen Probleme jedoch nicht gelöst.

- Ein immer akuter werdendes globales Problem stellt der menschengemachte Klimawandel dar. Der anhaltend hohe Verbrauch der führenden Industriestaaten und die nachholende Industrialisierung vieler Schwellenländer ste- 35 hen in deutlichem Widerspruch zu einer dringend notwendigen, auf Nachhaltigkeit orientierten Entwicklung, die auch nachfolgenden Generationen ein Leben auf der Erde ermöglicht. Der Klimawandel trägt dazu bei, dass Leben in Teilen der Welt immer schwieriger wird. Dementsprechend werden Menschen auch in naher Zukunft gezwungen sein, ihre Heimat zu verlassen, um andern- 40 orts leben zu können. Dieser Herausforderung müssen sich gerade die Staaten stellen, die massiv zu diesem Klimawandel beitragen. Eine zukunftsträchtige und klimatechnisch weiterführende Energieversorgung von Industrie und Privathaushalten ist eine der größten Herausforderungen der nächsten Jahrzehnte. Das Verständnis, dass die Ressourcen der Erde sehr begrenzt sind 45 und gerade die reicheren Staaten weit über diese Verhältnisse leben, führt

M 1 **Überfahrt auf schrottreifen Booten**
Flüchtlinge auf dem Mittelmeer, 2014

M 2 **Armut in der „Dritten Welt"**
Auf den Philippinen, Fotografie, 2014

auch bei uns zu Debatten um Nachhaltigkeit, Energieeinsparungen und Klimaneutralität. Fragen, auf die noch viele Antworten gefunden werden müssen.

Der Klimawandel ist aber längst auch bei uns angekommen. Die Wissenschaftlerinnen und Wissenschaftler sagen voraus, dass sich Unwetter (Starkregen, Überschwemmungen, Hitzewellen) auch in Deutschland verstärken werden. Die Flutkatastrophe im Ahrtal in Rheinland-Pfalz im Sommer 2021 hat gezeigt, welche Auswirkungen solche Unwetter haben können.

- In vielen Ländern der westlichen Welt sind es gerade junge Menschen, die für eine andere Klimapolitik und ein anderes Konsumverhalten auf die Straßen gehen. Die politisch Verantwortlichen, aber auch die Gesellschaften müssen eine Antwort auf diese Herausforderung finden, wie wirtschaftliches Wachstum, individuelle Entfaltung und Lebensgestaltung und Klimapolitik in Einklang zu bringen sind.

- An den Außengrenzen eskaliert die Situation von Geflüchteten, die täglich ihr Leben riskieren, um in die Europäische Union oder in die USA zu kommen. Die Antworten auf diese Herausforderungen führen in vielen Ländern zu heftigen politischen Debatten.

- Die Corona-Pandemie hat gezeigt, wie rasch weltweit vernetzte Gesellschaften getroffen werden können. Das öffentliche Leben wurde heruntergefahren, Kultureinrichtungen ebenso geschlossen die andere Möglichkeiten der Freizeitgestaltung. Schülerinnen und Schüler erlebten im Homeoffice ihre Schulausbildung und gerade in Deutschland wurde deutlich, dass die digitale Infrastruktur rasch und massiv ausgebaut werden muss, um auf solche Ereignisse zukünftig reagieren zu können.

- Die Frage der Gleichberechtigung aller Menschen ist auch im 21. Jahrhundert noch nicht geklärt. Ständige Meldungen von Menschen, die nur aufgrund von Herkunft, Geschlecht, sexueller Orientierung oder politischer Ansichten verfolgt, verletzt oder gar getötet werden, zeigen dies deutlich.

- Die Selbstverständlichkeit, in einer Demokratie leben zu dürfen, wird von einzelnen Gruppen immer deutlicher hinterfragt. Verschwörungstheorien, Politikverdrossenheit, Wissenschaftsfeindlichkeit, rechtsradikales oder gar rechtsextremes Denken und eine gerade in den digitalen Medien festzustellende Verrohung der Diskussionskultur sind große Herausforderungen für die Demokratie und die Gesellschaft.

- Die bipolare Weltordnung bis 1990 in der Rivalität der beiden Großmächte USA und Sowjetunion hat sich aufgelöst. Jedoch bleiben Konflikte und Reibungspunkte nicht aus, zumal mit China eine neue Weltmacht wirtschaftlich und militärisch auf sich aufmerksam macht und neue Konflikte (etwa im pazifischen Raum) entstehen können.

- Kriege gehören auch in Europa nicht der Vergangenheit an. Die grausamen Jugoslawienkriege von 1991–2001 haben aufgezeigt, dass Krieg auch fast direkt vor der deutschen „Haustüre" entstehen können. Im Krieg gegen den Terror starben auch deutsche Soldaten in Afghanistan. Der Konflikt zwischen Israel und seinen Nachbarstaaten, aber vor allem mit dem Iran sind seit Jahren eine Herausforderung für die internationale Diplomatie, ohne dass bislang eine zufriedenstellende Lösung gefunden werden konnte.

M 3 Nach der Flutkatastrophe im Ahrtal in Rheinland-Pfalz

Ein Helfer in Bad-Neuenahr, Foto, 18. Juli 2021

Aufgaben

1. **Neue Herausforderungen seit 1989/90**
   a) Diskutiert in der Klasse, welche anderen Herausforderungen ihr noch hinzufügen möchtet.
   b) Erstellt in der Klasse eine Umfrage/einen Fragenkatalog zu den möglichen aktuellen Herausforderungen.
   c) Führt diese Umfrage im Bekannten- und Freundeskreis durch. Wertet die Ergebnisse aus, diskutiert sie und veröffentlicht diese auf eurer Schulhomepage.
   d) Wählt eine der Herausforderungen aus, zu dem ihr einen podcast erstellen möchtet.
   ⌒ M1–M3, Text auf den Seiten 164–165

Eine globalisierte Welt

Globalisierung gehört zu den Schlüsselbegriffen unserer Zeit. Zumeist werden darunter die zunehmende internationale Vernetzung der Wirtschafts- und Arbeitswelt sowie die politische Bewältigung weltweiter Probleme verstanden. In einer zusammenwachsenden Welt treffen immer häufiger unterschiedliche Menschen und ihre Kulturen aufeinander. Die Vernetzung der Welt ist jedoch nicht gleichmäßig verteilt, wie die folgende thematische Karte zeigt.

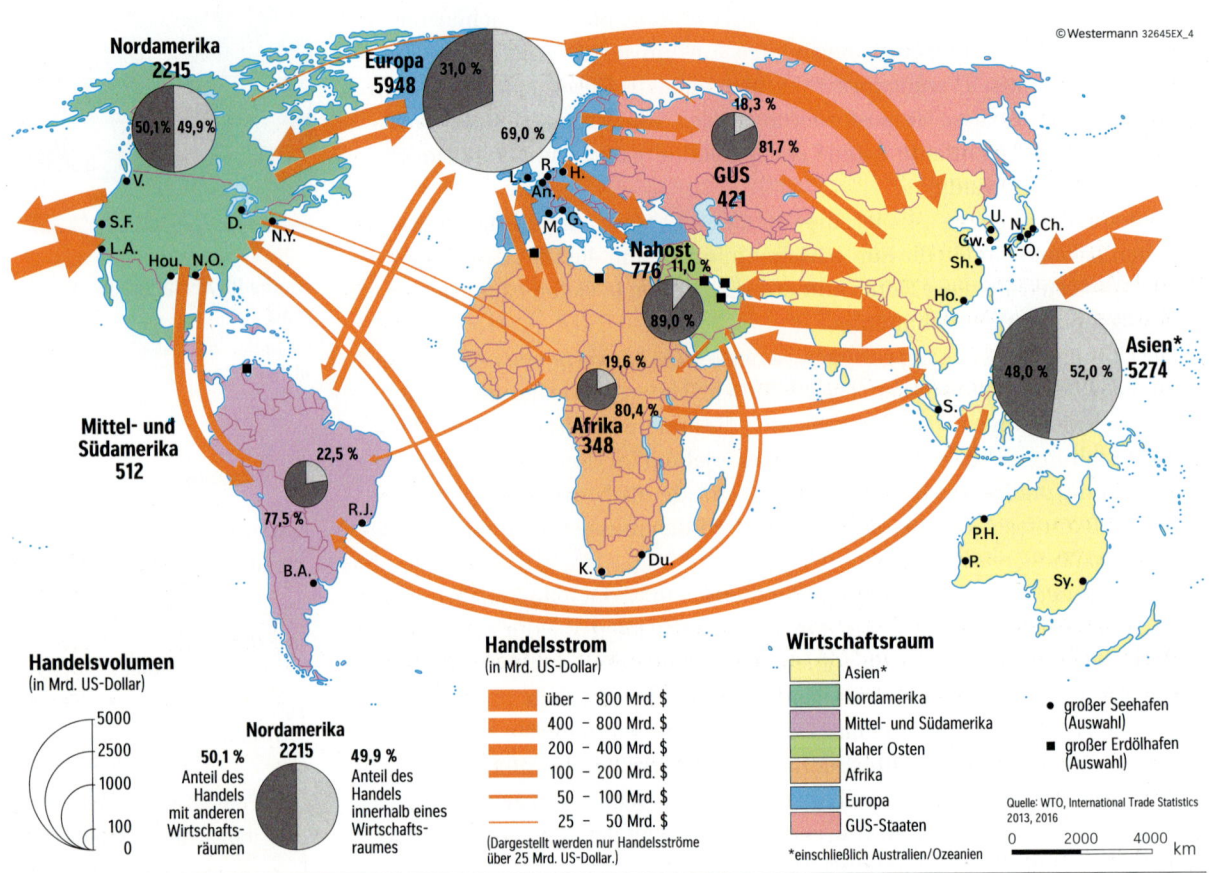

© Westermann 32645EX_4

Nordamerika 2215

50,1 % 49,9 %

V.
S.F.
L.A. Hou. N.O.
D.
N.Y.

Europa 5948

31,0 %
69,0 %

L. R. H.
An.
M. G.

GUS 421

18,3 %
81,7 %

U. N. Ch.
Gw. K.-O.
Sh.
Ho.

Nahost 776

11,0 %
89,0 %

Mittel- und Südamerika 512

22,5 %
77,5 %
R.J.
B.A.

Afrika 348

19,6 %
80,4 %

K. Du.

Asien* 5274

48,0 % 52,0 %

S.

P.H.
P.
Sy.

Handelsvolumen
(in Mrd. US-Dollar)

5000
2500
1000
100
0

Nordamerika 2215

50,1 %
Anteil des Handels mit anderen Wirtschaftsräumen

49,9 %
Anteil des Handels innerhalb eines Wirtschaftsraumes

Handelsstrom
(in Mrd. US-Dollar)

über – 800 Mrd. $
400 – 800 Mrd. $
200 – 400 Mrd. $
100 – 200 Mrd. $
50 – 100 Mrd. $
25 – 50 Mrd. $

(Dargestellt werden nur Handelsströme über 25 Mrd. US-Dollar.)

Wirtschaftsraum

Asien*
Nordamerika
Mittel- und Südamerika
Naher Osten
Afrika
Europa
GUS-Staaten

• großer Seehafen (Auswahl)
■ großer Erdölhafen (Auswahl)

Quelle: WTO, International Trade Statistics 2013, 2016

0   2000   4000 km

*einschließlich Australien/Ozeanien

M 1 Der heutige Welthandel (Datenbasis aus 2013, 2016)

1. Der heutige Welthandel –
Mit einer thematischen Karte arbeiten

a) Erläutere, was auf der Karte M1 dargestellt ist.

b) Beschreibe den heutigen Stand der Globalisierung, wie er sich in der Karte widerspiegelt.

c) Formuliere, ausgehend von der Karte M1, Vermutungen über mögliche Chancen und Risiken der Globalisierung. Überprüfe deine Vermutungen mithilfe des Textes auf den Seiten 167 – 168.

M1, Text auf den Seiten 167 – 168

M 2 **Standardcontainer im Hamburger Hafen**

In derartigen Containern wird ein Großteil der weltweit gehandelten Waren transportiert, aktuelles Foto.

Globalisierung – gestern und heute

Historikerinnen und Historiker diskutieren darüber, wann die Globalisierung begann. Ist sie bereits ein Phänomen der Frühen Neuzeit und hatte bereits vor 1750 wichtige Grundlagen erfahren, etwa durch die Weltumseglung Ferdinand Magel-
5 lans und die Entdeckungsfahrten generell – oder ist Globalisierung eng verbunden mit der Industrialisierung in Europa seit Mitte des 19. Jahrhunderts? Warenströme, Kulturkontakte, Netzwerke – aber auch Wirtschaftskrisen, Lieferengpässe und nationale Abschottungstendenzen prägen aktuell den Begriff der Globalisierung. Die weltweite Corona-Pandemie und ihre Folgen für Wirtschaft, Kultur und Gesell-
10 schaft hat gezeigt, wie eng die Welt miteinander verflochten ist und auch Viren keinen Halt vor geografischen Grenzen machen.

Chancen und Risiken

Mit Blick auf die Situation im 21. Jahrhundert lässt sich feststellen, dass immer
15 mehr immer mehr Menschen aus ärmeren Ländern in wohlhabendere Weltregionen möchten, um dort ihr Glück zu suchen. Erleichtert wurde dies durch das Ende des „Kalten Kriegs" in den 1990er-Jahren, durch die Verbesserung der Verkehrs- und Transportwege sowie durch die Entwicklung der Kommunikationsmittel. Zahlreiche Einwanderinnen und Einwanderer aus aller Welt bringen ihre kulturel-
20 len Sitten und Bräuche auch nach Deutschland. Dies ist unter anderem an den zahlreichen Restaurants mit italienischer, griechischer, äthiopischer, mexikanischer, chinesischer, thailändischer oder anderer internationaler Küche in deutschen Städten erkennbar.

Kulturelle Hegemonie der USA
25
Auf den ersten Blick scheint also eine neue Vielfalt in europäische Lebensgewohnheiten Einzug zu halten. Doch dieser Schein trügt. Es gibt weltweit auch eine Tendenz zur Vereinheitlichung. Deutschlands größte Restaurantkette hat ihren Ursprung in den USA und ist der Inbegriff für Fast-Food-Gastronomie. Im Angebot
30 des Konzerns finden sich in Mainz oder Koblenz fast die gleichen Speisen wie in Moskau oder Sydney.

Noch dominierender ist der amerikanische Einfluss auf den Musikgeschmack der Welt. Popmusikangebote aus den USA prägen die Hitlisten fast aller Staaten. Im Film- und Fernsehbereich bestimmen die Vereinigten Staaten ebenfalls den
35 Weltmarkt. Die Produktionsgesellschaften in Hollywood haben sich in vielen Staaten Filmverleihfirmen und Kinoketten aufgebaut, die die Dominanz amerikanischer Filme in den jeweiligen Märkten sichern. Die Güter der Unterhaltungsindustrie sind ein wichtiges Exportgut der USA, das den „American Way of Life" in alle Teile der Welt transportiert. Nicht zuletzt sind sie Grundlage für die amerikanische
40 Form des Englischen als unangefochtene Weltsprache.

M 3 **Amerikanisches Fast-Food-Restaurant in Bangkok**
Foto, 1997

Pluralität der Kulturen

Dennoch muss die Globalisierung nicht zwingend mit einer Amerikanisierung der gesamten Erde einhergehen. Um nicht völlig von Importen aus den USA abhängig zu sein, setzten verschiedene Staaten bei den Verhandlungen zum Welthandel (GATT) das Prinzip der kulturellen Ausnahme durch. Demnach dürfen beispiels- 45 weise in der Europäischen Union Kulturindustrien, wie etwa die Film- und Fernsehbranche oder das Verlagswesen, geschützt werden. Dadurch soll die kulturelle Vielfalt erhalten bleiben und ein einheitliches Kino-, Fernseh- und Buchprogramm „Made in Hollywood" vermieden werden.

Doch nicht nur in den industrialisierten Staaten Europas versucht man, die 50 eigenen kulturellen Traditionen verstärkt zu pflegen. Auch in zahlreichen Entwicklungsländern ist diese Tendenz zu beobachten. Im westafrikanischen Ghana beispielsweise werden nach Jahrzehnten der Fremdherrschaft einheimische Künstler gefördert und die 53 unterschiedlichen Landessprachen in den Grundschulen als Unterrichtssprache akzeptiert. Die eigentliche Amtssprache Englisch rückt dage- 55 gen in den Hintergrund.

Neue Wege der Kommunikation

Ein entscheidender Schritt bei der zunehmenden gegenseitigen Durchdringung der verschiedenen Kulturen war die Erfindung des Internets. Seit Mitte der Neun- 60 zigerjahre steht es zur privaten Nutzung offen. Gebrauchten zunächst nur 30 Millionen Menschen das neue Medium, so werden mittlerweile jährlich ca. 260 Millionen PC verkauft (Tendenz stetig steigend), ca. 3,5 Milliarden Menschen (Tendenz stetig steigend) besitzen ein Smartphone. Globale Kommunikation ist damit möglich geworden: Über alle Grenzen hinweg können Menschen miteinander in Ver- 65 bindung treten und sich austauschen. Dies ist eine Medienrevolution, die sich durchaus mit der Erfindung des Buchdrucks durch Johannes Gutenberg im 15. Jahrhundert vergleichen lässt. Gleichwohl können an dieser Revolution große Teile der Menschheit nicht teilhaben, da sie weder einen PC besitzen noch an die Stromversorgung angeschlossen sind. Dabei bietet das Internet gerade für weni- 70 ger entwickelte Regionen die Möglichkeit, Defizite auf vergleichsweise einfache und kostengünstige Art aufzuholen. Beispielsweise stehen in Universitäten und Schulen ärmerer Staaten nunmehr Lehrmaterialien zur Verfügung, die wenige Jahre zuvor in vielen Ländern der Welt noch unerreichbar waren.

Insbesondere autoritäre Staaten wie China sehen die Verbreitung des Inter- 75 nets jedoch kritisch, da eine Abschottung der Bevölkerung zunehmend unmöglich wird. Die Gedanken demokratischer und wirtschaftlicher Freiheiten dringen über das neue Medium auch in totalitäre Staaten ein und tragen dort womöglich zur verstärkten Forderung nach Selbstverwirklichung, Reisefreiheit und Demokratie bei, führen aber auch zu Reaktionen dieser Staaten mit massiven Folgen 80 etwa für Menschen, die für diese Rechte eintreten.

Globaler Terrorismus

Aber auch der Terrorismus hat im Zeichen der Globalisierung eine neue Dimension erreicht: der staatenübergreifende, „transnationale" Terrorismus. Von ihm geht 85 eine große globale Gefahr aus, denn er ist in der Lage, unkalkulierbare Opfer in der Zivilbevölkerung und wichtiger infrastruktureller Einrichtungen, z. B. Energie, Transport, Telekommunikation oder Finanzen, anzurichten.

M 4 **Globalisierung**
Live-Fernsehübertragung der Fußballweltmeisterschaft, Jemen, 2014

Hinweis

Der aktuelle globale Terrorismus wird auf den Seiten 174 – 176 in diesem Schulbuch thematisiert.

Globalisierung heute – Ein Beispiel

M 5 „Die Weltbürste"

Der Journalist Ralf Hoppe beschreibt folgendes Beispiel (2007):

Perlweiße Haut, schlanker Hals, 161,034 Gramm, schnurrt los wie ein Kätzchen, 130 Euro, das perfekte Spielzeug für die Wohlhabenden dieser Welt, sie heißt Elite. Es wird niemals Nacht in ihrem Reich, im Reich der Bürste, denn acht
5 Prozent Weltmarktanteil sind zu wenig, rund 20 Millionen Käufer, das genügt nicht, wer ihr dient, der muss kämpfen, etwa auf den Philippinen, am Stadtrand von Manila. […]
Die Firma Philips produziert, inklusive Zulieferfirmen, die elektrische Zahnbürste „Sonicare Elite 7000" und ihre
10 Schwestermodelle an zwölf Standorten und in fünf Zeitzonen. Ein- bis zweimal in der Woche verlassen rund 100 000 Platinen mit aufgelöteten Komponenten das Werk in Manila, in dem Mary-Ann arbeitet. Vom Cargo-Flughafen Manilas werden sie via Tokio nach Seattle geflogen; eine
15 Verzögerung von einem halben Tag kann alles durcheinanderbringen, man arbeitet mit einem Minimum an Lagerreserven, an Zeitreserven.
Eine Reise durch die Präzisionsmaschine von „Oral Healthcare Philips" ist eine Tour in die globale Gegenwart – fast
20 ohne Europäer und ihre romantischen Vorstellungen von Gerechtigkeit und ihre hässlichen, teuren Arbeitskämpfe, weil die Verlagerung nach Asien nämlich schon größtenteils stattgefunden hat.
Die Zahnbürste besteht im Wesentlichen aus 38 Kompo-
25 nenten. Die Einzelteile für die Energiezelle, ein Nickel-Cadmium-Akku, stammen aus Japan, Frankreich, China. Die Platine, das elektronische Herzstück, kommt vorgeätzt aus Zhuhai, am Perlflussdelta, im Südosten Chinas. Nicht weit

von Zhuhai, aus der chinesischen Industriestadt Shenzhen, stammen auch die Kupferspulen, gedreht von Heerscharen
30 von Frauen mit verpflasterten Fingerspitzen – die Globalisierung ist weiblich.
Die 49 Komponenten auf der Platine, streichholzkopfgroße Transistoren und Widerstände, wiederum stammen aus Malaysia. In Manila werden sie aufgelötet und getestet, unter
35 anderem von Mary-Ann. Dann ausgeflogen nach Snoqualmie, an die amerikanische Westküste, wo das Mutterwerk ist. Gleichzeitig kommen aus Klagenfurt per Lkw die komplizierteren Kunststoffgussteile nach Bremerhaven, außerdem in Klagenfurt vorgeschnittene Stahlblätter, der Spezi-
40 alstahl stammt aus Sandviken, Schweden. Von Bremerhaven aus fährt ein Frachtschiff die halbe Bürste über den Atlantik nach Port Elizabeth, New Jersey. Von dort geht es per Bahn weiter, quer durch die USA. Und in Snoqualmie, 40 Autominuten von Seattle entfernt, wird alles zusammenge-
45 schraubt, verpackt.
Zu dem Zeitpunkt haben die Komponenten 27 880 Kilometer zurückgelegt, zwei Drittel des Erdumfangs.
Philips ist ein niederländischer Konzern. Aber unter etwa 120 Leuten, die man auf einer Reise durch das Karussell der
50 Kulturen und Kontinente trifft, sind gerade mal zwei Niederländer. Der Vorarbeiter im amerikanischen Snoqualmie stammt aus Gambia. Bernard Lim Nam Onn, der Chef in Zhuhai, ist Chinese, aber in Malaysia geboren und in Singapur aufgewachsen. Es gibt Iren, Ukrainer, Inder, Kambod-
55 schaner, Vietnamesen, Thailänder. Globalisierung schafft überall auf der Welt neue Biografien und verzahnt sie. […]

Ralf Hoppe: „Die Weltbürste"; in: Der Spiegel 26/2005, S. 136 – 139, https://www.spiegel.de/politik/die-weltbuerste-a-37393ed8-0002-0001-0000-000040872453 [letzter Zugriff: 29.09.2021].

Aufgaben

1. **Eine globalisierte Welt**
   a) Erläutere den Begriff „Globalisierung".
   b) Formuliere deine eigene Einstellung zur Globalisierung.
   ⌐ Text auf den Seiten 167–168, M1–M4

2. **Globalisierung heute – Ein Beispiel**
   a) Kläre unbekannte Begriffe in der Darstellung von Ralf Hoppe (M5).
   b) Erläutere anhand des Textes typische Merkmale der heutigen Globalisierung. Berücksichtige dabei auch den Ressourcenverbrauch.
   c) Überprüfe, ob die Diagnose noch zutrifft.
   ⌐ M5, Text auf den Seiten 167–168, Internet

Russland und die USA (1990–2001)

Das Ende des sowjetisch-amerikanischen Gegensatzes

Das 20. Jahrhundert war geprägt vom Gegensatz zweier Großmächte: den Verei-
nigten Staaten von Amerika und der Sowjetunion. Während sich die USA als
Schutzmacht von Demokratie und freier Marktwirtschaft verstanden, war mit der
Sowjetunion ein sozialistischer Staat entstanden. Nach dem Ende des Zweiten 5
Weltkriegs stiegen beide Länder zu Supermächten auf. Die USA standen an der
Spitze des westlichen Bündnisses, während die UdSSR den Ostblock anführte. Das
Ende des Kalten Kriegs stellte beide Führungsmächte vor die Aufgabe, ihre jewei-
ligen Rollen neu zu bestimmen.

10

Das Ende der Sowjetunion

Der Austritt der drei baltischen Staaten Litauen, Lettland und Estland bedeutete
den Anfang vom Ende der Sowjetunion. Immer mehr Regionen strebten nach
Souveränität und erklärten ebenfalls ihre Unabhängigkeit. Die frühere Supermacht zerfiel und wurde zum Jahresende 1991 offiziell aufgelöst. An die Stelle der 15
„Union der Sozialistischen Sowjetrepubliken" (UdSSR) trat die „Gemeinschaft Unabhängiger Staaten" (GUS). Mit Ausnahme der drei baltischen Republiken traten
diesem Zusammenschluss souveräner Einzelstaaten alle ehemaligen Sowjetrepubliken bei. Als dominierende Macht in der GUS erwies sich jedoch schnell die
Russische Föderation. 20

Eine neue Politik der Stärke

Im Inneren hatte sich der Streit um die Reformpolitik von Michail Gorbatschow
zugespitzt. Zwar scheiterte der Versuch, ihn zu stürzen, doch er verlor immer mehr
an Einfluss. Sein Nachfolger Boris Jelzin hatte am Beginn der Neunzigerjahre zu 25
den radikalen Reformern gehört. Unter dem Eindruck der weiterhin bestehenden
wirtschaftlichen Probleme wandte er sich aber zunehmend russisch-nationalen
Positionen zu. Zum obersten Ziel des Regierungshandelns wurde in der Folge die
Sicherung der territorialen Integrität und der politischen Stärke des Reiches. Um
ein Auseinanderbrechen der Russischen Föderation zu verhindern, ging Jelzin mit 30
aller Härte militärisch gegen die Kaukasusrepublik Tschetschenien vor, nachdem
sich diese 1991 von Russland lossagen wollte. Zwischen 1994 und 1996 forderte ein
erster Krieg mehr als 100 000 Tote. 1999 brach der Konflikt erneut auf und führte
zur völligen Zerstörung Tschetscheniens. Trotz internationaler Proteste hielt auch
der im März 2000 ins Amt gewählte russische Präsident Wladimir Putin am Krieg 35
im Kaukasus fest.

Das Verhältnis zum Westen

Das Verhältnis Russlands zum Westen blieb auch nach dem Ende des Kalten
Kriegs gespannt. Deutlich wurde dies, als schon unmittelbar nach dem Zusam- 40
menbruch des Warschauer Paktes einige osteuropäische Länder ihre Aufnahme
in die NATO forderten. Russland stand dem sehr ablehnend gegenüber, konnte
jedoch eine Erweiterung des westlichen Verteidigungsbündnisses nicht verhindern. Schon 1999 erreichten Polen, Tschechien und Ungarn ihren Beitritt. Fünf
Jahre später folgten weitere osteuropäische Staaten. Allerdings wurde parallel 45
zur Erweiterung die Zusammenarbeit zwischen der NATO und Russland selbst

M 3   Freunde oder Gegner?
US-Präsident George W. Bush (jun.)
und der russische Staatspräsident
Wladimir Putin bei einem Treffen
in Moskau, 15. November 2006.

ausgebaut, was im Jahr 2002 in der Einrichtung eines NATO-Russland-Rates
mündete.

50 Zentrales Anliegen der russischen Außenpolitik unter Putin blieb die Abwehr
amerikanischer Weltmachtansprüche. Zusammen mit wechselnden Bündnis-
partnern, nicht zuletzt aber mit der Europäischen Union und ihren Mitgliedsländern, versuchte Russland, seine eigene Machtstellung zu festigen. So beispielsweise, als die USA sich anschickten, 2003 ohne UN-Mandat militärisch gegen den Irak
vorzugehen. Zusammen mit Frankreich und Deutschland zählte Russland zu den
55 Hauptgegnern eines Krieges gegen Saddam Hussein.

Innere Situation in Russland

Ökonomisch profitiert Russland, dessen Wirtschaft noch immer zu weiten Teilen
in staatlichem Besitz ist, von seinem Rohstoffreichtum. Den Export von Öl und
60 Gas in die westliche Welt nutzt das Land zunehmend, um seine politischen Interessen gegenüber dem Ausland durchzusetzen. Trotz der Exporterlöse bestehen
enorme soziale Gegensätze im Land. Neben den superreichen Gewinnern der
Privatisierung leben Millionen Russen an und unter der Armutsgrenze. Trotz der
Einführung von Wahlen und einer Liberalisierung im Inneren sehen sich politisch
65 Andersdenkende politischer Verfolgung ausgesetzt.

Die USA nach 1991: die einzige verbliebene Supermacht?

In den Vereinigten Staaten war die Ausgangslage nach dem Ende des Kalten Kriegs
eine völlig andere. Man empfand sich als Sieger der Konfrontation und erhoffte
70 sich einen Zugewinn an Stabilität und Sicherheit. Tatsächlich setzte auch der russische Präsident Boris Jelzin die von Gorbatschow begonnene Politik der militärischen Abrüstung fort. So wurden beispielsweise zu Beginn der Neunzigerjahre
Obergrenzen für Waffen und Truppenstärken in Europa festgeschrieben.

Aufgrund der Schwäche Russlands schien Amerika nun die einzige Weltmacht
75 zu sein.

**M 4   Erdgasstation von
Gazprom**
Erdgaswerk des russischen Staats-
konzerns in Weißrussland, 2006

Krieg am Persischen Golf

Dennoch bedeutete das Ende der Sowjetunion für die Vereinigten Staaten keine
Zeit der äußeren Sicherheit, da sich zeitgleich am Persischen Golf ein neuer Kon-

fliktherd anbahnte, nachdem der irakische Diktator Saddam Hussein am 2. August 80
1990 seinen Nachbarstaat Kuwait überfallen und besetzt hatte. Unter der Führung
des US-Präsidenten George Bush sen. fanden sich 28 Staaten zusammen, um Kuwait, das über wichtige Erdölvorräte verfügt, zu befreien. Der Militärschlag war
durch die technische Überlegenheit der amerikanischen Truppen innerhalb weniger Wochen erfolgreich abgeschlossen. 85

Neue Konfliktherde

Der Golfkrieg hatte gezeigt, dass die Welt nach dem Ende des Kalten Krieges keineswegs sicherer geworden war. Im Gegenteil, die internationale Lage wurde un-
übersichtlicher und noch instabiler. An die Stelle des Ost-West-Konflikts traten 90
regionale Konflikte. Die Tendenz in den USA, sich aus der Außenpolitik zu verab-
schieden und die Dinge den europäischen Partnern zu überlassen, scheiterte im
Krieg in Bosnien. Während die Europäer den Konflikt nicht stoppen konnten, erreichten die US-Streitkräfte nach ihrem Eingreifen ein Ende der Kämpfe. Dies war
ein klarer Hinweis darauf, wie wichtig die amerikanische Rolle auch in künftigen 95
Sicherheitsfragen sein würde.

Innere Situation

Während der zweiten Hälfte der Neunzigerjahre und am Beginn des neuen Jahr-
tausends erlebte die amerikanische Wirtschaft einen beispiellosen Aufschwung. 100
Allein während der Präsidentschaft Bill Clintons (1993–2001) sank die Arbeitslo-
senquote auf unter fünf Prozent. Damit einher ging eine grundlegende Sanierung
des Staatshaushaltes. Grundlage für diesen Erfolg waren neue Wachstumsbran-
chen, wie etwa die Computer- und Softwareindustrie, die Entwicklung des Internets sowie das Entstehen eines umfangreichen Dienstleistungssektors. 105

    Schattenseite des ökonomischen Erfolgs war der Anstieg des Energiebedarfs.
Kein anderes Land der Welt verbraucht pro Kopf so viel Energie, wie dies in den
Vereinigten Staaten der Fall ist. Dem Klimawandel zum Trotz verweigerte sich
Präsident Bill Clinton dem Klimaschutzbündnis von Kyoto, wonach der Ausstoß
von Kohlendioxid unter dem Stand von 1990 verbleiben sollte. Ein langsames 110
Umdenken in der US-Gesellschaft setzte erst ein, nachdem im August 2005 ein
Wirbelsturm große Teile der Küstenstadt New Orleans verwüstet hatte.

    Neben den ökologischen Problemen bestehen in den USA auch im 21. Jahr-
hundert große soziale Unterschiede: 20 Prozent der Bevölkerung verfügen über
lediglich vier Prozent des gesamten Einkommens, und zwischen den ethnischen 115
Gruppen der Gesellschaft herrschen erhebliche Spannungen. Trotz der sozialen,
ökologischen und politischen Unwägbarkeiten sahen sich die USA aber am Beginn des 21. Jahrhunderts vor einer Periode des wirtschaftlichen Erfolgs und der
wachsenden Sicherheit.

120

Der 11. September 2001 verändert die Welt

Diese Überzeugung fand am frühen Vormittag des 11. September 2001 ein Ende,
als bei mehreren Flugzeugattentaten auf das World Trade Center in New York und
das Verteidigungsministerium in Washington Tausende Menschen getötet wurden. Erstmals in ihrer Geschichte waren die USA auf eigenem Territorium massiv 125
angegriffen worden. Der als „9/11" bezeichnete Anschlag hatte erhebliche globale
Auswirkungen und führte zu einer veränderten weltpolitischen Situation.

Hinweis

Der 11. September und die
Folgen werden in diesem
Schulbuch auf den Seiten
174 – 176 thematisiert.

M 5   **In den Trümmern des
World Trade Centers**

Feuerwehrleute und Rettungskräf-
te suchen am 13. September 2001
nach Überlebenden des Terror-
anschlags.

Das sowjetisch-amerikanische Verhältnis im Spiegel von Karikaturen

M 6　„Ohne Titel", Süddeutsche Zeitung, 1989

M 7　„Die USA als Global Player", Karikatur, 1992

M 8　„Osterweiterung", Süddeutsche Zeitung, 1998

Aufgaben

1. **Russland und die USA nach dem Kalten Krieg**
   a) Stelle die weltpolitische Lage Russlands nach dem Zerfall der Sowjetunion dar.
   b) Erläutere die Veränderung der weltpolitischen Rolle der USA nach dem Ende des Kalten Krieges.
   c) Vergleiche die weltpolitischen Rollen beider Staaten und stelle deine Ergebnisse in einer Tabelle dar.
   d) Nimm Stellung zu der Behauptung: „Das Ende des Kalten Krieges machte die internationale Situation unsicherer."
   ⌒ Text auf den Seiten 170–172
2. **Karikaturen historisch einordnen**
   a) Gib die Grundaussagen der Karikaturen M6–M8 wieder.
   b) Verfasse zu einer der Karikaturen einen Kommentar.
   c) Zeichne eine eigene Karikatur.
   ⌒ M6–M8, Text auf den Seiten 170–172

Die Welt nach dem 11. September 2001

Angriff auf die USA: „Nine Eleven"

Der 11. September 2001 markiert eine Zäsur in der Weltgeschichte, die sich tief in das kollektive Gedächtnis der Zeitgenossen eingeprägt hat. Nach den offiziellen Untersuchungsergebnissen hatten 19 Terroristen vier Passagierflugzeuge in ihre Gewalt gebracht, um sie als fliegende Bomben in symbolträchtige Gebäude der USA zu steuern. Bei den Angriffen auf das World Trade Center, ein Wahrzeichen New Yorks, stürzten die sogenannten Twin Towers sowie ein drittes Gebäude ein, ein weiterer Angriff erfolgte auf das amerikanische Verteidigungsministerium Pentagon. Insgesamt starben mehr als 3000 Menschen. Als verantwortlich für die Anschläge wurde die Terrororganisation al-Qaida identifiziert. Deren Mitglieder sind religiöse Fanatiker verschiedener Länder, überwiegend aber aus der arabischen Welt, die sich auf einen politisch gedeuteten, radikalen Islam berufen.

M 1   „11. September 2001"

Staubwolke über Manhattan nach dem Einsturz des World Trade Centers, Foto, 11.9.2001

„Krieg gegen den Terror" in Afghanistan und dem Irak

Wenige Tage nach dem 11. September sprach der amerikanische Präsident George W. Bush von einem bevorstehenden, langwierigen „Krieg gegen den Terror", der weltweit geführt werden müsse. Die NATO rief infolge der fortan als „9/11" bekannten Anschläge den sogenannten Bündnisfall aus, nach dem ein angegriffenes Mitgliedsland Beistand der NATO-Partner erwarten kann. Da das Terrornetzwerk al-Qaida mitsamt seinem Anführer Osama bin Laden seine Basis in Afghanistan hatte, intervenierten die USA in Afghanistan und stürzten hier bis Ende 2001 das radikalislamische Regime der Taliban, ohne diese jedoch vollständig entmachten zu können. Der Sicherheitsrat der Vereinten Nationen stimmte einem friedenserzwingenden Einsatz zu und mandatierte internationale Truppen (ISAF-Mission). Auch Deutschland entsandte nun Soldatinnen und Soldaten der Bundeswehr an den Hindukusch.

    Die 2015 folgende Mission „Resolute Support" verfolgte das Ziel, durch Ausbildung, Beratung und Unterstützung afghanischer Sicherheitskräfte das Land und seine demokratisch gewählte Regierung zu stabilisieren. Dies erwies sich als äußerst schwierig, zumal die ausländischen Truppen von der afghanischen Bevölkerung zunehmend als Besatzer wahrgenommen wurden. Es kam zu tödlichen Anschlägen auf ausländische Soldaten sowie auf afghanische Sicherheitskräfte,

M 2   **Ehrung der Toten**

Zentrale Trauerfeier für vier am 15. April 2010 in Afghanistan getötete deutsche Soldaten, Ingolstadt, 24. April 2010

Aufgaben

1. Eine kurze Geschichte des 21. Jahrhunderts

Bildet Gruppen, in denen ihr euch den Darstellungstext über die Entwicklung der Welt nach dem 11. September 2001 (S. 174–178) gemeinsam erarbeitet, und stellt den Textinhalt anschließend in möglichst frei gehaltenen Referaten in der Klasse vor. Löst dazu die folgenden Aufgaben:

a) Erarbeitet zunächst als gemeinsame Grundlage den ersten Abschnitt auf Seite 174.

b) Bildet sieben Arbeitsgruppen für folgende Abschnitte: 1. „Krieg gegen den Terror" in Afghanistan und dem Irak, 2. „Arabischer Frühling", 3. „Islamischer Staat", 4. Flucht und Vertreibung, 5. Die neue Weltwirtschaftskrise, 6. Russland und die Ukraine-Krise, 7. Chinas neuer Machtanspruch.

c) Erarbeitet jeweils frei gehaltene Mini-Referate für die Klasse (Einleitung, Problemdarstellung/Problemfrage, Akteure, Hauptteil, erkennbarer Schluss).

d) Recherchiert ggf. ein geeignetes Foto zum Zeigen in der Klasse (mit Quellenangabe).

e) Klärt alle wichtigen Fachbegriffe und Abkürzungen.

f) Erstellt aus den Referaten einen Klassenfries, der aktualisiert werden kann.

g) **Medienbildung:** Diskutiert, welche Vor- und welche Nachteile reine Darstellungstexte in Schulbüchern haben (Quellenfrage, Multiperspektivität …).

⌒ Text auf den Seiten 174–178

wobei auch Zehntausende Zivilisten ihr Leben verloren. Vor diesem Hintergrund verhandelte die US-Regierung unter Präsident Donald Trump mit den radikalisla-
35 mischen Taliban über einen Abzug der ausländischen Truppen aus Afghanistan. Ein Abkommen vom Februar 2020 stellte den geordneten Abzug der NATO-Truppen bis April 2021 in Aussicht, sofern die Taliban dazu bereit seien, ihre Kontakte zu anderen Terrorgruppen abzubrechen, die Gewalt zu reduzieren und sich auf Friedensverhandlungen mit der afghanischen Regierung einzulassen. Nachdem
40 die NATO-Truppen 2021 aus Afghanistan abgezogen waren, zeigte sich rasch, dass die Taliban das Abkommen nicht einhielten und dass die Streitkräfte der afghanischen Regierung ihnen nichts entgegenzusetzen hatten. In kürzester Zeit eroberten die Taliban die Macht im Land, meist ohne auf Gegenwehr zu stoßen. Wie es nun in Afghanistan weitergeht, ist im August 2021 völlig offen.

45   Bereits 2002 hatte sich eine weitere Militärintervention der USA abgezeichnet: Der irakische Diktator Saddam Hussein war von den Vereinten Nationen verpflichtet worden, auf den Besitz von Massenvernichtungswaffen – also z.B. auf Giftgas, das er bereits gegen das eigene Volk eingesetzt hatte – zu verzichten. Die US-Regierung behauptete, dass der Irak dieses Verbot unterlief. Sie sprach sich für einen
50 Krieg gegen das Land aus, um so die Weitergabe von Massenvernichtungswaffen an Terroristen zu verhindern. Diese Position war weltweit deutlich umstrittener als der Einsatz gegen die Taliban. Auch Europa war gespalten: Während Großbritannien und viele osteuropäische Länder die USA unterstützten, standen unter anderem Frankreich und Deutschland dem Kriegskurs der USA sehr kritisch ge-
55 genüber.

Im März 2003 marschierten die USA mit ihren Verbündeten in den Irak ein, und schon am 1. Mai verkündete US-Präsident Bush den Sieg. Bald aber wurde klar, dass dieser Triumph voreilig war; das Land war keineswegs befriedet. Während der folgenden Besatzungszeit starben Tausende Menschen durch Anschläge.
60 Die Massenvernichtungswaffen, mit denen der Krieg gerechtfertigt worden war, wurden niemals gefunden; die ursprünglich für ihr Vorhandensein vorgebrachten Belege stellten sich als fragwürdig heraus.

Der bürgerkriegsähnliche Konflikt zwischen den religiösen Gruppierungen verschärfte sich. 2011 zogen die Amerikaner und ihre Verbündeten aus dem Irak
65 ab, wo seitdem Instabilität und eine prekäre Sicherheitslage herrschen.

Ebenfalls 2011 gelang es den USA unter Präsident Barack Obama, den mutmaßlichen Drahtzieher von „9/11", Osama bin Laden, in Pakistan aufzuspüren, wo er durch Spezialkräfte der US-Armee getötet wurde. Darüber hinaus gehen die USA mithilfe bewaffneter Drohnen im afghanisch-pakistanischen Grenzgebiet
70 gegen mutmaßliche Terroristen vor. Diese geheim durchgeführten Einsätze, bei denen immer wieder auch unbeteiligte Zivilisten getötet werden, sind völkerrechtlich höchst umstritten.

„Arabischer Frühling"

75 Bis zum Jahr 2010 war die arabische Welt geprägt von autoritären, oft auch korrupten Regimen, die ohne hinreichende Teilhabe der Bevölkerung regierten. Als sich im Dezember 2010 ein tunesischer Gemüsehändler selbst verbrannte, weil er für sich keine ausreichende Lebensperspektive mehr sah, löste dieses Ereignis Proteststürme in vielen arabischen Ländern aus. Vor allem die junge Bevölkerung
80 forderte politische Teilhabe und Zukunftschancen. Innerhalb kurzer Zeit wurden die Herrscher in Tunesien, Ägypten, Libyen und im Jemen entmachtet; in man-

M 3 **US-Soldat im Irak**
Patrouille eines US-Marines in der Stadt Falludschah, Oktober 2004

💻 WES-115467-401
Film über den 11. September 2001

chen Ländern führten die Konflikte zu heftigen Gewaltausbrüchen bis hin zum Bürgerkrieg wie in Syrien. Auch zeigte sich, dass die Revolutionäre sehr unterschiedliche Vorstellungen von der politischen Zukunft ihres Landes hatten, gerade im Hinblick auf die Rolle der Religion. Erst die kommenden Jahre werden erweisen, welchen Weg die arabische Welt nimmt. 85

„Islamischer Staat"

Eine terroristisch-salafistische Gruppe ist der selbsternannte „Islamische Staat (IS)", welcher das Ziel verfolgt, im Nahen Osten ein Kalifat („Gottesstaat") zu errichten, das Syrien, den Irak, den Libanon, Israel, Palästina und Jordanien umfassen soll. Der „Islamische Staat" hat seinen Ursprung im Irak-Krieg und geht vor allem auf den Islamisten Abu Musab al-Zarqawi zurück, der die Schiiten zugunsten der Sunniten bekämpfen wollte. Dabei ging der IS mit extremer Grausamkeit gegen seine Gegner vor und stellte seine Brutalität durch die Veröffentlichung von 95 Hinrichtungsvideos im Internet zur Schau. Die Terroristen finanzierten sich vor allem durch Erpressungen, Geiselnahmen, den Verkauf antiker Objekte aus Grabungsstätten und Museen sowie den Handel mit Öl, welches sie in Syrien und im Irak gewannen. Der Terror des IS richtete sich auch gegen das kultur- und kunstgeschichtliche Erbe der gesamten Menschheit, da in den eroberten Gebieten sys- 100 tematisch historische Denkmäler zerstört wurden. Nach der Ausrufung eines „Islamischen Kalifats" 2014 bildete sich eine internationale Allianz zur Bekämpfung des IS unter Führung der USA, der neben mehreren westlichen Staaten auch arabische Staaten sowie die Türkei angehörten. Bis 2019 konnte der IS aus den von ihm kontrollierten Gebieten Syriens und des Iraks verdrängt werden. Seine Netz- 105 werke sowie das zugrunde liegende Gedankengut bestehen jedoch weiter fort.

Flucht und Vertreibung

Um Bürgerkriegen, dem Terror des „Islamischen Staates" oder der Perspektivlosigkeit zerfallender Gesellschaften zu entkommen, verlassen viele Menschen ihre 110 Heimat und werden zu Flüchtlingen. Noch nie befanden sich weltweit so viele Menschen auf der Flucht wie im 21. Jahrhundert – im Sommer des Jahres 2015 waren es über 50 Millionen Menschen, etwa die Hälfte von ihnen waren minderjährig. Der Weg in die Länder der Europäischen Union ist für Flüchtlinge beschwerlich und oft auch gefährlich. Schlepperbanden nutzen die Notlage der 115 Flüchtlinge aus, Tausende sterben auf der Überfahrt über das Mittelmeer, wenn überfüllte, zumeist nicht seetüchtige Schiffe sinken. Dabei macht sich nur ein verhältnismäßig kleiner Teil der Flüchtenden auf den Weg Richtung Europa. Die meisten suchen jeweils in einem Nachbarland Zuflucht. Dennoch spaltet der Umgang mit Schutzsuchenden seit einem ersten Höhepunkt der „Flüchtlingswelle" 120 2015 die Länder der Europäischen Union. Eine dringend erforderliche Reform des europäischen Asylrechts ist bisher noch nicht gelungen.

Die neue Weltwirtschaftskrise

Nach dem 11. September 2001 betrieb die US-Notenbank Federal Reserve (Fed) 125 eine Niedrigzinspolitik, die es den US-Bürgern ermöglichte, günstig Schulden zu machen. Viele Menschen liehen sich Geld, um sich ein Eigenheim zu kaufen, was zum Anstieg der Immobilienpreise und schließlich zu riskanten Spekulationsgeschäften führte. Einige amerikanische Banken verspekulierten sich und gerieten in eine Schieflage. 2007 löste dies eine Bankenkrise aus, zunächst in Nordamerika, 130

M 5   Europäische Schuldenkrise

Proteste in Athen gegen Sparmaßnahmen der Regierung, Foto, 2011

kurz darauf aber auch in Europa, da auch europäische Finanzinstitute auf dem amerikanischen Markt spekuliert hatten. Daraus entwickelte sich eine Weltwirtschaftskrise, die die Regierungen mithilfe von öffentlichen Finanzhilfen beheben wollten, um das schwer geschädigte Banken- und Finanzsystem wieder zu
135 stabilisieren.

Die staatlichen Rettungsmaßnahmen hatten einen sprunghaften Anstieg der öffentlichen Schulden zur Folge und mündeten 2010 in einer europäischen Schuldenkrise. Von dieser Krise war besonders Griechenland betroffen, das bereits in den Vorjahren einen sehr hohen Schuldenstand aufgewiesen hatte. Um einen
140 Staatsbankrott abzuwenden, wurde Griechenland von den Euro-Ländern und dem Internationalen Währungsfonds mit über 200 Milliarden Euro gestützt. Doch nicht alle europäischen Politiker wollten Griechenland unbegrenzt helfen; erstmals wurde die Frage diskutiert, unter welchen Bedingungen ein Land die gemeinsame Währung wieder verlassen sollte. Andere Länder der Eurozone hatten
145 unter der Wirtschaftskrise ebenfalls stark zu leiden, vor allem Spanien, Irland, Italien und Portugal.

Russland und die Ukraine-Krise

Im November 2013 kam es in der ukrainischen Hauptstadt Kiew zu Massenprotes-
150 ten gegen die Regierung des Präsidenten Viktor Janukowitsch. Nachdem diese in blutige Gewalt eskaliert waren, floh Janukowitsch nach Moskau, sodass man sich in Kiew unter Beteiligung der EU-Außenminister darauf einigte, den bisherigen Präsidenten für abgesetzt zu erklären und am 25. Mai 2014 vorgezogene Präsidentschaftswahlen abzuhalten. In der Zwischenzeit verlagerte sich der Konflikt in die
155 östlichen Landesteile der Ukraine. Auf der Krim forderten Zehntausende Demonstranten die Vereinigung ihrer Halbinsel mit Russland, bewaffnete Gruppen besetzten das Regionalparlament. Die Regionalregierung der Krim setzte mit russischer Unterstützung für den 16. März 2014 eine Volksabstimmung an, als deren Ergebnis eine 96,6%ige Befürwortung des Beitrittes zur Russischen Föderation verkündet
160 wurde. Allerdings erkannten weder die Ukraine noch die EU und die USA das Abstimmungsergebnis und die Abspaltung der Krim an. In den östlichen, traditionell an Russland orientierten Landesteilen der Ukraine kam es zu blutigen Kämpfen zwischen den Truppen der Kiewer Zentralregierung und örtlichen, prorussischen Kräften. Die Regionen Donezk und Luhansk riefen sich als autonome
165 Volksrepubliken aus, wurden aber weder von Kiew noch international als solche anerkannt.

M 6   Krieg in der Ukraine

Soldaten der ukrainischen Armee in der Ostukraine, Foto, Februar 2015

Um Druck auszuüben, verhängten die EU und die USA Sanktionen gegen die Russische Föderation, weil diese die pro-russischen Separatisten unterstützte. Russland konterte mit der Drohung der Erhöhung der Energiepreise und einem Einfuhrverbot für Agrarprodukte. Ein Ende des Konflikts ist – trotz internationaler Bemühungen zu dessen Beilegung – 2021 noch nicht in Sicht.

Chinas neuer Machtanspruch

Der „Krieg gegen den Terror" hat die moralische Autorität der USA – eine wichtige Grundlage ihres weltpolitischen Führungsanspruchs – massiv beschädigt. Während die USA und ihre Verbündeten universale Werte wie Freiheit, Menschenrechte und Demokratie durchsetzen wollten, wurden gerade diese Werte von den USA selbst oftmals verletzt. Skandale wie die um Abu-Ghuraib oder um die Blackwater-Söldner, Berichte über Geheimgefängnisse und Inhaftierungen ohne Gerichtsbeschluss erschütterten die Weltöffentlichkeit. Spätestens der überstürzte und chaotische Abzug aus Afghanistan 2021 zeigte: Der Westen unter Führung der USA ist mit seinem Anspruch als weltpolitische Ordnungsmacht gescheitert.

Demgegenüber stellt die Volksrepublik China ihren weltpolitischen Machtanspruch immer deutlicher heraus. Das mit etwa 1,4 Milliarden Menschen bevölkerungsreichste Land der Welt hatte zwischen den 1970er- und 1990er-Jahren unter Führung von Deng Xiaoping einen beispiellosen wirtschaftlichen Aufschwung erlebt. Damit einher ging auch eine teilweise Öffnung der chinesischen Wirtschaft für internationalen Handel. Gleichzeitig blieb der Führungsanspruch der Kommunistischen Partei Chinas (KPCh) jedoch unangefochten.

Die Politik des seit 2012 regierenden Partei- und Staatschefs Xi Jinping läuft darauf hinaus, diesen Führungsanspruch der KPCh weiter zu festigen. Dabei konzentrierte Xi durch Umgestaltung der Parteiorganisation die Macht in seinen Händen; er gilt als mächtigster Führer Chinas seit dem Gründer der Volksrepublik, Mao Zedong. „Xi Jinpings-Gedankengut" ist mittlerweile Teil der chinesischen Verfassung und wird unter anderem im chinesischen Schulunterricht gelehrt. Xi Jinping propagiert den „chinesischen Traum", der nach einem „Jahrhundert der Erniedrigungen" (1842–1949) den Wiederaufstieg Chinas zum Ziel hat. Dabei zeigt die chinesische Außenpolitik zunehmend aggressive Züge, etwa wenn in umstrittenen Grenzgebieten im Südchinesischen Meer künstliche Inseln für militärische Anlagen aufgeschüttet werden.

Das gigantische Infrastrukturprojekt der sogenannten „Neuen Seidenstraße" soll die Erschließung eines riesigen eurasischen Wirtschaftsraumes vorantreiben. Kritiker sehen darin den Versuch Chinas, durch wirtschaftliche Abhängigkeiten seine geopolitische Machtstellung auszubauen. Ähnliches gilt für chinesische Investitionen in Afrika, die in den vergangenen Jahren stark angestiegen sind.

In Reden schlägt Staatschef Xi Jinping zunehmend nationalistische Töne an. So sprach er etwa anlässlich der Feierlichkeiten zum 100jährigen Bestehen der Kommunistischen Partei Chinas im Juli 2021 von einer „Wiedergeburt der chinesischen Nation" und drohte: „Man werde niemals zulassen, dass fremde Mächte das chinesische Volk tyrannisierten, unterdrückten oder versklavten." Gegen Oppositionelle im eigenen Land geht die Staatsführung konsequent vor. Das Internet unterliegt einer staatlichen Zensur. Minderheiten, wie die in der autonomen Provinz Xinjiang lebenden muslimischen Uiguren, geraten unter Generalverdacht des mangelnden Patriotismus. Berichte über Menschenrechtsverletzungen in sogenannten „Umerziehungslagern" werden von der chinesischen Staatsführung als feindliche Propaganda bezeichnet.

M 7 Offizielle Einweihung der Güterzugverbindung von Zentralchina nach Duisburg 2014

Von links: Sigmar Gabriel (damaliger Bundesminister für Wirtschaft und Energie), Xi Jinping (Staatspräsident der Volksrepublik China), Hannelore Kraft (damalige Ministerpräsidentin des Landes NRW), Duisburg, Foto (Ausschnitt), 2014

Die Rolle der USA – Ein Kommemtar aus 2021

M 8   „Welt ohne Weltpolizist"

Der Journalist Majid Sattar schreibt in der „FAZ" (2021):

Die Vereinigten Staaten und der Westen sind am Hindukusch gescheitert – aufgrund strategischer Fehler, wegen mangelnder Konsequenz, aber auch an den eigenen Ansprüchen. Nicht erst in den vergangenen Monaten ging es
5 nur noch darum, möglichst gesichtswahrend den Rückzug anzutreten. [...]

Vergleiche mit Vietnam wollte Biden nicht gelten lassen. Schließlich sei al-Qaida besiegt worden und Afghanistan nicht länger Basis für den internationalen Terrorismus.
10 Doch auch diesen Krieg hat Washington an zwei Fronten verloren: in den asymmetrischen Kämpfen mit den Islamisten und an der Heimatfront. Amerika ist seit Langem kriegsmüde. Die drei letzten Präsidenten wurden auch wegen ihres Versprechens gewählt, die endlosen Kriege zu been-
15 den.

Die politische Krise in den Vereinigten Staaten, die auch nach dem Machtwechsel im Weißen Haus nicht vorüber ist, hat gewiss viele Ursachen. Eine aber ist in dem zu suchen, was der Politikwissenschaftler Richard Haass „overreach"
20 genannt hat. Amerika hat sich nach dem 11. September 2001 übernommen: weil es die legitime Verteidigung seiner nationalen Interessen in Afghanistan ideell überhöht hat und weil es glaubte, die Gelegenheit nutzen zu können, über den Irak den nahöstlichen Krisenbogen gleich mit zu ord-
25 nen. [...]

Es ist nicht ohne Ironie, dass der Internationalist Biden nun auf den „overreach" einen „underreach" folgen lässt. Das Ende des Krieges am Hindukusch ist nicht nur eine Zäsur für Afghanistan und Amerika einschließlich jener Nationen,
30 die, wie die Deutschen, bis zuletzt Soldaten in dem Land

stationiert hatten. Es ist eine Zäsur für die internationale Politik insgesamt.

Amerika dürfte auf Jahrzehnte hin kaum noch zu militärischen Interventionen bereit sein. Punktuelle Operationen zur Verteidigung unmittelbarer nationaler Interessen wird 35 es gewiss noch geben – Biden hat diese schon befohlen. Aber langfristige Stabilisierungseinsätze? Oder gar humanitäre Interventionen? Amerika ist nicht mehr bereit, den Preis zu zahlen, der einer Supermacht abverlangt wird.

Das wird all jene im Westen freuen, die Amerikas Anspruch, 40 als obsiegende Supermacht des Kalten Krieges die Weltordnung notfalls militärisch aufrechtzuerhalten, immer schon für die Verschleierung kruder Interessenpolitik betrachtet und den Weltpolizisten entsprechend verteufelt haben. Mancher wird nun gar die Zeit für eine „multipolare 45 Welt" gekommen sehen, in der Europa endlich als eigenes Machtzentrum auftritt. Wenn es doch nur eines wäre.

Es geht um mehr. Denn andere freuen sich auch. In Moskau und Peking hat man genau beobachtet, wie Washington sich zunehmend schwerer damit tat, seinen internationa- 50 len Anspruch national zu legitimieren. Spätestens seit Barack Obamas Zögern, in Syrien zu intervenieren, nachdem das Assad-Regime Chemiewaffen eingesetzt hatte, dürfte jedem klar sein, dass auch Nichtentscheidungen Entscheidungen sind: Der russische Einfluss in Syrien ist seither 55 gewachsen.

So dürfte man etwa auch in Taiwan sorgenvoll auf den Vormarsch der Taliban blicken. Für China sind die Jahrhunderte, in denen nicht das Reich der Mitte, sondern der Westen die Welt dominierte, eine kurze Zeitspanne. 60

Aufgaben

1. Die Rolle der USA – Ein Kommemtar aus 2021

a) Erläutere die These des Autors Majid Sattar (M8), dass der Rückzug westlicher Truppen aus Afghanistan „eine Zäsur für die internationale Politik insgesamt" darstellt.

b) Erkläre die Bezeichnung „asymmetrische Kämpfe".

c) Diskutiere: Haben sich die USA seit dem 11. September 2001 „übernommen"?

⌢ M8, Text auf den Seiten 174–178

Chinas neuer Machtanspruch

M 9   „Die Seidenstraße soll eine Straße des Friedens sein."

In einer Nachrichtenmeldung werden wichtige Inhalte einer Rede des chinesischen Staatspräsidenten Xi Jinping bezüglich der Neuen Seidenstraße wiedergegeben (2015):

„Tausende von Meilen und auch Jahre überspannend stand die antike Seidenstraße immer für Frieden und Kooperation, für Offenheit und Teilhabe, für gegenseitiges Lernen und gemeinsame Vorteile aller Beteiligten. Der Geist der
5 Seidenstraße ist ein großartiges Kulturerbe der gesamten Menschheit", sagt Xi. Dabei wolle man mit der neuen Seidenstraße das Rad nicht neu erfinden [...]. Die Initiative solle lediglich die Entwicklungsstrategien der involvierten [beteiligten] Länder ergänzen, indem sie ihnen die Chance
10 biete, ihre jeweiligen Stärken und Vorteile international zur Geltung zu bringen. [...]
China habe kein Interesse daran, aus den an der Initiative partizipierenden [teilnehmenden] Ländern einen elitären

[einer Elite angehörenden] Klub zu machen. Der Wirtschaftskorridor Seidenstraße und die maritime Seidenstraße des
15 21. Jahrhunderts sollten auch als internationales Friedensprojekt verstanden werden [...]. Denn die Seidenstraße sei vor allem in Friedenszeiten erfolgreich gewesen. In Zeiten des Krieges habe man schnell das Interesse an ihr verloren [...]. Die Umsetzung der Initiative mache ein friedliches und
20 stabiles Umfeld erforderlich und fördere dieses auch.

Xi Jinping: „Die Seidenstraße soll eine Straße des Friedens sein" (15.05.2017), Übers. zit. nach: China Internet Information Center (CIIC), http://german.china.org.cn/txt/2017-05/15/content_40818464.htm [letzter Zugriff: 29.09.2021].

M 11   „Wie China mit 900 Milliarden Dollar die Welt erobern will."

Ausschnitt aus einem kritischen Spiegel-Artikel zur Neuen Seidenstraße (2017):

Auch wenn chinesische Politiker das Gegenteil behaupten: Das große eurasische Hilfsprojekt soll vor allem China selbst helfen – seinen Bau-, Stahl- und Transportunterneh-

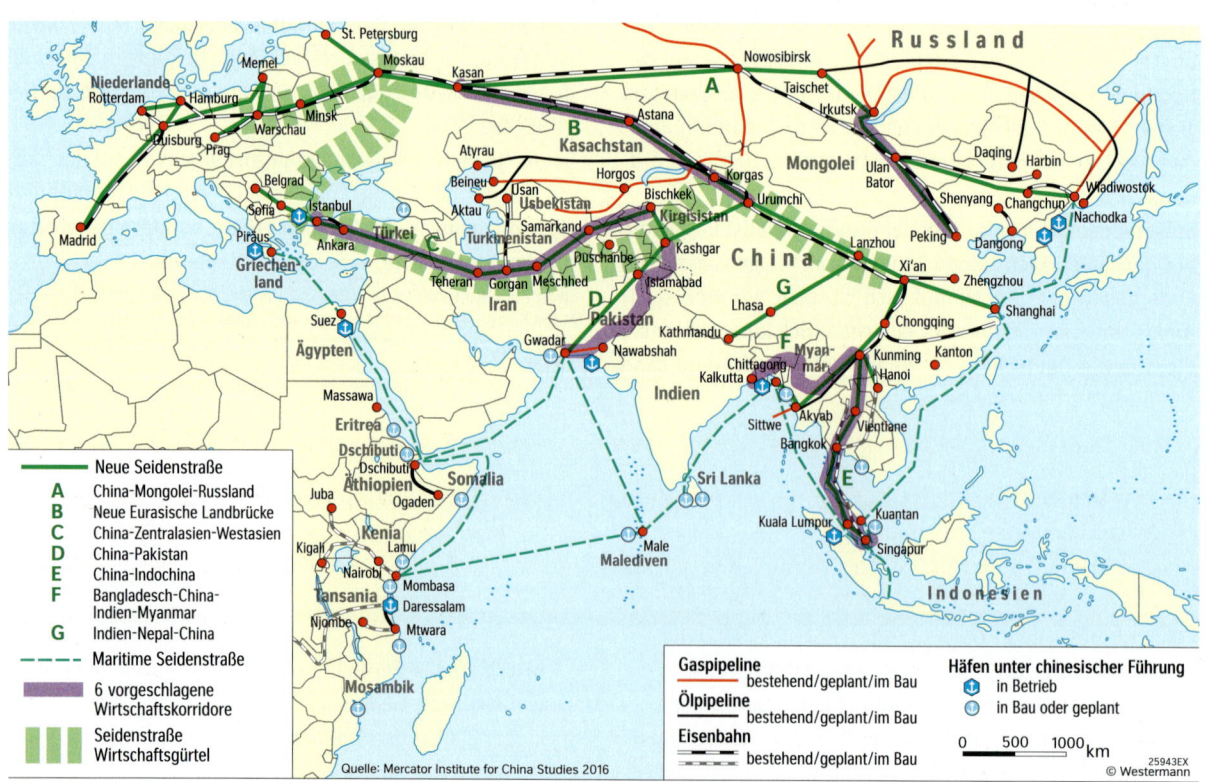

M 10   Die Neue Seidenstraße 2018

men, die sich hoch verschuldet und riesige Überkapazitä-
ten aufgebaut haben. Chinas Städte und Provinzen, denen
viele dieser Unternehmen gehören, verfügen selbst inzwischen über eine hervorragende Infrastruktur und haben
deshalb keine großen Aufträge mehr, um weiterhin Millionen von Arbeitern zu beschäftigen. [...]

Noch mehr als die Völker zwischen Laos und Marokko [ent-
lang der Seidenstraße] dürften allerdings deren Eliten von
Chinas Investitionen profitieren. Wo Milliarden fließen, ver-
sickern Millionen [...].

In Ländern wie Sri Lanka oder Kenia gehen Menschen schon
heute auf die Straße, weil sie am Rande von Seidenstraßen-
Projekten um ihre Eigentums- und Bürgerrechte fürchten.
China ist gut darin, Massen mit Wohnraum, Transport, Energie und Bildung zu versorgen – der Schutz individueller
Menschenrechte dagegen war noch nie eine Stärke des chinesischen Systems, und für Demonstranten und politischen Widerstand hat Peking grundsätzlich kein Verständnis.

Bernhard Zand: „Neue Seidenstraße. Wie China mit 900 Milliarden Dollar
die Welt erobern will"; in: Der Spiegel (online), 15.05.2017, https://www.
spiegel.de/politik/ausland/china-entwicklungsprogramm-neue-seidenst-
rasse-a-1147588.html [letzter Zugriff: 29.09.2021].

M 12 Der „chinesische Traum"

*Die Bundeszentrale für politische Bildung schreibt
(2018):*

Der „chinesische Traum" (Zhong guo mèng) ist eine politische Parole und offizielle Vision für das Land, die seit 2013
intensiv von der KPC und dem derzeitigen Partei- und

Staatschef Xi Jinping beworben und in Xis Rede auf dem
19. Parteitag 2017 bekräftigt wurde. Er steht als Oberbegriff
für die kollektiven Ziele, die China unter der Führung der
Partei erreichen möchte. Xi Jinping erwähnte den „chinesischen Traum" erstmals bei einem Besuch im chinesischen
Nationalmuseum im November 2012. Dort definierte er ihn
als „das große Wiederaufblühen der chinesischen Nation".
Damit knüpfte er an frühere Motive der Geschichtsschrei-
bung der KPC an, laut derer China im 19. und in Teilen des
20. Jahrhunderts vom Westen gedemütigt wurde. Mit seinem wirtschaftlichen Aufstieg kann das Land nun unter der
Führung der Partei „wiederaufblühen" und seinen „recht-
mäßigen Platz" in der Welt einnehmen.

Obwohl die konkreten Inhalte des „chinesischen Traums"
relativ vage gehalten sind, ist der Term eng mit den zwei
„Hundertjahreszielen" des Landes verknüpft: Bis 2021, dem
hundertjährigen Geburtstag der KPC, will China den Aufbau
einer Gesellschaft mit bescheidenem Wohlstand beendet
haben. Bis 2049, wenn wiederum die Volksrepublik ihren
hundertsten Geburtstag feiert, soll China ein „wohlhaben-
der und starker, kulturell hochentwickelter, harmonischer,
sozialistischer, modernisierter Staat" sein. Im Gegensatz
zum amerikanischen Traum geht es beim „chinesischen
Traum" also nicht um die individuelle Verwirklichung, sondern vorrangig um nationale und kollektive Ziele.

Mareike Ohlberg: „Der ‚chinesische Traum'"; in: Bundeszentrale für politische Bildung (Hg.), IzpB – Informationen zur politischen Bildung Heft
337 – Volksrepublik China, Bonn:bpb 2018, S. 22, https://www.bpb.de/
system/files/dokument_pdf/IzPB_337_Volksrepublik-China_barrierefrei.
pdf [letzter Zugriff: 29.09.2021].

Aufgaben

1. Chinas neuer Machtanspruch

a) Erschließe die Karte M10.

b) Informiere dich in M9 und M11 über die Kreditverga-
be Chinas im Rahmen des Projektes „Neue Seidenstraße".

c) Erkläre ausgehend von M12 mit eigenen Worten die
Formulierung: „der chinesische Traum".

d) Recherchiere mögliche Gründe für die Einschätzung,
China sei im 19. und in Teilen des 20. Jahrhunderts
vom Westen gedemütigt worden.

e) Vergleiche den „chinesischen Traum" mit dem „amerikanischen Traum" und nimm dazu Stellung.

f) Ist China die Macht der Zukunft? Begründe deine
Einschätzung.

M9 – M12, Text auf der Seite 178

Europa nach dem Ende des Ost-West-Konflikts

Das Ende des Ost-West-Konflikts veränderte Europas politische Landkarte grundlegend und stellte die Europäische Union (EU) – so heißt die Gemeinschaft seit dem Vertrag von Maastricht 1992 – vor neue Herausforderungen.

M 1 Karte zur Entwicklung der EU 1957–2021

Entwicklung zur EU
- Gründungsmitglieder 1957
- 1973
- 1981
- 1986
- 1995
- 2004
- 2007
- 2013
- Beitrittskandidat
- 2020 Austritt aus der EU

0 250 500 km

M 2 Stationen der Europäischen Einigung 1951–2021

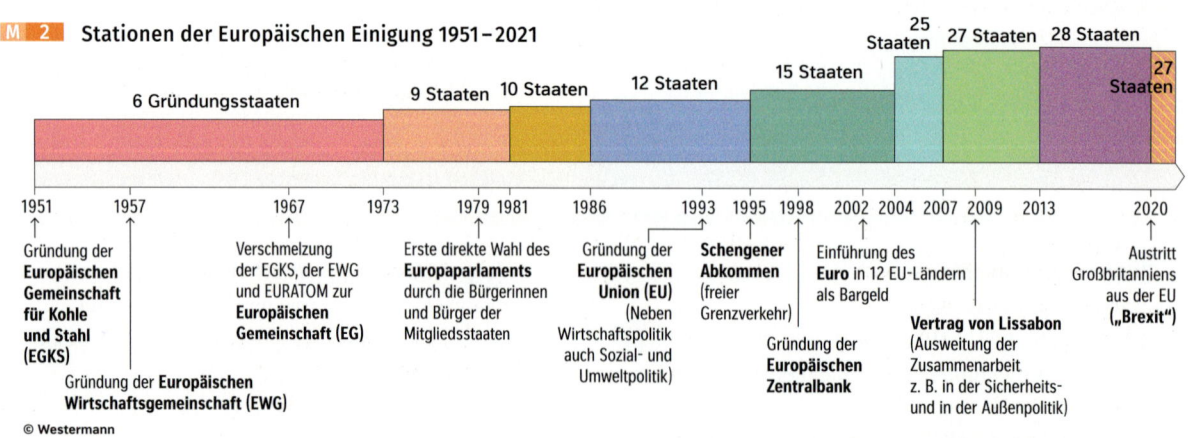

6 Gründungsstaaten | 9 Staaten | 10 Staaten | 12 Staaten | 15 Staaten | 25 Staaten | 27 Staaten | 28 Staaten | 27 Staaten

1951 — Gründung der **Europäischen Gemeinschaft für Kohle und Stahl (EGKS)**

1957 — Gründung der **Europäischen Wirtschaftsgemeinschaft (EWG)**

1967 — Verschmelzung der EGKS, der EWG und EURATOM zur **Europäischen Gemeinschaft (EG)**

1979 — Erste direkte Wahl des **Europaparlaments** durch die Bürgerinnen und Bürger der Mitgliedsstaaten

1993 — Gründung der **Europäischen Union (EU)** (Neben Wirtschaftspolitik auch Sozial- und Umweltpolitik)

1995 — **Schengener Abkommen** (freier Grenzverkehr)

1998 — Gründung der **Europäischen Zentralbank**

2002 — Einführung des **Euro** in 12 EU-Ländern als Bargeld

2007 — **Vertrag von Lissabon** (Ausweitung der Zusammenarbeit z. B. in der Sicherheits- und in der Außenpolitik)

2020 — Austritt Großbritanniens aus der EU („Brexit")

© Westermann

Aufgaben

1. Entwicklung der EU

Erstelle auf Grundlage der Karte M1, der Zeitleiste M2 und des Textes auf den Seiten 183–184 ein Erklärvideo zur Entwicklung der EU von 1951 bis 2021. Verwende dafür auch den Trainingskasten „Ein Erklärvideo erstellen" auf Seite 43.

M1–M2, Text auf den Seiten 183–184

Europa wächst zusammen

Schweden, Finnland und Österreich, die während des Kalten Krieges Neutralität wahrten, traten 1995 der EU bei. Die DDR wurde bereits 1990 mit der Wiedervereinigung Teil der Gemeinschaft. 2004 kamen mit einem Schlag zehn neue Länder hinzu, 2007 folgten zwei weitere, 2013 wurde Kroatien 28. Mitgliedsstaat. Nur wenige instabile Staaten wie Albanien oder Serbien blieben außen vor. 2020 trat Großbritannien nach einer Volksabstimmung 2016 aus (Brexit). Heute reicht die EU vom Nordkap bis Gibraltar und vom Atlantik bis Zypern. Rund eine halbe Milliarde Menschen gehören ihr an. Das mit dem Vertrag von Maastricht 1992 anvisierte Ziel einer Wirtschafts- und Währungsunion ist in weiten Teilen Wirklichkeit geworden.

Wo endet Europa?

Diese Frage ist besonders interessant, weil Europa nicht wie andere Kontinente überall natürliche Grenzen hat. Weitere Länder wie die Türkei oder die Ukraine sind an einem Beitritt interessiert, was langwierige Verhandlungen voraussetzt. An die Aufnahme sind Bedingungen wie stabile demokratische Verhältnisse oder eine funktionierende Marktwirtschaft geknüpft. Umstritten ist, ob Europas kulturelle und religiöse Identität z. B. eine Aufnahme islamischer Staaten zulässt.

Institutionen der Europäischen Union

Die Europäische Union hat ein einzigartiges institutionelles System, in dem die Mitgliedstaaten einen Teil ihrer Hoheitsrechte an selbstständige Institutionen übertragen. Diese vertreten die Interessen der Gemeinschaft, der Mitgliedstaaten und der EU-Bürger:

- Entscheidungsgremium in allen Angelegenheiten der EU ist der Europäische Rat, der aus den Staats- und Regierungschefs der 27 EU-Länder sowie dem Präsidenten des Rates und dem Präsidenten der EU-Kommission besteht. Der „Europäische Rat" trifft sich zweimal im Jahr.

M 3 Die Funktionsweise der Europäischen Union (Stand: 2021)

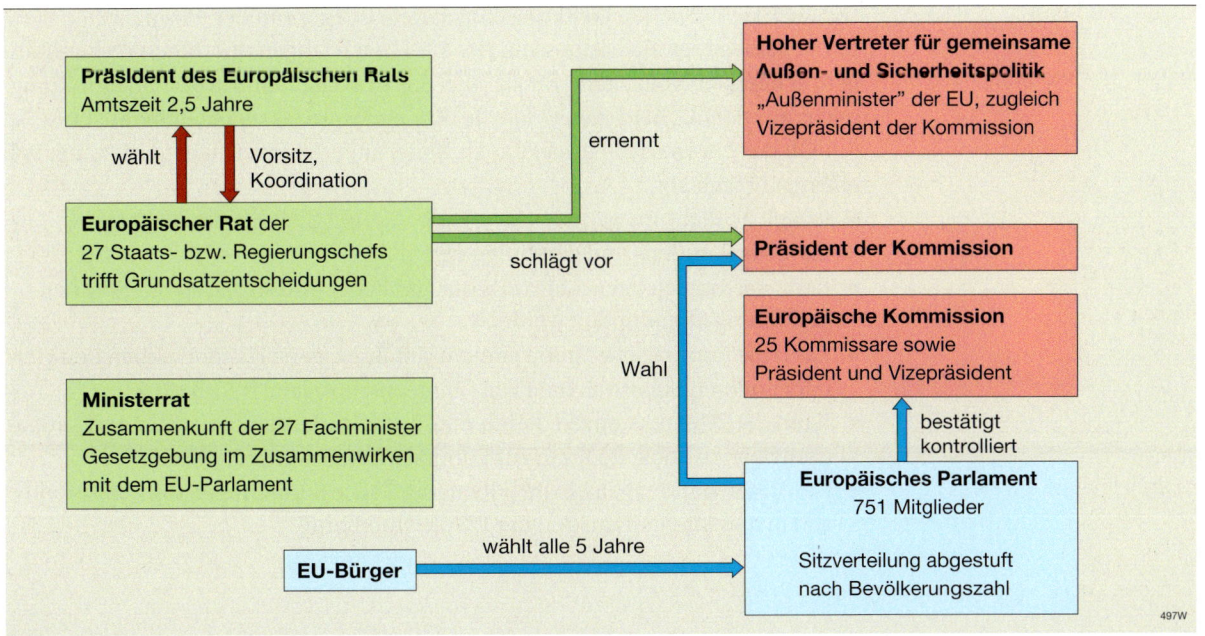

- Die Europäische Kommission führt als Exekutivorgan die Beschlüsse des Rats aus und überwacht die Erfüllung der Verträge. [30]
- Das Europäische Parlament repräsentiert die Bürger der Union. Seit 1979 finden alle fünf Jahre Wahlen statt, in denen die Bürger die Abgeordneten direkt wählen. Das Parlament hat ein Mitentscheidungsrecht bei der Gesetzgebung und beim Haushalt der EU und übt die demokratische Kontrolle aus. [35]
- Zwei weitere Organe ergänzen dieses institutionelle Dreieck: der Europäische Gerichtshof und der Europäische Rechnungshof.

Die Macht innerhalb der EU ist wie in demokratischen Staaten auf verschiedene Organe verteilt. Ferner haben die Institutionen in mehreren europäischen Städten [40] ihren Sitz: In Straßburg tagt das Europäische Parlament, in Brüssel sitzen der Rat der EU und die Kommission, in Luxemburg der Europäische Gerichtshof.

Eine Verfassung für Europa: Der Vertrag von Lissabon

2004 unterzeichneten die Staats- und Regierungschefs der Mitgliedstaaten in Rom [45] einen Vertrag über eine Verfassung für Europa. Die erforderliche Zustimmung aller Länder zur Ratifizierung des Vertrags kam jedoch nicht zustande: 2005 lehnten Franzosen und Niederländer die Verfassung in einer Volksabstimmung ab, wodurch das Projekt einen schweren Rückschlag erlitt.

Das Scheitern des Verfassungsvertrages veranlasste die EU-Staaten, einen [50] zweiten Anlauf zu unternehmen, die Union demokratischer, transparenter und effizienter zu machen. Der Vertrag von Lissabon (2007) verzichtet dabei absichtlich auf den Begriff „Verfassung". Als Ende 2009 der Ratifizierungsprozess in allen 27 EU-Staaten abgeschlossen war, konnte der EU-Reformvertrag von Lissabon am 1. Dezember 2009 in Kraft treten. Künftig sollten die nationalen Parlamente bei [55] den Gesetzen der EU stärker beteiligt werden. Außerdem wurden die Kompetenzen des Hohen Vertreters der EU für Außen- und Sicherheitspolitik ausgebaut, eine Europäische Bürgerinitiative eingeführt und die EU-Grundrechtecharta für rechtsverbindlich erklärt.

[60]

M 4 „Im Gleichschritt, marsch!"

Karikatur von Pepsch Gottscheber, 2003

Ein Ausblick: Quo vadis, Europa?

Die nach dem Zweiten Weltkrieg eingeleitete Integration der europäischen Staaten ist keineswegs abgeschlossen. Der 2021 (nach langen und zähen Verhandlungen) schließlich vollzogene Brexit, also das Ausscheiden des Vereinigten Königreichs aus der EU, hat gezeigt, dass der Einigungsprozess keine Einbahnstraße ist. [65] Ob das europäische Projekt auch weiterhin erfolgreich sein wird, hängt von etlichen Fragen ab:

- In welche Richtung geht das Ringen der EU-Mitgliedsstaaten um eine gemeinsame Außen- und Verteidigungspolitik?
- Kann das Ungleichgewicht von wirtschaftlicher und sicherheitspolitischer [70] Bedeutung überwunden werden?
- Kann die Europäische Union gemeinsam ihre eigene Position neben den USA oder anderen Supermächten wie China und Russland bestimmen?
- Kann die EU ihre Grenzen definieren? – oder anders gesagt: Wo endet Europa? (siehe hierzu auch die Karte zur Europäischen Erweiterung) [75]
- Gewinnen nationalstaatliche oder europäische Stimmungen und Bestrebungen in den Mitgliedsstaaten der EU die Überhand?

Die EU im Spiegel von Karikaturen

„Der Brexit im freien Fall"

Deutsche Karikatur von Martin Erl, 2016

„So Boring"

Schweizer Karikatur von Patrick Chappatte, 2016

Aufgaben

1. Europa nach dem Ende des Ost-West-Konflikts

a) Skizziere mit eigenen Worten die Situation in Europa nach dem Zerfall des Ostblocks.

b) Erläutere mithilfe des Schaubildes M3 die Funktionsweise der EU.

c) Führe eine Befragung unter deinen Mitschülerinnen und Mitschülern, bei deinen Lehrerinnen und Lehrern oder bei Eltern und Verwandten durch zum Thema: Meine Vorstellungen von Europa im Jahr 2035. Vergleiche mit deinen Vorstellungen.

⌐ Text auf den Seiten 183–184, M3, Befragung

2. Die EU im Spiegel von Karikaturen

a) Analysiere die drei Karikaturen (M4–M6) und erläutere die jeweilige Einstellung der Karikaturisten gegenüber der EU.

b) Prüfe die Aktualität der drei Karikaturen.

c) Nimm Stellung zur Grundaussage der Karikatur M6. Berücksichtige dabei die Auflistung der im Text auf Seite 184 unter der Zwischenüberschrift „Ein Ausblick: Quo vadis, Europa?" aufgeführten Herausforderungen.

⌐ M4–M6, Text auf den Seiten 183–184

Das vereinte Deutschland bis 2005

Seit dem 3. Oktober 1990 ist Deutschland vereint. Mittlerweile gab und gibt es zahlreiche Versuche, eine Bilanz zu ziehen, die zu unterschiedlichen Ergebnissen gelangen. Der folgende Liedtext spiegelt die Meinung des ostdeutschen Liedermachers Gerhard Gundermann aus dem Jahr 1998 wider.

M 1 „Straße nach Norden"

Der ostdeutsche Liedermacher Gerhard Gundermann (1955–1998) schrieb 1998 folgenden Liedtext:

zuerst komm ich in schwarze pumpe[1] übern berg
und da schimmert in der sonne das nagelneue kraftwerk
das sieht aus als ob ein ufo hier gelandet wär
es glänzt wie gelogen und passt hier nicht richtig her

5 nebenan verdienten einst vierzehntausend ihr brot
die sind vom wind verweht und die alte dreckschleuder ist tot
vom wind verweht ist auch der russ die ganze dicke schicht
heut verheizen sie ihr giftmüll und das gift das sieht man nicht

und ich sehe auf der strasse nach norden
10 dieser teil der welt ist anders geworden
ich schwimme mittendrin in meinem alten hemd
gehöre noch dazu und bin schon ziemlich fremd
und ich frag mich was ich bin was ich war
in der suppe das salz oder das haar
15 ich schwimme mittendrin in meinem alten hemd
gehöre noch dazu und bin schon ziemlich fremd

in cottbus komm ich dann auf die nagelneue autobahn
und da bin ich wie der blitz an lübbenau und vetschau[2] ran
die warn kaum vom netz da ham se schon die schornsteine gelegt
20 es hät ja können sein das sichs noch einer überlegt

am lübbenauer dreieck lkw an lkw
die gehören eigentlich zu einer feindlichen armee
so sah der gegner aus in meinem offiziersbewerberbuch
und nu kommen die vom einsatz aus dem oderbruch

und ich seh auf der strasse nach norden ... 25
ich hab ein schönes auto da muss ich nicht mehr drunterliegen
und das autoradio von diesem auto kann einhundert sender rankriegen
doch die songs bei denen ich meine unschuld verlor
kommen in dem autoradio nicht mehr vor
und ich seh auf der strasse nach norden 30

1 Schwarze Pumpe: Braunkohlekraftwerk in der Lausitz, 1991 stillgelegt
2 Lübbenau, Vetschau: Orte im Landkreis Oberspreewald-Lausitz

„Straße nach Norden", Text: Gerhard Gundermann, © Buschfunk Produktion, Berlin.

Biografie

Gerhard Gundermann

Gundermann (1955–1998), der „singende Baggerfahrer", war in der DDR als Liedermacher und Rockmusiker eine moralische Instanz, weil seine Lieder oft offen von Problemen in der DDR, insbesondere in der Gegend des Lausitzer Braunkohlereviers handelten. Er erhielt mehrere Parteistrafen und wurde letztendlich aus der SED ausgeschlossen. Obwohl er in den 90er-Jahren nach einigen Erfolgen von seiner Musik hätte leben können (Vorprogramm von Bob Dylan), arbeitete er weiterhin als Baggerfahrer im Braunkohlebergbau der Lausitz.

Aufgaben

1. Die Bilanz des Gerhard Gundermann
Analysiert und interpretiert das Lied (M1), indem ihr
– es in seinen historischen Zusammenhang stellt,
– die dargestellten Verhältnisse vor und nach der Wiedervereinigung herausarbeitet und nach Vorzügen und Nachteilen aus der Sicht Gundermanns bewertet.

M1, Internet, Text auf den Seiten 187–188

Politische Veränderungen

Seit dem 3. Oktober 1990 ist Deutschland vereint. Die neuen Bundesländer Sachsen, Sachsen-Anhalt, Thüringen, Brandenburg und Mecklenburg-Vorpommern gaben sich eigene Landesverfassungen und wirken im Bundesrat bei der Gesetz-
5 gebung mit. Heute besteht die Bundesrepublik Deutschland aus 16 Bundesländern. Die erste Bundestagswahl im vereinten Deutschland am 2. Dezember 1990 gewann die regierende CDU/CSU-FDP-Koalition, sodass Helmut Kohl Bundeskanzler blieb. Allerdings hatte sich das Parteienspektrum des neuen Deutschland verändert. Die alten Blockparteien der DDR gingen meist in den westlichen Par-
10 teien auf. Die SED, die Staatspartei der DDR, benannte sich um in „Partei des Demokratischen Sozialismus" (PDS) und war zunächst vor allem bei Wahlen in den ostdeutschen Bundesländern erfolgreich. 2007 vereinigte sie sich mit der in Westdeutschland entstandenen „Wahlalternative Soziale Gerechtigkeit" (WASG) zur Partei „Die Linke", die seitdem regelmäßig auch im Deutschen Bundestag
15 vertreten ist. Mit der politischen Einheit waren aber nicht alle Probleme gelöst. Vielmehr zeigte sich, dass der neue Staat vor ganz neuen Herausforderungen stand.

Wirtschaftliche Probleme im Osten

20 Besonders schwierig erwies sich die Umstellung der DDR-Wirtschaft vom planwirtschaftlichen auf das marktwirtschaftliche System. Die Produktionsstätten der DDR waren veraltet, die Fabriken marode, die Infrastruktur in einem erbärmlichen Zustand. Hinzu kamen beträchtliche Umweltschäden. Somit konnte die ostdeutsche Wirtschaft der westlichen Konkurrenz nicht standhalten, zumal der
25 frühere Absatzmarkt in Osteuropa wegbrach. Die 1990 gegründete staatliche „Treuhandanstalt" sollte die DDR-Betriebe sanieren und privatisieren. Die Folge war die Schließung vieler ostdeutscher Betriebe, da eine rentable Produktion meist nicht möglich war. Gleichzeitig nutzten Spekulierende die Situation, um sich unliebsamer Konkurrenz zu entledigen. Die Arbeitslosigkeit erreichte in eini-
30 gen Regionen über 30 Prozent.

Finanziert wurde die Umstrukturierung Ostdeutschlands aus Steuermitteln. Zwischen 1995 und 2021 zahlten alle Arbeitnehmerinnen und Arbeitnehmer einen „Solidaritätszuschlag" zur Finanzierung des Umwandlungsprozesses. Dieser muss seit 2021 nur noch von einem kleinen Teil der Steuerpflichtigen mit sehr
35 hohem Einkommen geleistet werden.

Unterschiedliche Mentalitäten?

Viele Menschen im Osten waren enttäuscht über die veränderte wirtschaftliche und soziale Lage. Das führte oftmals zur Verbitterung von ehemaligen DDR-Bür-
40 gern, von denen sich manche im neuen Deutschland als „Bürger zweiter Klasse" fühlten. Der Erfolg der PDS in den neuen Bundesländern ließ sich auf mehrere Faktoren zurückführen. Einerseits stellte sie sich den Menschen als „ostdeutsche Partei" dar und andererseits nutzte sie die Tatsache, dass einige Politiker die neuen Lebensumstände der Menschen und die daraus resultierenden Sorgen nicht
45 ernst genug nahmen. Umgekehrt waren manchen Westdeutschen die Kosten der Wiedervereinigung zu hoch oder sie stellten sogar den Sinn der Vereinigung in Frage. Die verschiedenen Lebenswege und Erfahrungen der Deutschen in Ost und West machten zuweilen eine Verständigung schwierig.

M 2　Wirtschaft in der Sackgasse

Ehemals begehrte Produkte sind schnell nicht mehr gefragt, Foto Mitte der 90er-Jahre.

M 3　„Ich kaufe Ost!"

Anstecker, Foto, um 1991

M 4 „Wo ist meine Akte?"

Vor der ehemaligen Stasi-Zentrale in der Normannenstraße in Ostberlin, 19. Februar 1990

Hinweis

Link zum Stasi-Unterlagen-Archiv

https://www.stasi-unter
lagen-archiv.de/

Aufarbeitung der Vergangenheit

Als schwierig – aber notwendig – erwies sich die Aufarbeitung der DDR-Vergan- 50
genheit. Führende Politiker der DDR, aber auch Grenzsoldaten, mussten sich
Gerichtsverfahren stellen, in denen sie sich wegen Schusswaffengebrauchs an der
Berliner Mauer und der innerdeutschen Grenze zu verantworten hatten. Der
Schießbefehl gilt als unvereinbar mit dem völkerrechtlichen Schutz des Lebens.
Außerdem forderte die Bürgerrechtsbewegung in der DDR vom Staatssicher- 55
heitsdienst („Stasi") schon während der Wendezeit die vollständige Öffnung der
Archive. Diesem Begehren kam der Deutsche Bundestag mit dem Stasi-Unterla-
gen-Gesetz von 1991 nach. Eine eigens geschaffene Behörde, „der/die Bundesbeauftragte für die Stasi-Unterlagen" (BStU), sollte jedem die Möglichkeit geben,
seine personenbezogenen Unterlagen einzusehen. Darüber hinaus leistete die 60
„Stasi-Unterlagen-Behörde" zum Beispiel durch technische Rekonstruktion ver-
nichteter Akten oder durch Forschungs- und Bildungsarbeit einen wichtigen Beitrag zur Aufarbeitung von SED-Unrecht. Seit 2021 liegt die Verantwortung für die
Stasi-Unterlagen beim Bundesarchiv. Das Stasi-Unterlagen-Gesetz behält weiter
seine Gültigkeit. 65

Die Außenpolitik des vereinten Deutschlands

Das wiedervereinigte Deutschland blieb Mitglied sowohl der NATO als auch der
Europäischen Union (EU). Die Sowjetunion hatte diesen Plänen bereits 1990 in
langen Verhandlungen zugestimmt und ihre Truppen bis 1994 aus Deutschland 70
abgezogen. Als Gegenleistung verzichtete das vereinte Deutschland auf Herstellung, Besitz und Verfügungsgewalt über atomare, biologische und chemische Waffen und verpflichtete sich darüber hinaus zu einer drastischen Reduzierung seiner
Streitkräfte. Mit der Erlangung der vollen Souveränität erhöhten sich die Anforderungen der internationalen Staatengemeinschaft an Deutschland. Durfte die Bun- 75
deswehr bislang nicht an sogenannten Out-of-Area-Einsätzen, also Einsätzen
außerhalb des NATO-Gebietes, teilnehmen, wurde nun die Beteiligung deutscher
Soldaten auch an solchen Missionen gefordert. Das war in Deutschland umstritten. Schließlich entschied das Bundesverfassungsgericht, dass die Bundeswehr an
bewaffneten Friedensmissionen teilnehmen darf, wenn der Bundestag ausdrück- 80
lich zustimmt (Parlamentsarmee).

Rot-Grün an der Macht

1998 kam es in der Bundesrepublik zum Machtwechsel. Gerhard Schröder (SPD)
wurde zum Bundeskanzler einer rot-grünen Bundesregierung (SPD und Bündnis 85
90/Die Grünen) gewählt. Innenpolitisch wurden viele Reformen angestoßen, wie
z. B. der Ausstieg aus der Kernenergie, die Anerkennung von homosexuellen Part-
nerschaften, die Stärkung des Verbraucherschutzes, die Entschädigung der
Zwangsarbeiterinnen und -arbeiter der NS-Diktatur und die Stärkung des Umweltschutzes. Deutschlands gewaltige Verschuldung sollte zudem durch einen 90
grundlegenden Umbau des Sozialstaates reduziert werden. Diese als „Agenda
2010" bezeichneten Reformen führten durch die damit verbundenen sozialen
Härten zu heftigen Protesten. Außenpolitisch vollzog die rot-grüne Regierung einerseits eine Wendung zur Beteiligung an internationalen Militäraktionen, insbesondere nach dem Terroranschlag in New York am 11. September 2001; anderer- 95
seits weigerte sie sich aber 2003, die USA im Irak-Krieg durch Entsendung von
Truppen militärisch zu unterstützen.

M 5 Rot-grüne Koalition
2005

Bundeskanzler Gerhard Schröder
(1998 – 2005) mit Vizekanzler und
Außenminister Joschka Fischer

Deutsche Einheit – Zwischenbilanzen

M 6 15 Jahre Einheit – Eine erste Bilanz

Der Journalist Hermann Rudolph zieht eine erste, vorläufige Bilanz im Jahre 2004:

Das Mindeste, was von der Einheit gesagt werden muss, ist, dass ein Grauschleier über ihr liegt. Keine Frage: Das hat auch mit der Gemütsverfassung der Deutschen zu tun, immer erst das Haar und dann die Suppe zu sehen. Doch er
5 ist auch die Folge davon, dass das Ereignis der Einheit, das keiner mehr erwartet hatte, Entwicklungen auslöste und sich in Formen vollzog, mit denen auch niemand gerechnet hat.

Das Zusammenbrechen der Industrien, aus denen die DDR-
10 Bürger doch ihren Stolz gezogen hatten, der Abbau so vieler Arbeitsplätze, an denen individuelles und kollektives Leben hing: Die Einheit kostete einen Preis, an den keiner gedacht hat. Dieser Schock hat der Erfolgsgeschichte deutsche Einheit das Selbstvertrauen genommen.
15 Ähnlich gebrochen stellt sich, fünfzehn Jahre nach der Vereinigung, das Lebensgefühl dar. Die Einheit hat unendlich vielen Menschen Lebenschancen eröffnet, von denen ihre Vorgänger-Generationen nicht einmal träumen konnten. Die Welt hat sich für die Menschen in den neuen Ländern
20 geöffnet, für Reisen ebenso wie für berufliche Laufbahnen, für die Jüngeren noch mehr als für die Älteren – vor allem aber ist die Welt in einer so überwältigenden Weise in das Leben in Sachsen oder Brandenburg eingedrungen, dass es schwerfällt, sich an die Enge und Bevormundung über-
25 haupt noch zu erinnern, mit denen man in diesem Teil Deutschlands über zwei, drei Generationen leben musste. Doch kann man nicht darüber hinwegsehen, dass die gewünschte und begrüßte Veränderung viele Biografien nicht bereichert, sondern aus der Bahn geworfen hat – wobei,
30 natürlich, nicht an jene parteiergebenen Kader zu denken ist, die sich ihr Scheitern wahrlich verdient haben, sondern an den zur Wendezeit fünfzigjährigen Ingenieur oder Universitätsprofessor mit dem DDR-Horizont, die im Zuge all der Abwicklungen die Stellungen verloren haben, in die sie sich für den Rest ihrer Tage eingerichtet hatten. Es bleibt 35 ein Schatten auf der Vereinigung, dass in einem glückhaften Prozess, den so gut wie jeder für richtig hält und den jedenfalls keiner rückgängig machen will, ein beträchtliches Maß an Irritation, Verstörung und Scheitern hat geschehen können, sodass oft – wie ungerecht das immer 40 sein mag – weniger seine Erfolge, sondern seine Schwierigkeiten das Bild bestimmen und es fast den provokativen Ton eines Protestes gegen den Zeitgeist hat, wenn jemand erklärt, er freue sich über die Einheit.

Hermann Rudolph, 15 Jahre deutsche Einheit. Eine Bilanz, in: Rainer Eppelmann u. a. (Hg.), Das ganze Deutschland. Reportagen zur Einheit, Berlin: Aufbau Taschenbuch Verlag 2005, S. 20 ff.

M 7 „Ossi – Wessi"
Karikatur von Hans-Jürgen Starke, 1991

Aufgaben

1. Deutsche Einheit – Zwischenbilanzen

a) Nach Meinung des Journalisten Hermann Rudolph (M6) liegt ein „Grauschleier" über der Einheit. Erkläre diese Aussage.

b) Ermittle die Grundaussage der Karikatur M7 und vergleiche sie mit den Auffassungen von Hermann Rudolph.

c) Beobachte Meldungen und Kommentare in der Presse und im Fernsehen. Sammle Informationen und Meinungen zum Stand der inneren Einheit Deutschlands und diskutiere deine Ergebnisse mit deinen Mitschülerinnen und Mitschülern.

⌒ M6, M7, Internet, Text auf den Seiten 187–188

Die Ära Merkel (2005–2021)

Angesichts ihrer langen Dauer galt die Regierungszeit von Bundeskanzlerin Angela Merkel (2005–2021) bereits an ihrem Ende als eine „Ära" in der Geschichte der Bundesrepublik Deutschland. In verschiedenen Regierungskoalitionen sah Merkel sich mit gewaltigen Herausforderungen konfrontiert. Während Befürworter ihrer Politik den pragmatischen und lösungsorientierten Regierungsstil lobten, welcher auch Deutschlands Ansehen in der internationalen Politik zugute gekommen sei, bemängelten Kritiker häufig ein bloßes Reagieren auf Herausforderungen, statt aktiven Gestaltens, oder zeigten Unverständnis für mitunter kurzfristige politische Kursänderungen.

M 1 „Gemeinsam erfolgreich"
Wahlwerbung der CDU, 2013

M 2 „Merkel muss weg!"
Schild auf einer Demonstration gegen die Corona-Politik der Bundesregierung, Berlin, Foto, 1. August 2020

Aufgaben

1. Die Ära Merkel

a) Im Jahr 2015 wurde die Bundeskanzlerin Angela Merkel von der US-amerikanischen Zeitschrift „Time Magazine" zur „Person of the Year" gekürt. Formuliere Kriterien, nach denen eine Person des öffentlichen Lebens zu einer „Person des Jahres" werden kann.

b) Diskutiere: Ist diese Form der politischen Auseinandersetzung (M2) legitim?

c) Recherchiere im Internet zur Biografie Angela Merkels und präsentiere deine Ergebnisse in einem Kurzvortrag. Berücksichtige dabei auch den Text auf den Seiten 191–192.

M1, M2, Internet, Text auf den Seiten 191–192

Die Ära Merkel

Die Politik der rot-grünen Koalition war umstritten. Vorgezogene Neuwahlen er-
brachten 2005 nahezu ein Patt der Volksparteien SPD und CDU/CSU, sodass es zu
einer Großen Koalition aus CDU/CSU und SPD kam. Mit Angela Merkel (CDU)
5 wurde erstmals eine Frau Bundeskanzlerin, die zudem aus Ostdeutschland
stammte. Nach der folgenden Bundestagswahl von 2009 konnte Merkel mit einer
schwarz-gelben Koalition (CDU/CSU und FDP) weiterregieren, bevor es 2013 und
2018 erneut zu Großen Koalitionen kam. Merkel versuchte, die innenpolitische
Situation weiter zu stabilisieren und die außenpolitische Rolle Deutschlands zu
10 stärken. Die erste große Herausforderung war die weltweite Finanzkrise, die seit
2007 die Welt erschütterte und sogar die europäische Einigung bedrohte. Darüber
hinaus stellte der Atomunfall im japanischen Fukushima 2011, der Rückzug aus
dem Militäreinsatz in Afghanistan, die „Flüchtlingskrise" 2015 und die Covid-
19-Pandemie seit 2020 die Regierung Merkel vor große Aufgaben.
15

„Wir schaffen das!"

„Wir haben so vieles geschafft: Wir schaffen das!" Als Angela Merkel im August
2015 bei einer Pressekonferenz diesen Satz sagte, hatte sich die Flüchtlingswelle
in Europa dramatisch zugespitzt. Tausende über die sogenannte „Balkan-Route"
20 Richtung EU Flüchtende waren in Ungarns Hauptstadt Budapest gestrandet und
die Bundesregierung entschied – entgegen der bestehenden Rechtslage –, diese
Menschen nach Deutschland durchreisen zu lassen. Daraufhin kam es zur weitgehend unkontrollierten Einreise Hunderttausender Migrantinnen und Migranten nach Deutschland. Es folgte eine Welle der Hilfsbereitschaft und der Anteil-
25 nahme vieler Deutscher. Auch international fand die Entscheidung Merkels
vielfach Anerkennung.

Andererseits zeigte sich, dass die Zuversicht, die Merkel mit ihrer Aussage
verbreiten wollte, nicht von allen in Deutschland geteilt wurde. Selbst in den Reihen der eigenen Regierung kam es zu heftigem Streit über Merkels Entscheidung
30 in der Flüchtlingsfrage. Die 2013 als eurokritische Partei gegründete Alternative
für Deutschland (AfD) machte nun massiv Stimmung gegen die Flüchtlingspolitik
der Regierung Merkel. Mit aggressiven und zum Teil ausländerfeindlichen Parolen
erlangte die AfD starken Zulauf und zog nach den Bundestagswahlen 2017 mit
einem Zweitstimmen-Ergebnis von 12,6 % erstmals in den Bundestag ein. Die 2014
35 in Dresden entstandene Pegida-Bewegung organisierte Großkundgebungen, bei
denen zum Teil rechtsextreme und rassistische Inhalte verbreitet wurden. Sie fand
bald Nachahmer in zahlreichen deutschen Städten. Rechtsextreme Vorfälle sogar
innerhalb deutscher Sicherheitsbehörden alarmierten Politik und Öffentlichkeit.
Kritiker machten die mangelnde Transparenz der politischen Entscheidungen der
40 Regierung Merkel und den fehlenden gesellschaftlichen Dialog über Fragen der
Ausländer- und Asylpolitik mitverantwortlich für die zunehmenden rechtsextre-
men Tendenzen in Deutschland.

„Energiewende"

45 Ein zentrales Reformvorhaben der Ära Merkel stellte die sogenannte „Energiewen-
de" dar, das heißt, eine Abkehr von fossilen Energieträgern (vor allem Kohle) und
die Förderung erneuerbarer Energien (zum Beispiel Windkraft, Sonnenenergie,
Biomasse). Auf diese Weise sollte und soll der Ausstoß klimaschädlicher Gase, vor
allem des Kohlendioxyds (CO_2), drastisch reduziert werden. 2021 beschloss die

M 3 Große Koalition 2006

Bundeskanzlerin Angela Merkel,
die erste Frau an der Spitze der
Republik, mit Vizekanzler und
Arbeitsminister Franz Müntefering

M 4 Syrische Flüchtlinge in
Ungarn 2015

Auf dem Weg mit dem Zug nach
Deutschland, Foto, 5. Oktober 2015

Info

Klimaneutralität

Gleichgewicht zwischen dem Ausstoß von Kohlenstoff (durch zum Beispiel Industrie und Verkehr) und der Aufnahme von Kohlenstoff aus der Atmosphäre in Kohlenstoffsenken (Böden, Wälder, Ozeane).

M 5   „G20-Treffen" 2015

Angela Merkel mit dem US-Präsidenten Barack Obama (Mitte) und dem chinesischen Partei- und Staatschef Xi Jinping (links vorne) im Kreise der Staats- und Regierungschefs der G20-Staaten, Foto (Ausschnitt), 5. Oktober 2015

Regierung Merkel ein Gesetz, demzufolge Deutschland bis 2045 „klimaneutral" sein müsse. [50]

Ein ganzes Bündel von Gesetzen, so etwa zur Förderung der Elektromobilität, sollte das Erreichen der ehrgeizigen Klimaziele der Bundesregierung ermöglichen. Durch Instrumente wie den Handel mit CO_2-Emissionszertifikaten sollten Anreize für energiesparendes Produzieren sowie die Entwicklung neuer klimafreundlicher [55] Technologien gesetzt werden. Erschwerend kam hinzu, dass die Regierung Merkel nach dem verheerenden Atomunfall im japanischen Fukushima 2011 entschied, den – bereits von der rot-grünen Bundesregierung beschlossenen – Ausstieg aus der Kernenergie zu beschleunigen. Kritiker befürchten, dass durch den „Atomausstieg" (bis Ende 2022) und den „Kohleausstieg" (bis 2038) die Versorgungssicher- [60] heit bei der Stromerzeugung in Gefahr gerät. Darüber hinaus regt sich Widerstand gegen den Ausbau von Windkraftanlagen oder den Bau neuer Stromtrassen vor allem bei dem Teil der Bevölkerung, der unmittelbar davon betroffen ist.

Deutsche Außenpolitik der Ära Merkel
[65]

Bei wichtigen europäischen Fragen hatte das vereinte Deutschland zunehmend eine Vorreiterrolle übernommen. So trieb die Bundesregierung seit den 1990er-Jahren eine gemeinsame europäische Währung voran. 1999 wurde der Euro eingeführt (2002 das Euro-Bargeld), der in Teilen der Bevölkerung jedoch auf Skepsis stieß. Um die Stabilität der Währung zu garantieren, wurden im Vertrag von Maas- [70] tricht 1992 Kriterien vereinbart, die jedes Land erfüllen muss, das dem Euro-Raum beitreten will. Die Europäische Zentralbank (EZB), die die Währungsstabilität des Euros überwacht, hat ihren Hauptsitz in Frankfurt am Main. Nach dem Scheitern des europäischen Verfassungsvertrags 2005 hatte Bundeskanzlerin Merkel entscheidenden Anteil am Zustandekommen des Lissabon-Vertrages zwei Jahre spä- [75] ter. Das verschaffte ihr Respekt im Kreis der EU-Staats- und Regierungschefs. Merkels Europapolitik knüpfte an die Tradition bundesdeutscher Vorgänger-Regierungen an und legte einen Fokus auf enge Beziehungen zu Frankreich. Dabei fand sie vor allem in Emmanuel Macron, seit 2017 Staatspräsident Frankreichs, einen Verbündeten. [80]

2014 forderte der damalige Bundespräsident Joachim Gauck in einer vielbeachteten Rede ein stärkeres Engagement Deutschlands in der Außen- und Sicherheitspolitik. Bei der Wahrung deutscher Interessen dürfe notfalls auch der Einsatz der Bundeswehr kein Tabu sein. Deutschlands Rolle in der internationalen Politik hat in der Ära Merkel weiter an Bedeutung gewonnen. In zahlreichen Krisenregi- [85] onen der Welt ist Deutschland ein wichtiger politischer Akteur. So trat Deutschland etwa im „Minsker Abkommen" von 2015 an der Seite Frankreichs als Vermittler auf im Konflikt zwischen der Ukraine und Russland. Beim Zustandekommen des sogenannten Atom-Abkommens mit dem Iran hatte Deutschland großen Anteil. Dieser verstärkte sich, nachdem die USA unter Präsident Donald Trump das [90] Abkommen einseitig aufkündigten. Seither versuchte die deutsche Außenpolitik zusammen mit Frankreich und Großbritannien, das Abkommen zu „retten". Im Januar 2020 lud Bundeskanzlerin Merkel verschiedene Staats- und Regierungschefs sowie Vertreter internationaler Organisationen zu einer „Libyen-Konferenz" nach Berlin ein. Hier sollten Möglichkeiten erörtert werden, das Bürgerkriegsland [95] endlich zu befrieden. Die Bundeswehr ist im Rahmen unterschiedlicher Einsätze in zahlreichen Krisenregionen der Welt aktiv. Im Juli 2021 befanden sich etwa 2500 Soldatinnen und Soldaten der Bundeswehr in insgesamt elf Einsätzen auf drei Kontinenten.

Die Flüchtlingspolitik der Regierung Merkel im Rückblick

„Verpasste Chance"

Der Jounalist Maximilian Popp zieht im „Spiegel" 2021 ein Fazit über die Flüchtlingspolitik:

Hunderttausende Menschen konnten der Hölle in Syrien entkommen, weil Deutschland seine Grenzen im Sommer 2015 nicht gewaltsam geschlossen hat. Hunderttausende Menschen konnten noch einmal neu anfangen, können
5 jetzt ohne Todesangst leben. Es lohnt sich, an diese eigentlich offensichtliche Tatsache zu erinnern, da in der Flüchtlingsdebatte Einzelschicksale längst verschwunden sind hinter Zahlen und Polemik. [...]
Bundeskanzlerin Angela Merkel war, wie die anderen euro-
10 päischen Staats- und Regierungschefs auch, nicht auf diese Situation vorbereitet. Als sie in ihrer Neujahrsansprache 2015 die Herausforderungen für die bevorstehenden Monate skizzierte, erwähnte sie Migration noch mit kaum einem Wort. Doch sie hat in jenem schicksalhaften Sommer intu-
15 itiv eine weitreichende Entscheidung getroffen: Sie hat die Grenzen für Schutzsuchende offen gehalten. Und das war richtig.
Es stimmt nicht, dass Merkels Handeln alternativlos war, so wie manche ihrer Unterstützerinnen und Unterstützer heu-
20 te sagen. Merkel hätte die Bundespolizei an den deutschen Grenzen auffahren und Befestigungsanlagen bauen können, wie das Viktor Orbán in Ungarn getan hat. Nur wäre das moralisch verwerflich und politisch unklug gewesen. Hunderttausende Migrantinnen und Migranten wären dann auf
25 dem Balkan gestrandet mit unabsehbaren Folgen für die Stabilität der Region. Auch die Integration der Geflüchteten in Deutschland gelang besser, als vielfach behauptet wird. [...] Heute hat eine Mehrheit der Geflüchteten das Gefühl, gut in Deutschland angekommen zu sein. Merkels Verspre-

chen von damals („Wir schaffen das!") hat sich bewahrhei-
30 tet.
Was der Bundeskanzlerin nicht gelungen ist: die Krisenbewältigung in eine europäische Migrationpolitik zu überführen. Bis heute gibt es in Europa kein humanes, belastbares Asylsystem.
35 Das liegt zum einen an der Art und Weise, wie Merkel die Krise nach 2015 eingedämmt hat. Statt die EU-Staaten bei der Unterbringung und Versorgung von Menschen in Not mehr in die Pflicht zu nehmen, hat sie einen Deal mit dem türkischen Präsidenten Recep Tayyip Erdogan geschlossen,
40 damit dieser Geflüchtete von Europa fernhält. Anfangs ging das gut, die Zahl der Überfahrten über die Ägäis sank schlagartig. Das Abkommen hat die Europäer jedoch erpressbar gemacht, abhängig von dem türkischen Autokraten, der regelmäßig damit droht, Migrantinnen und Migran-
45 ten in Richtung EU zu schicken.
Noch schwerer wiegt, dass sich einige griechische Inseln in Folge des EU-Türkei-Deals in Gefängnisse verwandelt haben. [...]
Die Bundeskanzlerin hat in der Flüchtlingspolitik viel zu
50 lange auf eine gesamteuropäische Lösung gesetzt, von der längst jeder weiß, dass es sie niemals geben wird. Staaten wie Ungarn, Dänemark oder Polen haben schlicht kein Interesse daran, Geflüchtete aufzunehmen. Merkel hätte stattdessen eine „Koalition der Willigen" schmieden sollen,
55 die das Asylrecht in Europa stärkt. [...]
Angela Merkel hat 2015 in einer Ausnahmesituation Mut und Menschlichkeit bewiesen. Doch Europas Flüchtlingspolitik ist heute so unmenschlich wie nie zuvor.

Maximilian Popp: „Fazit: Verpasste Chance"; in: Spiegel Biographie 1/2021, S. 95, https://www.spiegel.de/politik/deutschland/angela-merkels-fluechtlingspolitik-verpasste-chance-a-3e08efae-0002-0001-0000-000178572547.

Aufgaben

1. **Die Flüchtlingspolitik der Regierung Merkel**
   a) Fasse das Fazit zur Flüchtlingspolitik der Regierung Merkel (M6) in eigenen Worten zusammen.
   b) Informiere dich im Internet über die Regelungen des deutschen und europäischen Asylrechts.
   c) Verfasse eine „Presseerklärung" aus der Perspektive der Bundesregierung, in der die Maßnahmen der Flüchtlingspolitik von 2015 begründet werden.
   d) Nimm Stellung zur Meinung des Autors (M6).
   M6, Internet, Text auf den Seiten 191–192

2. **Deutsche Außenpolitik der Ära Merkel**
   a) Informiert euch arbeitsteilig über die aktuellen Einsätze und Missionen der Bundeswehr.
   b) Ladet eine Jugendoffizierin/einen Jugendoffizier der Bundeswehr in den Geschichtsunterricht ein. Bereitet euch auf den Besuch vor, indem ihr vorher konkrete Fragen formuliert.
   c) Diskutiere: Bedeuten die Auslandseinsätze der Bundeswehr eine „Normalisierung" deutscher Außenpolitik?
   Internet, Text auf den Seiten 191–192

Aktuelle globale Herausforderungen und Entwicklungen

Nach dem Höhepunkt der Flüchtlingsbewegung 2015 mussten sich die Staaten und Bevölkerungen weltweit weiteren globalen Herausforderungen stellen, die größtenteils nicht neu waren, aber durch verschiedene Ereignisse und Entwicklungen eine enorme Dynamik erfahren haben:

- *die insbesondere in den USA heftig geführte Diskussion um die „Black-Lives-Matter-Bewegung",*
- *die gesteigerte Sorge um den Klimawandel,*
- *und letztlich die Corona-Pandemie, die in den Jahren ab 2019 das Geschehen weltweit bestimmte und mit einschneidenden Maßnahmen einherging, die bis dahin in dieser Form völlig unbekannt waren.*

1. Ein Klassenprojekt durchführen

Das folgende Teilkapitel könnt ihr für ein Klassenprojekt nutzen. Geht dabei folgendermaßen vor:

Erste Phase: Arbeit in Gruppen. Jede Gruppe wählt eine der aufgeführten Herausforderungen aus und recherchiert anhand der Materialien in diesem Teilkapitel.

Zweite Phase: Arbeit in Gruppen. Bereitet in Gruppen eine Präsentation vor, die den aktuellen Stand des Wissens und der Diskussion zu den hier behandelten Themengebieten überblicksartig darlegt. Neben informierenden Materialien solltet ihr also auch auf verschiedene Meinungen und Standpunkte eingehen (von unterschiedlichen Gruppen, Personen, Institutionen) und zum Schluss eine eigene Position vertreten.

Überlegt auch, in welcher Form (Handout, Computerpräsentation) ihr eure Ergebnisse präsentiert.

Dritte Phase: In der Klasse. Stellt eure Ergebnisse in einem anschaulichen Vortrag vor.

Vierte Phase: In der Klasse. Diskutiert über die Ergebnisse und vergleicht die Präsentationen.

1. Die Black-Lives-Matter-Bewegung

Ihr könnt für eure Recherche folgende Links nutzen

Allgemein
- Aktuelle Zeitungsartikel
- Entsprechende Wikipedia-Artikel als Ausgangspunkt (auf dortige Links achten) https://de.wikipedia.org/wiki/Wikipedia: Hauptseite;
- Online-Zeitungen und Nachrichtenportale, z. B.: https://www.zeit.de/index; https://www.spiegel.de/; https://www.sueddeutsche.de; https://www.tagesschau.de/

Black-Lives-Matter
- https://www.bundestag.de/resource/blob/830078/32be74fa026d161e11c6bd8fee1787f8/WD-1-001-21-pdf-data.pdf
- https://www.dw.com/de/black-lives-matter/t-54801167

...tischer Hintergrund

...dem Tod des Afro-Amerikaners George Floyd ...olge eines Polizeieinsatzes am 25. Mai 2020 in ...neapolis/USA und den darauf folgenden Bür-...protesten, an denen sich in verschiedenen Städ-... Millionen von Menschen beteiligten, zeigte sich ...ch einmal eindringlich, dass die Frage der Gleich-...rechtigung aller Menschen noch lange nicht be-...ediegend beantwortet ist. Unter dem Slogan der ...ack-Lives-Matter-Bewegung, die schon seit eini-...n Jahren wieder verstärkt auf den alltäglichen ...ssismus in den USA aufmerksam gemacht hatte, ...chtete sich der Protest v. a. gegen die häufig ge-...altsame Behandlung von Afro-Amerikanern durch ...eiße Polizisten und das Verhalten der Staatsorga-...e und der Justiz, die ein solches Vorgehen dulde-...en bzw. nicht angemessen ahndeten. Auch wenn im ...alle von George Floyd die beteiligten Beamten sus-...endiert und angeklagt wurden, machten dieses ...reignis und die folgenden, in allen Medien geführ-...en Diskussionen deutlich, dass überwunden ge-...laubte politisch und gesellschaftlich diskriminie-...ende Denkweisen und Strukturen auch im Westen ...noch anzutreffen sind und einer gerechten Lebens-...weise im Sinne der Pluralität, wie sie in den Men-...schenrechten verankert ist, entgegenstehen.

Auseinandersetzung mit nationalem und kolonialem Erbe

Die Ereignisse rund um den Tod von George Floyd führten auch in einigen europäischen Ländern zu einer verstärkten Auseinandersetzung mit der Haltung der jeweiligen Gesellschaft in der Frage des Umgangs mit Menschen anderer Hautfarbe. Dabei spielte auch die nationale und z. T. koloniale Vergangenheit eine wichtige Rolle, so auch in Deutschland. Erst in den letzten Jahren wurde diesbezüglich z. B. das Thema koloniale Raubkunst auf breiterer öffentlicher Ebene diskutiert. Auch im Zuge der offiziellen Anerkennung durch die BRD, dass es sich bei der Tötung der Herero und Nama in den Jahren 1904–1908 um einen Genozid handelte, spiegelte sich eine neue Perspektivierung wider, die es so vorher nicht gab. Dabei ist den sozialen Medien eine wichtige Rolle zuzuschreiben; konkrete Einzelschicksale von betroffenen Menschen, die sehr persönliche Erfahrungen mit rassistischem und diskriminierendem Verhalten gemacht haben, werden auf diese Weise viel stärker wahrgenommen als über die klassischen Kanäle (TV, Zeitungen). Insgesamt rückten so in letzter Zeit die Themen Menschenrechte, Gleichberechtigung, sozialer Friede u. ä. viel stärker in den Vordergrund; sie werden auch auf längere Sicht von enormer Bedeutung bleiben.

Ein Spieler vom FC Bayern München II (FCB Amateure) mit einem T-Shirt als Protest gegen Diskriminierung und Ausgrenzung, Foto, Mannheim, 14.06.2020

Demonstration gegen Polizeigewalt vor der US-Botschaft in Berlin. Nach dem gewaltsamen Tod des Afroamerikaners George Floyd, der in den USA durch die Handlungen eines Polizisten starb, erreichten die Proteste gegen Rassismus und Polizeigewalt auch Berlin, Foto, 02. Juli 2021.

Standbild von Leopold II. vor dem Königspalast in Brüssel (Tervuren)

Leopold II. war das Gebiet des Kongo auf der Kongokonferenz in Berlin 1884 als „private Kolonie" zugesprochen worden. Im Königspalast erinnert eine Dauerausstellung an die belgische Kolonialzeit, die in den letzten Jahren gründlich überarbeitet wurde. 2020 wurde das Denkmal vor dem Palast geschändet. Ein Unbekannter hat Hand und Gesicht der Figur „blutig"-rot beschmiert, auf die Brust „Pardon" (= Vergebung, Entschuldigung), auf das Pferd mit gelber Farbe „Racism" (= Rassismus) und auf den Sockel „Assasin" (= Mörder) gesprüht.

2. Die Herausforderungen durch den Klimawandel

Ihr könnt für eure Recherche folgende Links nutzen

Allgemein
– Aktuelle Zeitungsartikel
– Entsprechende Wikipedia-Artikel als Ausgangspunkt (auf dortige Links achten) https://de.wikipedia.org/wiki/ Wikipedia: Hauptseite
– Online-Zeitungen und Nachrichtenportale, z. B.: https://www.zeit.de/index; https://www.spiegel.de/; https://www.sueddeutsche.de; https://www.tagesschau.de/

Klimawandel
– https://www.dwd.de/DE/klimaumwelt/klimawandel/klimawandel_node.html; https://ec.europa.eu/clima/ index_de

Politischer Hintergrund

Verheerende Überschwemmungen, zerstörerische Wetterphänomene oder Missernten infolge von Dürrephasen hat es auf der Erde schon immer gegeben; aber in den letzten Jahrzehnten bzw. seit dem Durchbruch der Industrialisierung Mitte des 19. Jahrhunderts beobachten Wissenschaftler vieler Disziplinen, dass Häufigkeit, Schweregrad und Auswirkungen solcher Ereignisse immer gravierender werden. Forschungen und Studien zeigen, dass hierfür das Handeln der Menschen hauptsächlich verantwortlich ist. Das Auftreten heftiger Hurrikans in Nord- und Mittelamerika, die mittlerweile nahezu jährlich auftretenden Waldbrände im Mittelmeerraum oder das kontinuierliche Abschmelzen der nördlichen Polkappe und der Alpen-Gletscher sind nur einige Beispiele, die verdeutlichen, dass der Mensch durch den Ausstoß treibhausfördernder Abgase (v. a. CO_2) massiv in die Umwelt eingreift und damit das natürliche Klimagefüge nachhaltig stört, was sich v. a. im Anstieg der Durchschnittstemperaturen zeigt. Schon seit den 1990er-Jahren fanden deswegen regelmäßige sog. Welt-Klimakonferenzen unter der Regie der UN statt, an denen sehr viele Staaten teilnahmen. Kernziel war immer, die weltweit zunehmende Erderwärmung durch den vom Menschen verursachten Treibhauseffekt zu begrenzen bzw. zu stoppen. Hierfür wurden verpflichtende Vereinbarungen getroffen, die, wenn sie ernsthaft umgesetzt werden sollen, weitreichende Eingriffe in politische, gesellschaftliche und v. a. wirtschaftliche Bereiche erfordern.

Global-politische Dimension

Bereits auf der Umweltkonferenz 1992 in Rio de Jainero wurde eine Klimarahmenvereinbarung, die Agenda 21, verabschiedet, die mittlerweile als globale Leitlinie für nachhaltige Entwicklungen fungiert. Dies bedeutet, dass politisches, gesellschaftliches und wirtschaftliches Handeln einerseits den Bedürfnissen der jetzigen Generation gerecht werden soll, andererseits aber immer im Blick haben muss, den folgenden Generationen ebenfalls ein menschenwürdiges und sicheres Leben zu ermöglichen. Dies kann nur funktionieren, wenn die menschlichen Eingriffe in Umwelt und Klima verantwortungsbewusster erfolgen. Natürliche Ressourcen z. B. sollen heute nicht vollständig und rücksichtslos ausgebeutet und verarbeitet werden; dies betrifft v. a. die reichen Industrieländer, die gegenüber den Schwellenländern und den Dritte-Welt-Staaten unverhältnismäßig hohe Verbräuche aufweisen. Im japanischen Kyoto wurden 1995 erstmals konkrete Werte zur Eindämmung der Treibhausgasemissionen völkerrechtlich verbindlich beschlossen. Auch wenn es an den festgelegten Zahlen erhebliche Kritik gab, so war doch mit dem Vertragsschluss erkennbar, dass der Klimaschutzgedanke nun fest im politischen Tagesgeschäft verankert war. 2015 wurde in Paris schließlich die bis heute gültige Zielvereinbarung getroffen, die vom Menschen verursachte Steigerung der Erderwärmung auf unter 2 Grad Celsius zu begrenzen, verglichen mit den Werten des vorindustriellen Zeitalters. 195 Länder haben das Abkommen bisher unterzeichnet; die Zukunft muss zeigen, inwiefern Staaten und Gesellschaften diese Werte nachweislich einhalten werden.

Gesellschaftliche Aspekte

Eine unmittelbare Folge der Pariser Klimakonferenz ist das Aufkommen der „Fridays for Future"-Bewegung; diese unterscheidet sich von früheren Umweltbewegungen v. a. dadurch, dass sie von Jugendlichen und jungen Erwachsenen ausgeht und getragen wird. Das Gesicht dieser Bewegung wurde ab 2018 die Schwedin Greta Thunberg, die als 15-jährige Schülerin damit begann, in der Schulzeit regelmäßig mit Plakaten und stillen Protesten auf die negativen Folgen hinzuweisen, die eine Nichtbeachtung der Pariser Klimaziele für die folgenden Generationen nach sich ziehen werde. Ihrem Engagement folgend, breitete sich der Protestwille in immer mehr Ländern aus. Mithilfe der medialen Präsenz und Hervorhebung solcher Aktionen ist die Bewegung mittlerweile weltweit aktiv und kann als Zeichen dafür gewertet werden, dass die Frage des Klimawandels nicht mehr nur eine von vielen ist, sondern die entscheidende für die Zukunft der Menschheit.

Konkrete Maßnahmen

Kritik an der Klimapolitik fast aller Staaten und Regierungen wird in erster Linie daran geübt, dass konkrete Maßnahmen bzw. Umsetzungen kaum oder nur langsam wirksam werden. Dennoch sind Erfolge durchaus sichtbar. Ein Beispiel dafür ist die Elektromobilität: Erst seit einigen Jahren, besonders seit dem sogenannten „Dieselskandal" 2015, der Aufdeckte, dass führende Automobilhersteller den Wert des tatsächlichen Ausstoßes schädigender Abgase illegal manipuliert haben, werden verstärkt Fahrzeuge mit Elektrotechnik für den Normalbürger angeboten. In Deutschland fördert der Staat die Anschaffung sogar mit einer Prämie, um die Verbreitung elektrobetriebener Kraftfahrzeuge zu beschleunigen. Daten aus dem Jahr 2021 zeigen im Vergleich zu den Vorjahren eine deutliche Zunahme, wenn auch auf einem noch niedrigen Niveau. Es kann aber davon ausgegangen werden, dass sich der Anteil sowohl in Deutschland als auch europa- und weltweit erhöht, zumal einige Organisationen, darunter auch die EU-Kommission, Staaten bzw. Teilregionen schon fixe Zeitpunkte genannt haben, zu denen der Verkauf von Kraftfahrzeugen mit Benzin- und Dieselantrieben verboten werden soll.

Ein weiteres Beispiel für ein konkretes Vorgehen mit dem Ziel, den Ausstoß schädigender Abgase weiter zu senken, ist der komplette Ausstieg aus der Kohleförderung; in Deutschland soll dies bis 2038 erfolgen, so ein Beschluss der Regierung aus dem Jahr 2019. Auch in anderen Staaten setzt sich die Erkenntnis durch, dass ein weiterer Anstieg der Erderwärmung nicht verhindert werden kann, solange fossile Energieträger weiterhin genutzt werden wie bisher. Selbst in China, wo die Kohle eine weit höhere Bedeutung hat als in Europa, sinkt der Verbrauch und die Nutzung seit einigen Jahren. Auch wenn bestimmte gesellschaftlichen Gruppen bzw. einzelne Branchen nicht mit allen Entscheidungen zugunsten erneuerbarer Energien einverstanden sind, so lässt sich insgesamt doch festhalten, dass ein allgemeines Umdenken bezüglich der Klimaproblematik stattgefunden hat. Die noch vorhandenen Stimmen, die den vom Menschen verursachten Klimawandel bezweifeln bzw. infrage stellen, werden zunehmend leiser.

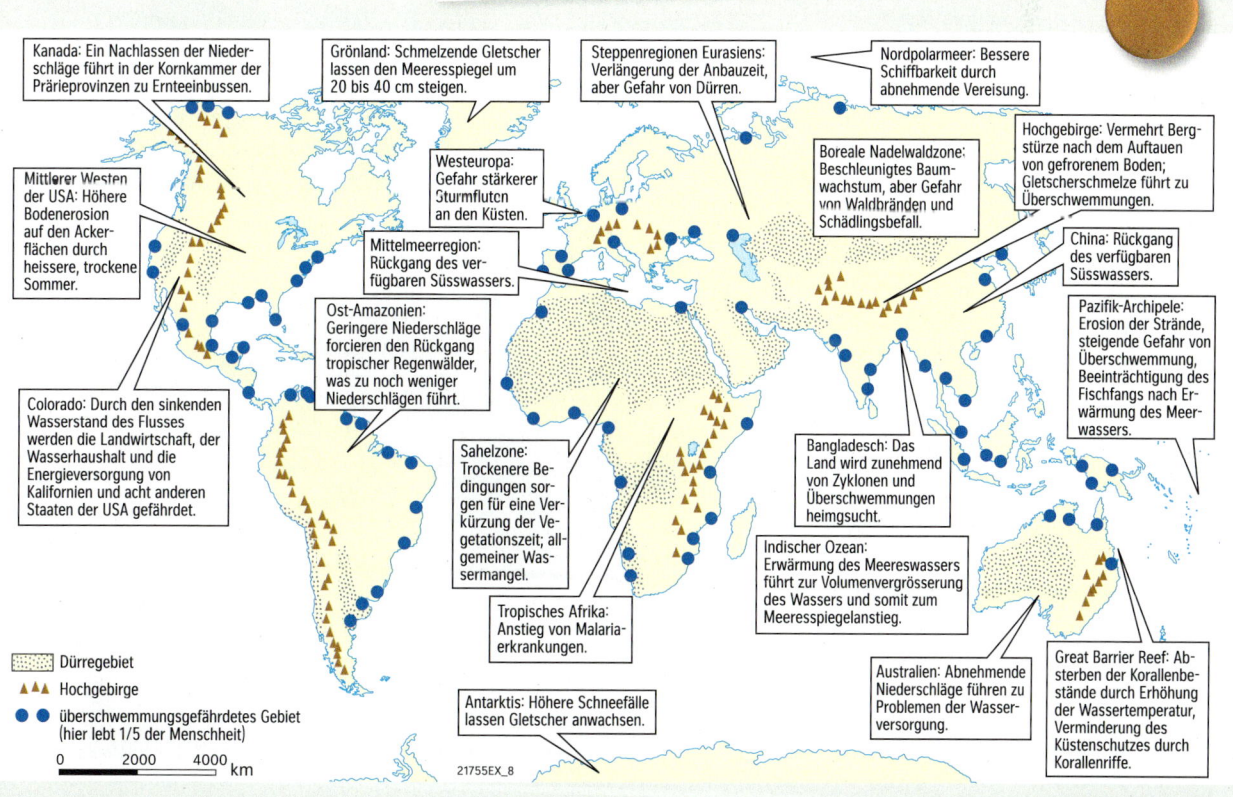

Kanada: Ein Nachlassen der Niederschläge führt in der Kornkammer der Prärieprovinzen zu Ernteeinbussen.

Grönland: Schmelzende Gletscher lassen den Meeresspiegel um 20 bis 40 cm steigen.

Steppenregionen Eurasiens: Verlängerung der Anbauzeit, aber Gefahr von Dürren.

Nordpolarmeer: Bessere Schiffbarkeit durch abnehmende Vereisung.

Hochgebirge: Vermehrt Bergstürze nach dem Auftauen von gefrorenem Boden; Gletscherschmelze führt zu Überschwemmungen.

Mittlerer Westen der USA: Höhere Bodenerosion auf den Ackerflächen durch heissere, trockene Sommer.

Westeuropa: Gefahr stärkerer Sturmfluten an den Küsten.

Boreale Nadelwaldzone: Beschleunigtes Baumwachstum, aber Gefahr von Waldbränden und Schädlingsbefall.

China: Rückgang des verfügbaren Süsswassers.

Mittelmeerregion: Rückgang des verfügbaren Süsswassers.

Ost-Amazonien: Geringere Niederschläge forcieren den Rückgang tropischer Regenwälder, was zu noch weniger Niederschlägen führt.

Pazifik-Archipele: Erosion der Strände, steigende Gefahr von Überschwemmung, Beeinträchtigung des Fischfangs nach Erwärmung des Meerwassers.

Colorado: Durch den sinkenden Wasserstand des Flusses werden die Landwirtschaft, der Wasserhaushalt und die Energieversorgung von Kalifornien und acht anderen Staaten der USA gefährdet.

Sahelzone: Trockenere Bedingungen sorgen für eine Verkürzung der Vegetationszeit; allgemeiner Wassermangel.

Bangladesch: Das Land wird zunehmend von Zyklonen und Überschwemmungen heimgesucht.

Tropisches Afrika: Anstieg von Malariaerkrankungen.

Indischer Ozean: Erwärmung des Meereswassers führt zur Volumenvergrösserung des Wassers und somit zum Meeresspiegelanstieg.

Great Barrier Reef: Absterben der Korallenbestände durch Erhöhung der Wassertemperatur, Verminderung des Küstenschutzes durch Korallenriffe.

Australien: Abnehmende Niederschläge führen zu Problemen der Wasserversorgung.

Antarktis: Höhere Schneefälle lassen Gletscher anwachsen.

Dürregebiet

▲▲▲ Hochgebirge

● überschwemmungsgefährdetes Gebiet (hier lebt 1/5 der Menschheit)

0   2000   4000 km

21755EX_8

3. Die Corona-Pandemie

Ihr könnt für eure Recherche folgende Links nutzen

Allgemein
– Aktuelle Zeitungsartikel
– Entsprechende Wikipedia-Artikel als Ausgangspunkt (auf dortige Links achten) https://de.wikipedia.org/wiki/Wikipedia:Hauptseite
– Online-Zeitungen und Nachrichtenportale z. B.: https://www.zeit.de/index; https://www.spiegel.de/; https://www.sueddeutsche.de; https://www.tagesschau.de/

Corona-Pandemie
– https://www.rki.de/DE/Content/InfAZ/N/Neuartiges_Coronavirus/Risikobewertung.html
– https://www.bundesregierung.de/breg-de/themen/coronavirus
– https://www.bundesgesundheitsministerium.de/coronavirus.html
– https://www.bpb.de/gesellschaft/medien-und-sport/306942/corona-und-verschwoerungstheorien

Politischer Hintergrund

„Es ist ernst. Nehmen Sie es auch ernst. Seit der Deutschen Einheit, nein, seit dem Zweiten Weltkrieg gab es keine Herausforderung an unser Land mehr, bei der es so sehr auf unser gemeinsames solidarisches Handeln ankommt." Mit diesen eindringlichen Worten machte Bundeskanzlerin Angela Merkel in einer Fernsehansprache schon am 18. März 2020 auf den epochalen Einschnitt aufmerksam, der durch das weltweite Auftreten des neuartigen Coronavirus (SARS-CoV-2) ausgelöst wurde. Was noch Ende 2019 zunächst nur als lokales Epedemieproblem im weit entfernten China erschien, entwickelte sich innerhalb weniger Wochen zur stärksten Pandemiewelle seit Menschengedenken, vergleichbar nur mit der Spanischen Grippe nach dem Ersten Weltkrieg. Die rasante Ausbreitung und Aggressivität des Virus, das die Atemwege befällt und innerhalb kurzer Zeit zu schweren Krankheitsverläufen und oft sogar zum Tode führen kann, und die Tatsache, dass kein wirksames Medikament dagegen vorhanden war, zwang die Regierungen in fast allen Staaten dazu, Maßnahmen zu ergreifen, die das Alltagsleben aller Menschen z. T. massiv einschränkten.

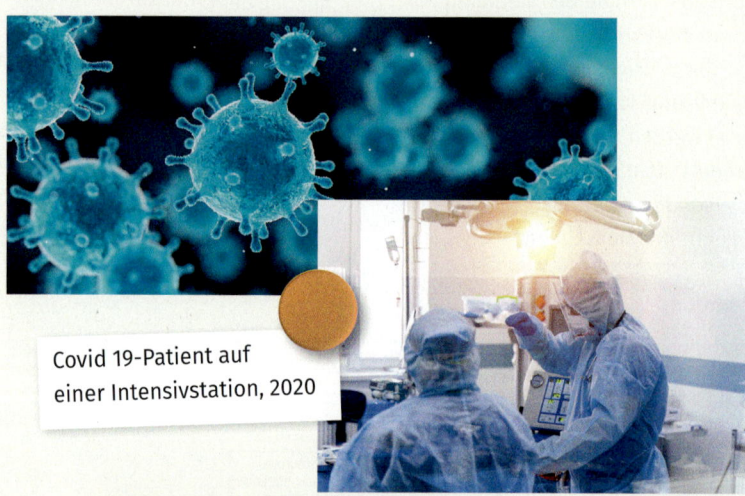

Covid 19-Patient auf einer Intensivstation, 2020

Demonstration in München für Kinderrechte in der Corona-Krise, 2020

Lockdowns, Schulschließungen, Maskenpflicht

Um gegenseitige Infizierungen so weit wie möglich zu verhindern und die rasant steigenden Todesfälle einzudämmen, beschlossen viele Regierungen das weitgehende Herunterfahren des öffentlichen Lebens bis auf ein Minimum („lockdown"). Dies bedeutete, dass für bestimmte Zeiträume z. B. Schulen, Geschäfte, Gastronomien und Ämter geschlossen wurden und nur noch ein Notbetrieb aufrechterhalten blieb. Wo möglich, sollten die Menschen von zuhause aus arbeiten („homeoffice"); Schülerinnen und Schüler wurden im „homeschooling" unterrichtet, was aufgrund der uneinheitlichen technischen Voraussetzungen und Ausstattungen vieler Schulen mit einer Reihe von Problemen und Hindernissen einherging. Im Zuge der medizinischen Erforschung des Virus wurde empfohlen, eine Maskenpflicht im öffentlichen Raum einzuführen, die gegenseitige Infizierungen minimieren sollte. Diese und weitere Maßnahmen (v. a. Kontaktbeschränkungen) drangen sehr weit auch ins private Leben ein und führten dazu, dass Menschen z. T. nur noch sehr begrenzte soziale Kontakte außerhalb der Familie pflegen konnten.

Trotz aller Bemühungen kann das Coronavirus bzw. eine Covid19-Erkrankung bis heute noch nicht wirksam mit medizinischen Mitteln bekämpft werden. Allerdings haben enorme Forschungsbemühungen relativ schnell dazu geführt, dass gegen Ende des Jahres 2020 Impfstoffe entwickelt wurden, die die Wahrscheinlichkeit eines schweren Erkrankungsverlaufs sehr stark senken. Mittlerweile (2022) ist genügend Impfstoff vorhanden. Im Umgang mit der Pandemie bestand und besteht kein gesellschaftlicher Konsens: Einigen gingen die Maßnahmen nicht weit genug, andere fühlten sich durch die staatlichen Vorgaben in ihren Grundrechten beschnitten.

Typische Bilder aus der Zeit der Corona-Pandemie, 2020

Menschenrechte in der Weltgesellschaft

Der Zweite Weltkrieg und die Verbrechen der Nationalsozialisten haben nicht nur in Deutschland dazu geführt, über Grund- und Menschenrechte neu nachzudenken. Weltweit gab es Bemühungen, den Menschenrechten Geltung zu verschaffen. Insbesondere nahm sich die 1945 gegründete UNO (United Nations Organization) dieser Aufgabe an: Die Vereinten Nationen beschlossen schon 1948 eine wichtige Erklärung dazu.

M 1 Allgemeine Erklärung der Menschrechte

Am 10. Dezember 1948 nahm die UNO-Vollversammlung die Allgemeine Erklärung der Menschenrechte ohne Gegenstimme als Resolution 217 A (III) an:

Präambel

Da die Anerkennung der angeborenen Würde und der gleichen und unveräußerlichen Rechte aller Mitglieder der Gemeinschaft der Menschen die Grundlage von Freiheit, Ge-
5 rechtigkeit und Frieden in der Welt bildet,

da die Nichtanerkennung und Verachtung der Menschenrechte zu Akten der Barbarei geführt haben, die das Gewissen der Menschheit mit Empörung erfüllen, und da verkündet worden ist, dass einer Welt, in der die Menschen
10 Rede- und Glaubensfreiheit und Freiheit von Furcht und Not genießen, das höchste Streben des Menschen gilt,

da es notwendig ist, die Menschenrechte durch die Herrschaft des Rechtes zu schützen, damit der Mensch nicht gezwungen wird, als letztes Mittel zum Aufstand gegen Ty-
15 rannei und Unterdrückung zu greifen,

da es notwendig ist, die Entwicklung freundschaftlicher Beziehungen zwischen den Nationen zu fördern,

da die Völker der Vereinten Nationen in der Charta ihren Glauben an die grundlegenden Menschenrechte, an die Würde und den Wert der menschlichen Person und an die 20 Gleichberechtigung von Mann und Frau erneut bekräftigt und beschlossen haben, den sozialen Forschritt und bessere Lebensbedingungen in größerer Freiheit zu fördern,

da die Mitgliedstaaten sich verpflichtet haben, in Zusammenarbeit mit den Vereinten Nationen auf die allgemeine 25 Achtung und Einhaltung der Menschenrechte und Grundfreiheiten hinzuwirken,

da ein gemeinsames Verständnis dieser Rechte und Freiheiten von größter Wichtigkeit für die volle Erfüllung dieser Verpflichtung ist, 30

verkündet die Generalversammlung diese Allgemeine Erklärung der Menschenrechte als das von allen Völkern und Nationen zu erreichende gemeinsame Ideal, damit jeder einzelne und alle Organe der Gesellschaft sich diese Erklärung stets gegenwärtig halten und sich bemühen, durch Unterricht und 35 Erziehung die Achtung vor diesen Rechten und Freiheiten zu fördern und durch fortschreitende nationale und internationale Maßnahmen ihre allgemeine und tatsächliche Anerkennung und Einhaltung durch die Bevölkerung der Mitglied-

Aufgaben

1. **Universale Rechte – Die AEMR 1948**
   a) Erläutere die historischen Entstehungsbedingungen der UN-Menschenrechtserklärung.
   b) Erkläre die Ideale der Präambel mit eigenen Worten.
   c) Bilde für die dreißig Artikel Oberbegriffe und ordne die einzelnen Artikel diesen zu.
   d) Vergleiche die Menschenrechtsartikel mit den ersten neunzehn Artikeln des GG.
   ⌢ Text auf den Seiten 203–205, M1, GG der Bundesrepublik Deutschland

2. **Universale Rechte – Die AEMR heute**
   a) Erstelle zu ausgesuchten Artikeln eine Bildcollage und präsentiere diese in der Klasse.
   b) Überlegt gemeinsam, wie ihr den weltweiten „Tag

der Menschenrechte", den 10. Dezember, an eurer Schule begehen könntet. Mögliche Projekte: Erstellung eines Schul-Flyers, eines Artikels für die Schülerzeitung, einer Ausstellung, eines Theaterstücks o.a.
⌢ Text auf den Seiten 203–205, M1

3. **Menschenrechtsverletzungen – Internetrecherche**
   a) Recherchiert aktuelle Menschenrechtsverletzungen anhand der Webseiten bekannter Menschenrechtsorganisationen und erstellt dazu Lernplakate.
   b) Informiere dich über Menschenrechtsaktivisten und stelle deren Biografien und deren Einsatz für die Menschenrechte dar.
   ⌢ Text auf den Seiten 203–205, M5, Internet

40 staaten selbst wie auch durch die Bevölkerung der ihrer Hoheitsgewalt unterstehenden Gebiete zu gewährleisten.

Artikel 1: Alle Menschen sind frei und gleich an Würde und Rechten geboren. Sie sind mit Vernunft und Gewissen begabt und sollen einander im Geist der Brüderlichkeit be-
45 gegnen.

Artikel 2: Jeder hat Anspruch auf die in dieser Erklärung verkündeten Rechte und Freiheiten ohne irgendeinen Unterschied, etwa nach Rasse, Hautfarbe, Geschlecht, Sprache, Religion, politischer oder sonstiger Überzeugung, na-
50 tionaler oder sozialer Herkunft, Vermögen, Geburt oder sonstigem Stand. [...]

Artikel 3: Jeder hat das Recht auf Leben, Freiheit und Sicherheit der Person.

Artikel 4: Niemand darf in Sklaverei oder Leibeigenschaft
55 gehalten werden; Sklaverei und Sklavenhandel sind in allen ihren Formen verboten.

Artikel 5: Niemand darf der Folter oder grausamer, unmenschlicher oder erniedrigender Behandlung oder Strafe unterworfen werden.

60 Artikel 6: Jeder hat das Recht, überall als rechtsfähig anerkannt zu werden.

Artikel 7: Alle Menschen sind vor dem Gesetz gleich und haben ohne Unterschied Anspruch auf gleichen Schutz durch das Gesetz. Alle haben Anspruch auf gleichen Schutz
65 gegen jede Diskriminierung, die gegen diese Erklärung verstößt, und gegen jede Aufhetzung zu einer derartigen Diskriminierung.

Artikel 8: Jeder hat Anspruch auf einen wirksamen Rechtsbehelf bei den zuständigen innerstaatlichen Gerichten ge-
70 gen Handlungen, durch die seine ihm nach der Verfassung oder nach dem Gesetz zustehenden Grundrechte verletzt werden.

Artikel 9: Niemand darf willkürlich festgenommen, in Haft gehalten oder des Landes verwiesen werden.

75 Artikel 10: Jeder hat bei der Feststellung seiner Rechte und Pflichten sowie bei einer gegen ihn erhobenen strafrechtlichen Beschuldigung in voller Gleichheit Anspruch auf ein gerechtes und öffentliches Verfahren vor einem unabhängigen und unparteiischen Gericht.

80 Artikel 11: Jeder, der wegen einer strafbaren Handlung beschuldigt wird, hat das Recht, als unschuldig zu gelten, solange seine Schuld nicht in einem öffentlichen Verfahren, in dem er alle für seine Verteidigung notwendigen Garantien gehabt hat, gemäß dem Gesetz nachgewiesen ist.

85 Niemand darf wegen einer Handlung oder Unterlassung verurteilt werden, die zur Zeit ihrer Begehung nach innerstaatlichem oder internationalem Recht nicht strafbar war. Ebenso darf keine schwerere Strafe als die zum Zeitpunkt der Begehung der strafbaren Handlung angedrohte Strafe verhängt werden.
90

Artikel 12: Niemand darf willkürlichen Eingriffen in sein Privatleben, seine Familie, seine Wohnung und seinen Schriftverkehr oder Beeinträchtigungen seiner Ehre und seines Rufes ausgesetzt werden. Jeder hat Anspruch auf rechtlichen Schutz gegen solche Eingriffe oder Beeinträchtigun- 95
gen.

Artikel 13: Jeder hat das Recht, sich innerhalb eines Staates frei zu bewegen und seinen Aufenthaltsort frei zu wählen. Jeder hat das Recht, jedes Land, einschließlich seines eigenen, zu verlassen und in sein Land zurückzukehren. 100

Artikel 14: Jeder hat das Recht, in anderen Ländern vor Verfolgung Asyl zu suchen und zu genießen.

Dieses Recht kann nicht in Anspruch genommen werden im Falle einer Strafverfolgung, die tatsächlich auf Grund von Verbrechen nichtpolitischer Art oder auf Grund von Hand- 105
lungen erfolgt, die gegen die Ziele und Grundsätze der Vereinten Nationen verstoßen.

Artikel 15: Jeder hat das Recht auf eine Staatsangehörigkeit. Niemandem darf seine Staatsangehörigkeit willkürlich entzogen noch das Recht versagt werden, seine Staatsangehö- 110
rigkeit zu wechseln.

Artikel 16: Heiratsfähige Frauen und Männer haben ohne Beschränkung auf Grund der Rasse, der Staatsangehörigkeit oder der Religion das Recht zu heiraten und eine Familie zu gründen. Sie haben bei der Eheschließung, während 115
der Ehe und bei deren Auflösung gleiche Rechte.

Eine Ehe darf nur bei freier und uneingeschränkter Willenseinigung der künftigen Ehegatten geschlossen werden.

Die Familie ist die natürliche Grundeinheit der Gesellschaft und hat Anspruch auf Schutz durch Gesellschaft und Staat. 120

Artikel 17: Jeder hat das Recht, sowohl allein als auch in Gemeinschaft mit anderen Eigentum innezuhaben.

Niemand darf willkürlich seines Eigentums beraubt werden.

Artikel 18: Jeder hat das Recht auf Gedanken-, Gewissens- 125
und Religionsfreiheit; dieses Recht schließt die Freiheit ein, seine Religion oder Überzeugung zu wechseln, sowie die Freiheit, seine Religion oder Weltanschauung allein oder in Gemeinschaft mit anderen, öffentlich oder privat durch Lehre, Ausübung, Gottesdienst und Kulthandlungen zu be- 130
kennen.

Artikel 19: Jeder hat das Recht auf Meinungsfreiheit und freie Meinungsäußerung; dieses Recht schließt die Freiheit ein, Meinungen ungehindert anzuhängen sowie über Medien jeder Art und ohne Rücksicht auf Grenzen Informationen 135
und Gedankengut zu suchen, zu empfangen und zu verbreiten.

Allgemeine Erklärung der Menschenrechte – 1948 und heute

Artikel 20: Alle Menschen haben das Recht, sich friedlich zu versammeln und zu Vereinigungen zusammenzuschließen. Niemand darf gezwungen werden, einer Vereinigung anzugehören.

Artikel 21: Jeder hat das Recht, an der Gestaltung der öffentlichen Angelegenheiten seines Landes unmittelbar oder durch frei gewählte Vertreter mitzuwirken.

Jeder hat das Recht auf gleichen Zugang zu öffentlichen Ämtern in seinem Lande.

Der Wille des Volkes bildet die Grundlage für die Autorität der öffentlichen Gewalt; dieser Wille muss durch regelmäßige, unverfälschte, allgemeine und gleiche Wahlen mit geheimer Stimmabgabe oder in einem gleichwertigen freien Wahlverfahren zum Ausdruck kommen.

Artikel 22: Jeder hat als Mitglied der Gesellschaft das Recht auf soziale Sicherheit und Anspruch darauf, durch innerstaatliche Maßnahmen und internationale Zusammenarbeit sowie unter Berücksichtigung der Organisation und der Mittel jedes Staates in den Genuss der wirtschaftlichen, sozialen und kulturellen Rechte zu gelangen, die für seine Würde und die freie Entwicklung seiner Persönlichkeit unentbehrlich sind.

Artikel 23: Jeder hat das Recht auf Arbeit, auf freie Berufswahl, auf gerechte und befriedigende Arbeitsbedingungen sowie auf Schutz vor Arbeitslosigkeit.

Jeder, ohne Unterschied, hat das Recht auf gleichen Lohn für gleiche Arbeit.

Jeder, der arbeitet, hat das Recht auf gerechte und befriedigende Entlohnung, die ihm und seiner Familie eine der menschlichen Würde entsprechende Existenz sichert, gegebenenfalls ergänzt durch andere soziale Schutzmaßnahmen.

Jeder hat das Recht, zum Schutz seiner Interessen Gewerkschaften zu bilden und solchen beizutreten.

Artikel 24: Jeder hat das Recht auf Erholung und Freizeit und insbesondere auf eine vernünftige Begrenzung der Arbeitszeit und regelmäßigen bezahlten Urlaub.

Artikel 25: Jeder hat das Recht auf einen Lebensstandard, der seine und seiner Familie Gesundheit und Wohl gewährleistet, einschließlich Nahrung, Kleidung, Wohnung, ärztliche Versorgung und notwendige soziale Leistungen gewährleistet sowie das Recht auf Sicherheit im Falle von Arbeitslosigkeit, Krankheit, Invalidität oder Verwitwung, im Alter sowie bei anderweitigem Verlust seiner Unterhaltsmittel durch unverschuldete Umstände.

Mütter und Kinder haben Anspruch auf besondere Fürsorge und Unterstützung. Alle Kinder, eheliche wie außereheliche, genießen den gleichen sozialen Schutz.

Artikel 26: Jeder hat das Recht auf Bildung. Die Bildung ist unentgeltlich, zum mindesten der Grundschulunterricht und die grundlegende Bildung. Der Grundschulunterricht ist obligatorisch. Fach- und Berufsschulunterricht müssen allgemein verfügbar gemacht werden, und der Hochschulunterricht muss allen gleichermaßen entsprechend ihren Fähigkeiten offen stehen.

Die Bildung muss auf die volle Entfaltung der menschlichen Persönlichkeit und auf die Stärkung der Achtung vor den Menschenrechten und Grundfreiheiten gerichtet sein. Sie muss zu Verständnis, Toleranz und Freundschaft zwischen allen Nationen und allen rassischen oder religiösen Gruppen beitragen und der Tätigkeit der Vereinten Nationen für die Wahrung des Friedens förderlich sein.

Die Eltern haben ein vorrangiges Recht, die Art der Bildung zu wählen, die ihren Kindern zuteil werden soll.

Artikel 27: Jeder hat das Recht, am kulturellen Leben der Gemeinschaft frei teilzunehmen, sich an den Künsten zu erfreuen und am wissenschaftlichen Fortschritt und dessen Errungenschaften teilzuhaben.

Jeder hat das Recht auf Schutz der geistigen und materiellen Interessen, die ihm als Urheber von Werken der Wissenschaft, Literatur oder Kunst erwachsen.

Artikel 28: Jeder hat Anspruch auf eine soziale und internationale Ordnung, in der die in dieser Erklärung verkündeten Rechte und Freiheiten voll verwirklicht werden können.

Artikel 29: Jeder hat Pflichten gegenüber der Gemeinschaft, in der allein die freie und volle Entfaltung seiner Persönlichkeit möglich ist.

Jeder ist bei der Ausübung seiner Rechte und Freiheiten nur den Beschränkungen unterworfen, die das Gesetz ausschließlich zu dem Zweck vorsieht, die Anerkennung und Achtung der Rechte und Freiheiten anderer zu sichern und den gerechten Anforderungen der Moral, der öffentlichen Ordnung und des allgemeinen Wohles in einer demokratischen Gesellschaft zu genügen.

Diese Rechte und Freiheiten dürfen in keinem Fall im Widerspruch zu den Zielen und Grundsätzen der Vereinten Nationen ausgeübt werden.

Artikel 30: Keine Bestimmung dieser Erklärung darf dahin ausgelegt werden, dass sie für einen Staat, eine Gruppe oder eine Person irgendein Recht begründet, eine Tätigkeit auszuüben oder eine Handlung zu begehen, welche die Beseitigung der in dieser Erklärung verkündeten Rechte und Freiheiten zum Ziel hat.

Resolution 217 A (III) der Generalversammlung vom 10. Dezember 1948; übersetzt von: UN Department for General Assembly and Conference Management German Translation Service, New York.

Allgemeine Erklärung der Menschenrechte 1948 – Der internationale Durchbruch der Menschenrechte

Am 10. Dezember 1948 nahm die Generalversammlung der Vereinten Nationen (UNO) in Paris die Allgemeine Erklärung der Menschenrechte (AEMR) mit 48 Ja-
5 Stimmen, acht Enthaltungen und ohne Gegenstimme an. Diese Resolution war das Ergebnis eines etwa zweijährigen Diskussionsprozesses innerhalb der neu gegründeten, engagiert und kontrovers arbeitenden UN-Menschenrechtskommission der damals noch jungen Organisation der Vereinten Nationen. Angesichts der ungeheuerlichen Verbrechen des nationalsozialistischen Deutschlands und
10 dessen Gräueltaten während des Zweiten Weltkrieges war das Entsetzen in den meisten Ländern der Welt so groß, dass sie die Idee der Kriegsgegner Deutschlands, eine neue und friedliche Weltordnung in Form einer internationalen Staatenorganisation zu errichten, unterstützten.

Der Plan einer Nachkriegsordnung unter einer internationalen Staatenorga-
15 nisation wurde von den Kriegsgegnern Deutschlands bereits während des Zweiten Weltkrieges entwickelt. Nach den Vorstellungen der alliierten Hauptmächte der Anti-Hitler-Koalition – USA, Großbritannien und Sowjetunion – sollten die Menschenrechte im Entwurf für ein Grundsatzprogramm der neu zu errichtenden Weltorganisation allerdings noch ausgeklammert bleiben: Die drei Alliierten
20 befürchteten Einmischungen in ihre inneren Angelegenheiten, also in Fragen, die die britischen Kolonien, die Diskriminierung der Schwarzen in den amerikanischen Südstaaten und die Menschenrechtssituation in der stalinistischen Sowjetunion betrafen. Es ist lateinamerikanischen Staaten wie Chile, Panama und Kuba sowie dem Einfluss von Nichtregierungsorganisationen zu verdanken, dass der
25 internationale Schutz der Menschenrechte doch Eingang in die Zielbestimmungen der Vereinten Nationen (UNO) finden konnte. Die Gründung der neuen Weltorganisation erfolgte im Juni 1945 in San Francisco durch 50 Mitgliedstaaten.

Entsprechend den Gründungsdokumenten bestehen die Ziele der UNO in der kollektiven Sicherung des Weltfriedens, in der Förderung der internationalen Ko-
30 operation und in der Verwirklichung der Menschenrechte. Derzeit gibt es 193 UNO-Mitgliedstaaten. Im Gründungsvertrag der Vereinten Nationen, der sogenannten Charta, wurde mit Artikel 68 die Bildung eines Wirtschafts- und Sozialrates vereinbart. Dieser Rat berief eine Menschenrechtskommission ein, der Regierungsvertreter aus 18 Staaten angehörten. Infolge der Zusammensetzung der
35 Kommission verliefen die Diskussionen um eine zukünftige weltweite Menschenrechtserklärung zum Teil hitzig und kontrovers. Neben der westlichen Tradition von Menschenrechtserklärungen und Grundrechtekatalogen gingen unter anderem auch sozialistische Ideen von Sozial- und Arbeitsrechten in die Erklärung mit ein. Heute erstaunt es, dass angesichts der Diskussionsbreite und einer zuneh-
40 menden Ost-West-Blockbildung mit einem sich allmählich zuspitzenden Kalten Krieg es überhaupt zu einer gemeinsamen Verständigung kam. Allerdings wurden die 30 Artikel der Allgemeinen Menschenrechtserklärung auch weit und „weich" genug abgefasst, so dass unterschiedliche Auslegungen und Interpretationen der einzelnen Rechte möglich waren und auch heute noch möglich sind. So konnte
45 die Erklärung im Dezember 1948 angenommen werden – lediglich die Ostblockstaaten, Saudi-Arabien und Südafrika enthielten sich der Stimme. Die Ostblockstaaten unter der Führung der Sowjetunion sahen die sozialen Rechte nicht ausreichend gewürdigt gegenüber den individuellen Freiheitsrechten, die den Schutz gegenüber dem Staat betonten.

M 2 **Eleanor Roosevelt und die Deklaration der Menschenrechte der Vereinten Nationen**

Vorsitzende der Menschenrechtskommission war Eleanor Roosevelt (1884 – 1962), die Witwe des vormaligen US-Präsidenten Franklin D. Roosevelt, Foto von 10.12.1948.

M 3 **Grundgesetz**

Glastafeln am Jakob-Kaiser-Haus, einem großen Parlamentsgebäude in Berlin mit Büros der Bundestagsabgeordneten. Der israelische Künstler Dani Karavan (1930–2021) gestaltete die transparente Abgrenzung eines Innenhofes mit den ersten 19 Artikeln des Grundgesetzes in der Fassung des Jahres 1949, aktuelles Foto.

Der englische Titel der berühmten Resolution lautet „Universal Declaration of Human Rights". Der Tag der Verkündung der Menschenrechte, der 10. Dezember, wird heute weltweit als offizieller „Tag der Menschenrechte" begangen. 50

Auch das Grundgesetz der 1949 gegründeten Bundesrepublik Deutschland stellt die Menschenwürde ins Zentrum der staatlichen Politik. So heißt es im ersten Artikel des Grundgesetzes: „Die Würde des Menschen ist unantastbar. Sie 55 zu achten und zu schützen ist Verpflichtung aller staatlichen Gewalt." Anders als bei der Weimarer Verfassung (mit der Folge des Nationalsozialismus) kann die Rückbindung aller staatlichen Regierungspolitik an die Menschenwürde nach dem Grundgesetz niemals aufgehoben werden (sogenannte „Ewigkeitsklausel"; GG Artikel 79, Absatz 3). Mit dieser Bestimmung zog die Bundesrepublik die Leh- 60 ren aus dem Scheitern der demokratischen, aber „wehrlosen" Weimarer Republik.

Zur Bedeutung der Allgemeinen Erklärung der Menschenrechte

Die Allgemeine Erklärung der Menschenrechte richtet sich in erster Linie an „Völ- 65 ker und Nationen", also an Staaten, da nur diese Menschenrechte verletzen können. In der Präambel (feierliche Vorrede eines Verfassungs- oder Rechtstextes, in der die Abfassungsgründe und die Adressaten angegeben werden) wird die Menschenrechtserklärung als ein „Ideal" beschrieben, dem „jeder einzelne und alle Organe der Gesellschaft" nacheifern sollen. Auch die Bevölkerungen der einzel- 70 nen Mitgliedstaaten der Vereinten Nationen sollen die deklarierten Rechte allmählich „durch fortschreitende nationale und internationale Maßnahmen" anerkennen und einhalten. Das Neue und damals Revolutionäre dieser Erklärung lag zum einen darin, dass die Menschenrechte fortan auf internationaler Ebene geschützt werden sollten. Hier manifestierte sich der Kern der Menschenrechtsidee, 75 nämlich dass Menschen als Menschen international zu garantierende Rechte besitzen und nicht bloß als Staatsbürger. Zum anderen führte die Menschenrechtserklärung von 1948 zum ersten Mal in der Geschichte die bürgerlichen, politischen, wirtschaftlichen, sozialen und kulturellen Rechte in einem einzigen Dokument zusammen. 80

M 4 **„Gold für Menschenrechte"**

Werbung von Amnesty International in Berlin, 2008

Obwohl die Erklärung keine direkte völkerrechtliche Bindung der UN-Mitgliedstaaten nach sich zog, wurde sie in der Folgezeit dennoch zur wichtigen Richtschnur zahlreicher internationaler Verträge, die ihrerseits völkerrechtlich bindend wurden und es bis heute noch sind. Die Allgemeine Erklärung der Men-
85 schenrechte wurde auch zum Vorbild späterer regionaler Menschenrechtsabkommen wie zum Beispiel für die Europäische Menschenrechtskonvention des Europarates von 1950 oder für die Charta der Grundrechte der Europäischen Union von 2000.

Menschenrechte gehören also seit dem Jahr 1948 nicht mehr ausschließlich
90 zu den inneren und exklusiven Angelegenheiten der einzelnen Staaten, sondern sie sind seither zur Aufgabe der Völkergemeinschaft in Gestalt der Vereinten Nationen und damit zur „Weltangelegenheit" geworden.

Menschenrechtsverletzungen

95 Obwohl heute beinahe alle Staaten der Welt die UN-Menschenrechtserklärung von 1948 offiziell anerkennen, zeigen die Menschenrechtsreporte von Amnesty International und anderen Menschenrechtsorganisationen alljährlich, wo und welche Menschenrechte in der Welt verletzt werden. Die von Amnesty International angemahnten Menschenrechtsverletzungen verdeutlichen ein schwerwiegen-
100 des Problem: dass nämlich die einzelnen Rechte von den Regierungen der Staaten auf unterschiedliche Weise interpretiert werden. Hier drängt sich die Frage nach dem universalen Geltungsanspruch der Menschenrechte auf: Wie kann dieser universale Geltungsanspruch angesichts der vielen Kulturen und Traditionen in der Welt überzeugend begründet werden? Wird der Geltungsbereich der Men-
105 schenrechte durch unterschiedliche Interpretationen relativiert oder gar eingeschränkt?

M 5   Beispiele für internationale Verträge

1966: Internationaler Pakt über bürgerliche und politische Rechte

1966: Internationaler Pakt über wirtschaftliche, soziale und kulturelle Rechte

1979: Übereinkommen zur Beseitigung jeder Form der Diskriminierung von Frauen

1984: UN-Anti-Folter-Konvention

1989: UN-Kinderrechtskonvention

1993: Erklärung über die Beseitigung der Gewalt gegen Frauen

2006: Übereinkommen über die Rechte der Menschen mit Behinderungen

Der Nächste bitte!

UN MENSCHEN-RECHTS-KOMMISSION

FOLTER   HUNGER   UNTER-DRÜCKUNG   ENT-EIGNUNG

M 6   Bei der UN-Menschenrechtskommission

Karikatur von Gerhard Mester, o. J. Die Menschenrechtskommission soll sich im Auftrag der UNO um die Einhaltung der Menschenrechte bemühen. Heute heißt diese Organisation Menschenrechtsrat.

„Asiatische Werte" und Menschenrechte – Ein Unterschied?

M 7 „Asiatische Werte"?

Die Politikwissenschaftlerin und Journalistin Sonja Ernst bilanziert die sogenannte Debatte um „asiatische Werte" (2009):

In den 1990er-Jahren lieferten sich westliche Länder und Teile Asiens einen Schlagabtausch über die sogenannten „asiatischen Werte": eine Debatte über individuelle Rechte versus Gemeinschaftsrechte sowie über die wirtschaftliche und soziale Entwicklung.

Das Konzept „asiatischer Werte" wurde vor allem von China, Indonesien, Malaysia und Singapur postuliert [aufgestellt und gefordert]. Die politischen Eliten betonten Fleiß, Sparsamkeit sowie die Anerkennung von Autorität und Gemeinschaft als wesentliche ethische Merkmale ihrer Gesellschaften. Die Bedeutung von Familie und Bildung wurde unterstrichen; ebenso das Streben nach Harmonie und Konsens sowie die Ablehnung von Konfrontation und Konflikt. Nicht das Recht des Einzelnen gegenüber dem Staat stand im Vordergrund, wie es im westlichen Demokratieverständnis festgeschrieben ist. Vielmehr galt der Einzelne als Teil einer größeren Gemeinschaft. Die Rechte und Interessen dieser Gemeinschaft wurden über die des Individuums gestellt. Und der Staat sollte die Interessen der Gemeinschaft, der Nation definieren und repräsentieren: Dieses paternalistische [bevormundende] Staatsverständnis bildete ein wichtiges Element im Konzept „asiatischer

Werte". Zugleich instrumentalisierten autoritäre Regierungen dieses Konzept aber auch für ihre eigenen Interessen – als Legitimation für staatliche Repressionen, das Verbot freier Gewerkschaften, die Einschränkung der Presse-, Versammlungs- und Meinungsfreiheit, der Religionsfreiheit sowie weiterer Menschenrechte.

Die Debatte um „asiatische Werte" wurde auf verschiedenen Ebenen geführt. Zum einen wurde die Universalität der Menschenrechte von einzelnen asiatischen Regierungen, wie China oder Singapur, in Frage gestellt: Menschenrechte sollten demnach abhängig von kulturellen Besonderheiten gelten. Zum anderen ging es um das Verhältnis zwischen Entwicklung und Demokratie.

Ab den 1960er- bis in die 1990er-Jahre hinein hatten die Länder Ost- und Südostasiens eine beispiellose wirtschaftliche Erfolgsgeschichte geschrieben. Japan, Südkorea, Hongkong, Singapur, Taiwan sowie China, Indonesien, Malaysia und Thailand galten als „Ostasiatisches Wunder". Einzelne Regierungen deuteten die spezifisch konfuzianische, asiatische Kultur als Voraussetzung für den wirtschaftlichen Aufstieg der Region. Der ökonomische Erfolg ließ eine selbstbewusste politische Elite entstehen, die vom Westen das Recht auf einen eigenen entwicklungspolitischen Weg einforderte und die Vormachtstellung der alten Industriestaaten Europas und Nordamerikas herausforderte.

„Westliche" versus „asiatische Werte"?

„Gibt es denn nur eine Form der Demokratie oder nur einen Hohen Priester, der sie interpretiert – den Westen?", so Malaysias Premierminister Mahathir Mohamad in einem Interview im August 1995. Der damalige Ministerpräsident Malaysias war neben dem Ministerpräsidenten Singapurs, Lee Kuan Yew, der zentrale Wortführer der Debatte. Mahathir sprach über die jungen Menschen in seinem Land: „Wir wollen ihnen klarmachen, dass der Niedergang des Westens dem Werteverfall zuzuschreiben ist. Dass die Rechte des Individuums nicht über denen der Gemeinschaft stehen, sondern umgekehrt", so Mahathir. Den Werteverfall des Westens sah er vor allem im Verfall der Familien, im Drogenkonsum, in zunehmender Gewalt und Kriminalität. Die „asiatischen Werte" sollten dieser Auffassung nach dazu beitragen, der Bevormundung durch den Westen einen Riegel vorzuschieben. „Indem man anstrebte, eine eigene asiatische Identität hervorzuheben, wollte man sich sicherlich auch gegen westliche Politik absetzen, die in

M 8 „Morgenappell" in einer chinesischen Firma
Industriearbeiter vor der Schicht, 2004

diesen Ländern vielfach Kolonialpolitik gewesen war, und
70 sich jede Einmischung von außen verbitten", sagt[e im Jahr
2009] Dr. Wolfgang S. Heinz, wissenschaftlicher Mitarbeiter
am Institut für Menschenrechte in Berlin sowie Mitglied im
Expertenausschuss des UN-Menschenrechtsrats.

75 Instrumentalisierung der „asiatischen Werte"?

Die Debatte um „asiatische Werte" hatte jedoch nicht nur
eine außenpolitische Dimension. Auch innenpolitisch er-
füllte sie ihren Zweck. „Das Konzept der asiatischen Werte
hatte auch die Funktion der Rechtfertigung und Legitimie-
80 rung der eigenen autoritären Regierungsform, die offiziell
auf eine erfolgreiche wirtschaftliche Entwicklung als
Hauptziel setzte", so Heinz. In dem ökonomischen Erfolg
sahen autoritäre Regierungen wie in Singapur oder Malaysia die Rechtfertigung, dass es keiner Zivilgesellschaft be-
85 dürfe – dass die aktive politische Teilhabe der Bevölkerung
gleichsam überflüssig sei, solange der Staat mit Bravour
die wirtschaftlichen Geschicke des Landes regelt.

Das Konzept der „asiatischen Werte" war jedoch an vielen
Stellen problematisch. Mit dem Wirtschaftsboom wandel-
90 ten sich die Gesellschaften Ost- und Südostasiens: Die Phase der Industrialisierung, eine teils rapide Urbanisierung
sowie anhaltende Migrationsbewegungen führten auch
hier zu Individualisierungsprozessen. In vielen städtischen
Haushalten Asiens wich die Groß- der Kleinfamilie. Ein sol-
95 cher Wertewandel war im Konzept der „asiatischen Werte"
nicht vorgesehen – fußte es doch auf angeblich stabilen,
ewigen Werten. Zugleich diente das Beharren auf einen
festgeschriebenen Wertekanon den autoritär-konservati-
ven Regierungen, den gesellschaftlichen Status quo und
100 die eigene Macht zu zementieren.

Kritik und Opposition waren nicht vorgesehen

Die Region Ost- und Südostasien, für die die „asiatischen
Werte" gelten sollten, umfasste unterschiedlichste Staaten.

Zwar lässt sich einräumen, dass es durchaus gemeinsame 105
kulturelle und historisch-politische Erfahrungen in der Region gibt. Doch die Debatte um eine asiatische Identität war
auf das Spannungsverhältnis zwischen den Interessen des
Einzelnen und der Gemeinschaft fokussiert. Daraus leiteten
die politischen Eliten die Notwendigkeit eines starken 110
Staates und die Ablehnung des „westlichen Individualismus" ab. So wurde laut Heinz aus einer Vielfalt kultureller
und politischer Erfahrungen in diesen Ländern vor allem
die Erfahrungen mit dem paternalistischen Staatsmodell in
den Mittelpunkt gestellt und ideologisiert. „Andere ‚stören- 115
de' historische Erfahrungen wurden ausgeblendet", sagt
Heinz, „die Erfahrung von zum Beispiel Opposition, Gewerkschaften, von Bauernaufständen oder auch die Forderungen der Mittelschicht nach Menschenrechten und Demokratie." 120

Dieser blinde Fleck ließ oppositionelle Gruppen, Nichtregierungsorganisationen, religiöse Gemeinschaften außen
vor, die für mehr Demokratie und Menschenrechte eintra-
ten. Denn Kritik und Opposition waren im Konzept der „asiatischen Werte" nicht vorgesehen und wurden unterdrückt. 125
Allerdings gab es auch keine monolithische [unumstößli-
che, felsblockartige] asiatische Position zu einer „asiatischen Identität": Die Regierungen Japans, der Philippinen
oder auch Südkoreas nahmen nicht Teil an der Debatte.
Südkorea zum Beispiel erlebte in den 1970er- und 1980er- 130
Jahren eine breite Demokratiebewegung. Eine ihrer Sym-
bolfiguren war Kim Dae-Jung. Der spätere Präsident Südkoreas sowie Friedensnobelpreisträger empfand nicht nur
Demokratie und wirtschaftliche Entwicklung im Einklang,
sondern auch asiatische Kultur und westliches Demokra- 135
tieverständnis.

Sonja Ernst: „Die Debatte um ‚asiatische Werte'. Rückblick und Bilanz"
(12.10.2009); in: Bundeszentrale für politische Bildung (Hg.), Dossier
Menschenrechte, www.bpb.de/internationales/weltweit/menschenrech-
te/38715/asiatische-werte?p=0 [letzter Zugriff: 29.09.2021].

Aufgaben

1. „Asiatische Werte" und Menschenrechte –
   Ein Unterschied?
   a) Arbeite die Thesen und Argumente der Debatte um
   die „asiatischen Werte" (M7) heraus.
   b) Überprüfe und bewerte diese Argumente, indem du
   sie folgendem Zitat des ehemaligen Direktors des
   Deutschen Instituts für Menschenrechte in Berlin,
   Heiner Bielefeldt, gegenüberstellst: „Die Aner-

kennung der Menschenwürde verlangt, dass man
einen Menschen nie vollends instrumentalisiert,
sondern – innerhalb der funktionalen Bezüge [des
alltäglichen Lebens], die das menschliche Miteinander unvermeidlich prägen – immer gleichzeitig auch
als Selbstzweck behandelt."

⌒ Text auf den Seiten 203–205, M7, M8

Islam und die Menschenrechte – Fragen des Geltungsbereichs

M 9   Islam und Menschenrechte

Die Politikwissenschaftlerin Anne Duncker über das Verhältnis zwischen Menschenrechten und Islam (2009). Sie wuchs in Istanbul auf:

Die Menschenrechte, wie sie die Allgemeine Erklärung der Menschenrechte (AEMR) der Vereinten Nationen von 1948 festschreibt, erheben den Anspruch, überall auf der Welt, zu jeder Zeit und für alle Menschen gleichermaßen gültig
5 zu sein. In den Jahren nach der Herausgabe der Erklärung mehrten sich jedoch kritische Stimmen, die in der Deklaration ein spezifisch westliches Ideal von Menschenrechten verwirklicht sahen. Neben Kritikern aus asiatischen und afrikanischen Staaten waren es vor allem muslimische Ver-
10 treter, die die Allgemeingültigkeit des Dokuments in Frage stellten. Mit der „Allgemeinen Erklärung der Menschenrechte im Islam", herausgegeben 1981 vom Islamrat für Europa, und der „Kairoer Erklärung der Menschenrechte im Islam", 1990 veröffentlicht von der Organisation der Islami-
15 schen Konferenz, wurden zwei islamische Gegenentwürfe zur UN-Deklaration vorgelegt.
Die islamischen Erklärungen stellen die Scharia, das islamische Recht, als Grundlage und Auslegungshorizont über alle anderen Rechte. In beide Erklärungen wird Kollektiv-
20 rechten ein wesentlich höherer Stellenwert eingeräumt als in der Erklärung der Vereinten Nationen. Dies kann so interpretiert werden, dass das Wohl der Gemeinschaft – sei es die Familie oder die umma, die Gemeinschaft aller Muslime, – im Zweifelsfall über das individuelle Wohl zu stellen

ist. Stärkung und Schutz der umma sind im Islam von hoher 25 Bedeutung. […] Zudem betonen die islamischen Dokumente den Zusammenhang von Rechten und Pflichten. Viele Pflichten sind dabei an das Wohlergehen der Gemeinschaft geknüpft. Zu den Pflichten gehört, die Familie zu schützen und der Gemeinschaft zu dienen, kulturelles Erbe zu erhal- 30 ten und individuelle Rechte wie das Recht auf Bildung oder Arbeit wahrzunehmen, um somit zum Gemeinwohl beizutragen. Das Recht auf freie Entfaltung der Persönlichkeit – beispielsweise durch die Entscheidung, nicht zu arbeiten oder keine Familie zu gründen – gilt nach konservativ-isla- 35 mischem Menschenrechtsverständnis daher nur mit Einschränkungen. Gemeinschaftsrechte und Pflichten gegenüber der Gemeinschaft können somit die Rechte des Einzelnen schwächen. Gleichzeitig können sie dem Einzelnen Schutz geben und sein Wohlergehen stärken. So ist es 40 für viele Muslime beispielsweise schwer verständlich, dass es in vielen westlichen Gesellschaften üblich ist, alte Menschen zur Pflege in ein Altenheim zu geben, statt sie in der Familie zu versorgen.
Konflikte zwischen dem westlich und dem islamisch ge- 45 prägten Menschenrechtsverständnis werden nicht nur anhand von Rechtstexten deutlich, sondern auch anhand vieler Fragen, die in Deutschland alltäglich die Medien, die Politik und mitunter die Justiz beschäftigen: Sind Männer und Frauen im Islam gleichberechtigt? Werden Muslimen 50 und Nicht-Muslimen die gleichen Rechte zugestanden? Ist das Tragen des Kopftuchs Ausdruck von Religionsfreiheit? Entspricht eine Zwangsverheiratung der Scharia? Dabei sind dies keine abstrakten, theologischen Überlegungen – sondern konkrete Fragen, die entscheidend sind für ein 55 friedliches Zusammenleben der Religionen und Kulturen.
Für viele Nicht-Muslime ist der Begriff „Scharia" negativ besetzt: Sie verbinden damit vor allem drastische Körperstrafen oder die Ungleichbehandlung von Frauen und Männern. Auch wenn dies Aspekte der Scharia sein können, ist 60 sie doch viel weitreichender und vielschichtiger. Frommen Muslimen gilt sie als ein positiver Leitfaden, der ihnen in allen Lebenslagen helfen kann, islamgemäß zu handeln. So legt die Scharia zahlreiche Regeln für den Alltag fest: wann und wie das rituelle Gebet zu verrichten ist, welche Speisen 65 und Getränke erlaubt sind, wie Muslime sich zu kleiden haben, was im Falle einer Eheschließung, im Erbfall oder bei einer Scheidung zu beachten ist und wie mit Angehörigen anderer Religionen umzugehen ist. Inwieweit sich Muslime an diese Vorschriften halten, hängt – wie in allen Religio- 70

M 10   Demonstration gegen die Verletzung der Frauenrechte durch die Taliban in Afghanistan, 1996

nen – selbstverständlich von der Frömmigkeit jedes Einzelnen ab.

Was genau ist die Scharia? Die Scharia setzt sich zusammen aus dem Koran und den Überlieferungen der Taten und
75 Aussprüche des Propheten Muhammad. Die einzelnen Überlieferungen heißen auf Arabisch hadithe. Die Gesamtheit der hadithe wird sunna, zu Deutsch „Tradition", genannt. Die Überlieferungen wurden über zwei Jahrhunderte nach Muhammads Tod hinweg zusammengetragen. Die
80 Scharia ist also kein Gesetzbuch, in dem einzelne Artikel und Sachverhalte genau nachgeschlagen werden können, sondern eine umfangreiche Sammlung verschiedener Texte, die zum Teil schwer verständliche oder auch widersprüchliche Aussagen enthalten. Entscheidend ist daher,
85 wie diese Texte interpretiert werden. Im Gegensatz zu konservativen Muslimen sind liberale Vertreter durchaus der Auffassung, dass die Scharia im Lichte der heutigen Zeit neu interpretiert werden könne. Dies gilt insbesondere für Fragen, die erst in der Moderne entstanden sind – etwa, ob
90 die Anwendung von Reproduktionsmedizin oder Gentechnologie im Islam erlaubt sei, die Nutzung des Internet oder der Besuch eines öffentlichen Schwimmbads. Auf die meisten Fragen gibt es daher keine eindeutigen Antworten.

Problematisch ist, dass zahlreiche Vorschriften der Scharia
95 im Gegensatz zur Allgemeinen Erklärung der Menschenrechte stehen. Dies gilt zum einen für den Geltungsbereich der Rechte: Wie bereits erwähnt, gehen konservative Interpreten davon aus, dass die Scharia über allen anderen Rechten steht und diese beschränken kann. Das Wesens-
100 merkmal der Unteilbarkeit der Menschenrechte wird somit verworfen. Auch der Anspruch der Egalität, das heißt, dass alle Menschen ohne Unterschied die gleichen Rechtsansprüche haben, wird durch die Scharia in Frage gestellt. Konkret zeigen sich die Unterschiede vor allem in den Be-
105 reichen der Religions- und Meinungsfreiheit, der Gleichberechtigung der Religionen sowie der Gleichstellung von Frauen und Männern.

[...] Da im Islam die Religionszugehörigkeit des Mannes an die Kinder übergeht, dürfen muslimische Frauen keine
110 Nicht-Muslime heiraten, muslimische Männer hingegen dürfen auch jüdische oder christliche Frauen ehelichen. [...] Ebenfalls sind Männer und Frauen im islamischen Recht nicht gleichgestellt. Dem Mann wird „Vollmacht und Verantwortung" (Sure 4,34) seiner Frau gegenüber zugeschrieben.
115 Sie muss ihm gehorchen und jederzeit – auch sexuell – zur Verfügung stehen (Sure 2,223). Gehorcht eine Frau ihrem Mann nicht, soll er sie bestrafen. Dem Mann werden auch größere Pflichten auferlegt. Ihm kommt es zu, die Familie zu ernähren. Deshalb ist für Männer auch ein größerer Erb-
120 teil vorgesehen als für Frauen. Ein Mann darf bis zu vier Frauen heiraten – eine Regel, die ursprünglich verwitweten Frauen ein Auskommen sichern sollte.

Zwangsverheiratungen sind entgegen vieler anderslautender Meinungen allerdings nicht islamgemäß. [...]
125 Im Islam wird die Ehe als verpflichtend angesehen. Abweichende Lebensentwürfe sind nicht vorgesehen, Homosexualität wird geächtet. In Staaten mit überwiegender Scharia-Gesetzgebung wie Jemen, Iran, Saudi-Arabien oder Teile des Sudan und Nigerias steht auf homosexuelle Handlun-
130 gen die Todesstrafe. Andere islamische Staaten wie Pakistan, Ägypten oder Marokko sehen Haftstrafen vor. In Ländern wie der Türkei oder Jordanien – die zwar islamisch geprägt sind, das staatliche Recht jedoch nicht auf der Scharia basiert – steht Homosexualität nicht unter Strafe.
135 Sie wird dennoch von vielen Familien und weiten Teilen der Gesellschaft verfemt [geächtet]. Bekennenden Schwulen und Lesben droht nicht selten der Verlust des Arbeitsplatzes, der Bruch mit der Familie oder gar Verfolgung und körperliche Bedrohung. Gegen allen Widerstand ist in den
140 vergangenen Jahren der Protest der Betroffenen jedoch lauter geworden und Schwule und Lesben in islamischen Ländern organisieren sich zunehmend, um für ihre Rechte zu kämpfen.

Anne Duncker: „Menschenrechte und Islam" (12.10.2009); in: Bundeszentrale für politische Bildung (Hg.), Dossier Menschenrechte, https://www.bpb.de/internationales/weltweit/menschenrechte/38719/menschenrechte-und-islam?p=all [letzter Zugriff: 29.09.2021].

Aufgaben

1. Islam und die Menschenrechte

a) Fasse die Darstellung der Politikwissenschaftlerin Anne Duncker (M9) mit eigenen Worten zusammen.

b) Diskutiere die Probleme einer islamisch ausgerichteten Interpretation der Menschenrechte. Berücksichtige neben der Allgemeinen Erklärung der Menschenrechte dafür auch das folgende Zitat der Politikwissenschaftlerin Anja Mihr: „Wenn der Einzelne zum Wohle der Gesamtheit diskriminiert, misshandelt oder mundtot gemacht wird, widerspricht das der Universalität der Menschenrechte. Dieser Annahme haben inzwischen alle 192 UN-Mitgliedsstaaten zugestimmt."

Text auf den Seiten 203 – 205, M9, M10

Menschenrechte im 21. Jahrhundert – Die Struktur-Lege-Technik anwenden

M 11 Eine Darstellung

Der Historiker Eike Wolgast zu den heutigen Problemen des Geltungsbereichs der Menschenrechte und den Herausforderungen, vor denen der universale Anspruch der Menschenrechte steht (2009):

Einem wirksamen Schutz der Menschenrechte steht bis heute das Prinzip der Respektierung der einzelstaatlichen Souveränität und der Nichtintervention in innerstaatliche Angelegenheiten entgegen. Angesichts der Universalisie-
5 rung der Menschenrechte und der global wachsenden Sensibilisierung für sie wird aber der prinzipiellen Entscheidung nicht mehr lange auszuweichen sein, ob zukünftig von außen Gewalt angewendet werden darf, um in einem innerstaatlichen oder einem regionalen Konflikt die Menschen-
10 rechte von Unbeteiligten wirksam zu schützen. Ansatzweise wurde in einer UN-Resolution 2005 ein Interventionsrecht auch gegen den Willen der einzelstaatlichen Regierung formuliert (Responsibility to Protect Resolution), um Völkermord, Kriegsverbrechen, ethnischer Säuberung und Ver-
15 brechen gegen die Menschlichkeit entgegenwirken zu können.

In einem multikuturellen Welt- und Wertesystem scheint der Anspruch auf universale Geltung der Menschenrechte,
20 wie sie in der AEMR [Allgemeinen Erklärung der Menschenrechte der UN von 1948] und anderen internationalen Abmachungen seit dem Zweiten Weltkrieg kodifiziert [aufgeschrieben] worden sind, zunehmend in Frage gestellt zu werden. In der Dritten Welt wird die Forderung nach
25 Universalität der Menschenrechte vielfach mit neuem Kolonialismus gleichgesetzt. Gegen die im europäisch-abendländischen Kulturkreis formulierten Rechte werden Rechtekataloge gestellt, die auf anders gearteten religiösen und kulturellen Fundamenten beruhen und einen
30 konkurrierenden Anspruch auf Universalität erheben, mindestens aber die Universalität der traditionellen Menschenrechte erheblich relativieren. Als Minimalnenner eines interkuturellen „overlapping consensus" (John Rawls) im Verständnis von Menschenrechten könnten zwei Ele-
35 mente dienen, die Idee der Würde des Menschen und die Vorstellung der Herrschaftsbegrenzung durch Rechte des Individuums; diese könnten, um einen möglicherweise zu weit getriebenen Individualismus zu korrigieren, ergänzt werden durch das dritte Glied der klassischen Trias [Drei-

40 heit: Freiheit, Gleichheit, Brüderlichkeit], die Brüderlichkeit als Solidarität.

Sind Menschenrechte zuteilbar nach der numerischen Größe der Gruppe von Betroffenen? Ein Beispiel bietet die Diskussion darüber, ob ein entführtes Flugzeug, das als
45 Terrorwaffe verwendet wird, abgeschossen werden darf, um durch das Opfer der kleineren Zahl die Rettung der größeren Zahl zu ermöglichen. Nach dem Urteil des Bundesverfassungsgerichts von 2006 verbietet die Menschenwürde in diesem Fall die Anwendung des Grundsatzes der
50 Güterabwägung, da die kleine Zahl dasselbe Recht auf Leben und Menschenwürde hat wie die größere. Ethische Grenzfälle wie diese lassen sich gleichwohl niemals im Voraus juristisch normieren – die situative Entscheidung im Bewusstsein, in jedem Fall schuldig zu werden, kann nicht
55 theoretisch vorweggenommen werden.

Gegen die Tendenz zur Relativierung von Grundrechten, zumeist um des Rechtsguts der Sicherheit willen, steht die gegenläufige Tendenz, neue Rechte zu kreieren [hervorzu-
60 bringen], um aktuellen Sensibilitäten für alte Phänomene (Grundrechte für Kinder) Rechnung zu tragen und um modernen Entwicklungen (insbesondere auf dem Gebiet der Informationstechnologie) zu entsprechen. So wurden der Schutz personenbezogener Daten und das Recht auf in-
65 formationelle Selbstbestimmung 2000 in die Charta der Grundrechte der Europäischen Union aufgenommen (Art. 8). Mit der Ablehnung der heimlichen Onlinedurchsuchung – außer bei dem Verdacht schwerster Verbrechen – hat das Bundesverfassungsgericht für Deutschland 2008
70 ein „Grundrecht auf Gewährleistung der Vertraulichkeit und Integrität informationstechnischer Systeme" geschaffen. […]
[T]rotz der internationalen Bemühungen um Menschenrechte, Menschenrechtspolitik und Menschenrechtspäda-
75 gogik fällt gegen Ende des ersten Jahrzehnts des 21. Jahrhunderts das Fazit wenig befriedigend aus. Bei der Eröffnung der Sitzung des Menschenrechtsrats der UNO erklärte die Hochkommissarin für Menschenrechte 2008, sechzig Jahre nach der Verkündung der Allgemeinen Erklä-
80 rung der Menschenrechte weise die Lage der Menschenrechte in der Welt „eine düstere Bilanz" auf. […]

Eike Wolgast, Geschichte der Menschen- und Bürgerrechte, Stuttgart: Kohlhammer Urban 2009, S. 333–336.

Die Struktur-Lege-Technik anwenden

Die Struktur-Lege-Technik (SLT) ist ein Verfahren zur Visualisierung von Wissensbeständen. Die Grundidee besteht darin, ein Netzwerk zu konstruieren. Als Grundbestandteile des Netzes dienen die zentralen Begriffe eines Themas. Geübt werden bei der SLT insbesondere das Systematisieren, Hierarchisieren, Strukturieren und Kategorisieren.

Bei dieser Methode erhalten die Schülerinnen und Schüler je einen Satz Karten (zwischen 10 und 20), auf denen jeweils ein zentraler thematischer Begriff steht. Zusätzlich können noch einige weitere leere Karten (2 bis 4) ausgegeben werden.

1. Schritt:

In einem ersten Durchgang sortieren die Schülerinnen und Schüler die Begriffe danach, welche für sie so klar verständlich sind, dass sie sie anderen Schülern erklären können, und bei welchen Begriffen dies noch nicht der Fall ist. Soweit nötig, werden unklare Begriffe zusammen mit einem Lernpartner geklärt.

2. Schritt:

In einem weiteren Schritt, der in Partner- oder Kleingruppenarbeit erfolgen kann, legen die Schülerinnen und Schüler in ihren Teams die Begriffskarten so auf den Tisch, dass sich eine sachlich sinnvolle Anordnung er-

gibt. Eine mögliche Variante besteht darin, die Begriffskarten auf einem Bogen Papier oder Karton anzuordnen und hierauf Verbindungslinien zwischen den Begriffskarten, Pfeile oder andere Symbole einzuzeichnen. Auf den leeren Karten können von den Schülerinnen und Schülern selbst zusätzliche Begriffe notiert werden, die ihrer Meinung nach für das Netzwerk auch noch von Bedeutung sind.

3. Schritt:

Die Ergebnisse der Lernteams werden anschließend gegenseitig vorgestellt oder „besichtigt". Wichtig hierbei: Die Schülerinnen und Schüler verbalisieren und begründen die gelegten Begriffsstrukturen. Das fertige (ggf. vorher korrigierte) Strukturbild jedes Einzelnen bzw. jedes Lernteams wird aufgeklebt und dient als optische Hilfe zum Einprägen von Lerninhalten.

Eine Variante der SLT besteht darin, dass die Schülerinnen und Schüler (in Einzelarbeit oder in Teams) selbst die wichtigsten Begriff eines Themas auswählen und auf Karten zusammenstellen. Der weitere Ablauf entspricht dem oben erläuterten Verfahren.

Die Methode kann besonders gut zum Abschluss einer Unterrichtseinheit eingesetzt werden, um Zusammenhänge zu rekapitulieren und zu veranschaulichen.

1. Die Menschenrechte im 21. Jahrhundert

a) Wende die Struktur-Lege-Technik auf die Darstellung von Eike Wolgast (M11) an. Wähle selbst die wichtigsten Begriffe zum Thema „Heutige Probleme der universalen Geltung der Menschenrechte" aus und übertrage die Begriffe auf die Karten.

b) Übe die Struktur-Lege-Technik auch mit dem Schulbuchtext auf S. 203–205.
⌐ M11, Trainingskasten auf dieser Seite

Fragebogen zum Thema: Die Welt, Europa und Deutschland nach 1989/90

Hinweis: Die folgende Tabelle dient der Selbsteinschätzung deiner erworbenen Kenntnisse und Fähigkeiten. Die Auflistung erhebt nicht den Anspruch, vollstän-

Ich kann …	Ich bin sicher. ☺	Ich bin ziemlich sicher. 😐	Ich bin noch unsicher. ☹	Ich habe große Lücken ☹
… die Veränderung der weltpolitischen Lage nach dem Ende des Kalten Krieges erklären.				
… den Prozess der europäischen Einigung darlegen.				
… die Funktionsweise der Europäischen Union erklären.				
… die Gründe für die Osterweiterung der Europäischen Union erläutern.				
… die Wirkungen des 11. September 2001 auf die amerikanische Politik darstellen.				
… die Ursachen für die Teilnahme Deutschlands am Krieg gegen Afghanistan darlegen.				
… die Gründe für die Nichtteilnahme Deutschlands am Krieg gegen den Irak erklären.				
… den Begriff „Arabischer Frühling" erklären.				
… an ausgewählten Beispielen unterschiedliche zeitgenössische Vorstellungen von der Reichweite der Menschenrechte erläutern.				
… die Ursachen für die wirtschaftlichen Probleme der ostdeutschen Bundesländer nach der Wiedervereinigung erörtern.				
…				
…				
…				

ACHTUNG:

bitte nicht beschreiben!

Du findest eine Kopie dieser Seite zur Bearbeitung unter dem Webcode

🖥 WES-115467-402

dig zu sein. Es handelt sich um eine Auswahl, die ggf. erweitert werden kann. In der rechten Spalte findest du Hinweise, wie du eventuell vorhandene Lücken oder auch Unsicherheiten beseitigen kannst.

→ **Bitte kopiere die Seiten, bevor du mit ihnen arbeitest.**

uf diesen Seiten kannst du HORIZONTE nachlesen	Empfehlungen zur Übung, Wiederholung und Festigung
170 – 173	Erkläre die Rolle der USA in der Weltpolitik nach dem Ende des Kalten Krieges.
182 – 185	Begründe folgende Auffassung: „Für die europäische Einigung hat das deutsch-französische Verhältnis eine besondere Bedeutung."
182 – 185	Erstelle einen Kurzvortrag zum Thema: „Die Organe der Europäischen Union".
182 – 185	Erstelle einen Lexikonartikel zum Thema: „Die Osterweiterung der Europäischen Union."
174–179	Der 11. September 2001 veränderte die Welt. Begründe diese Auffassung.
174 – 179	Verfasse einen Artikel zum Thema: „Die Missionen der Bundeswehr in Afghanistan seit 2001."
174 – 179 188	Informiere dich im Internet genauer über die Argumente Gerhard Schröders gegen eine Teilnahme Deutschlands am Irak-Krieg.
174 – 179	Informiere dich über ein Ereignis des Arabischen Frühlings und halte dazu einen Kurzvortrag.
200 – 211	Nenne und erläutere zwei heute vertretene Positionen, die zur Begrenzung von Menschenrechten beitragen.
186 – 189	Erstelle einen Kurzvortrag zum Thema: „Die Umstrukturierung der Wirtschaft der ostdeutschen Bundesländer nach der Wiedervereinigung".

Migration am Beispiel des Ruhrgebietes

Sané, Musiala, Gündogan, Gnabry und Can. So lauten fünf deutsche Nachnamen. Es sind die Namen deutscher Fußballnationalspieler. Zugegeben: sie klingen anders als Müller, Neuer oder Werner. Man schreibt sie anders, man spricht sie anders aus, bisweilen klingen sie exotisch, und doch stellen sie keine seltenen Ausnahmen dar. Sehr viele Menschen in Deutschland tragen Namen, die ursprünglich 5 einer anderen als der deutschen Sprache entstammen. Eine Ursache hierfür liegt in Wanderungsbewegungen. Seit jeher haben Menschen ihre alte Heimat verlassen, um anderswo eine neue Heimat zu finden. Oft gingen sie aus wirtschaftlicher Not oder aufgrund widriger politischer Umstände, stets jedoch in der Hoffnung auf ein besseres Leben. Im Laufe der Zeit wanderten Menschen ab. Nicht wenige 10 Deutsche gingen beispielsweise in die Vereinigten Staaten, um dort den damals noch jungen amerikanischen Staat mit aufzubauen. Die einen gingen, andere jedoch kamen. So fanden etwa auf Einladung des preußischen Königs die Hugenotten, in ihrer französischen Heimat aus religiösen Gründen verfolgt, Zuflucht.

Von den vielen Zugewanderten kamen manche bloß für eine bestimmte Zeit, 15 um anschließend in ihre alte Heimat zurückzukehren oder anderswohin weiterzuziehen. Andere aber blieben für immer. Diese lernten die deutsche Sprache und leisteten weiter ihren Beitrag zum Wohle der Gesellschaft, in die sie sich nach und nach integrierten. Liegt die Zuwanderung bereits mehrere Generationen zurück, erinnert häufig lediglich der Name an die einst fremden Wurzeln der Vorfahren, 20 deren ursprüngliche Muttersprache den Nachkommen vielfach nicht mehr geläufig ist.

Am Beispiel der Ruhrpolen und der Gastarbeiter soll in den folgenden beiden Teilkapiteln exemplarisch untersucht werden, wie derartige Integrationsprozesse konkret verliefen. Integration ist kein Selbstläufer, sie kann gelingen oder scheitern, 25 eine Erfolgsgarantie gibt es nicht. Doch von welchen Faktoren hängen Erfolg oder Misserfolg ab? Aller Anfang ist bekanntlich schwer. Mit welchen Erwartungen kamen die Zuwanderer und wie fanden sie sich in ihrer neuen Umgebung zurecht? Häufig kamen sie infolge einer gezielten Anwerbung oder auf Einladung einer Regierung. Wie aber wurden sie von der einheimischen Bevölkerung aufgenom- 30 men? Wie gestaltete sich das neue Zusammenleben?

Arbeitsmigration im späten 19. und frühen 20. Jahrhundert: Die Ruhrpolen

Blättert man heute im Telefonbuch einer beliebigen Ruhrgebietsstadt, so fallen 35 viele polnisch klingende Namen auf. Häufig handelt es sich dabei um die Nachkommen der sogenannten Ruhrpolen, die ab 1870 in großer Anzahl zugezogen sind.

Im Zuge der Industrialisierung stieg der Arbeitskräftebedarf des Ruhrgebietes so stark an, dass in den preußischen Ostprovinzen gezielt Polen als Bergarbeiter für die Kohleförderung angeworben wurden. Diese Polen waren preußische 40 Staatsangehörige und stammten zumeist aus den ländlichen Unterschichten Ost- und Westpreußens sowie aus Posen und Masuren. Ihre Herkunftsgegenden litten unter Not und fehlenden Arbeitsmöglichkeiten, für das Ruhrgebiet hingegen versprachen die Anwerber ein besseres Leben. Nicht wenige Menschen hofften, in der Fremde genügend Geld zu verdienen, um sich in ihrer Heimat eine Existenz auf- 45 bauen zu können. Doch es kam anders: Auf die wohlklingenden Versprechungen

M 1   Ankunft im Ruhrgebiet
Ein einheimischer Arbeiter begrüßt einen Neuankömmling aus dem Osten, Foto von 1912

M 2   Polen im Ruhrgebiet
Bei Westfalia Schalke – 1924 in Schalke 04 umbenannt – spielten 1920 sechs Spieler mit polnischem Namen, Foto von 1920.

folgte rasch die Ernüchterung. Die Lebenshaltungskosten im Westen erwiesen sich als hoch, und die Bodenpreise im Osten stiegen ebenfalls. So entschlossen sich viele im Ruhrgebiet zu bleiben, gründeten Familien oder holten ihre Ver-
50 wandten aus der Heimat nach. In zumeist ärmlichen Unterkünften lebten die Ruhrpolen nahezu isoliert von der einheimischen Bevölkerung, von der sie nicht nur durch eine Sprachbarriere, sondern bisweilen auch durch Ressentiments und Vorurteile getrennt waren. Als „Polacken" verspottet, sah man in ihnen nicht selten Lohndrücker und Konkurrenten. Aufgrund ihrer Fremdheitserfahrungen
55 suchten die Ruhrpolen Zusammenhalt in der polnischen Sprache und im katholischen Glauben. Sie organisierten sich in Vereinen, die der muttersprachlichen Religionsausübung, der Brauchtumspflege und der Geselligkeit dienten.

Repressionen des Staates und parallele Selbstorganisation

60 Obwohl die Polen sich zunächst meist unpolitisch verhielten, waren sie seitens des preußischen Staates intensiver polizeilicher Überwachung und Schikanen ausgesetzt. Die Obrigkeit misstraute den Polen in Preußen, da man befürchtete, diese könnten auf eine Wiederherstellung des polnischen Staates hinwirken: Polen war seit dem Ende des 18. Jahrhunderts als Staat von der europäischen Landkarte
65 verschwunden, da Preußen, Österreich-Ungarn und Russland sich dessen Gebiete in drei Teilungen einverleibt hatten. Die Behörden verfolgten eine Germanisierungspolitik, mit der die Assimilation der polnischen Minderheit erzwungen werden sollte. In diesem Zusammenhang wurden beispielsweise polnische Gottesdienste eingeschränkt und polnischsprachiger Unterricht verboten. Diese
70 Maßnahmen wirkten sich jedoch kontraproduktiv aus, da sie Widerstand und Feindseligkeit gegenüber dem preußischen Staat weckten. Im Ergebnis rückten auch die Ruhrpolen noch enger zusammen und ihr nationales Bewusstsein nahm zu. Mit der Zeit verdichtete sich das Organisationsnetz der polnischen Arbeitsmigranten. Man richtete sich ein, blieb dabei aber weitgehend unter sich. Neben
75 zahlreichen Kultur- und Sportvereinen entstanden so auch polnische Bankhäuser und Zeitungen, beispielsweise der 1891 gegründete „Wiarus Polski" („Polnischer Haudegen").

Gewerkschaftliche Organisation

80 In zahlreichen Zechen bildeten die Polen bald die Mehrheit der Belegschaft. Auf das wachsende Selbstbewusstsein der Ruhrpolen deutet die 1902 erfolgte Gründung einer eigenen Gewerkschaft hin. Nur zehn Jahre nach ihrer Gründung zählte die „Polnische Berufsvereinigung" „Zjednoczenie Zawodowe Polskie" bereits über 30 000 Mitglieder und stellte somit die drittgrößte Bergarbeitergewerkschaft des
85 Ruhrgebiets dar. In deutschen Gewerkschaften waren polnische Mitglieder hingegen nicht wirklich gleichberechtigt, was zum einen an sprachlichen Verständigungsschwierigkeiten lag, zum anderen aber auch an der nationalen Verbundenheit der Einheimischen untereinander. Bisweilen waren die etablierten Gewerkschaften aber auch schlicht überfordert, sowohl den einheimischen als
90 auch den zugewanderten Arbeitskräften gleichermaßen gerecht zu werden, zumal deren Anliegen sich mitunter deutlich voneinander unterschieden. Auch weltanschauliche Fragen spielten hierbei eine Rolle: Der stark sozialdemokratisch geprägten deutschen Arbeiterschaft war die ausgeprägte Religiosität vieler Polen suspekt. Umgekehrt dürfte es sich ähnlich verhalten haben.

M 3 „Germanisierungspolitik"

Die preußische Germanisierungspolitik wird in diesem Ausschnitt eines zeitgenössischen Gemäldes von Wojciech Kossak eingefangen: Hoch zu Ross werden die neuen Anordnungen verlesen, der unterlegene Pole akzeptiert diese mit geballten Fäusten, 1909.

Auf dem Weg zur gesellschaftlichen Teilhabe

Der polnischstämmige Anteil der Bevölkerung wuchs mit den Jahren stetig an. Waren es anfangs um die 30 000 polnische Arbeitsmigranten, so hatte sich deren Zahl bis zur Jahrhundertwende nahezu verzehnfacht, und 1910 lag sie schätzungsweise sogar bei einer halben Million. Familiennachzug und hohe Geburtenraten trieben diese Entwicklung voran.

Parallel dazu wuchs auch das Selbstbewusstsein der Ruhrpolen. Mit ihrer Arbeit trugen sie schließlich ebenso zur Wirtschaftsstärke der Region bei wie ihre einheimischen Arbeitskollegen. Doch anders als diese hatten sie immer noch mit Repressalien und Benachteiligungen zu kämpfen. Vor diesem Hintergrund bildete sich die Forderung nach politischer Mitsprache und gesellschaftlicher Teilhabe heraus. Auf kommunaler Ebene gelang es zunehmend, eigene Kandidaten in Stadträte und Gemeindevertretungen zu entsenden. Gab es noch 1906 nur einen einzigen polnischen Volksvertreter im gesamten Ruhrgebiet, so waren es 1914 schon 35 und 1919 – nach einer Wahlrechtsänderung – sogar 246.

M 4 Die aus den Ostprovinzen Preußens stammende Bevölkerung im Ruhrgebiet 1880–1910

Provinz	1880	1885	1890	1900	1905	1910
Ostpreußen	16 522	30 105	65 175	166 733	185 070	218 269
Westpreußen	9 855	14 779	24 286	56 080	70 161	94 714
Provinz Posen	7 469	11 551	21 437	85 616	114 176	153 187
Oberschlesien	ca. 4 500	ca. 6 200	ca. 9 200	24 617	25 880	31 301
Insgesamt	38 346	62 635	120 098	333 046	395 287	497 471

Aus: Krystyna Murzynowska, Die polnischen Erwerbsauswanderer im Ruhrgebiet während der Jahre 1880–1914 (übers. v. Clara Bedürftig), Dortmund: Forschungsstelle Ostmitteleuropa 1979, S. 25, Tab. 1.

Ähnlich verhielt es sich in katholischen Kirchenverbänden und Gemeindevertretungen. Doch auch hier galt es, Vorbehalte und Widerstände zu überwinden – das Recht auf Mitsprache musste oft erst mühsam erstritten werden. Gleichwohl stellten eben jene Auseinandersetzungen die ersten Anzeichen einer wachsenden sozialen Integration dar. Man wollte sich nicht länger in der eigenen Siedlung abschotten, sondern in gleichberechtigter Weise am gesellschaftlichen Leben teilhaben.

Rückkehr, Auswanderung und Assimilation

Der Erste Weltkrieg bedeutete auch für die Ruhrpolen eine Zäsur. Nachdem der polnische Staat 1919 seine Unabhängigkeit wiedererlangt hatte, kehrte etwa ein Drittel von ihnen in die ursprüngliche Heimat zurück. Ein weiteres Drittel dagegen zog weiter in die Industriereviere Frankreichs und Belgiens, wo sich die Menschen höhere Löhne und weniger Repressalien erhofften. Diejenigen, die blieben, sahen sich aufgrund ihrer nun geringeren Zahl einem erhöhten Anpassungsdruck ausgesetzt. Viele assimilierten sich schließlich, manche nahmen sogar deutsche Namen an. Durch die hohe Abwanderung nahm auch das polnische Organisationsnetz Schaden und viele Vereine lösten sich wieder auf. Jene, die dennoch überdauerten, wurden schließlich nach 1933 von den Nationalsozialisten zerschlagen.

„Kommt ins Ruhrgebiet!"– Die Gründe für die Anwerbung beurteilen

M 5 Anwerbung

Bis 1914 war etwa eine halbe Million Landarbeiter und Landarbeiterinnen aus den preußischen Ostprovinzen ins Revier gekommen. Viele von ihnen folgten Aufrufen wie dem der Zeche „Victor" in Rauxel aus dem Jahre 1908:

Masuren!

In rein ländlicher Gegend, umgeben von Feldern, Wiesen und Wäldern, den Vorbedingungen guter Luft, liegt, ganz wie ein masurisches Dorf, abseits vom großen Getriebe des
5 westfälischen Industriebezirkes, eine reizende, ganz neu erbaute Kolonie der Zeche ‚Victor' bei Rauxel. Diese Kolonie besteht vorläufig aus über 40 Häusern. In jedem Hause sind nur vier Wohnungen, zwei oben, zwei unten. In jede Wohnung gehören etwa drei bis vier Zimmer. Jedes Zimmer,
10 sowohl oben als auch unten, ist also schön groß, hoch und luftig, wie man sie in den Städten des Industriebezirkes kaum findet.

Zu jeder Wohnung gehört ein sehr guter, hoher und trockener Keller, sodass sich die eingelagerten Früchte, Kartoffeln
15 etc. sehr gut erhalten werden. Ferner gehört dazu ein geräumiger Stall, wo sich jeder sein Schwein, seine Ziege oder seine Hühner halten kann. So braucht der Arbeiter nicht jedes Pfund Fleisch oder seinen Liter Milch zu kaufen.

Endlich gehört zu jeder Wohnung auch ein Garten von etwa
20 23 bis 24 Quadratruten. So kann sich jeder sein Gemüse, sein Kumpst (Sauerkohl) und seine Kartoffeln, die er für den Sommer braucht, selbst ziehen. Wer noch mehr Land braucht, kann es in der Nähe von Bauern billig pachten. Außerdem liefert die Zeche für den Winter Kartoffeln zu
25 billigen Preisen.

Dabei beträgt die Miete für ein Zimmer (mit Stall und Garten) nur 4 Mark monatlich, für die westfälischen Verhältnisse jedenfalls ein sehr niedriger Preis. Außerdem vergütet die Zeche für jeden Kostgänger monatlich eine Mark […].
30 Für die Kinder sind dort zwei Schulen erbaut worden, sodass sie nicht zu weit zu laufen brauchen, auch die Arbeiter haben bis zur Arbeitsstelle höchstens zehn Minuten zu gehen. Bis zur nächsten Bahnstation braucht man etwa eine halbe Stunde. […]
35 Man sieht also, dass jeder Arbeiter gut auskommen kann. Wer sparsam ist, kann noch Geld auf die Sparkasse bringen. Es haben in Westfalen viele Ostpreußen mehrere Tausend Mark gespart. Das Geld ist dann wieder in die Heimat gekommen, und so hat die Heimat auch etwas davon gehabt.

Überhaupt zahlt diese Zeche wohl die höchsten Löhne. Fei- 40
erschichten kommen dort nicht vor, vielmehr Oberschichten, sodass die Arbeiter immer Verdienst haben werden. Entlassungen masurischer Arbeiter werden, außer dem Falle grober Selbstverschuldung, nicht vorkommen.
Masuren! Es kommt der Zeche hauptsächlich darauf an, 45
brave, ordentliche Familien in diese ganz neue Kolonie hineinzubekommen. Ja, wenn es möglich ist, soll diese Kolonie nur mit masurischen Familien besetzt werden. So bleiben die Masuren ganz unter sich und haben mit Polen, Ostpreußen usw. nichts zu tun. Jeder kann denken, dass er 50
in seiner masurischen Heimat wäre.

Zit. n.: Franz-Josef Brüggemeier, Leben vor Ort. Ruhrbergleute und Ruhr-
bergbau 1889–1919, München: Beck 1983, S. 25ff.

M 6 „Der polnische Nachschub kommt."
Karikatur aus „Der Wahre Jacob", 1912/13

Der polnische Nachschub kommt.
Aus dem Ruhrgebiet.   H. G. Jentzsch

Hier ruhen 116 verunglückte Bergarbeiter, die im Jahre 1911 dem Zechenkapital einen Gewinn von 1,400,000 erarbeitet haben. Das dankbare Grubenkapital der Zeche Lothringia.

Mutter Bronislaw: Müssen zurückwandern nach unserer polnischen Heimat! Vater ist tot und Wohnung für neu angeworbene Landsleute nötig.

„Germanisierung" der Polen – Eine Integrationspolitik bewerten

M 7 Unterrichtssprache

Verfügung des Kultusministers in Berlin über die Unterrichtssprache in den von Kindern mit polnischer und litauischer Muttersprache besuchten Volksschulen der Provinz Preußen:

Berlin, 24. Juli 1873

I. Für alle Volksschulen der Provinz Preußen ist das Ziel des Unterrichts in der deutschen Sprache die Fertigkeit im geläufigen und tunlichst korrekten mündlichen und schriftli-
5 chen Gebrauche dieser Sprache bei den aus der Schule zu entlassenden Kindern.

II. In allen Lehrgegenständen ist die Unterrichtssprache die deutsche. Ausgenommen hiervon ist nur der Unterricht in der Religion, einschließlich des Kirchenliedes, auf der Un-
10 terstufe. Das Polnische resp. Litauische darf nur so weit zu Hilfe genommen werden, als es zum Verständnis des Lehrgegenstandes für die Kinder unerlässlich ist.

III. In der Religion, einschließlich des Kirchenliedes, wird der Unterricht auf der Unterstufe den nicht deutschen Kin-
15 dern in der Muttersprache derselben erteilt, auf der Mittel- und Oberstufe dagegen in der deutschen Sprache, und darf hier die Muttersprache nur soweit gebraucht werden, als die Vermittlung des Verständnisses es erfordert.

IV. Der Unterricht im polnischen resp. litauischen Lesen
20 und Schreiben tritt bei den nicht deutschen Kindern erst auf der Oberstufe ein. Bei Schulen mit überwiegend deutschen Kindern kann auf spezielle Anordnung der Königlichen Regierung dieser Unterricht ganz wegfallen.

Zit. n.: Hans-Jürgen Brandt, Die Polen und die Kirche im Ruhrgebiet. Ausgew. Dokumente zur pastoral- u. kirchl. Integration sprachl. Minderheiten im Dt. Kaiserreich 1871–1919, Münster: Aschendorff 1987, S. 48 f.

M 8 Der Alldeutsche Verband zur Integration der Polen ins Deutsche Reich

Der im Kaiserreich sehr einflussreiche und mitgliederstarke „Alldeutsche Verband" schrieb 1901 in einer Publikation über „Die Polen im rheinisch-westfälischen Steinkohlenbezirk":

Eine Besorgnis, dass die polnische Sprache und Rasse im rheinisch-westfälischen Industriebezirk um sich greifen und deutsche Bezirke und Bevölkerungen polonisieren könnten, braucht bei richtiger Behandlung der Polenfrage
5 nicht gehegt zu werden. Unter den gleich weiter darzule-

genden elf Bedingungen ist es sogar wahrscheinlich, dass die Eindeutschung der Polen sich im Industriebezirk wesentlich rascher vollziehen wird als im Osten. [...]

1. Die öfters hervortretende Abneigung der Deutschen aller Stände und Konfessionen gegen den Polen im Industriebe-
10 zirk ist zu hemmen und zu regeln. Die Deutschen sind darauf aufmerksam zu machen, dass es falsch ist, wenn sie den deutschfreundlichen Polen und Masuren, ja sogar den mit schlesischem oder ostpreußischem Dialekt Deutsch-redenden als „Polacken" verlachen und zurückstoßen. Es ist
15 im Gegenteil eine gute Aufnahme solcher Elemente in deutsche Kreise und eine freundliche Behandlung anzustreben; vor allem ist die Aufnahme solcher Leute in Vereine deutscher Gesinnung (zum Beispiel Turn- und Kriegervereine) nach Kräften zu unterstützen.
20

2. Dem vorhandenen Bestreben mancher Polen auf Verdeutschung ihres Namens ist auf das weitgehendste entgegenzukommen. [...]

3. Die Einwanderung ist nur reichsdeutschen Polen zu gestatten; es ist noch strenger als bisher darauf zu sehen,
25 dass keine ausländischen Polen den Zuzug vermehren.

4. Die polnische Presse im Industriebezirk ist streng zu beaufsichtigen; zu dem Behufe sind alle polnischen Blätter zu verpflichten, den polnischen Text und eine deutsche Übersetzung nebeneinander zu drucken, da das Polnische keine
30 gemeinverständliche Umgangssprache ist. Ausländische polnische Blätter sind überhaupt zu verbieten, weil hier eine Bürgschaft ihres loyalen Verhaltens dem deutschen Reiche gegenüber nicht gegeben und eine wirksame Kontrolle nicht erzielt werden kann.
35

5. Es ist anzustreben, dass alle Versammlungen im Industriebezirk in der Landessprache abgehalten werden. [...] Die Teilnahme polnisch sprechender Schulkinder an Versammlungen, vor allem die Benutzung dieser Schulkinder zum Aufsagen polnischer Gedichte und Ansprachen ist zu unter-
40 sagen.

6. Die polnischen Vereine im Industriebezirk bedürfen nach wie vor einer Beaufsichtigung. [...]

8. Es erscheint wünschenswert, dass die Arbeitgeber polnische Umtriebe nicht dulden und polnische Agitatoren ent-
45 lassen. [...]

10. Die polnische Sprache ist unter keinen Umständen in den Schulen, Fortbildungsschulen, Konfirmationsunterrichten zuzulassen.

11. Vom nationalen Standpunkt ist die polnische Seelsorge
50

im Industriebezirk durchaus zu beanstanden. Es ist daher grundsätzlich seitens der Kirchenbehörden den immer gesteigerten Ansprüchen der Polen nicht weiter stattzugeben, vielmehr die polnische Seelsorge einzuschränken und mit der Zeit ganz zu unterlassen.

Zit. n.: Hans-Jürgen Brandt, Die Polen und die Kirche im Ruhrgebiet. Ausgew. Dokumente zur pastoral- u. kirchl. Integration sprachl. Minderheiten im Dt. Kaiserreich 1871–1919, Münster: Aschendorff 1987, S. 166 f.

M 9 Zehn Gebote für Polen

In der im Ruhrgebiet gegründeten polnischen Zeitung „Wiarus Polski" wurde 1913 folgender Text abgedruckt:

Bochum, 12. Juni 1913
Ich bin Polen, dein Vaterland [...], das seit mehr als 100 Jahren in Gefangenschaft und Bedrängnis lebt.
1. Du sollst kein anderes Vaterland haben neben mir. Du sollst kein fremdes Land mehr lieben als mich.
2. Du sollst meinen Namen niemals verächtlich nennen, vielmehr immer und überall meinen Ruhm verkünden. Du sollst stolz sein auf meine Leiden und Schmerzen, auf die Bedrängnis und das Unrecht, das man mir zufügt. [...]
5. [...] Verunglimpfe nicht deinen Namen durch barbarische Schreibweise oder durch Änderung, damit der Name für andere leichter auszusprechen sei. Beschmutze nicht die Muttersprache durch Anwendung fremder Worte und Redensarten, denn die polnische Sprache ist reich wie keine andere auf der Welt. Pflege überall und immer die nationalen Sitten und Gebräuche, doch störe niemals die Sitten und Gebräuche desjenigen Landes, in dem du lebst. [...]
7. Du sollst mir meine Kinder nicht stehlen, indem du sie sich „germanisieren" lässt. Verbiete ihnen, untereinander deutsch zu sprechen und sprich niemals selbst mit ihnen deutsch. Erziehe deine Kinder in der Kenntnis und Hochschätzung der vaterländischen Literatur, Geschichte und Kultur, lehre sie die Muttersprache lieben. Lehre deine Kinder polnisch lesen und schreiben, kaufe ihnen gute polnische Bücher. Sei in Gesellschaft anderer der Verkünder meiner großen Vergangenheit und meiner Ansprüche auf Freiheit und Unabhängigkeit.
8. Sei immer stolz darauf, dass du ein Pole bist. Erniedrige dich nicht vor denen, die dich verfolgen.
9. Betrachte niemals fremde Erzeugnisse für besser als polnische, trachte vielmehr nach Möglichkeit, nur polnische Erzeugnisse aus polnischer Hand zu kaufen. [...]
10. Du sollst nicht begehren ein Weib fremder Nationalität, sondern dich nur mit einer Polin verheiraten. Gemeinsam mit ihr bewahre, wenn auch in der Fremde, das polnische Blut, die Muttersprache, selbst wenn du hier in der Fremde die Augen auf ewig schließen solltest.

Zit. n.: Hans-Jürgen Brandt, Die Polen und die Kirche im Ruhrgebiet. Ausgew. Dokumente zur pastoral- u. kirchl. Integration sprachl. Minderheiten im Dt. Kaiserreich 1871–1919, Münster: Aschendorff 1987, S. 268 f.

Aufgaben

1. **„Kommt ins Ruhrgebiet!" – Die Gründe für die Anwerbung beurteilen**
   a) Arbeite die im Aufruf von 1908 (M5) genannten Anreize für einen Umzug in das Ruhrgebiet heraus.
   b) Beschreibe die Karikatur M6 und stelle die Gründe dar, die nach Ansicht des Zeichners für eine Anwerbung von Masuren und Polen ins Ruhrgebiet maßgeblich sind.
   c) Diskutiere aus der Sicht eines Bewohners der ostpreußischen Provinzen, ob er ins Ruhrgebiet ziehen sollte.
   ↷ Text auf den Seiten 214–216, M5, M6

2. **„Germanisierung" der Polen – Eine Integrationspolitik bewerten**
   a) Die Polen aus den ostpreußischen Provinzen besaßen einen preußischen und damit auch deutschen Pass. Dennoch waren sie aufgrund ihrer Kultur und Sprache nicht als Deutsche anerkannt, sondern sollten „germanisiert" werden. Erkläre die Absichten, die hinter der Verfügung des Kultusministers in Berlin über die Unterrichtssprache (M7) standen.
   b) Beurteile die Vorschläge des Alldeutschen Verbandes (M8) zur Integration der Polen. Bewerte dazu die einzelnen Punkte auf einer Skala von −1 (für eine Integration hinderlich) über 0 bis +1 (für eine Integration förderlich).
   c) Übernimm die Perspektive eines Ruhrpolen und diskutiere, inwiefern du dich an die „Gebote für Polen" (M9) halten würdest.
   d) Stelle die Positionen des Alldeutschen Verbandes (M8) und der Zeitung „Wiarus Polski" (M9) zur Integration der Ruhrpolen gegenüber. Beurteile vor diesem Hintergrund die Erfolgsaussichten der Integration.
   ↷ Text auf den Seiten 214–216, M7–M9

Der Portugiese Armando Rodrigues
de Sá erhält in Köln ein Moped als
Begrüßungsgeschenk, Foto, 1964.

Arbeitsmigration im 20. Jahrhundert: Gastarbeiter

Das „Wirtschaftswunder" braucht Arbeitskräfte

Auf die Not der unmittelbaren Nachkriegsjahre war in der Bundesrepublik ein
ungeahnter wirtschaftlicher Aufschwung gefolgt: Im Zuge dieses sogenannten
„Wirtschaftswunders" wuchs der Bedarf nach Arbeitskräften so stark an, dass er
bald nicht mehr durch Einheimische gedeckt werden konnte. Die Bundesregie-   5
rung entschied sich daher, die dringend benötigten Arbeitskräfte gezielt im Ausland anzuwerben. Zu diesem Zweck wurden mit mehreren Ländern Anwerbeab-
kommen getroffen: mit Italien (1955), mit Spanien und Griechenland (1960), mit
der Türkei (1961), mit Marokko (1963), mit Portugal (1964), mit Tunesien (1965) und
mit Jugoslawien (1968). Da ostdeutsche Arbeitskräfte infolge des Mauerbaus ab   10
1961 ausblieben, verstärkte sich der Zuzug ausländischer Arbeitskräfte von rund
330 000 (1960) über 1,5 Millionen (1969) auf 2,6 Millionen (1973). Diese Menschen
kamen nicht selten als un- oder angelernte Arbeiter an vergleichsweise unbelieb-
ten Arbeitsplätzen mit harten Arbeitsbedingungen zum Einsatz.

Ölpreiskrise und Anwerbestopp   15

Die erste Ölpreiskrise 1973 und ein sich abzeichnendes Ende des Wirtschafts-
wachstums führten schließlich zu einem Anwerbestopp. Von den 14 Millionen
Gastarbeitern, die bis dahin in die Bundesrepublik gekommen waren, kehrten elf
Millionen wieder in ihre Heimatländer zurück; etwa drei Millionen Menschen   20
blieben und holten ihre Familien nach.

Der Anwerbestopp zog eine ambivalente Entwicklung nach sich: Wollte ein
Gastarbeiter nach 1973 lediglich für einige Zeit in sein Heimatland zurückkehren,
mit der Absicht, zu einem späteren Zeitpunkt wieder in Deutschland zu arbeiten,
so war ihm dieser Weg nun verstellt. Die Gastarbeiter, die blieben, wurden damit   25
faktisch zu Einwanderern mit fester Bleibeabsicht, zumal sich auch ihr rechtlicher
Aufenthaltsstatus umso mehr festigte, je länger ihr Aufenthalt in der Bundesrepublik andauerte.

Einheimische mit ausländischem Pass   30

Die politischen Entscheidungsträger, die eine derartige Entwicklung nicht beabsichtigt hatten, bestritten noch über Jahre hinweg, dass es sich bei der Bundesrepublik um ein Einwanderungsland handle, obwohl die Einwanderungssituation
offensichtlich war. Als die Behörden ab den 1980er-Jahren dann allmählich mit
integrativen Maßnahmen begannen, war die Situation zahlreicher Einwanderin-   35
nen und Einwanderer paradox: Offiziell waren sie nämlich keine Einwanderer,
sondern vielmehr Einheimische mit ausländischen Pässen, deren Kinder oder
sogar schon Enkel in der Bundesrepublik geboren worden waren.

Besonders deutlich wird dies am Beispiel vieler türkischstämmiger Einwanderinnen und Einwanderer: Während sie in der Bundesrepublik noch nicht als   40
Deutsche betrachtet wurden, galten sie in der Türkei nicht selten schon als „Deut-
schländer". Ihr neues Lebensumfeld hatte sich schließlich auch auf ihre Lebens-
weise, ihre Mentalität und ihr Selbstverständnis ausgewirkt – zu den kulturellen
Einflüssen der alten Heimat waren auch die der neuen Heimat hinzugekommen.

Die Situation nach der Wiedervereinigung von 1990

Ab Mitte der 1990er-Jahre sanken die Zahlen der Zuwanderung stark und die Anzahl der in Deutschland lebenden Ausländerinnen und Ausländer fiel von 7,5 Millionen auf 7,2 Millionen. Gründe dafür waren unter anderen zahlreiche Einbürge-
rungen und das im Jahr 2000 geänderte Staatsangehörigkeitsrecht, welches
Kindern von in Deutschland lebenden ausländischen Eltern die deutsche Staatsangehörigkeit zusätzlich zur Staatsangehörigkeit der Eltern verleiht. Erst als Er-
wachsene müssen sie sich für eine Staatsangehörigkeit entscheiden. Durch das
Zuwanderungsgesetz von 2005 und den Nationalen Integrationsplan von 2007
wurde Integration als wichtige staatliche Aufgabe festgeschrieben und erleichtert.
Integrationskurse vermitteln die deutsche Sprache, erläutern aber auch Kultur
und wesentliche Rechtsgrundlagen. Durch das Bestehen eines „Einbürgerungs-
tests" kann man bereits nach wenigen Jahren in Deutschland die deutsche Staatsbürgerschaft erlangen. Um die Anzahl der Migranten in Deutschland erfassen zu
können, sollte man nicht nur auf die Staatsbürgerschaft, sondern auch auf den
Migrationshintergrund achten. Im Jahr 2011 besaßen in Deutschland etwa
15,3 Millionen Menschen einen Migrationshintergrund, das heißt, sie oder mindestens ein Elternteil sind im Ausland geboren.

M 2   „China Imbiss"
Hamburg, Foto, 2010

Im Jahr 2019 lebten in Deutschland rund 81,8 Mio. Menschen.
Davon …

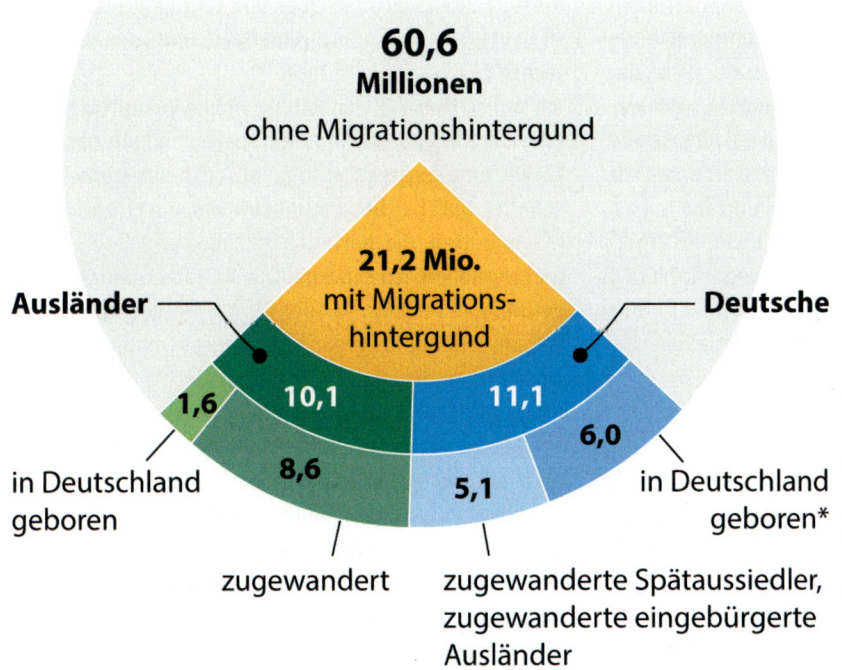

60,6
Millionen
ohne Migrationshintergund

21,2 Mio.
mit Migrations-
hintergund

Ausländer   **Deutsche**

1,6   10,1   11,1

6,0

8,6   5,1

in Deutschland   in Deutschland
geboren   geboren*

zugewandert   zugewanderte Spätaussiedler,
               zugewanderte eingebürgerte
               Ausländer

*weil mindestens ein Elternteil ausländisch, eingebürgert,
 deutsch durch Adoption oder (Spät-)Aussiedler ist

dpa•101286   rundungsb. Differenz   Quelle: Statistisches Bundesamt

M 3   Menschen mit Migrationshintergrund in Deutschland

Ankunft in der Bundesrepublik – Mit Zeitzeugenberichten arbeiten

M 4   Die Anfänge

a) Der Zeitzeuge José Torres erinnert sich an seine Ankunft in Hamburg am 25. August 1962 (2007):

Mit mir kamen nach Hamburg: Armando, Beata, Castro, Fernando, José Broa, Germano da Conceição. An zwei Namen kann ich mich nicht mehr erinnern, drei von uns leben noch immer in Hamburg: Germano da Conceição, Antonio
5 Beata und ich. Diese ersten portugiesischen Gastarbeiter in der Bundesrepublik Deutschland machten den Weg frei für die moderne Emigration. Wir hatten nichts, nur Arbeit, wir hatten keine Zeit, wir hatten nur die Arbeit. Nach unserer Ankunft lebten wir in einem Haus hinter der Werft […]. Spä-
10 ter schickte man uns zum Weiher, weil im Dezember die anderen kamen. Vor uns gab es schon 30 oder 40 Portugiesen in Hamburg, aber das waren alles „Touristen". 1960 und 1961 arbeiteten schon Portugiesen in Hamburg, auf der Werft und sonstwo. Keiner von diesen besaß einen Auswan-
15 dererpass. Einige kannte ich. Campos gründete die „Associção Portuguesa em Hamburgo" mit 12 oder 14 Werftarbeitern, zu denen noch Kollegen von anderen Betrieben stießen. Aber vorher mussten noch viele Schwierigkeiten aus dem Weg geräumt werden […]. Castro war der Erste, der
20 ein Restaurant eröffnete, das „Transmontano" […]. Wir waren alle sehr arm. Darum verließen wir am 23. August und im Dezember 1962 Portugal, um in Hamburg zu arbeiten. Wir kamen aus Lissabon, aus Braga, Guimarães und aus Taipas. Der Lohn zu dieser Zeit war erbärmlich: In Lissabon arbei-
25 tete ich für die „Companhia Nacional de Navegação" (CNN) und verdiente 76 Escudos am Tag, Geld, das gerade für das Essen reichte. […] Aber es war nicht die Armut allein, die

viele Portugiesen zwang, ihre Heimat ohne Genehmigung zu verlassen, sondern auch die politische Situation, denn Portugal war ein faschistisches Land.
30

Übers. zit. n.: Michael Studemund-Halévy, Zeit-Stiftung Ebelin und Gerd Bucerius (Hg.), Portugal in Hamburg, Hamburg: Ellert und Richter 2007, S. 113 f.

b) Der Zeitzeuge Ali Can berichtet über seine Gründe auszuwandern und seine erste Zeit in Deutschland (2008):

Damals in den 1960er-Jahren sind die Menschen zum Arbeiten nach Deutschland gegangen. Wenn sie dann in der Türkei im Urlaub waren, bin ich zu denen gegangen und habe gefragt: „Wie ist Deutschland?" Sie haben so fantastische Sachen erzählt, dass man gedacht hat, man findet das Geld
5 dort auf der offenen Straße, man braucht überhaupt nicht arbeiten zu gehen. Ich war so 22, 23 Jahre alt und habe einen Job gesucht, ich war gelernter Dreher. Auf dem Weg zum Arbeitsamt habe ich eine Tafel gelesen, dass ein Dreher gesucht wird. Ich bin dann in das Zimmer reingegangen und
10 da saß ein Mann. Ich habe seinen Namen nicht vergessen, Mustafa Bey. Er guckt mich an und sagt: „Möchtest du nicht in Deutschland arbeiten? Almanya?" Und ich: „Ach, warum nicht?" […]

Ich war so froh, ich war so jung, meine Zukunft lag vor mir,
15 ich wollte in Deutschland Geld sparen und mir dann in der Türkei eine Existenz aufbauen. Ich habe gedacht: „Das schaffst Du!" […] Das Wohnheim war ein Schock! Es gab Etagenbetten, die hatte ich seit meiner Militärzeit nicht mehr gesehen. Ich schwöre. Die Matratzen waren mit Heu
20 gefüllt, nicht mit Wolle oder so. Am Morgen ist es, glaube ich, um fünf Uhr los gegangen. „Mensch", habe ich gedacht, „Mensch, wo bin ich denn hier gelandet?" […] Mein Zimmer im Heim hatte 20 Quadratmeter. Vier Mann haben da geschlafen. Vier Fremde mussten da miteinander klarkom-
25 men, mit Wechselschicht, Schnarchen und allem. Ich habe damals, 1966, als Bergmann 606 Mark verdient. Aber 150 Mark musste ich fürs Heim zahlen, da blieben nur noch 450 Mark für mich übrig. Da habe ich mir gedacht: „Hier kannst du nicht mal schnell Geld verdienen und in zwei Jahren
30 wieder zurückkehren." Von den zehn Mann sind drei Männer nach zwei Tagen wieder in die Türkei zurückgegangen. Zwei kamen aus Istanbul und einer aus Izmir, die Stadtmenschen hatten in der Türkei besser gelebt.

Ali Can: „In ein, zwei Jahren als reicher Mann zurück aus Almanya"; in: Sefa Inci Suvak/Justus Herrmann (Hg.), „In Deutschland angekommen …". Einwanderer erzählen ihre Geschichte 1955 – heute, Gütersloh/München: Wissen-Media-Verlag 2008, S. 91 ff.

M 5   Ankunft

Portugiesen am Harburger Bahnhof (Hamburg), 1965

Assimilation und Abgrenzung – Ein amtliches Informationsblatt analysieren

M 6 Ein Informationsblatt

Die amtliche „Türkische Anstalt für Arbeit und Arbeitsvermittlung" gab 1963 folgende Informationen heraus:

Die Bundesrepublik Deutschland ist ein nationalistischer Staat. Die Deutschen, die dort leben, sind, genau wie wir, Nationalisten und Feinde des Kommunismus. Aber auch dort werden Personen, die sich von außen hineingeschlichen ha-
5 ben und Schaden anrichten wollen, sich unter unsere Arbeiter mischen und jede Art von Propaganda verbreiten, um sie ihrer Nationalität und Religion zu entreißen und in die rote und unentrinnbare Falle des Kommunismus zu locken. Sie versuchen, ihre giftigen Ideen einzugeben. Sie versprechen
10 Geld und Frauen, versuchen, euch die Freude an eurer Arbeit zu nehmen und euch in die Irre zu führen, indem sie versprechen, euch eine bessere Arbeit zu besorgen. [...] Zu diesem Zweck versuchen sie, euch in angetrunkenen, müden und trüben Momenten zu erwischen, und sich euch zu nähern.
15 Wenn ihr solche Menschen wittert, sollt Ihr diese sogleich aus eurem Kreis ausschließen. Es mögen einige Kollegen mit schwachem Charakter unter euch sein. Lasst solche nicht frei walten und benachrichtigt unsere Konsulate. [...]
Darüber hinaus sollt ihr mit den Deutschen, die unsere
20 Freunde und Verbündete sind, euren Landsleuten in Deutschland und den anderen Fremden, die, wie ihr auch, nach Deutschland gekommen sind, um ihr Brot zu verdienen, keinen Streit anzetteln. Wenn solche Vorfälle in den Zeitungen veröffentlicht werden, schadet das dem Ansehen
25 und dem glorreichen Namen des Türkentums. Die deutschen Frauen werden höflich und nett zu euch sein, weil sie das Heldentum des Türken lieben. Das dürft ihr nicht missverstehen. Die Ehre dieser Menschen, unter denen ihr lebt, müsst ihr wie eure eigene Ehre betrachten. In den westli-
30 chen Ländern wird es ganz und gar nicht gern gesehen, wenn jemand eine Frau in irgendeiner Form belästigt und versucht, sich ihr auf ungebührende Weise zu nähern. Die Familie wird in Deutschland genauso als heilig angesehen wie in der Türkei. Es wird nicht verziehen, wenn man eine anständige Frau mit böser Absicht ansieht. Wenn ihr ver-
35 heiratet seid, soll nichts euch dazu verführen, eure treue Frau zu vergessen, die in eurem Heim geduldig auf euch wartet. Kein türkischer Arbeiter, der im fremden Land arbeitet, darf vergessen, dass unsere heldenhaften Vorfahren, die bis nach Wien und bis zur Donau vorgedrungen
40 sind, niemals die Ehre anderer angetastet haben und, wenn sie in einem Weinberg Weintrauben oder in einem Gärten eine Feige nahmen, sofort den Gegenwert unter die Pflanze legten oder in einem Beutelchen an einen Ast hängten. Über die Türken sind bis heute Worte wie Dieb, ungerecht,
45 unehrlich oder ungezügelt nicht gefallen. Auch ihr werdet keinen Anlass dafür bieten. Die Welt kennt die Deutschen als eine fleißige Nation: Wenn sie arbeiten, schweifen sie nicht ab und halten sich genau an das Wort ihrer Vorgesetzten. Da die deutschen Arbeitgeber wissen, dass auch die
50 Türken fleißig und disziplinliebend sind, verlangen sie das auch von uns Arbeitern. Ihr dürft nicht zulassen, dass dieses gute Bild des Türken befleckt wird. Arbeitet wie die Bienen, seid wachsam und lernt schnell, was ihr noch nicht wisst. Haltet euch streng an die Betriebsordnung. Beginnt
55 die Arbeit pünktlich und beendet sie pünktlich. Lasst euch nicht krankschreiben, wenn es nicht unbedingt notwendig ist. Werdet eurem Vorarbeiter und dem Arbeitgeber gegenüber nicht grob und laut.

Türkische Anstalt für Arbeit und Arbeitsvermittlung (Hg.), Işçi Ólarak Almanya'ya Nasıl Gidilir, Ankara: 1963, Übers. zit. n.: Aytac Erylmaz/Matilde Jasmin (Hg.), Fremde Heimat. Eine Geschichte der Einwanderung in die Türkei, Essen: Klartext Verlag 1998, S. 64.

Aufgaben

1. **Ankunft in der Bundesrepublik**
   a) Arbeite die Gründe heraus, die die beiden Zeitzeugen (M4) für die Auswanderung nach Deutschland nennen.
   b) Prüfe, ob sich die Erwartungen der Einwanderer erfüllt haben.
   ⌐ M4, M5, Text auf den Seiten 220 – 221

2. **Assimilation und Abgrenzung**
   a) Arbeite die Anweisungen zum Verhalten der Türken in Deutschland aus dem Informationsblatt der „Tür-kischen Anstalt für Arbeit und Arbeitsvermittlung" (M6) heraus.
   b) Erläutere das Fremdbild über die Deutschen und das Selbstbild über die Türken, das aus dem Informationsblatt deutlich wird.
   c) Beurteile, inwiefern die Vorschläge sowie die vorgestellten Selbst- und Fremdbilder bei der Integration hinderlich oder förderlich waren.
   ⌐ M6, Text auf den Seiten 220 – 221

Gastarbeiter in der Bundesrepublik – Zeitungsberichte analysieren

M 7   **Die Essgewohnheiten ändern sich**

Die auflagenstarke Wochenzeitschrift „Der Spiegel" berichtet 1966:

Die 1,1 Millionen Gastarbeiter der Bundesrepublik Deutschland sollen künftig „wie zu Hause einkaufen" und dadurch den Umsatz der 42 000 westdeutschen Edeka-Einzelhändler mehren. Eine Marktstudie der „Edekazentrale eGmbH" in
5 Hamburg empfiehlt ihren Mitgliedern, Sortiment und Service mehr als bisher auf die Südländer einzustellen. Die Marktforscher sehen vor allem in den 304 000 Italienern, 186 000 Griechen, 167 000 Spaniern und 133 000 Türken eine Käufergruppe, die man leicht zu größeren Ausgaben bewe-
10 gen kann. Bisher kaufen die Gastarbeiter pro Woche durchschnittlich nur für etwa 20 Mark Nahrungsmittel bei deutschen Krämern ein.
Schuld daran sind nach den Erkenntnissen der Edeka-Studie mangelnden Sprachkenntnisse und das Fehlen heimi-
15 scher Spezialitäten. Die südländische Kundschaft deckt daher vielfach ihren Essensbedarf bei landsmännischen Importeuren ab, die ihre Waren über Vertrauensleute vertreiben. Denn trotz aller Sparsamkeit sind viele Gastarbeiter nicht bereit, das billige Kantinenessen ihrer deutschen
20 Brotherren zu verkosten. Besonders Griechen und Italiener ziehen es vor, in ihren Unterkünften heimische Esskultur zu pflegen. Der Ess-Patriotismus geht sogar soweit, dass sie in Deutschland mehr Spaghetti verzehren als zu Hause.
Die Edeka ließ daher bereits Schaufensterplakate in tür-
25 kisch, griechisch, spanisch und italienisch drucken. Um den zahlreichen Analphabeten gerecht zu werden, sind die Plakate überdies jeweils mit den Flaggen ihrer Heimatländer verziert. Auf den südländischen Geschmack stellte sich die Edeka durch den Import von mehr als 100 fremdländischen
30 Nahrungsmitteln ein. So können sich jetzt auch in Deutschland Türken an Xalondij Dolma [gefüllten Weinblättern], Griechen an Oktopus [Seepolyp], Italiener an Aubergines in scatole und Spanier an Calamares [Tintenfischen] delektieren. Zur Überwindung der Sprachbarriere hält die Edeka ein kulinarisches Sprachbrevier [Broschüre] für die Händler 35 bereit. Als leuchtendes Vorbild stellt die Edeka-Zentrale ihren Genossen die Einzelhändlerin Thea Clemens aus Würselen vor: Frau Thea kann sich mit „ihren Jungs in vier Sprachen radebrechend verständigen."

„Oktopus für Griechen" (13.03.1966); in: Der Spiegel Nr. 12, 1966, S. 80, https://www.spiegel.de/politik/oktopus-fuer-griechen-a-f530f8df-0002-0001-0000-000046266064 [letzter Zugriff: 29.09.2021].

M 8   **Das Leben der Gastarbeiterinnen**

Die überregionale Tageszeitung „Süddeutsche Zeitung" schreibt 1964:

Wenn sich nach Feierabend die Werkstore hinter den Arbeiterinnen schließen, trennen sich ihre Wege. Die deutschen Kolleginnen ziehen sich in ihren privaten Bereich zurück; das eigentliche Leben beginnt erst jetzt. Für viele der fremden Mädchen aber folgt nun ein langer Abend: Juana Hern- 5 andez schlendert langsam nach Hause [...]. Sie hat es nicht eilig. Ihre Freundin und Zimmergenossin aus dem Wohnheim, Pepita, ist heute mit ihrem Verlobten verabredet. Juana weiß also nicht recht, was sie beginnen soll. Wahrscheinlich wird sie die alltäglich anfallenden Arbeiten ihres 10 bescheidenen Haushaltes erledigen und dann früh schlafen gegen; denn nach der Arbeit ist sie meist sehr müde. Schließlich aber kommt das Wochenende: zwei arbeitsfreie Tage in einer großen Stadt, wo Juana außer ihren Arbeitskolleginnen niemand kennt, in einem Land, dessen Sprache 15 sie nicht versteht. [...] Ein paar besonders fleißige arbeiten noch nebenbei. Aber Juana ist der Ansicht, dass man nicht nur lebt, um zu arbeiten. Am Abend wird sie sich mit mehreren Kolleginnen im Heim zu einem Schwätzchen zusammensetzen, etwas Musik oder die Nachrichten hören, die 20 deutsche Rundfunkanstalten speziell für sie senden.

„Verdientes Geld – verlorene Zeit?", Süddeutsche Zeitung vom 26.11.1964.

Aufgaben

1. Gastarbeiter – Zeitungsberichte analysieren
   a) Erläutere am Beispiel der Essgewohnheiten (M7) die Veränderungen im Leben der Gastarbeiter.
   b) Finde aktuelle Beispiele für die Beeinflussung der Essgewohnheiten der Deutschen durch Gastarbeiter.

   c) Erläutere die Probleme, mit denen sich die Gastarbeiterin Juana Hernandez (M8) auseinandersetzen musste.

M7, M8, Text auf den Seiten 220–221

Migration in der Erinnerungskultur – Analyse von Internetauftritten

M 9 Migrationsmuseen

Migration hat Geschichte und wird in verschiedenen Muse-
en ausgestellt. Dabei können zur Geschichte der Migration
Sonderausstellungen eröffnet werden, wie etwa die Ausstellung „Zuwanderungsland Deutschland. Migrationen
5 1500 – 2005" im Berliner „Deutschen Historischen Museum"
oder die Wanderausstellung „Erinnerungen an eine neue
Heimat", die in mehreren Städten zu sehen war. Zusätzlich
widmen einige regionale Museen der Migration vor Ort einen eigenen Bereich.
10 Darüber hinaus beschäftigen sich einige Museen nur mit
dem Thema Migration. Dabei liegen die Schwerpunkte auf
der Migration der Deutschen ins Ausland oder der Ausländer nach Deutschland. Beispiele für Museen sind:

www.dah-bremerhaven.de
www.ballinstadt.de
www.lebenswege.rlp.de

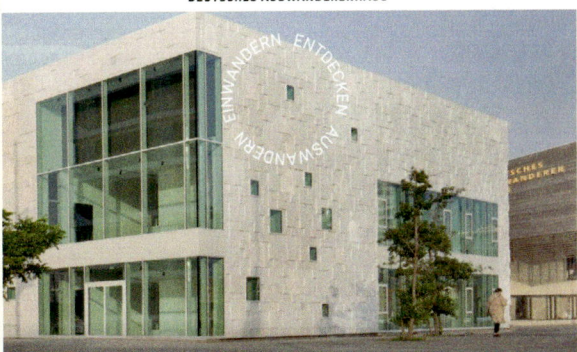

www.dah-bremerhaven.de

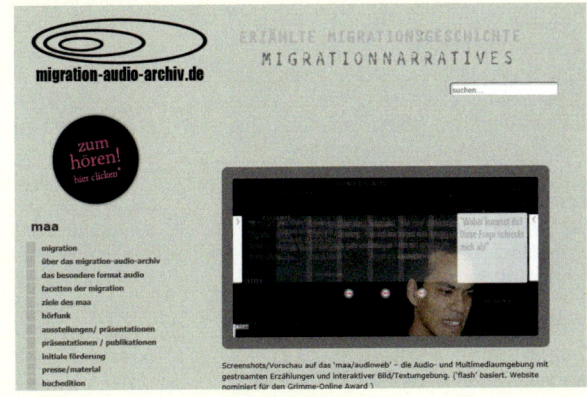

http://migration-audio-archiv.de

M 10 Migration-Audio-Archiv

Im Migration-Audio-Archiv werden Migrationsgeschichten
gesammelt und über das Internet für alle zugänglich gemacht. Das digitale Hör-Archiv enthält zahlreiche Geschich-
ten von Migranten, die über Gründe für ihre Migration und
5 über ihr Leben in Deutschland berichten.

---

1. **Migration in der Erinnerungskultur – Analyse von Internetauftritten**
   a) Erstelle eine Präsentation über einen Internet-
      auftritt eines Migrationsmuseums als Plakat oder
      als digitale Präsentation. Halte einen Vortrag über
      das Museum.
   b) Diskutiert abschließend, ob eure Lerngruppe das
      Museum besuchen sollte.
   c) Schreibe an eines der genannten Museen eine Kritik
      über den Internetauftritt und begründe, was du
      als gelungen und was du als verbesserungswürdig
      erachtest.
   ↷ M9, Text auf den Seiten 220 – 221, Internet

2. **Migration in der Erinnerungskultur – Untersuchung eines Audio-Archivs**
   a) Untersuche Aufbau und Anliegen der Internetseite
      des Migration-Audio-Archivs und höre dir mindes-
      tens einen Audiobeitrag an.
   b) Setze dich mit den Zielen des Migration-Audio-
      Archivs auseinander und verfasse eine Kritik an das
      Migration-Audio-Archiv.
   c) Entwirf eigene Audio-Beiträge über Migration.
      Orientiere dich am Vorgehen des Migration-Audio-
      Archivs oder führe eine Befragung von Zeitzeugen
      durch.
   ↷ M10, Text auf den Seiten 220 – 221

Blockbildung:

nach 1945 einsetzende weltweite Formierung zweier gegeneinander gerichteter Staatengruppen. Der B. zugrunde lag der Systemkonflikt zwischen Kapitalismus und Sozialismus. Den unter der Führung der Supermächte USA und UdSSR stehenden Machtblöcken gehörte ein Großteil der Staaten der Erde an, China und die sog. blockfreien Staaten bildeten Ausnahmen. Mit der Blockbildung schufen sich die Supermächte klar voneinander abgegrenzte Einflusssphären. Die Systemauseinandersetzung zwischen dem westlichen und dem östlichen Lager wurde vor allem auf politischem, ideologischem, ökonomischem, kulturellem und geheimdienstlichem Gebiet geführt (Kalter Krieg). Auf militärischem Gebiet betrieben die Supermächte unter Einbeziehung ihrer Militärbündnisse NATO und Warschauer Pakt ein Wettrüsten, zudem kam es immer wieder zu sog. Stellvertreterkriegen. Nach mehrfachen Wechseln von Phasen der Entspannung und Verschärfung endete die bipolare Weltordnung 1991 mit der Auflösung der Sowjetunion.

Emanzipation:

(lat. emancipare: jmd. aus dem Besitz entlassen, für selbstständig erklären) Prozess der Befreiung aus der Abhängigkeit, Entrechtung und Unterdrückung. Ziele der E. sind Gleichberechtigung und Selbstbestimmung. Emanzipationsprozesse sind sowohl individuelle (z. B. Loslösung aus dem Elternhaus) als auch gesellschaftliche Phänomene. Gesamtgesellschaftlich führten beispielsweise die Emanzipationsbestrebungen des Bürgertums im Zuge der Aufklärung. Innerhalb einer Gesellschaft streben v. a. benachteiligte und/oder unterprivilegierte Gruppen nach Emanzipation (historisch z. B. Judenemanzipation in Preußen, aktuell z. B. Gleichberechtigung der Frauen).

Entspannungspolitik:

Gesamtheit politischer Maßnahmen, mit denen (militärische) Konflikte verhindert und Krisen entschärft werden sollen. Im Zuge des Ost-West-Konfliktes gab es mehrere Phasen der E., die durch Verhandlungen, Verträge, Rüstungskontrollen sowie (begrenzte) wirtschaftliche und kulturelle Zusammenarbeit einer Eskalation des Kalten Krieges zu einem „heißen" Krieg entgegenwirkten.

Europäische Integration:

Nach der Erfahrung des Zweiten Weltkrieges und der vorangegangenen Epochen, in der die europäischen Nationalstaaten sich als Rivalen betrachtet hatten, die gegeneinander Kriege führten, wollte man ein Europa entgegensetzen, das auf einer friedlichen staatenübergreifenden Zusammenarbeit basierte, so der Vorschlag Winston Churchills (1874–1965) aus dem Jahr 1946. Zentrale Anliegen Europas sollten die Friedenssicherung, die Wiederherstellung und Erhaltung der europäischen Werte und Kultur und die Förderung der Wirtschaft sein. Die europäische Integration begann mit dem Plan des französischen Außenministers Robert Schuman, eine Montanunion, also eine Vereinigung der deutschen und der französischen Schwerindustrie, zu begründen. Die Teilnehmer an der Montanunion sollten ihre Kohle- und Stahlindustrien gemeinsam verwalten und dazu ein Stück ihrer nationalen Souveränität aufgeben. Die Montanunion trat 1952 als Europäische Gemeinschaft für Kohle und Stahl (EGKS) in Kraft. Ihr gehörten Frankreich, die Bundesrepublik, Italien und die Benelux-Staaten an.

1957 schlossen sich die Bundesrepublik Deutschland, Frankreich, Italien sowie die Benelux-Staaten zur Europäischen Wirtschaftsgemeinschaft (EWG) zusammen. Nach ihrer Verschmelzung mit der Montanunion und der Europäischen Atomgemeinschaft (EURATOM) entstand 1967 die Europäische Gemeinschaft (EG), der weitere europäische Staaten beitraten. 1992 kam es mit dem Vertrag von Maastricht zu einer grundlegenden Ergänzung, später zum Beitritt zahlreicher osteuropäischer Staaten. Die Europäische Union (EU), wie die Gemeinschaft der 28 Staaten seither heißt, setzte sich neue Ziele: Neben dem zollfreien Binnenmarkt wurde eine noch engere Wirtschaftsunion geplant, weiterhin eine gemeinsame Außen-, Sicherheits- und Rechtspolitik. Fernziel ist die völlige Verschmelzung der Volkswirtschaften.

Globalisierung:

fortschreitender Prozess der weltweiten Arbeitsteilung sowie des globalen Güter-, Waren-, Dienstleistungs- und Informationsaustausches. Der Abbau von Handelsschranken zwischen den Staaten sorgt für eine weltweite Mobilität des Produktionsfaktors Kapital, wodurch zugleich ein globaler Konkurrenzkampf entsteht. Der Produktionsprozess ist heute in der Regel in zahlreiche Fertigungsschritte unterteilt, welche jeweils in diejenigen Staaten verlagert werden, die den größten Kostenvorteil und die geringsten Restriktionen (z. B. Arbeitnehmerrechte, Umweltschutz) bieten. Der Wettbewerbsdruck zwischen den einzelnen Unternehmen erhöht sich, auf nationaler Ebene können durch die G. die Sicherheit der Arbeitsplätze und die gesellschaftliche Stabilität gefährdet werden. Gegen eine G., die nur wenigen nützt und der großen Bevölkerungsmehrheit schadet, hat sich eine breite Bewegung von Globalisierungskritikern entwickelt.

Kalter Krieg:

Als Kalten Krieg bezeichnet man die weltweite Auseinandersetzung zwischen dem von den USA angeführten West- und dem von der Sowjetunion dominierten Ostblock in den Jahren von etwa 1947 bis 1991. Die Bezeichnung „Krieg" weist dabei auf den Grad der Feindseligkeiten zwischen den beiden Lagern hin; „kalt" bedeutet, dass die Auseinandersetzung immer knapp unterhalb der direkten militärischen Konfrontation verblieb. Mittel der Auseinandersetzung waren das Wettrüsten, Propagandafeldzüge und Stellvertreterkriege, in denen die beiden Führungsmächte jeweils andere Kriegsparteien unterstützten. Nachdem die USA 1945 Atombomben auf Hiroshima und Nagasaki abgeworfen hatten, arbeitete auch die Sowjetunion mit Hochdruck an der Entwicklung einer eigenen Atombombe. 1949 gelang es ihr, mit den USA gleichzuziehen. Die politisch, ökonomisch, technologisch, kulturell-sozial und gelegentlich auch militärisch mit aller Härte ausgetragene Systemauseinandersetzung zwischen den beiden Machtblöcken führte glücklicherweise nicht zum Einsatz atomarer Waffen. Obwohl verschiedene Phasen von stärkerer Konfrontation und Entspannung voneinander zu unterscheiden sind, dauerte der Kalte Krieg als permanenter, aktiv betriebener globaler „Nicht-Frieden" bis zur Selbstauflösung der Sowjetunion 1991 an.

Markt:

Ort, an dem Handel betrieben wird. Hierbei treffen Verkäufer und Käufer aufeinander, um Waren oder Dienstleistungen gegen Geld (Kauf) oder gegen andere Waren auszutauschen. Die Ökonomie versteht unter M. generalisierend das (abstrakte) Aufeinandertreffen von Angebot und Nachfrage, welches zur Preisgestaltung für Waren, Güter und Dienstleistungen führt. Märkte werden im Hinblick auf ihre Ausdehnung (z. B. Weltmarkt, Binnenmarkt) und ihre Gegenstände (z. B. Arbeitsmarkt, Finanzmarkt, Rohölmarkt) unterschieden.

Menschenrechte:
In der Aufklärung entstandene Überzeugung, wonach jeder Mensch unantastbare Rechte besitzt, die der Staat achten und schützen muss. Hierzu zählen das Recht auf Gleichheit vor dem Gesetz, Unversehrtheit, Eigentum, Meinungs- und Glaubensfreiheit, Widerstand gegen Unterdrückung. Diese Rechte wurden erstmals in die amerikanische Unabhängigkeitserklärung (1776) und die französische Verfassung von 1791 aufgenommen und sind seitdem Bestandteil vieler Verfassungen.

Mobilität:
im soziologischen Zusammenhang Beweglichkeit einer Person, Bevölkerungsgruppe oder Gesellschaft in Bezug auf Beruf, soziale Stellung oder Wohnsitz. Moderne Gesellschaften sind durch eine hohe M. gekennzeichnet, was jedoch auch zahlreiche Probleme mit sich bringt. Man unterscheidet räumliche und soziale Mobilität.

Planwirtschaft:
Bezeichnung für ein Wirtschaftssystem, in dem der Staat die gesamte Volkswirtschaft lenkt und kontrolliert. Produktion, Verteilung von Waren und Preisfestsetzung erfolgen nach einem einheitlichen Plan, dessen Erfüllung eine zentrale Planbehörde überwacht. Ein Wettbewerb ist in diesem System nicht vorgesehen und das freie Spiel der Kräfte des Marktes zur Regulierung von Angebot, Nachfrage und Preisen außer Kraft gesetzt. Die Planwirtschaft – auch Zentralverwaltungswirtschaft genannt – ist vor allem in sozialistischen Staaten verbreitet. Das gegensätzliche Modell ist die Marktwirtschaft.

Religion:
(lat. religio: Gottesfurcht, Heiligkeit) System von Glaubensinhalten, das seinen Anhängern dazu dient, sich in Bezug zu einer transzendenten, höheren Macht zu setzen. Diese Macht garantiert Sinn und Ziel der Existenz, bietet eine Erklärung der Welt und fordert vom Gläubigen bestimmte Verhaltensweisen. Die höhere Macht wird entweder personal (Gott bzw. Götter) oder als abstraktes Prinzip (das Göttliche) vorgestellt. R. geht als gesellschaftsbildendes System über eine diffuse (individuelle) Spiritualität hinaus und besitzt als historisches Phänomen große Wirkmächtigkeit. Die heute existierenden großen Weltreligionen sind das Christentum, der Islam, das Judentum, der Hinduismus und der Buddhismus.

Rüstungswettlauf:
quantitative und qualitative Steigerung der Produktion von Waffen und Waffensystemen und stetige Erweiterung der eigenen militärischen Macht mit dem Ziel der militärischen Überlegenheit über den Opponenten. Im Kalten Krieg kam es zu einem Wettrüsten zwischen den beiden Supermächten USA und UdSSR, das zur Anhäufung immenser Nuklearwaffenarsenale und damit zur existenziellen Gefährdung der gesamten Menschheit führte. Als Ursache des Wettrüstens kann zum einen das Konzept der Abschreckung des Gegners („Gleichgewicht des Schreckens") gesehen werden, zum anderen sind aber auch ökonomische Zusammenhänge relevant („militärisch-industrieller Komplex"). Der R. gestaltete sich für die Ökonomie der UdSSR ruinös und stellte letztendlich auch einen wichtigen Faktor für den Zusammenbruch des sowjetischen Systems dar.

Soziale Marktwirtschaft:
Wirtschaftsordnung, die keiner Lenkung durch den Staat unterliegt, sondern dem freien Spiel der Kräfte des Marktes gehorcht. Art und Umfang der erzeugten Güter werden von der Nachfrage bestimmt, die Preisregulierung erfolgt im Wettbewerb mit Konkurrenzprodukten. Voraussetzungen einer Marktwirtschaft sind Privateigentum, Gewerbe- und Vertragsfreiheit, freie Berufs- und Arbeitsplatzwahl sowie ein freier Wettbewerb. Das Gegenmodell zur Marktwirtschaft ist die Planwirtschaft. – Bei einer sozialen Marktwirtschaft trifft der Staat Vorkehrungen, um negative Auswirkungen des freien Wettbewerbs auf die Bevölkerung zu korrigieren. Das geschieht durch eine entsprechende Sozialpolitik, eine Wettbewerbsordnung sowie weitere flankierende Maßnahmen, so z. B. eine Strukturpolitik für wirtschaftlich unterentwickelte Regionen oder eine Konjunkturpolitik zur Dämpfung von Konjunkturschwankungen. Ziel dieser Maßnahmen ist eine gleichmäßigere Einkommensverteilung, der Schutz sozial schwacher Schichten sowie die Verhinderung von Wettbewerbsverzerrungen durch Monopole oder Kartelle (Bundeskartellamt).

akg-images GmbH, Berlin: 3.1, 9.2, 14.1, 31.1, 32.1, 38.1, 89.1, 89.2, 108.2, 109.1, 110.1, 110.2, 116.1, 116.2, 134.1, 141.1, 141.2, 217.1; AP 4.1, 153.2; Henschel 124.1; Interfoto/ TV-Yesterday 97.1; Lange, Karl-Ludwig Titel; TT News Agency/SVT 54.2; Vaccaro, Tony 18.2; Voller Ernst/Jewgeni Chaldej 9.1. |Alamy Stock Photo, Abingdon/Oxfordshire: BigPileStock 82.2; John Kellerman/Kinder, Birgit/Trabant © VG Bild-Kunst, Bonn 2022 Titel; Sykes, Homer 81.1. |Alamy Stock Photo (RMB), Abingdon/Oxfordshire: Cro Magnon 6.5. |Alamy Stock Photo, Wien: Schneider,Georges 7.2. |Archiv der sozialen Demokratie, Bonn: 21.1. |Archiv der sozialen Demokratie, Friedrich-Ebert-Stiftung e.V., Bonn: DGB 96.1. |Archiv Gedenkstätte Geschlossener Jugendwerkhof, Torgau: 102/238, Erdmute Bräunlich 147.1. |Archiv Grünes Gedächtnis der Heinrich-Böll-Stiftung, Berlin: Grafikwerkstatt Bielefeld 136.2. |Associated Press, Frankfurt/M.: Staff 68.2. |Baaske Cartoons, Müllheim: F. Behrendt 12.1, 51.1; Henn, Rolf 173.2; Mester, Gerhard 205.1. |bpk-Bildagentur, Berlin: 17.3, 37.1, 75.1; Christian Gahl 104.1; Deutsches Historisches Museum/Psille, Arne 108.1; Engel, V. 17.1; Hanns Hubmann 103.1; Hilmar Pabel 18.1. |Brameier, Ulrich, Hamburg: 221.1. |Brieske, Rainer, Berlin: 187.2. |BStU, Berlin: 90.1; MfS BV Gera AU 33/58 Band 124 Blatt 2 Foto 5 148.1; MfS BV Gera AU 33/58 Mappe 2 Blatt 6 148.2; MfS, BV Leipzig Leitung 00296 Bl. 78 149.1. |BuschFunk Musikverlag GmbH, Berlin: 186.1. |CDU Deutschlands, Berlin: Dominik Butzmann/www.dbutzmann.de 190.1. |Das Bundesarchiv, Koblenz: Plak 004-005-005 27.1. |dreamstime.com, Brentwood: Yavuz, Naci 168.1. |Express Syndication, London: Bill Caldwell/Mirrorpix 158.1. |FC Schalke 04, Gelsenkirchen: 214.1. |fotolia.com, New York: picturemaker01 42.1; thomaslerchphoto 167.1; U. Aust 42.2. |Getty Images, München: Anadolu Agency 165.1; Mondadori Portfolio 25.2; Wally McNamme 57.1. |Globe Cartoon, Geneva: © Chappatte, Le Temps, Switzerland, www.chappatte.com 185.2. |Gottscheber, Pepsch, München: 184.1. |Griese, Dietmar, Laatzen: 11.1. |Güttler, Peter - Freier Redaktions-Dienst (GEO), Berlin: 197.1. |Haitzinger, Horst, München: 129.1, 139.1,

139.2. |Haus der Geschichte der Bundesrepublik Deutschland, Bonn: 54.3, 151.1; Hicks, Wolfgang (Künstler) 11.2; Peter Leger 62.1, 173.1; Rechteinhaber: Offsetdruck: Gerth & Oppenrieder, Gera 34.2; Starke, Hans-Jürgen 189.1; W. Hicks 26.1. |Horsch, Wolfgang, Niedernhall: 173.3. |Imago, Berlin: Müller-Stauffenberg 204.2. |Interfoto, München: ATV 125.1; Friedrich 149.2. |iStockphoto. com, Calgary: csakisti 191.2. |Konrad-Adenauer-Stiftung e.V., Archiv für Christlich-Demokratische Politik,, Sankt Augustin: 136.1; Archiv für Christlich-Demokratische Politik, Plakatsammlung 98.1. |Konrad-Adenauer-Stiftung e.V./Archiv für Christlich-Demokratische Politik, Sankt Augustin: 22.1. |Lagatz, Uwe Dr., Wernigerode: 115.1. |laif, Köln: Gamma 8.2; Michael Wolf Estate 206.1. |LIO Design GmbH, Braunschweig: LAYOU-TELEMENT 17.2, 43.1, 67.1, 118.1, 127.1, 128.1, 146.1, 152.1. |LR Medienverlag und Druckerei GmbH, Cottbus: Lausitzer Rundschau 144.1. |LUFF (Rolf Henn), Hennweiler: 73.1, 91.1. |migration-audio-archiv.de, Köln: 225.2. |Muzeum Okregowe, Torun: Wojciech Kossak (1857-1942), Rugi Pruskie, 1907 215.1. |OFAJ/ DFJW, Paris/Berlin, Berlin: 76.2. |Picture-Alliance GmbH, Frankfurt a.M.: 102.1, 221.2; abaca 4.2, 176.1; AFP/Beth A. Keiser 7.4, 172.1; AFP/Niki 170.2; akg-images 40.1, 102.2, 117.1; AP Photo 60.1, 164.1; AP Photo/Cironneau, Lionel 152.3, 152.5; AP/Chuzavkov, Sergei 177.2; AP/Walsh, Susan 192.1; dpa 3.3, 6.4, 6.6, 31.2, 32.2, 45.1, 100.1, 106.1, 113.1, 121.1, 128.3, 152.2, 152.6; dpa / AFP 160.1; dpa-Bildarchiv 137.3, 152.4; dpa-infografik 54.1; dpa/afp 81.2; dpa/Athenstädt, Martin 137.1; dpa/Brakemeier, Tim 191.1; dpa/Burgi, Arno 177.1; dpa/Eilmes, Wolfgang 72.2; dpa/F. von Stackelberg 65.1; dpa/Fednews 68.1; dpa/ Fischer 90.2; dpa/Geoff Green 4232907 174.1; dpa/Hanschke, Hannibal 138.1; dpa/ Herold 95.1; dpa/Hildenbrand, Karl-Josef 174.2; dpa/Hollemann, Holger 154.2; dpa/ Kneffel, Peter 187.1; dpa/Kumm, Wolfgang 188.2; dpa/Rieth 7.3, 167.2; dpa/Schmitt, Jörg 50.2; dpa/Scholz 8.1; foto2press/Zimmermann, Oliver 195.1; Jansson/Lehtikuva Oy 71.1; Landemard, Nicolas 195.2; Sachs, Arnie 161.1; SOLO Syndication/Illingworth, Leslie 50.1, 58.1; Sommer, Fabian 195.3; ZB/

ddrbildarchiv.de 153.1; ZB/Endig, Peter 150.1; ZB/Glaser, Paul 154.1; ZUMAPRESS/ Acayan, Ezra 164.2. |Schoenfeld, Karl-Heinz, Potsdam: 80.1. |Shutterstock.com, New York: Volurol 199.3. |Staatsarchiv Hamburg, Hamburg: Sammlung Conti-Press 4.3, 222.1. |Staatsarchiv Ludwigsburg, Ludwigsburg: EL 903/2 Bü 238 28.1, 28.2, 29.1. |stock.adobe. com, Dublin: Berg, Martina 44.1; CREATIVE WONDER 198.1; Miceking 199.2; Schwier, Christian 199.1; Vadim 198.2. |Süddeutsche Zeitung - Photo, München: 6.2, 14.2, 15.1, 19.1, 46.1, 118.2, 127.3; Amerika Haus 7.1, 25.1, 203.1; AP 64.1, 99.1, 122.1; ap/dpa/picture alliance 6.3, 63.2; Associated Press 37.2; Fritz Neuwirth 123.2; Hess, Catherina 198.3; Rue des Archives 76.1; Uwe Gerig 143.1. |Szewczuk-Zimmer, Ilona, Hamburg: M. Szewczuk 101.1. |The State Historical Society of Missouri, Columbia, MO 65201: „The Roots Must Come Up" 1945-04-17, Fitzpatrick, Daniel Robert (1891-1969), The St. Louis Post-Dispatch Editorial Cartoons Collection 24.1. |Tonn, Dieter, Bovenden-Lenglern: 8.3, 8.4, 8.5, 8.6, 8.7, 8.8. |toonpool.com, Berlin, Castrop-Rauxel: Erl, Martin 185.1. |ullstein bild, Berlin: 13.2, 55.1, 63.1, 95.2, 112.1; AP 3.2, 159.1, 175.1, 208.1; AP/Adams, Eddie 67.2; Archiv Gerstenberg 36.1, 53.1; BPA 72.1, 128.2; Brauer 130.2; CARO/ Ruffer 204.1; DHM/Schwarzer 142.2; dpa 83.1, 123.1, 127.2, 133.1, 133.2, 152.7, 220.1; E & O 10.1; Fotoagentur imo 170.1; Haus der Geschichte, Bonn 39.1; imageborker/hwo 26.2; Kreutschmann, Gert 104.2; Mehner 124.2; Müller 125.2; Müller-Stauffenberg 190.2; Nowosti 171.1; Probst 22.2, 137.2, 146.2; Roger Viollet 82.1; Stary 34.1; TopFoto 132.1; ullstein bild 6.1, 92.2; Wefringhaus 97.2; Wolff & Tritschler 13.1; Wolfgang Wiese 142.1; © Estate of Alberto Korda /Foto: Ernesto Che Guevara/ VG Bild-Kunst, Bonn 2022 59.1. |Visum Foto GmbH, München: PhotoXpress/M. Malinovsky 171.2. |Wilhelm-Busch-Gesellschaft e.V., Hannover: H.E. Köhler 88.1, 88.2, 88.3; Hanns Erich Köhler 130.1; Köhler, Hans Erich 92.1. |Zöllner, R., Berlin: 188.1. |© Deutsches Auswandererhaus, Bremerhaven: www.dah-bremerhaven.de 225.1. |© duisport – Duisburger Hafen AG, Duisburg: Rolf Köppen 178.1.